职务犯罪办案手册

ZHIWU FANZUI
BANAN SHOUCE

《职务犯罪办案手册》编辑小组 | 编

人民法院出版社

图书在版编目（CIP）数据

职务犯罪办案手册/《职务犯罪办案手册》编辑小组编． --北京：人民法院出版社，2019.12
ISBN 978-7-5109-2004-2

Ⅰ.①职… Ⅱ.①职… Ⅲ.①职务犯罪—中国—手册 Ⅳ.①D924.3-62

中国版本图书馆 CIP 数据核字（2019）第 290336 号

职务犯罪办案手册

《职务犯罪办案手册》编辑小组　编

责任编辑	范春雪　丁塞峨
出版发行	人民法院出版社
地　　址	北京市东城区东交民巷 27 号（100745）
电　　话	（010）67550656（责任编辑）　67550558（发行部查询）
	65223677（读者服务部）
客服 QQ	2092078039
网　　址	http://www.courtbook.com.cn
E-mail	courtpress@sohu.com
印　　刷	河北鸿祥信彩印刷有限公司
经　　销	新华书店
开　　本	787 毫米×1092 毫米　1/16
字　　数	590 千字
印　　张	30
版　　次	2019 年 12 月第 1 版　2019 年 12 月第 1 次印刷
书　　号	ISBN 978-7-5109-2004-2
定　　价	78.00 元

版权所有　侵权必究

出版说明

2018年4月17日，中央纪委国家监委印发了《国家监察委员会管辖规定（试行）》，详细列举了国家监委管辖的6大类88个职务犯罪案件罪名，本书结合《中华人民共和国刑法》，以及2018年3月20日十一届全国人大一次会议审议通过的《中华人民共和国监察法》，并在对职务犯罪相关法律法规、立法解释、司法解释、规范性法律文件进行全面梳理的基础上，按照6大类88个罪名的体例，将相关罪名同法律条文进行精准匹配，并以相关罪名的管辖机关作为区分标准，以期达到方便办案、服务司法的目的。

在全面建成小康社会、全面深化改革、全面依法治国、全面从严治党的新阶段，提倡以法治思维、法治方式惩治职务犯罪对建设法治中国有着重要的意义和深远的影响。依法惩治职务犯罪，关乎党和政府良好形象及威信的树立，关乎社会风气的清正，关乎人民利益从根源上得到保障。完善立法、强调监督，从源头上打击职务犯罪，为完善社会主义法治建设添砖加瓦，是每一位法律人难以割舍的情怀与愿景。希望本书的出版，能为奋战在一线的法律人贡献绵薄之力。

因时间和水平的局限，书中难免有疏漏之处，恳请广大读者批评指正。

编　者

2019年12月9日

目 录

一、贪污贿赂犯罪案件

由监察机关管辖的贪污贿赂犯罪案件

（一）贪污罪

中华人民共和国刑法（节录）
　　（2017年11月4日修正） ……………………………（ 3 ）
全国人民代表大会常务委员会
　　关于《中华人民共和国刑法》第九十三条第二款的解释
　　（2009年8月27日修正） ……………………………（ 5 ）
最高人民检察院
　　关于贪污养老、医疗等社会保险金能否适用《最高人民法院、
　　　最高人民检察院关于办理贪污贿赂刑事案件适用法律若干
　　　问题的解释》第一条第二款第一项规定的批复
　　（2017年7月26日） ……………………………………（ 6 ）
最高人民法院
　　关于被告人林少钦受贿请示一案的答复
　　（2017年2月13日） ……………………………………（ 6 ）
最高人民法院　最高人民检察院
　　关于办理贪污贿赂刑事案件适用法律若干问题的解释
　　（2016年4月18日） ……………………………………（ 7 ）

最高人民法院
　　关于《中华人民共和国刑法修正案（九）》时间效力问题的解释
　　　　（2015年10月29日） ………………………………………………（ 12 ）
最高人民法院
　　关于发布第三批指导性案例的通知（节录）
　　　　（2012年9月18日） …………………………………………………（ 13 ）
最高人民法院　最高人民检察院
　　关于办理职务犯罪案件严格适用缓刑、免予刑事处罚若干问题的意见
　　　　（2012年8月8日） ……………………………………………………（ 17 ）
最高人民法院　最高人民检察院
　　关于办理国家出资企业中职务犯罪案件具体应用法律若干问题的意见
　　　　（2010年11月26日） …………………………………………………（ 18 ）
最高人民法院　最高人民检察院
　　关于办理职务犯罪案件认定自首、立功等量刑情节若干问题的
　　　　意见（节录）
　　　　（2009年3月12日） …………………………………………………（ 21 ）
最高人民法院研究室
　　关于对行为人通过伪造国家机关公文、证件担任国家工作人员职务
　　　　并利用职务上的便利侵占本单位财物、收受贿赂、挪用本单位
　　　　资金等行为如何适用法律问题的答复
　　　　（2004年3月20日） …………………………………………………（ 22 ）
全国法院审理经济犯罪案件工作座谈会纪要（节录）
　　　　（2003年11月13日） …………………………………………………（ 22 ）
最高人民法院　最高人民检察院
　　关于办理妨害预防、控制突发传染病疫情等灾害的刑事案件具体
　　　　应用法律若干问题的解释（节录）
　　　　（2003年5月14日） …………………………………………………（ 23 ）
最高人民法院
　　关于审理贪污、职务侵占案件如何认定共同犯罪几个问题的
　　　　解释（节录）
　　　　（2000年6月30日） …………………………………………………（ 24 ）
最高人民检察院
　　关于人民检察院直接受理立案侦查案件立案标准的规定（试行）（节录）
　　　　（1999年9月16日） …………………………………………………（ 24 ）

（二）受贿罪

中华人民共和国刑法（节录）
　　　（2017年11月4日修正） ………………………………（ 26 ）
全国人民代表大会常务委员会
　　关于《中华人民共和国刑法》第九十三条第二款的解释
　　　（2009年8月27日修正） ………………………………（ 27 ）
最高人民法院
　　关于被告人林少钦受贿请示一案的答复
　　　（2017年2月13日） ……………………………………（ 28 ）
最高人民法院　最高人民检察院
　　关于办理贪污贿赂刑事案件适用法律若干问题的解释
　　　（2016年4月18日） ……………………………………（ 28 ）
最高人民检察院
　　关于印发第四批指导性案例的通知（节录）
　　　（2014年2月20日） ……………………………………（ 33 ）
最高人民法院　最高人民检察院
　　关于办理国家出资企业中职务犯罪案件具体应用法律若干问题的
　　　意见（节录）
　　　（2010年11月26日） ……………………………………（ 39 ）
最高人民法院　最高人民检察院
　　关于办理职务犯罪案件认定自首、立功等量刑情节若干问题的意见
　　　（2009年3月12日） ……………………………………（ 40 ）
最高人民法院　最高人民检察院
　　关于办理商业贿赂刑事案件适用法律若干问题的意见（节录）
　　　（2008年11月20日） ……………………………………（ 43 ）
最高人民法院　最高人民检察院
　　关于办理受贿刑事案件适用法律若干问题的意见
　　　（2007年7月8日） ………………………………………（ 44 ）
最高人民法院　最高人民检察院
　　关于办理赌博刑事案件具体应用法律若干问题的解释（节录）
　　　（2005年5月11日） ……………………………………（ 47 ）

最高人民检察院法律政策研究室
　　关于国家机关、国有企业、企业委派到非国有公司、企业从事公务
　　　但尚未依照规定程序获取该单位职务的人员是否适用刑法
　　　第九十三条第二款问题的答复
　　　（2004年11月3日） ……………………………………………（ 47 ）
最高人民法院研究室
　　关于对行为人通过伪造国家机关公文、证件担任国家工作人员职务
　　　并利用职务上的便利侵占本单位财物、收受贿赂、挪用本单位
　　　资金等行为如何适用法律问题的答复
　　　（2004年3月20日） ……………………………………………（ 48 ）
全国法院审理经济犯罪案件工作座谈会纪要（节录）
　　　（2003年11月13日） …………………………………………（ 48 ）
最高人民检察院法律政策研究室
　　关于集体性质的乡镇卫生院院长利用职务之便收受他人财物的行为
　　　如何适用法律问题的答复
　　　（2003年4月2日） ……………………………………………（ 50 ）
最高人民检察院
　　关于佛教协会工作人员能否构成受贿罪或者公司、企业人员受贿罪
　　　主体问题的答复
　　　（2003年1月13日） ……………………………………………（ 50 ）
最高人民法院
　　关于国家工作人员利用职务上的便利为他人谋取利益离退休后收受
　　　财物行为如何处理问题的批复
　　　（2000年7月13日） ……………………………………………（ 51 ）
最高人民检察院
　　关于人民检察院直接受理立案侦查案件立案标准的规定（试行）（节录）
　　　（1999年9月16日） ……………………………………………（ 51 ）
最高人民法院　最高人民检察院　公安部　国家工商行政管理局
　　关于依法查处盗窃、抢劫机动车案件的规定（节录）
　　　（1998年5月8日） ……………………………………………（ 52 ）

（三）挪用公款罪

中华人民共和国刑法（节录）
　　　（2017年11月4日修正） ………………………………………（ 53 ）

全国人民代表大会常务委员会
　　关于《中华人民共和国刑法》第九十三条第二款的解释
　　　　（2009年8月27日修正） ································（ 54 ）
全国人民代表大会常务委员会
　　关于《中华人民共和国刑法》第三百八十四条第一款的解释
　　　　（2002年4月28日） ··································（ 55 ）
最高人民法院　最高人民检察院
　　关于办理贪污贿赂刑事案件适用法律若干问题的解释（节录）
　　　　（2016年4月18日） ··································（ 55 ）
最高人民法院　最高人民检察院
　　关于办理国家出资企业中职务犯罪案件具体应用法律若干问题的
　　　　意见（节录）
　　　　（2010年11月26日） ································（ 56 ）
最高人民法院研究室
　　关于挪用退休职工社会养老金行为如何适用法律问题的复函
　　　　（2004年7月9日） ···································（ 57 ）
最高人民法院研究室
　　关于对行为人通过伪造国家机关公文、证件担任国家工作人员职务
　　　　并利用职务上的便利侵占本单位财物、收受贿赂、挪用本单位
　　　　资金等行为如何适用法律问题的答复
　　　　（2004年3月20日） ··································（ 57 ）
全国法院审理经济犯罪案件工作座谈会纪要（节录）
　　　　（2003年11月13日） ································（ 58 ）
最高人民法院
　　关于挪用公款犯罪如何计算追诉期限问题的批复（节录）
　　　　（2003年9月22日） ··································（ 59 ）
最高人民法院　最高人民检察院
　　关于办理妨害预防、控制突发传染病疫情等灾害的刑事案件具体
　　　　应用法律若干问题的解释（节录）
　　　　（2003年5月14日） ··································（ 60 ）
最高人民检察院
　　关于挪用失业保险基金和下岗职工基本生活保障资金的行为适用
　　　　法律问题的批复
　　　　（2003年1月28日） ··································（ 61 ）

最高人民检察院
  关于认真贯彻执行全国人民代表大会常务委员会《关于刑法
    第二百九十四条第一款的解释》和《关于刑法第三百八十四条
    第一款的解释》的通知（节录）
    （2002年5月13日） ················ （ 61 ）
最高人民检察院
  关于国家工作人员挪用非特定公物能否定罪的请示的批复
    （2000年3月15日） ················ （ 62 ）
最高人民检察院
  关于人民检察院直接受理立案侦查案件立案标准的规定（试行）（节录）
    （1999年9月16日） ················ （ 63 ）
最高人民法院
  关于审理挪用公款案件具体应用法律若干问题的解释
    （1998年4月29日） ················ （ 64 ）
最高人民检察院
  关于挪用国库券如何定性问题的批复
    （1997年10月13日） ················ （ 65 ）

（四）单位受贿罪

中华人民共和国刑法（节录）
    （2017年11月4日修正） ··············· （ 67 ）
最高人民检察院研究室
  关于国有单位的内设机构能否构成单位受贿罪主体问题的答复
    （2006年9月12日） ················ （ 67 ）
最高人民检察院
  关于人民检察院直接受理立案侦查案件立案标准的规定（试行）（节录）
    （1999年9月16日） ················ （ 68 ）

（五）利用影响力受贿罪

中华人民共和国刑法（节录）
    （2017年11月4日修正） ··············· （ 69 ）
最高人民法院　最高人民检察院
  关于办理贪污贿赂刑事案件适用法律若干问题的解释（节录）
    （2016年4月18日） ················ （ 69 ）

（六）行贿罪

中华人民共和国刑法（节录）
　　（2017年11月4日修正） ………………………………………（ 75 ）
最高人民法院　最高人民检察院
　　关于办理贪污贿赂刑事案件适用法律若干问题的解释（节录）
　　（2016年4月18日） ……………………………………………（ 76 ）
最高人民检察院
　　关于印发第四批指导性案例的通知（节录）
　　（2014年2月20日） ……………………………………………（ 79 ）
最高人民法院　最高人民检察院
　　关于办理行贿刑事案件具体应用法律若干问题的解释
　　（2012年12月26日） ……………………………………………（ 84 ）
最高人民法院　最高人民检察院
　　关于办理商业贿赂刑事案件适用法律若干问题的意见（节录）
　　（2008年11月20日） ……………………………………………（ 86 ）
最高人民检察院
　　关于行贿罪立案标准的规定（节录）
　　（2000年12月22日） ……………………………………………（ 87 ）
最高人民法院　最高人民检察院
　　关于在办理受贿犯罪大要案的同时要严肃查处严重行贿犯罪分子的
　　　通知
　　（1999年3月4日） ………………………………………………（ 88 ）

（七）对有影响力的人行贿罪

中华人民共和国刑法（节录）
　　（2017年11月4日修正） ………………………………………（ 90 ）
最高人民法院　最高人民检察院
　　关于办理贪污贿赂刑事案件适用法律若干问题的解释（节录）
　　（2016年4月18日） ……………………………………………（ 91 ）

（八）对单位行贿罪

中华人民共和国刑法（节录）
　　（2017年11月4日修正） ………………………………………（ 94 ）

最高人民法院　最高人民检察院
　　关于办理行贿刑事案件具体应用法律若干问题的解释（节录）
　　　　（2012年12月26日）……………………………………（94）
最高人民法院　最高人民检察院
　　关于办理商业贿赂刑事案件适用法律若干问题的意见（节录）
　　　　（2008年11月20日）……………………………………（95）
最高人民检察院
　　关于行贿罪立案标准的规定（节录）
　　　　（2000年12月22日）……………………………………（96）
最高人民检察院
　　关于人民检察院直接受理立案侦查案件立案标准的规定（试行）（节录）
　　　　（1999年9月16日）………………………………………（97）

（九）介绍贿赂罪

中华人民共和国刑法（节录）
　　　　（2017年11月4日修正）…………………………………（98）
最高人民检察院
　　关于人民检察院直接受理立案侦查案件立案标准的规定（试行）（节录）
　　　　（1999年9月16日）………………………………………（98）

（十）单位行贿罪

中华人民共和国刑法（节录）
　　　　（2017年11月4日修正）…………………………………（100）
最高人民法院　最高人民检察院
　　关于办理行贿刑事案件具体应用法律若干问题的解释
　　　　（2012年12月26日）……………………………………（100）
最高人民法院　最高人民检察院
　　关于办理商业贿赂刑事案件适用法律若干问题的意见（节录）
　　　　（2008年11月20日）……………………………………（103）
最高人民检察院
　　关于行贿罪立案标准的规定（节录）
　　　　（2000年12月22日）……………………………………（105）

最高人民检察院
　关于人民检察院直接受理立案侦查案件立案标准的规定（试行）（节录）
　　（1999年9月16日）……………………………………（106）

（十一）巨额财产来源不明罪

中华人民共和国刑法（节录）
　　（2017年11月4日修正）……………………………（108）
全国法院审理经济犯罪案件工作座谈会纪要（节录）
　　（2003年11月13日）………………………………（108）
最高人民检察院
　关于人民检察院直接受理立案侦查案件立案标准的规定（试行）（节录）
　　（1999年9月16日）…………………………………（109）

（十二）隐瞒境外存款罪

中华人民共和国刑法（节录）
　　（2017年11月4日修正）……………………………（110）
最高人民法院
　关于被告人林少钦受贿请示一案的答复
　　（2017年2月13日）…………………………………（110）
最高人民检察院法律政策研究室
　关于国家机关、国有企业、企业委派到非国有公司、企业从事公务
　　但尚未依照规定程序获取该单位职务的人员是否适用刑法
　　第九十三条第二款问题的答复
　　（2004年11月3日）…………………………………（111）
最高人民检察院
　关于人民检察院直接受理立案侦查案件立案标准的规定（试行）（节录）
　　（1999年9月16日）…………………………………（112）

（十三）私分国有资产罪

中华人民共和国刑法（节录）
　　（2017年11月4日修正）……………………………（113）
最高人民法院　最高人民检察院
　关于办理国家出资企业中职务犯罪案件具体应用法律若干问题的意见
　　（2010年11月16日）………………………………（113）

最高人民检察院
　关于人民检察院直接受理立案侦查案件立案标准的规定（试行）（节录）
　　（1999年9月16日） ………………………………………（116）

由监察机关、公安机关共同管辖的贪污贿赂犯罪案件

（十四）私分罚没财产罪

中华人民共和国刑法（节录）
　　（2017年11月4日修正） ……………………………………（117）
最高人民法院　最高人民检察院
　关于办理国家出资企业中职务犯罪案件具体应用法律若干问题的
　　意见（节录）
　　（2010年11月26日） …………………………………………（117）
最高人民检察院
　关于人民检察院直接受理立案侦查案件立案标准的规定（试行）（节录）
　　（1999年9月16日） ……………………………………………（118）

（十五）非国家工作人员受贿罪

中华人民共和国刑法（节录）
　　（2017年11月4日修正） ……………………………………（119）
最高人民法院　最高人民检察院
　关于办理贪污贿赂刑事案件适用法律若干问题的解释（节录）
　　（2016年4月18日） ……………………………………………（120）
最高人民法院　最高人民检察院
　关于办理商业贿赂刑事案件适用法律若干问题的意见（节录）
　　（2008年11月20日） …………………………………………（124）
最高人民法院
　关于如何认定国有控股、参股股份有限公司中的国有公司、企业
　　人员的解释
　　（2005年8月1日） ……………………………………………（126）

（十六）对非国家工作人员行贿罪

中华人民共和国刑法（节录）
  （2017 年 11 月 4 日修正） ··（127）
最高人民法院　最高人民检察院
  关于办理贪污贿赂刑事案件适用法律若干问题的解释（节录）
  （2016 年 4 月 18 日） ··（128）
最高人民法院　最高人民检察院
  关于办理商业贿赂刑事案件适用法律若干问题的意见（节录）
  （2008 年 11 月 20 日） ··（131）

（十七）对外国公职人员、国际公共组织官员行贿罪

中华人民共和国刑法（节录）
  （2017 年 11 月 4 日修正） ··（133）
最高人民法院　最高人民检察院
  关于办理贪污贿赂刑事案件适用法律若干问题的解释（节录）
  （2016 年 4 月 18 日） ··（134）
最高人民检察院　公安部
  关于公安机关管辖的刑事案件立案追诉标准的规定（二）的补充
  规定（节录）
  （2011 年 11 月 21 日） ··（137）
最高人民法院　最高人民检察院
  关于办理商业贿赂刑事案件适用法律若干问题的意见（节录）
  （2008 年 11 月 20 日） ··（137）

二、滥用职权犯罪案件

由监察机关、公安机关共同管辖的滥用职权犯罪案件

（十八）滥用职权罪

中华人民共和国刑法（节录）
  （2017年11月4日修正） ………………………………………（143）
全国人民代表大会常务委员会
  关于惩治骗购外汇、逃汇和非法买卖外汇犯罪的决定（节录）
  （1998年12月29日） ……………………………………………（143）
最高人民法院　最高人民检察院
  关于办理扰乱无线电通讯管理秩序等刑事案件适用法律若干
   问题的解释（节录）
  （2017年6月27日） ……………………………………………（144）
最高人民法院　最高人民检察院
  关于办理贪污贿赂刑事案件适用法律若干问题的解释（节录）
  （2016年4月18日） ……………………………………………（144）
最高人民法院　最高人民检察院
  关于办理危害生产安全刑事案件适用法律若干问题的解释（节录）
  （2015年12月14日） ……………………………………………（145）
最高人民检察院
  关于印发第二批指导性案例的通知（节录）
  （2012年11月15日） ……………………………………………（146）
最高人民法院　最高人民检察院
  关于办理渎职刑事案件适用法律若干问题的解释（一）
  （2012年12月7日） ……………………………………………（155）
最高人民检察院
  关于加强查办危害土地资源渎职犯罪工作的指导意见
  （2008年11月6日） ……………………………………………（157）

最高人民检察院
　　关于对林业主管部门工作人员在发放林木采伐许可证之外滥用职权
　　玩忽职守致使森林遭受严重破坏的行为适用法律问题的批复
　　（2007年5月16日） ………………………………………………（159）
最高人民法院　最高人民检察院
　　关于办理与盗窃、抢劫、诈骗、抢夺机动车相关刑事案件具体应用
　　法律若干问题的解释
　　（2007年5月9日） ……………………………………………（160）
最高人民法院　最高人民检察院
　　关于办理盗窃油气、破坏油气设备等刑事案件具体应用法律若干
　　问题的解释（节录）
　　（2007年1月15日） ……………………………………………（162）
最高人民检察院
　　关于渎职侵权犯罪案件立案标准的规定（节录）
　　（2006年7月26日） ……………………………………………（163）
最高人民法院研究室
　　关于对滥用职权致使公共财产、国家和人民利益遭受重大损失如何
　　认定问题的答复
　　（2004年11月22日） ……………………………………………（164）
最高人民法院　最高人民检察院　公安部
　　关于严格执行刑事诉讼法切实纠防超期羁押的通知
　　（2003年11月12日） ……………………………………………（164）
最高人民法院　最高人民检察院
　　关于办理非法制造、买卖、运输、储存毒鼠强等禁用剧毒化学品
　　刑事案件具体应用法律若干问题的解释（节录）
　　（2003年9月4日） ……………………………………………（166）
最高人民法院　最高人民检察院
　　关于办理妨害预防、控制突发传染病疫情等灾害的刑事案件具体
　　应用法律若干问题的解释（节录）
　　（2003年5月14日） ……………………………………………（167）
最高人民检察院
　　关于对海事局工作人员如何使用法律问题的答复
　　（2003年1月13日） ……………………………………………（168）

最高人民检察院研究室
　关于买卖尚未加盖印章的空白《边境证》行为如何适用法律问题的
　　答复
　　　（2002年9月25日） ……………………………………………（168）
人民检察院直接受理立案侦查的渎职侵权重特大案件
　　标准（试行）（节录）
　　　（2001年8月24日） ……………………………………………（169）
最高人民检察院
　关于企业事业单位的公安机构在机构改革过程中其工作人员能否
　　构成渎职侵权犯罪主体问题的批复
　　　（2002年4月29日） ……………………………………………（169）
最高人民检察院
　关于镇财政所所长是否适用国家机关工作人员的批复
　　　（2000年5月4日） ………………………………………………（170）
最高人民法院　最高人民检察院　公安部　国家工商行政管理局
　关于依法查处盗窃、抢劫机动车案件的规定（节录）
　　　（1998年5月8日） ………………………………………………（170）
最高人民法院研究室
　关于对重大责任事故和玩忽职守案件造成经济损失需追究刑事
　　责任的数额标准应否做出规定问题的电话答复
　　　（1987年10月20日） ……………………………………………（170）

由监察机关管辖的滥用职权犯罪案件

（十九）国有公司、企业、事业单位人员滥用职权罪

中华人民共和国刑法（节录）
　　　（2017年11月4日修正） ………………………………………（172）
最高人民法院　最高人民检察院
　关于办理国家出资企业中职务犯罪案件具体应用法律若干问题的
　　意见
　　　（2010年11月26日） ……………………………………………（173）

最高人民检察院　公安部
　　关于公安机关管辖的刑事案件立案追诉标准的规定（二）（节录）
　　　　（2010年5月7日）………………………………………………（176）
最高人民法院
　　关于如何认定国有控股、参股股份有限公司中的国有公司、企业
　　　人员的解释
　　　　（2005年8月1日）…………………………………………………（176）
最高人民法院　最高人民检察院
　　关于办理妨害预防、控制突发传染病疫情等灾害的刑事案件具体
　　　应用法律若干问题的解释（节录）
　　　　（2003年5月14日）………………………………………………（177）
最高人民检察院研究室
　　关于中国农业发展银行及其分支机构的工作人员法律适用问题的
　　　答复
　　　　（2002年9月23日）………………………………………………（177）
最高人民法院
　　关于审理扰乱电信市场管理秩序案件具体应用法律若干问题的
　　　解释（节录）
　　　　（2000年5月12日）………………………………………………（178）

（二十）滥用管理公司、证券职权罪

中华人民共和国刑法（节录）
　　　　（2017年11月4日修正）……………………………………………（179）
最高人民检察院
　　关于渎职侵权犯罪案件立案标准的规定（节录）
　　　　（2006年7月26日）………………………………………………（179）
人民检察院直接受理立案侦查的渎职侵权重特大案件
　　　标准（试行）（节录）
　　　　（2001年8月24日）………………………………………………（180）

（二十一）食品监管渎职罪

中华人民共和国刑法（节录）
　　　　（2017年11月4日修正）……………………………………………（181）

最高人民检察院
　　关于印发第四批指导性案例的通知（节录）
　　　　（2014年2月20日） ……………………………………（181）
最高人民法院　最高人民检察院
　　关于办理危害食品安全刑事案件适用法律若干问题的解释（节录）
　　　　（2013年5月2日） ………………………………………（187）
最高人民法院　最高人民检察院
　　关于办理渎职刑事案件适用法律若干问题的解释（一）
　　　　（2012年12月7日） ……………………………………（188）
最高人民法院　最高人民检察院
　　关于办理与盗窃、抢劫、诈骗、抢夺机动车相关刑事案件具体应用
　　　法律若干问题的解释（节录）
　　　　（2007年5月9日） ………………………………………（190）
最高人民检察院
　　关于渎职侵权犯罪案件立案标准的规定（节录）
　　　　（2006年7月26日） ……………………………………（191）

（二十二）故意泄露国家秘密罪

中华人民共和国刑法（节录）
　　　　（2017年11月4日修正） …………………………………（194）
中华人民共和国保守国家秘密法（节录）
　　　　（2010年4月29日修订） …………………………………（194）
最高人民检察院
　　关于渎职侵权犯罪案件立案标准的规定（节录）
　　　　（2006年7月26日） ……………………………………（195）
最高人民法院
　　关于审理为境外窃取、刺探、收买、非法提供国家秘密、情报案件
　　　具体应用法律若干问题的解释（节录）
　　　　（2001年1月17日） ……………………………………（196）

（二十三）报复陷害罪

中华人民共和国刑法（节录）
　　　　（2017年11月4日修正） …………………………………（197）

最高人民检察院
　　关于渎职侵权犯罪案件立案标准的规定（节录）
　　　　（2006年7月26日） ………………………………………（197）

（二十四）阻碍解救被拐卖、绑架妇女、儿童罪

中华人民共和国刑法（节录）
　　　　（2017年11月4日修正） ……………………………（198）
最高人民检察院
　　关于渎职侵权犯罪案件立案标准的规定（节录）
　　　　（2006年7月26日） ………………………………………（198）

（二十五）帮助犯罪分子逃避处罚罪

中华人民共和国刑法（节录）
　　　　（2017年11月4日修正） ……………………………（200）
最高人民法院　最高人民检察院
　　关于办理扰乱无线电通讯管理秩序等刑事案件适用法律若干
　　　问题的解释（节录）
　　　　（2017年6月27日） ………………………………………（200）
最高人民检察院
　　关于渎职侵权犯罪案件立案标准的规定（节录）
　　　　（2006年7月26日） ………………………………………（201）
最高人民法院　最高人民检察院　公安部　国家工商行政管理局
　　关于依法查处盗窃、抢劫机动车案件的规定（节录）
　　　　（1998年5月10日） ………………………………………（201）

（二十六）违法发放林木采伐许可证罪

中华人民共和国刑法（节录）
　　　　（2017年11月4日修正） ……………………………（202）
最高人民检察院
　　关于渎职侵权犯罪案件立案标准的规定（节录）
　　　　（2006年7月26日） ………………………………………（202）
最高人民法院
　　关于审理破坏森林资源刑事案件具体应用法律若干问题的解释（节录）
　　　　（2000年11月22日） ………………………………………（203）

（二十七）办理偷越国（边）境人员出入境证件罪

中华人民共和国刑法（节录）
（2017年11月4日修正） ……………………………………（204）

最高人民检察院
关于渎职侵权犯罪案件立案标准的规定（节录）
（2006年7月26日） ………………………………………（204）

（二十八）放行偷越国（边）境人员罪

中华人民共和国刑法（节录）
（2017年11月4日修正） ……………………………………（205）

最高人民检察院
关于渎职侵权犯罪案件立案标准的规定（节录）
（2006年7月26日） ………………………………………（205）

（二十九）挪用特定款物罪

中华人民共和国刑法（节录）
（2017年11月4日修正） ……………………………………（206）

最高人民检察院 公安部
关于公安机关管辖的刑事案件立案追诉标准的规定（二）（节录）
（2010年5月7日） …………………………………………（206）

最高人民法院研究室
关于挪用退休职工社会养老金行为如何适用法律问题的复函
（2004年7月9日） …………………………………………（207）

最高人民法院 最高人民检察院
关于办理妨害预防、控制突发传染病疫情等灾害的刑事案件具体应用法律若干问题的解释（节录）
（2003年5月13日） …………………………………………（207）

最高人民检察院
关于挪用失业保险基金和下岗职工基本生活保障资金的行为适用法律问题的批复
（2003年1月28日） …………………………………………（208）

（三十）非法剥夺公民宗教信仰自由罪

中华人民共和国刑法（节录）
  （2017年11月4日修正） ················· （209）

（三十一）侵害少数民族风俗习惯罪

中华人民共和国刑法（节录）
  （2017年11月4日修正） ················· （210）

由监察机关、公安机关共同管辖的滥用职权犯罪案件

（三十二）打击报复会计、统计人员罪

中华人民共和国刑法（节录）
  （2017年11月4日修正） ················· （211）
最高人民检察院
  关于渎职侵权犯罪案件立案标准的规定（节录）
  （2006年7月26日） ··················· （211）

三、玩忽职守犯罪案件

由监察机关、公安机关共同管辖的玩忽职守犯罪案件

（三十三）玩忽职守罪

中华人民共和国刑法（节录）
  （2017年11月4日修正） ················· （215）
全国人民代表大会常务委员会
  关于惩治骗购外汇、逃汇和非法买卖外汇犯罪的决定（节录）
  （1998年12月29日） ·················· （215）

最高人民法院　最高人民检察院
　　关于办理扰乱无线电通讯管理秩序等刑事案件适用法律若干
　　　问题的解释（节录）
　　　（2017 年 6 月 27 日） ………………………………………………（216）
最高人民法院　最高人民检察院
　　关于办理药品、医疗器械注册申请材料造假刑事案件适用法律若干
　　　问题的解释（节录）
　　　（2017 年 8 月 14 日） ………………………………………………（216）
最高人民法院　最高人民检察院
　　关于办理危害生产安全刑事案件适用法律若干问题的解释（节录）
　　　（2015 年 12 月 14 日） ………………………………………………（217）
最高人民法院　最高人民检察院
　　关于办理渎职刑事案件适用法律若干问题的解释（一）（节录）
　　　（2012 年 12 月 7 日） ………………………………………………（217）
最高人民检察院
　　关于印发第二批指导性案例的通知（节录）
　　　（2012 年 11 月 15 日） ………………………………………………（218）
最高人民检察院
　　关于加强查办危害土地资源渎职犯罪工作的指导意见（节录）
　　　（2008 年 11 月 6 日） ………………………………………………（221）
最高人民检察院
　　关于对林业主管部门工作人员在发放林木采伐许可证之外滥用职权
　　　玩忽职守致使森林遭受严重破坏的行为适用法律问题的批复
　　　（2007 年 5 月 16 日） ………………………………………………（222）
最高人民法院　最高人民检察院
　　关于办理与盗窃、抢劫、诈骗、抢夺机动车相关刑事案件具体应用
　　　法律若干问题的解释（节录）
　　　（2007 年 5 月 9 日） ………………………………………………（223）
最高人民法院　最高人民检察院
　　关于办理盗窃油气、破坏油气设备等刑事案件具体应用法律若干
　　　问题的解释（节录）
　　　（2007 年 1 月 15 日） ………………………………………………（225）

最高人民检察院
　　关于渎职侵权犯罪案件立案标准的规定（节录）
　　　　（2006年7月26日） ……………………………………………（225）
最高人民法院　最高人民检察院　公安部
　　关于严格执行刑事诉讼法切实纠防超期羁押的通知（节录）
　　　　（2003年11月12日） …………………………………………（228）
最高人民法院　最高人民检察院
　　关于办理非法制造、买卖、运输、储存毒鼠强等禁用剧毒化学品
　　刑事案件具体应用法律若干问题的解释（节录）
　　　　（2003年9月4日） ……………………………………………（228）
最高人民法院　最高人民检察院
　　关于办理妨害预防、控制突发传染病疫情等灾害的刑事案件具体
　　应用法律若干问题的解释（节录）
　　　　（2003年5月14日） ……………………………………………（229）
最高人民检察院
　　关于对海事局工作人员如何使用法律问题的答复
　　　　（2003年1月13日） ……………………………………………（229）
最高人民检察院
　　关于企业事业单位的公安机构在机构改革过程中其工作人员能否
　　构成渎职侵权犯罪主体问题的批复
　　　　（2002年4月29日） ……………………………………………（230）
最高人民检察院
　　关于属工人编制的乡（镇）工商所所长能否依照刑法
　　第三百九十七条的规定追究刑事责任问题的批复
　　　　（2000年10月31日） …………………………………………（230）
最高人民检察院
　　关于合同制民警能否成为玩忽职守罪主体问题的批复
　　　　（2000年10月9日） ……………………………………………（231）
最高人民检察院
　　关于镇财政所所长是否适用国家机关工作人员的批复
　　　　（2000年5月4日） ……………………………………………（231）
最高人民法院　最高人民检察院　公安部　国家工商行政管理局
　　关于依法查处盗窃、抢劫机动车案件的规定（节录）
　　　　（1998年5月8日） ……………………………………………（232）

最高人民法院研究室
　　关于对重大责任事故和玩忽职守案件造成经济损失需追究刑事
　　　责任的数额标准应否做出规定问题的电话答复（节录）
　　　　（1987年10月20日） …………………………………………（232）

由监察机关管辖的玩忽职守犯罪案件

（三十四）国有公司、企业、事业单位人员失职罪

中华人民共和国刑法（节录）
　　　　（2017年11月4日修正） ……………………………………（233）
最高人民法院　最高人民检察院
　　关于办理国家出资企业中职务犯罪案件具体应用法律若干问题的意见
　　　　（2010年11月26日） ……………………………………（234）
最高人民检察院　公安部
　　关于公安机关管辖的刑事案件立案追诉标准的规定（二）（节录）
　　　　（2010年5月7日） ………………………………………（237）
最高人民法院刑事审判第二庭
　　关于国有公司人员滥用职权犯罪追溯期限等问题的答复（节录）
　　　　（2005年1月13日） ………………………………………（237）
最高人民法院　最高人民检察院
　　关于办理妨害预防、控制突发传染病疫情等灾害的刑事案件具体
　　　应用法律若干问题的解释（节录）
　　　　（2003年5月14日） ………………………………………（238）
最高人民检察院研究室
　　关于中国农业发展银行及其分支机构的工作人员法律适用问题的答复
　　　　（2002年9月23日） ………………………………………（238）
最高人民法院
　　关于审理扰乱电信市场管理秩序案件具体应用法律若干问题的
　　　解释（节录）
　　　　（2000年5月12日） ………………………………………（239）

（三十五）签订、履行合同失职被骗罪

中华人民共和国刑法（节录）
  （2017年11月4日修正） ………………………………………（240）
全国人民代表大会常务委员会
  关于惩治骗购外汇、逃汇和非法买卖外汇犯罪的决定（节录）
  （1998年12月29日） ……………………………………………（240）
最高人民检察院　公安部
  关于公安机关管辖的刑事案件立案追诉标准的规定（二）（节录）
  （2010年5月7日） ………………………………………………（241）

（三十六）国家机关工作人员签订、履行合同失职被骗罪

中华人民共和国刑法（节录）
  （2017年11月4日修正） ………………………………………（242）
最高人民检察院
  关于渎职侵权犯罪案件立案标准的规定（节录）
  （2006年7月26日） ……………………………………………（242）

（三十七）环境监管失职罪

中华人民共和国刑法（节录）
  （2017年11月4日修正） ………………………………………（244）
最高人民法院　最高人民检察院
  关于办理环境污染刑事案件适用法律若干问题的解释（节录）
  （2016年12月23日） …………………………………………（244）

（三十八）传染病防治失职罪

中华人民共和国刑法（节录）
  （2017年11月4日修正） ………………………………………（246）
最高人民检察院
  关于渎职侵权犯罪案件立案标准的规定（节录）
  （2006年7月26日） ……………………………………………（246）

最高人民法院　最高人民检察院
　　关于办理妨害预防、控制突发传染病疫情等灾害的刑事案件具体
　　　应用法律若干问题的解释（节录）
　　　　（2003年5月14日） …………………………………………（247）

（三十九）商检失职罪

中华人民共和国刑法（节录）
　　　　（2017年11月4日修正） ……………………………………（249）
最高人民检察院
　　关于渎职侵权犯罪案件立案标准的规定（节录）
　　　　（2006年7月26日） ……………………………………………（249）

（四十）动植物检疫失职罪

中华人民共和国刑法（节录）
　　　　（2017年11月4日修正） ……………………………………（251）
最高人民检察院
　　关于渎职侵权犯罪案件立案标准的规定（节录）
　　　　（2006年7月26日） ……………………………………………（251）

（四十一）不解救被拐卖、绑架妇女、儿童罪

中华人民共和国刑法（节录）
　　　　（2017年11月4日修正） ……………………………………（253）
最高人民检察院
　　关于渎职侵权犯罪案件立案标准的规定（节录）
　　　　（2006年7月26日） ……………………………………………（253）

（四十二）失职造成珍贵文物损毁、流失罪

中华人民共和国刑法（节录）
　　　　（2017年11月4日修正） ……………………………………（255）
最高人民法院　最高人民检察院
　　关于办理妨害文物管理等刑事案件适用法律若干问题的解释（节录）
　　　　（2015年12月30日） …………………………………………（255）

最高人民检察院
　　关于渎职侵权犯罪案件立案标准的规定（节录）
　　　（2006年7月26日） ··（256）

（四十三）过失泄露国家秘密罪

中华人民共和国刑法（节录）
　　　（2017年11月4日修正） ··（257）
中华人民共和国保守国家秘密法（节录）
　　　（2010年4月29日修订） ··（257）
最高人民检察院
　　关于渎职侵权犯罪案件立案标准的规定（节录）
　　　（2006年7月26日） ··（258）
最高人民法院
　　关于审理为境外窃取、刺探、收买、非法提供国家秘密、情报案件
　　　具体应用法律若干问题的解释（节录）
　　　（2001年1月17日） ··（259）

四、徇私舞弊犯罪案件

由监察机关管辖的徇私舞弊犯罪案件

（四十四）徇私舞弊低价折股、出售国有资产罪

中华人民共和国刑法（节录）
　　　（2017年11月4日修正） ··（263）
最高人民法院　最高人民检察院
　　关于办理国家出资企业中职务犯罪案件具体应用法律若干问题的
　　　意见（节录）
　　　（2010年11月26日） ··（263）
最高人民检察院　公安部
　　关于公安机关管辖的刑事案件立案追诉标准的规定（二）（节录）
　　　（2010年5月7日） ··（266）

(四十五) 非法批准征收、征用、占用土地罪

中华人民共和国刑法（节录）
　　（2017年11月4日修正） ···（267）
全国人民代表大会常务委员会
　　关于《中华人民共和国刑法》第二百二十八条、第三百四十二条、
　　第四百一十条的解释
　　（2009年8月27日修正） ···（267）
最高人民法院
　　关于审理破坏草原资源刑事案件应用法律若干问题的解释（节录）
　　（2012年11月2日） ···（268）
最高人民检察院
　　关于加强查办危害土地资源渎职犯罪工作的指导意见
　　（2008年11月6日） ···（269）
最高人民检察院
　　关于渎职侵权犯罪案件立案标准的规定（节录）
　　（2006年7月26日） ···（271）
最高人民法院
　　关于审理破坏林地资源刑事案件具体应用法律若干问题的
　　解释（节录）
　　（2005年12月26日） ···（272）
人民检察院直接受理立案侦查的渎职侵权重特大案件标准（试行）（节录）
　　（2001年8月24日） ···（273）
最高人民法院
　　关于审理破坏土地资源刑事案件具体应用法律若干问题的解释（节录）
　　（2000年6月19日） ···（274）

(四十六) 非法低价出让国有土地使用权罪

中华人民共和国刑法（节录）
　　（2017年11月4日修正） ···（275）
全国人民代表大会常务委员会
　　关于《中华人民共和国刑法》第二百二十八条、第三百四十二条、
　　第四百一十条的解释
　　（2009年8月27日修正） ···（275）

最高人民检察院
  关于加强查办危害土地资源渎职犯罪工作的指导意见
    （2008年11月6日） ………………………………………………（276）
最高人民检察院
  关于渎职侵权犯罪案件立案标准的规定（节录）
    （2006年7月26日） ………………………………………………（278）
最高人民法院
  关于审理破坏林地资源刑事案件具体应用法律若干问题的
    解释（节录）
    （2005年12月26日） ……………………………………………（279）
人民检察院直接受理立案侦查的渎职侵权重特大案件
    标准（试行）（节录）
    （2001年8月24日） ………………………………………………（280）
最高人民法院
  关于审理破坏土地资源刑事案件具体应用法律若干问题的
    解释（节录）
    （2000年6月19日） ………………………………………………（280）

（四十七）非法经营同类营业罪

中华人民共和国刑法（节录）
    （2017年11月4日修正） …………………………………………（282）
最高人民检察院 公安部
  关于公安机关管辖的刑事案件立案追诉标准的规定（二）（节录）
    （2010年5月7日） ………………………………………………（282）

（四十八）为亲友非法牟利罪

中华人民共和国刑法（节录）
    （2017年11月4日修正） …………………………………………（283）
最高人民检察院 公安部
  关于公安机关管辖的刑事案件立案追诉标准的规定（二）（节录）
    （2010年5月7日） ………………………………………………（283）

（四十九）枉法仲裁罪

中华人民共和国刑法（节录）
　　（2017 年 11 月 4 日修正） ·················· （284）
中华人民共和国刑法修正案（六）（节录）
　　（2006 年 6 月 29 日） ······················ （284）

（五十）徇私舞弊发售发票、抵扣税款、出口退税罪

中华人民共和国刑法（节录）
　　（2017 年 11 月 4 日修正） ·················· （285）
最高人民法院研究室
　　关于违反经行政法规授权制定的规范一般纳税人资格的文件应否
　　　认定为"违反法律、行政法规的规定"问题的答复
　　（2012 年 5 月 3 日） ······················ （285）
最高人民检察院
　　关于渎职侵权犯罪案件立案标准的规定（节录）
　　（2006 年 7 月 26 日） ····················· （286）
人民检察院直接受理立案侦查的渎职侵权重特大案件
　　标准（试行）（节录）
　　（2001 年 8 月 24 日） ····················· （287）

（五十一）商检徇私舞弊罪

中华人民共和国刑法（节录）
　　（2017 年 11 月 4 日修正） ·················· （288）
最高人民检察院
　　关于渎职侵权犯罪案件立案标准的规定（节录）
　　（2006 年 7 月 26 日） ····················· （288）
人民检察院直接受理立案侦查的渎职侵权重特大案件
　　标准（试行）（节录）
　　（2001 年 8 月 24 日） ····················· （289）

（五十二）动植物检疫徇私舞弊罪

中华人民共和国刑法（节录）
　　（2017 年 11 月 4 日修正） ·················· （290）

最高人民检察院
　　关于渎职侵权犯罪案件立案标准的规定（节录）
　　　　（2006 年 7 月 26 日） ……………………………………（ 290 ）
人民检察院直接受理立案侦查的渎职侵权重特大案件
　　标准（试行）（节录）
　　　　（2001 年 8 月 24 日） ……………………………………（ 291 ）

（五十三）放纵走私罪

中华人民共和国刑法（节录）
　　　　（2017 年 11 月 4 日修正） …………………………………（ 292 ）
最高人民检察院
　　关于渎职侵权犯罪案件立案标准的规定（节录）
　　　　（2006 年 7 月 26 日） ……………………………………（ 292 ）
人民检察院直接受理立案侦查的渎职侵权重特大案件
　　标准（试行）（节录）
　　　　（2001 年 8 月 24 日） ……………………………………（ 293 ）

（五十四）放纵制售伪劣商品犯罪行为罪

中华人民共和国刑法（节录）
　　　　（2017 年 11 月 4 日修正） …………………………………（ 294 ）
最高人民检察院
　　关于渎职侵权犯罪案件立案标准的规定（节录）
　　　　（2006 年 7 月 26 日） ……………………………………（ 294 ）
人民检察院直接受理立案侦查的渎职侵权重特大案件
　　标准（试行）（节录）
　　　　（2001 年 8 月 24 日） ……………………………………（ 295 ）
最高人民法院　最高人民检察院
　　关于办理生产、销售伪劣商品刑事案件具体应用法律若干问题的
　　　　解释（节录）
　　　　（2001 年 4 月 9 日） ………………………………………（ 296 ）

（五十五）招收公务员、学生徇私舞弊罪

中华人民共和国刑法（节录）
　　　　（2017 年 11 月 4 日修正） …………………………………（ 297 ）

最高人民检察院
　　关于渎职侵权犯罪案件立案标准的规定（节录）
　　　　（2006年7月26日） ················· （297）
人民检察院直接受理立案侦查的渎职侵权重特大案件
　　标准（试行）（节录）
　　　　（2001年8月24日） ················· （298）

（五十六）徇私舞弊不移交刑事案件罪

中华人民共和国刑法（节录）
　　　　（2017年11月4日修正） ·············· （299）
最高人民检察院
　　关于渎职侵权犯罪案件立案标准的规定（节录）
　　　　（2006年7月26日） ················· （299）
人民检察院直接受理立案侦查的渎职侵权重特大案件
　　标准（试行）（节录）
　　　　（2001年8月24日） ················· （300）

（五十七）违法提供出口退税凭证罪

中华人民共和国刑法（节录）
　　　　（2017年11月4日修正） ·············· （301）
最高人民检察院
　　关于渎职侵权犯罪案件立案标准的规定（节录）
　　　　（2006年7月26日） ················· （301）
人民检察院直接受理立案侦查的渎职侵权重特大案件
　　标准（试行）（节录）
　　　　（2001年8月24日） ················· （302）

（五十八）徇私舞弊不征、少征税款罪

中华人民共和国刑法（节录）
　　　　（2017年11月4日修正） ·············· （303）
最高人民检察院
　　关于渎职侵权犯罪案件立案标准的规定（节录）
　　　　（2006年7月26日） ················· （303）

人民检察院直接受理立案侦查的渎职侵权重特大案件
标准（试行）（节录）
（2001年8月24日） ································（304）

五、公职人员在行使公权力过程中发生的重大责任事故犯罪案件

由监察机关、公安机关共同管辖的相关犯罪案件

（五十九）重大责任事故罪

中华人民共和国刑法（节录）
（2017年11月4日修正） ································（307）
最高人民法院　最高人民检察院
关于办理危害生产安全刑事案件适用法律若干问题的解释（节录）
（2015年12月14日） ································（308）
最高人民法院
关于充分发挥审判职能作用切实维护公共安全的若干意见（节录）
（2015年9月16日） ································（311）
最高人民法院
关于进一步加强危害生产安全刑事案件审判工作的意见
（2011年12月30日） ································（312）
最高人民检察院　公安部
关于公安机关管辖的刑事案件立案追诉标准的规定（一）（节录）
（2008年6月25日） ································（317）
最高人民法院
关于审理交通肇事刑事案件具体应用法律若干问题的解释（节录）
（2000年11月15日） ································（317）
最高人民法院研究室
关于对重大责任事故和玩忽职守案件造成经济损失需追究刑事
责任的数额标准应否做出规定问题的电话答复
（1987年10月20日） ································（318）

（六十）教育设施重大安全事故罪

中华人民共和国刑法（节录）
　　（2017 年 11 月 4 日修正） ································ （ 319 ）
最高人民法院　最高人民检察院
　　关于办理危害生产安全刑事案件适用法律若干问题的解释（节录）
　　（2015 年 12 月 14 日） ································ （ 319 ）
最高人民检察院　公安部
　　关于公安机关管辖的刑事案件立案追诉标准的规定（一）（节录）
　　（2008 年 6 月 25 日） ································ （ 323 ）

（六十一）消防责任事故罪

中华人民共和国刑法（节录）
　　（2017 年 11 月 4 日修正） ································ （ 324 ）
最高人民法院　最高人民检察院
　　关于办理危害生产安全刑事案件适用法律若干问题的解释（节录）
　　（2015 年 12 月 14 日） ································ （ 324 ）
最高人民检察院　公安部
　　关于公安机关管辖的刑事案件立案追诉标准的规定（一）（节录）
　　（2008 年 6 月 25 日） ································ （ 328 ）

（六十二）重大劳动安全事故罪

中华人民共和国刑法（节录）
　　（2017 年 11 月 4 日修正） ································ （ 329 ）
最高人民法院　最高人民检察院
　　关于办理危害生产安全刑事案件适用法律若干问题的解释
　　（2015 年 12 月 14 日） ································ （ 329 ）
最高人民法院
　　关于进一步加强危害生产安全刑事案件审判工作的意见
　　（2011 年 12 月 30 日） ································ （ 333 ）
最高人民法院
　　关于充分发挥审判职能作用切实维护公共安全的若干意见
　　（2015 年 9 月 16 日） ································ （ 338 ）

最高人民法院研究室
　　关于被告人阮某重大劳动安全事故案有关法律适用问题的答复
　　（2009年12月25日） ……………………………………………（342）
最高人民法院
　　关于审理交通肇事刑事案件具体应用法律若干问题的解释（节录）
　　（2000年11月15日） ……………………………………………（343）

（六十三）强令违章冒险作业罪

中华人民共和国刑法（节录）
　　（2017年11月4日修正） ………………………………………（344）
最高人民法院　最高人民检察院
　　关于办理危害生产安全刑事案件适用法律若干问题的解释
　　（2015年12月14日） ……………………………………………（344）
最高人民检察院　公安部
　　关于公安机关管辖的刑事案件立案追诉标准的规定（一）（节录）
　　（2008年6月25日） ……………………………………………（348）

（六十四）不报、谎报安全事故罪

中华人民共和国刑法（节录）
　　（2017年11月4日修正） ………………………………………（349）
最高人民检察院　公安部
　　关于公安机关管辖的刑事案件立案追诉标准的规定（一）的补充规定
　　（2017年4月27日） ……………………………………………（349）
最高人民法院　最高人民检察院
　　关于办理危害生产安全刑事案件适用法律若干问题的解释（节录）
　　（2015年12月14日） ……………………………………………（350）
最高人民法院
　　关于进一步加强危害生产安全刑事案件审判工作的意见（节录）
　　（2011年12月30日） ……………………………………………（352）

（六十五）铁路运营安全事故罪

中华人民共和国刑法（节录）
　　（2017年11月4日修正） ………………………………………（356）

最高人民法院　最高人民检察院
　　关于办理危害生产安全刑事案件适用法律若干问题的解释（节录）
　　　　（2015 年 12 月 14 日）………………………………………（356）

（六十六）重大飞行事故罪

中华人民共和国刑法（节录）
　　　　（2017 年 11 月 4 日修正）……………………………………（359）

（六十七）大型群众性活动重大安全事故罪

中华人民共和国刑法（节录）
　　　　（2017 年 11 月 4 日修正）……………………………………（360）
最高人民法院　最高人民检察院
　　关于办理危害生产安全刑事案件适用法律若干问题的解释（节录）
　　　　（2015 年 12 月 14 日）………………………………………（360）
最高人民检察院　公安部
　　关于公安机关管辖的刑事案件立案追诉标准的规定（一）（节录）
　　　　（2008 年 6 月 25 日）…………………………………………（363）

（六十八）危险物品肇事罪

中华人民共和国刑法（节录）
　　　　（2017 年 11 月 4 日修正）……………………………………（364）
最高人民法院　最高人民检察院
　　关于办理危害生产安全刑事案件适用法律若干问题的解释（节录）
　　　　（2015 年 12 月 14 日）………………………………………（364）
最高人民法院
　　关于充分发挥审判职能作用切实维护公共安全的若干意见（节录）
　　　　（2015 年 9 月 16 日）…………………………………………（367）
最高人民检察院　公安部
　　关于公安机关管辖的刑事案件立案追诉标准的规定（一）（节录）
　　　　（2008 年 6 月 25 日）…………………………………………（368）

（六十九）工程重大安全事故罪

中华人民共和国刑法（节录）
　　　　（2017 年 11 月 4 日修正）……………………………………（369）

最高人民法院　最高人民检察院
　　关于办理危害生产安全刑事案件适用法律若干问题的解释（节录）
　　　　（2015年12月14日）……………………………………（369）
最高人民检察院　公安部
　　关于公安机关管辖的刑事案件立案追诉标准的规定（一）（节录）
　　　　（2008年6月25日）……………………………………（372）

六、公职人员在行使公权力过程中发生的其他犯罪案件

由监察机关管辖的相关犯罪案件

（七十）破坏选举罪

中华人民共和国刑法（节录）
　　　　（2017年11月4日修正）………………………………（375）
最高人民检察院
　　关于渎职侵权犯罪案件立案标准的规定（节录）
　　　　（2006年7月26日）……………………………………（375）
人民检察院直接受理立案侦查的渎职侵权重特大案件
　　　　标准（试行）（节录）
　　　　（2001年8月24日）……………………………………（376）

由监察机关、公安机关共同管辖的相关犯罪案件

（七十一）背信损害上市公司利益罪

中华人民共和国刑法（节录）
　　　　（2017年11月4日修正）………………………………（377）
最高人民检察院　公安部
　　关于公安机关管辖的刑事案件立案追诉标准的规定（二）（节录）
　　　　（2010年5月7日）………………………………………（378）

（七十二）金融工作人员购买假币、以假币换取货币罪

中华人民共和国刑法（节录）
  （2017 年 11 月 4 日修正） ……………………………………（379）
最高人民法院
  关于审理伪造货币等案件具体应用法律若干问题的解释（二）
  （2010 年 10 月 20 日）………………………………………（380）
最高人民检察院　公安部
  关于公安机关管辖的刑事案件立案追诉标准的规定（二）（节录）
  （2010 年 5 月 7 日）…………………………………………（381）
全国法院审理金融犯罪案件工作座谈会纪要（节录）
  （2001 年 1 月 21 日）…………………………………………（381）
最高人民法院
  关于审理伪造货币等案件具体应用法律若干问题的解释
  （2000 年 9 月 8 日）…………………………………………（382）
最高人民法院
  关于农村合作基金会从业人员犯罪如何定性问题的批复
  （2000 年 5 月 8 日）…………………………………………（383）

（七十三）利用未公开信息交易罪

中华人民共和国刑法（节录）
  （2017 年 11 月 4 日修正） ……………………………………（385）
最高人民法院 2016 年指导案例 61 号马乐利用未公开信息交易罪
  （2016 年 6 月 30 日）…………………………………………（386）
最高人民法院　最高人民检察院
  关于办理内幕交易、泄露内幕信息刑事案件具体应用法律若干问题的
  解释
  （2012 年 3 月 29 日）…………………………………………（391）
最高人民检察院　公安部
  关于公安机关管辖的刑事案件立案追诉标准的规定（二）（节录）
  （2010 年 5 月 7 日）…………………………………………（393）

（七十四）诱骗投资者买卖证券、期货合约罪

中华人民共和国刑法（节录）
　　（2017年11月4日修正） ……………………………………（395）
全国人民代表大会常务委员会
　　关于维护互联网安全的决定（节录）
　　（2000年12月28日） ………………………………………（395）
最高人民检察院　公安部
　　关于公安机关管辖的刑事案件立案追诉标准的规定（二）（节录）
　　（2010年5月7日） …………………………………………（396）

（七十五）背信运用受托财产罪

中华人民共和国刑法（节录）
　　（2017年11月4日修正） ……………………………………（397）
最高人民检察院　公安部
　　关于公安机关管辖的刑事案件立案追诉标准的规定（二）（节录）
　　（2010年5月7日） …………………………………………（397）

（七十六）违法运用资金罪

中华人民共和国刑法（节录）
　　（2017年11月4日修正） ……………………………………（398）
最高人民检察院　公安部
　　关于公安机关管辖的刑事案件立案追诉标准的规定（二）（节录）
　　（2010年5月7日） …………………………………………（398）

（七十七）违法发放贷款罪

中华人民共和国刑法（节录）
　　（2017年11月4日修正） ……………………………………（400）
中华人民共和国商业银行法（节录）
　　（2015年8月29日第二次修正） ……………………………（401）
最高人民检察院　公安部
　　关于公安机关管辖的刑事案件立案追诉标准的规定（二）（节录）
　　（2010年5月7日） …………………………………………（401）

全国法院审理金融犯罪案件工作座谈会纪要（节录）
　　（2001年1月21日） ……………………………………………………（402）

（七十八）吸收客户资金不入账罪

中华人民共和国刑法（节录）
　　（2017年11月4日修正） ………………………………………………（404）
最高人民检察院　公安部
　　关于公安机关管辖的刑事案件立案追诉标准的规定（二）（节录）
　　（2010年5月7日） ……………………………………………………（404）

（七十九）违规出具金融票证罪

中华人民共和国刑法（节录）
　　（2017年11月4日修正） ………………………………………………（406）
最高人民检察院　公安部
　　关于公安机关管辖的刑事案件立案追诉标准的规定（二）（节录）
　　（2010年5月7日） ……………………………………………………（406）

（八十）对违法票据承兑、付款、保证罪

中华人民共和国刑法（节录）
　　（2017年11月4日修正） ………………………………………………（408）
最高人民检察院　公安部
　　关于公安机关管辖的刑事案件立案追诉标准的规定（二）（节录）
　　（2010年5月7日） ……………………………………………………（409）

（八十一）非法转让、倒卖土地使用权罪

中华人民共和国刑法（节录）
　　（2017年11月4日修正） ………………………………………………（410）
全国人民代表大会常务委员会
　　关于《中华人民共和国刑法》第二百二十八条、第三百四十二条、
　　第四百一十条的解释
　　（2009年8月27日修正） ………………………………………………（410）
最高人民法院
　　关于个人违法建房出售行为如何适用法律问题的答复
　　（2010年11月1日） ……………………………………………………（411）

最高人民检察院　公安部
　　关于公安机关管辖的刑事案件立案追诉标准的规定（二）（节录）
　　　　（2010年5月7日） ………………………………………………（411）
最高人民检察院
　　关于加强查办危害土地资源渎职犯罪工作的指导意见（节录）
　　　　（2008年11月6日） ……………………………………………（412）
最高人民法院
　　关于审理破坏土地资源刑事案件具体应用法律若干问题的
　　　　解释（节录）
　　　　（2000年6月19日） ……………………………………………（412）

（八十二）私自开拆、隐匿、毁弃邮件、电报罪

中华人民共和国刑法（节录）
　　　　（2017年11月4日修正） ………………………………………（414）
最高人民法院　最高人民检察院　公安部　邮电部
　　关于加强查处破坏邮政通信案件工作的通知（节录）
　　　　（1983年11月17日） ……………………………………………（414）

（八十三）职务侵占罪

中华人民共和国刑法（节录）
　　　　（2017年11月4日修正） ………………………………………（416）
最高人民法院
　　关于常见犯罪的量刑指导意见（节录）
　　　　（2017年3月9日） ………………………………………………（416）
最高人民法院　最高人民检察院
　　关于办理贪污贿赂刑事案件适用法律若干问题的解释（节录）
　　　　（2016年4月18日） ……………………………………………（417）
最高人民法院　最高人民检察院
　　关于办理国家出资企业中职务犯罪案件具体应用法律若干问题的意见
　　　　（2010年11月26日） ……………………………………………（417）
最高人民法院　最高人民检察院
　　关于办理妨害预防、控制突发传染病疫情等灾害的刑事案件具体
　　　　应用法律若干问题的解释（节录）
　　　　（2003年5月14日） ……………………………………………（420）

全国人大常委会法制工作委员会
　　对关于公司人员利用职务上的便利采取欺骗等手段非法占有股东
　　　股权的行为如何定性处理的批复的意见
　　　（2005年12月1日） ………………………………………………（421）
最高人民法院
　　关于审理贪污、职务侵占案件如何认定共同犯罪几个问题的解释
　　　（2000年6月30日） ……………………………………………（421）
全国法院维护农村稳定刑事审判工作座谈会纪要（节录）
　　　（1999年10月27日） ……………………………………………（422）

（八十四）挪用资金罪

中华人民共和国刑法（节录）
　　　（2017年11月4日修正） …………………………………………（425）
最高人民法院　最高人民检察院
　　关于办理贪污贿赂刑事案件适用法律若干问题的解释（节录）
　　　（2016年4月18日） ……………………………………………（425）
最高人民法院　最高人民检察院
　　关于办理国家出资企业中职务犯罪案件具体应用法律若干问题的
　　　意见（节录）
　　　（2010年11月26日） ……………………………………………（426）
最高人民检察院　公安部
　　关于公安机关管辖的刑事案件立案追诉标准的规定（二）（节录）
　　　（2010年5月7日） ………………………………………………（426）
全国人民代表大会常务委员会法制工作委员会刑法室
　　关于挪用资金罪问题的答复
　　　（2004年9月8日） ………………………………………………（427）
最高人民法院研究室
　　关于挪用退休职工社会养老金行为如何适用法律问题的复函
　　　（2004年7月9日） ………………………………………………（427）
最高人民法院　最高人民检察院
　　关于办理妨害预防、控制突发传染病疫情等灾害的刑事案件具体
　　　应用法律若干问题的解释（节录）
　　　（2003年5月14日） ……………………………………………（428）

公安部
　关于村民小组组长以本组资金为他人担保贷款如何定性处理问题的
　　批复
　　　（2001年4月26日） ……………………………………………（428）
最高人民检察院
　关于挪用尚未注册成立公司资金的行为适用法律问题的批复
　　　（2000年10月9日） …………………………………………（429）
最高人民法院
　关于如何理解刑法第二百七十二条规定的"挪用本单位资金归个人
　　使用或者借贷给他人"问题的批复
　　　（2000年7月20日） …………………………………………（429）
最高人民法院
　关于对受委托管理、经营国有财产人员挪用国有资金行为如何定罪
　　问题的批复
　　　（2000年2月16日） …………………………………………（430）

（八十五）故意延误投递邮件罪

中华人民共和国刑法（节录）
　　　（2017年11月4日修正） ……………………………………（431）
最高人民检察院　公安部
　关于公安机关管辖的刑事案件立案追诉标准的规定（一）（节录）
　　　（2008年6月25日） …………………………………………（431）

（八十六）泄露不应公开的案件信息罪

中华人民共和国刑法（节录）
　　　（2017年11月4日修正） ……………………………………（432）

（八十七）披露、报道不应公开的案件信息罪

中华人民共和国刑法（节录）
　　　（2017年11月4日修正） ……………………………………（433）

由监察机关管辖的相关犯罪案件

（八十八）接送不合格兵员罪

中华人民共和国刑法（节录）
　　（2017年11月4日修正）··················（434）
最高人民检察院　公安部
　　关于公安机关管辖的刑事案件立案追诉标准的规定（一）（节录）
　　（2008年6月25日）··················（434）

一、贪污贿赂犯罪案件

由监察机关管辖的贪污贿赂犯罪案件

（一）贪污罪※

中华人民共和国刑法（节录）*

第一百八十三条 【职务侵占罪】 保险公司的工作人员利用职务上的便利，故意编造未曾发生的保险事故进行虚假理赔，骗取保险金归自己所有的，依照本法第二百七十一条的规定定罪处罚。

【贪污罪】 国有保险公司工作人员和国有保险公司委派到非国有保险公司从事公务的人员有前款行为的，依照本法第三百八十二条、第三百八十三条的规定定罪处罚。

第二百七十一条 【职务侵占罪】 公司、企业或者其他单位的人员，利用职务上的便利，将本单位财物非法占为己有，数额较大的，处五年以下有期徒刑或者拘役；数额巨大的，处五年以上有期徒刑，可以并处没收财产。

【贪污罪】 国有公司、企业或者其他国有单位中从事公务的人员和国有公司、企业或者其他国有单位委派到非国有公司、企业以及其他单位从事公务的人员有前款行为的，依照本法第三百八十二条、第三百八十三条的规定定罪处罚。

第三百八十二条 【贪污罪】 国家工作人员利用职务上的便利，侵吞、窃取、骗取或者以其他手段非法占有公共财物的，是贪污罪。

受国家机关、国有公司、企业、事业单位、人民团体委托管理、经营国有财产的人员，利用职务上的便利，侵吞、窃取、骗取或者以其他手段非法占有国有财物的，以贪污论。

与前两款所列人员勾结，伙同贪污的，以共犯论处。

---

* 编者注：根据1997年刑法和《全国人民代表大会常务委员会关于惩治骗购外汇、逃汇和非法买卖外汇犯罪的决定》及十部刑法修正案编纂。

第三百八十三条 对犯贪污罪的,根据情节轻重,分别依照下列规定处罚:

(一)贪污数额较大或者有其他较重情节的,处三年以下有期徒刑或者拘役,并处罚金。

(二)贪污数额巨大或者有其他严重情节的,处三年以上十年以下有期徒刑,并处罚金或者没收财产。

(三)贪污数额特别巨大或者有其他特别严重情节的,处十年以上有期徒刑或者无期徒刑,并处罚金或者没收财产;数额特别巨大,并使国家和人民利益遭受特别重大损失的,处无期徒刑或者死刑,并处没收财产。

对多次贪污未经处理的,按照累计贪污数额处罚。

犯第一款罪,在提起公诉前如实供述自己罪行、真诚悔罪、积极退赃,避免、减少损害结果的发生,有第一项规定情形的,可以从轻、减轻或者免除处罚;有第二项、第三项规定情形的,可以从轻处罚。

犯第一款罪,有第三项规定情形被判处死刑缓期执行的,人民法院根据犯罪情节等情况可以同时决定在其死刑缓期执行二年期满依法减为无期徒刑后,终身监禁,不得减刑、假释。

(编者注:本条经 2015 年 8 月 29 日《刑法修正案(九)》第四十四条修改。

1997 年刑法第三百八十三条原规定:"对犯贪污罪的,根据情节轻重,分别依照下列规定处罚:

"(一)个人贪污数额在十万元以上的,处十年以上有期徒刑或者无期徒刑,可以并处没收财产;情节特别严重的,处死刑,并处没收财产。

"(二)个人贪污数额在五万元以上不满十万元的,处五年以上有期徒刑,可以并处没收财产;情节特别严重的,处无期徒刑,并处没收财产。

"(三)个人贪污数额在五千元以上不满五万元的,处一年以上七年以下有期徒刑;情节严重的,处七年以上十年以下有期徒刑。个人贪污数额在五千元以上不满一万元,犯罪后有悔改表现、积极退赃的,可以减轻处罚或者免予刑事处罚,由其所在单位或者上级主管机关给予行政处分。

"(四)个人贪污数额不满五千元,情节较重的,处二年以下有期徒刑或者拘役;情节较轻的,由其所在单位或者上级主管机关酌情给予行政处分。

"对多次贪污未经处理的,按照累计贪污数额处罚。")

第三百九十四条 【贪污罪】 国家工作人员在国内公务活动或者对外交往中接受礼物,依照国家规定应当交公而不交公,数额较大的,依照本法第三百八十二条、第三百八十三条的规定定罪处罚。

全国人民代表大会常务委员会关于《中华人民共和国刑法》第九十三条第二款的解释[*]

(2000年4月29日第九届全国人民代表大会常务委员会第十五次会议通过)

全国人民代表大会常务委员会讨论了村民委员会等村基层组织人员在从事哪些工作时属于刑法第九十三条第二款规定的"其他依照法律从事公务的人员",解释如下:

村民委员会等村基层组织人员协助人民政府从事下列行政管理工作,属于刑法第九十三条第二款规定的"其他依照法律从事公务的人员":

(一) 救灾、抢险、防汛、优抚、扶贫、移民、救济款物的管理;

(二) 社会捐助公益事业款物的管理;

(三) 国有土地的经营和管理;

(四) 土地征收、征用补偿费用的管理;

(五) 代征、代缴税款;

(六) 有关计划生育、户籍、征兵工作;

(七) 协助人民政府从事的其他行政管理工作。

村民委员会等村基层组织人员从事前款规定的公务,利用职务上的便利,非法占有公共财物、挪用公款、索取他人财物或者非法收受他人财物,构成犯罪的,适用刑法第三百八十二条和第三百八十三条贪污罪、第三百八十四条挪用公款罪、第三百八十五条和第三百八十六条受贿罪的规定。

现予公告。

---

[*] 本解释根据2009年8月27日《全国人民代表大会常务委员会关于修改部分法律的决定》修改。

最高人民检察院
关于贪污养老、医疗等社会保险基金能否适用《最高人民法院、最高人民检察院关于办理贪污贿赂刑事案件适用法律若干问题的解释》第一条第二款第一项规定的批复

高检发释字〔2017〕1号

(2017年7月19日最高人民检察院第十二届检察委员会第六十七次会议通过 2017年7月26日最高人民检察院公告公布 自2017年8月7日起施行)

各省、自治区、直辖市人民检察院,解放军军事检察院,新疆生产建设兵团人民检察院:

近来,一些地方人民检察院就贪污养老、医疗等社会保险基金能否适用《最高人民法院、最高人民检察院关于办理贪污贿赂刑事案件适用法律若干问题的解释》第一条第二款第一项规定请示我院。经研究,批复如下:

养老、医疗、工伤、失业、生育等社会保险基金可以认定为《最高人民法院、最高人民检察院关于办理贪污贿赂刑事案件适用法律若干问题的解释》第一条第二款第一项规定的"特定款物"。

根据刑法和有关司法解释规定,贪污罪和挪用公款罪中的"特定款物"的范围有所不同,实践中应注意区分,依法适用。

此复。

最高人民法院
关于被告人林少钦受贿请示一案的答复

2017年2月13日　　〔2016〕最高法刑他5934号

福建省高级人民法院:

你院闽高法〔2016〕250号《关于立案追诉后因法律司法解释修改导致追诉时效发生变化的案件法律适用问题的请示》收悉。经研究,答复如下:

追诉时效是依照法律规定对犯罪分子追究刑事责任的期限,在追诉时效期限内,司法机关应当依法追究犯罪分子刑事责任。对于法院正在审理的贪

污贿赂案件，应当依据司法机关立案侦查时的法律规定认定追诉时效。依据立案侦查时的法律规定未过时效，且已经进入诉讼程序的案件，在新的法律规定生效后应当继续审理。

此复。

最高人民法院 最高人民检察院
关于办理贪污贿赂刑事案件适用法律若干问题的解释

法释〔2016〕9号

（2016年3月28日最高人民法院审判委员会第1680次会议、2016年3月25日最高人民检察院第十二届检察委员会第50次会议通过 2016年4月18日最高人民法院、最高人民检察院公告公布 自2016年4月18日起施行）

为依法惩治贪污贿赂犯罪活动，根据刑法有关规定，现就办理贪污贿赂刑事案件适用法律的若干问题解释如下：

第一条 贪污或者受贿数额在三万元以上不满二十万元的，应当认定为刑法第三百八十三条第一款规定的"数额较大"，依法判处三年以下有期徒刑或者拘役，并处罚金。

贪污数额在一万元以上不满三万元，具有下列情形之一的，应当认定为刑法第三百八十三条第一款规定的"其他较重情节"，依法判处三年以下有期徒刑或者拘役，并处罚金：

（一）贪污救灾、抢险、防汛、优抚、扶贫、移民、救济、防疫、社会捐助等特定款物的；

（二）曾因贪污、受贿、挪用公款受过党纪、行政处分的；

（三）曾因故意犯罪受过刑事追究的；

（四）赃款赃物用于非法活动的；

（五）拒不交待赃款赃物去向或者拒不配合追缴工作，致使无法追缴的；

（六）造成恶劣影响或者其他严重后果的。

受贿数额在一万元以上不满三万元，具有前款第二项至第六项规定的情形之一，或者具有下列情形之一的，应当认定为刑法第三百八十三条第一款规定的"其他较重情节"，依法判处三年以下有期徒刑或者拘役，并处罚金：

（一）多次索贿的；

（二）为他人谋取不正当利益，致使公共财产、国家和人民利益遭受损失的；

（三）为他人谋取职务提拔、调整的。

第二条 贪污或者受贿数额在二十万元以上不满三百万元的，应当认定为刑法第三百八十三条第一款规定的"数额巨大"，依法判处三年以上十年以下有期徒刑，并处罚金或者没收财产。

贪污数额在十万元以上不满二十万元，具有本解释第一条第二款规定的情形之一的，应当认定为刑法第三百八十三条第一款规定的"其他严重情节"，依法判处三年以上十年以下有期徒刑，并处罚金或者没收财产。

受贿数额在十万元以上不满二十万元，具有本解释第一条第三款规定的情形之一的，应当认定为刑法第三百八十三条第一款规定的"其他严重情节"，依法判处三年以上十年以下有期徒刑，并处罚金或者没收财产。

第三条 贪污或者受贿数额在三百万元以上的，应当认定为刑法第三百八十三条第一款规定的"数额特别巨大"，依法判处十年以上有期徒刑、无期徒刑或者死刑，并处罚金或者没收财产。

贪污数额在一百五十万元以上不满三百万元，具有本解释第一条第二款规定的情形之一的，应当认定为刑法第三百八十三条第一款规定的"其他特别严重情节"，依法判处十年以上有期徒刑、无期徒刑或者死刑，并处罚金或者没收财产。

受贿数额在一百五十万元以上不满三百万元，具有本解释第一条第三款规定的情形之一的，应当认定为刑法第三百八十三条第一款规定的"其他特别严重情节"，依法判处十年以上有期徒刑、无期徒刑或者死刑，并处罚金或者没收财产。

第四条 贪污、受贿数额特别巨大，犯罪情节特别严重、社会影响特别恶劣、给国家和人民利益造成特别重大损失的，可以判处死刑。

符合前款规定的情形，但具有自首，立功，如实供述自己罪行、真诚悔罪、积极退赃，或者避免、减少损害结果的发生等情节，不是必须立即执行的，可以判处死刑缓期二年执行。

符合第一款规定情形的，根据犯罪情节等情况可以判处死刑缓期二年执行，同时裁判决定在其死刑缓期执行二年期满依法减为无期徒刑后，终身监禁，不得减刑、假释。

第五条 挪用公款归个人使用，进行非法活动，数额在三万元以上的，应当依照刑法第三百八十四条的规定以挪用公款罪追究刑事责任；数额在三百万元以上的，应当认定为刑法第三百八十四条第一款规定的"数额巨大"。具有下列情形之一的，应当认定为刑法第三百八十四条第一款规定的"情严重"：

（一）挪用公款数额在一百万元以上的；

（二）挪用救灾、抢险、防汛、优抚、扶贫、移民、救济特定款物，数额在五十万元以上不满一百万元的；

（三）挪用公款不退还，数额在五十万元以上不满一百万元的；

（四）其他严重的情节。

第六条 挪用公款归个人使用，进行营利活动或者超过三个月未还，数额在五万元以上的，应当认定为刑法第三百八十四条第一款规定的"数额较大"；数额在五百万元以上的，应当认定为刑法第三百八十四条第一款规定的"数额巨大"。具有下列情形之一的，应当认定为刑法第三百八十四条第一款规定的"情节严重"：

（一）挪用公款数额在二百万元以上的；

（二）挪用救灾、抢险、防汛、优抚、扶贫、移民、救济特定款物，数额在一百万元以上不满二百万元的；

（三）挪用公款不退还，数额在一百万元以上不满二百万元的；

（四）其他严重的情节。

第七条 为谋取不正当利益，向国家工作人员行贿，数额在三万元以上的，应当依照刑法第三百九十条的规定以行贿罪追究刑事责任。

行贿数额在一万元以上不满三万元，具有下列情形之一的，应当依照刑法第三百九十条的规定以行贿罪追究刑事责任：

（一）向三人以上行贿的；

（二）将违法所得用于行贿的；

（三）通过行贿谋取职务提拔、调整的；

（四）向负有食品、药品、安全生产、环境保护等监督管理职责的国家工作人员行贿，实施非法活动的；

（五）向司法工作人员行贿，影响司法公正的；

（六）造成经济损失数额在五十万元以上不满一百万元的。

第八条 犯行贿罪，具有下列情形之一的，应当认定为刑法第三百九十条第一款规定的"情节严重"：

（一）行贿数额在一百万元以上不满五百万元的；

（二）行贿数额在五十万元以上不满一百万元，并具有本解释第七条第二款第一项至第五项规定的情形之一的；

（三）其他严重的情节。

为谋取不正当利益，向国家工作人员行贿，造成经济损失数额在一百万元以上不满五百万元的，应当认定为刑法第三百九十条第一款规定的"使国家利益遭受重大损失"。

第九条 犯行贿罪,具有下列情形之一的,应当认定为刑法第三百九十条第一款规定的"情节特别严重":

(一)行贿数额在五百万元以上的;

(二)行贿数额在二百五十万元以上不满五百万元,并具有本解释第七条第二款第一项至第五项规定的情形之一的;

(三)其他特别严重的情节。

为谋取不正当利益,向国家工作人员行贿,造成经济损失数额在五百万元以上的,应当认定为刑法第三百九十条第一款规定的"使国家利益遭受特别重大损失"。

第十条 刑法第三百八十八条之一规定的利用影响力受贿罪的定罪量刑适用标准,参照本解释关于受贿罪的规定执行。

刑法第三百九十条之一规定的对有影响力的人行贿罪的定罪量刑适用标准,参照本解释关于行贿罪的规定执行。

单位对有影响力的人行贿数额在二十万元以上的,应当依照刑法第三百九十条之一的规定以对有影响力的人行贿罪追究刑事责任。

第十一条 刑法第一百六十三条规定的非国家工作人员受贿罪、第二百七十一条规定的职务侵占罪中的"数额较大""数额巨大"的数额起点,按照本解释关于受贿罪、贪污罪相对应的数额标准规定的二倍、五倍执行。

刑法第二百七十二条规定的挪用资金罪中的"数额较大""数额巨大"以及"进行非法活动"情形的数额起点,按照本解释关于挪用公款罪"数额较大""情节严重"以及"进行非法活动"的数额标准规定的二倍执行。

刑法第一百六十四条第一款规定的对非国家工作人员行贿罪中的"数额较大""数额巨大"的数额起点,按照本解释第七条、第八条第一款关于行贿罪的数额标准规定的二倍执行。

第十二条 贿赂犯罪中的"财物",包括货币、物品和财产性利益。财产性利益包括可以折算为货币的物质利益如房屋装修、债务免除等,以及需要支付货币的其他利益如会员服务、旅游等。后者的犯罪数额,以实际支付或者应当支付的数额计算。

第十三条 具有下列情形之一的,应当认定为"为他人谋取利益",构成犯罪的,应当依照刑法关于受贿犯罪的规定定罪处罚:

(一)实际或者承诺为他人谋取利益的;

(二)明知他人有具体请托事项的;

(三)履职时未被请托,但事后基于该履职事由收受他人财物的。

国家工作人员索取、收受具有上下级关系的下属或者具有行政管理关系的被管理人员的财物价值三万元以上，可能影响职权行使的，视为承诺为他人谋取利益。

第十四条 根据行贿犯罪的事实、情节，可能被判处三年有期徒刑以下刑罚的，可以认定为刑法第三百九十条第二款规定的"犯罪较轻"。

根据犯罪的事实、情节，已经或者可能被判处十年有期徒刑以上刑罚的，或者案件在本省、自治区、直辖市或者全国范围内有较大影响的，可以认定为刑法第三百九十条第二款规定的"重大案件"。

具有下列情形之一的，可以认定为刑法第三百九十条第二款规定的"对侦破重大案件起关键作用"：

（一）主动交待办案机关未掌握的重大案件线索的；

（二）主动交待的犯罪线索不属于重大案件的线索，但该线索对于重大案件侦破有重要作用的；

（三）主动交待行贿事实，对于重大案件的证据收集有重要作用的；

（四）主动交待行贿事实，对于重大案件的追逃、追赃有重要作用的。

第十五条 对多次受贿未经处理的，累计计算受贿数额。

国家工作人员利用职务上的便利为请托人谋取利益前后多次收受请托人财物，受请托之前收受的财物数额在一万元以上的，应当一并计入受贿数额。

第十六条 国家工作人员出于贪污、受贿的故意，非法占有公共财物、收受他人财物之后，将赃款赃物用于单位公务支出或者社会捐赠的，不影响贪污罪、受贿罪的认定，但量刑时可以酌情考虑。

特定关系人索取、收受他人财物，国家工作人员知道后未退还或者上交的，应当认定国家工作人员具有受贿故意。

第十七条 国家工作人员利用职务上的便利，收受他人财物，为他人谋取利益，同时构成受贿罪和刑法分则第三章第三节、第九章规定的渎职犯罪的，除刑法另有规定外，以受贿罪和渎职犯罪数罪并罚。

第十八条 贪污贿赂犯罪分子违法所得的一切财物，应当依照刑法第六十四条的规定予以追缴或者责令退赔，对被害人的合法财产应当及时返还。对尚未追缴到案或者尚未足额退赔的违法所得，应当继续追缴或者责令退赔。

第十九条 对贪污罪、受贿罪判处三年以下有期徒刑或者拘役的，应当并处十万元以上五十万元以下的罚金；判处三年以上十年以下有期徒刑的，应当并处二十万元以上犯罪数额二倍以下的罚金或者没收财产；判处十年以上有期徒刑或者无期徒刑的，应当并处五十万元以上犯罪数额二倍以下的罚金或者没收财产。

对刑法规定并处罚金的其他贪污贿赂犯罪，应当在十万元以上犯罪数额二倍以下判处罚金。

第二十条 本解释自 2016 年 4 月 18 日起施行。最高人民法院、最高人民检察院此前发布的司法解释与本解释不一致的，以本解释为准。

最高人民法院关于《中华人民共和国刑法修正案（九）》时间效力问题的解释

法释〔2015〕19 号

（2015 年 10 月 19 日最高人民法院审判委员会第 1664 次会议通过 2015 年 10 月 29 日最高人民法院公告公布　自 2015 年 11 月 1 日起施行）

为正确适用《中华人民共和国刑法修正案（九）》，根据《中华人民共和国刑法》第十二条规定，现就人民法院 2015 年 11 月 1 日以后审理的刑事案件，具体适用修正前后刑法的有关问题规定如下：

第一条 对于 2015 年 10 月 31 日以前因利用职业便利实施犯罪，或者实施违背职业要求的特定义务的犯罪的，不适用修正后刑法第三十七条之一第一款的规定。其他法律、行政法规另有规定的，从其规定。

第二条 对于被判处死刑缓期执行的犯罪分子，在死刑缓期执行期间，且在 2015 年 10 月 31 日以前故意犯罪的，适用修正后刑法第五十条第一款的规定。

第三条 对于 2015 年 10 月 31 日以前一人犯数罪，数罪中有判处有期徒刑和拘役，有期徒刑和管制，或者拘役和管制，予以数罪并罚的，适用修正后刑法第六十九条第二款的规定。

第四条 对于 2015 年 10 月 31 日以前通过信息网络实施的刑法第二百四十六条第一款规定的侮辱、诽谤行为，被害人向人民法院告诉，但提供证据确有困难的，适用修正后刑法第二百四十六条第三款的规定。

第五条 对于 2015 年 10 月 31 日以前实施的刑法第二百六十条第一款规定的虐待行为，被害人没有能力告诉，或者因受到强制、威吓无法告诉的，适用修正后刑法第二百六十条第三款的规定。

第六条 对于 2015 年 10 月 31 日以前组织考试作弊，为他人组织考试作弊提供作弊器材或者其他帮助，以及非法向他人出售或者提供考试试题、答案，根据修正前刑法应当以非法获取国家秘密罪、非法生产、销售间谍专用器材罪或者故意泄露国家秘密罪等追究刑事责任的，适用修正前刑法的有关规定。但是，根据修正后刑法第二百八十四条之一的规定处刑较轻的，适用修正后刑法的有关规定。

第七条 对于 2015 年 10 月 31 日以前以捏造的事实提起民事诉讼，妨害司法秩序或者严重侵害他人合法权益，根据修正前刑法应当以伪造公司、企业、事业单位、人民团体印章罪或者妨害作证罪等追究刑事责任的，适用修正前刑法的有关规定。但是，根据修正后刑法第三百零七条之一的规定处刑较轻的，适用修正后刑法的有关规定。

实施第一款行为，非法占有他人财产或者逃避合法债务，根据修正前刑法应当以诈骗罪、职务侵占罪或者贪污罪等追究刑事责任的，适用修正前刑法的有关规定。

第八条 对于 2015 年 10 月 31 日以前实施贪污、受贿行为，罪行极其严重，根据修正前刑法判处死刑缓期执行不能体现罪刑相适应原则，而根据修正后刑法判处死刑缓期执行同时决定在其死刑缓期执行二年期满依法减为无期徒刑后，终身监禁，不得减刑、假释可以罚当其罪的，适用修正后刑法第三百八十三条第四款的规定。根据修正前刑法判处死刑缓期执行足以罚当其罪的，不适用修正后刑法第三百八十三条第四款的规定。

第九条 本解释自 2015 年 11 月 1 日起施行。

最高人民法院

关于发布第三批指导性案例的通知（节录）

2012 年 9 月 18 日　　　　　　　　　　　　　　法〔2012〕227 号

各省、自治区、直辖市高级人民法院，解放军军事法院，新疆维吾尔自治区高级人民法院生产建设兵团分院：

经最高人民法院审判委员会讨论决定，现将上海存亮贸易有限公司诉蒋志东、王卫明等买卖合同纠纷案等四个案例（指导案例 9~12 号），作为第三批指导性案例发布，供在审判类似案件时参照。

指导案例 11 号

杨延虎等贪污案

(最高人民法院审判委员会讨论通过 2012 年 9 月 18 日发布)

关键词 刑事 贪污罪 职务便利 骗取土地使用权

裁判要点

1. 贪污罪中的"利用职务上的便利",是指利用职务上主管、管理、经手公共财物的权力及方便条件,既包括利用本人职务上主管、管理公共财物的职务便利,也包括利用职务上有隶属关系的其他国家工作人员的职务便利。

2. 土地使用权具有财产性利益,属于刑法第三百八十二条第一款规定中的"公共财物",可以成为贪污的对象。

相关法条

《中华人民共和国刑法》第三百八十二条第一款

基本案情

被告人杨延虎 1996 年 8 月任浙江省义乌市委常委,2003 年 3 月任义乌市人大常委会副主任,2000 年 8 月兼任中国小商品城福田市场(2003 年 3 月改称中国义乌国际商贸城,简称国际商贸城)建设领导小组副组长兼指挥部总指挥,主持指挥部全面工作。2002 年,杨延虎得知义乌市稠城街道共和村将列入拆迁和旧村改造范围后,决定在该村购买旧房,利用其职务便利,在拆迁安置时骗取非法利益。杨延虎遂与被告人王月芳(杨延虎的妻妹)、被告人郑新潮(王月芳之夫)共谋后,由王、郑二人出面,通过共和村王某某,以王月芳的名义在该村购买赵某某的 3 间旧房(房产证登记面积 61.87 平方米,发证日期 1998 年 8 月 3 日)。按当地拆迁和旧村改造政策,赵某某有无该旧房,其所得安置土地面积均相同,事实上赵某某也按无房户得到了土地安置。2003 年 3、4 月份,为使 3 间旧房所占土地确权到王月芳名下,在杨延虎指使和安排下,郑新潮再次通过共和村王某某,让该村村民委员会及其成员出具了该 3 间旧房系王月芳 1983 年所建的虚假证明。杨延虎利用职务便利,要求兼任国际商贸城建设指挥部分管土地确权工作的副总指挥、义乌市国土资源局副局长吴某某和指挥部确权报批科人员,对王月芳拆迁安置、土地确权予以关照。国际商贸城建设指挥部遂将王月芳所购房屋作为有村证明但无产权证的旧房进行确权审核,上报义乌市国土资源局确权,并按丈量结果认定其占地面积64.7平方米。

此后，被告人杨延虎与郑新潮、王月芳等人共谋，在其岳父王某祥在共和村拆迁中可得25.5平方米土地确权的基础上，于2005年1月编造了由王月芳等人签名的申请报告，谎称"王某祥与王月芳共有三间半房屋，占地90.2平方米，二人在1986年分家，王某祥分得36.1平方米，王月芳分得54.1平方米，有关部门确认王某祥房屋25.5平方米、王月芳房屋64平方米有误"，要求义乌市国土资源局更正。随后，杨延虎利用职务便利，指使国际商贸城建设指挥部工作人员以该部名义对该申请报告盖章确认，并使该申请报告得到义乌市国土资源局和义乌市政府认可，从而让王月芳、王某祥分别获得72和54平方米（共126平方米）的建设用地审批。按王某祥的土地确权面积仅应得36平方米建设用地审批，其余90平方米系非法所得。2005年5月，杨延虎等人在支付选位费24.552万元后，在国际商贸城拆迁安置区获得两间店面72平方米土地的拆迁安置补偿（案发后，该72平方米的土地使用权被依法冻结）。该处地块在用作安置前已被国家征用并转为建设用地，属国有划拨土地。经评估，该处每平方米的土地使用权价值35270元。杨延虎等人非法所得的建设用地90平方米，按照当地拆迁安置规定，折合拆迁安置区店面的土地面积为72平方米，价值253.944万元，扣除其支付的24.552万元后，实际非法所得229.392万元。

此外，2001年至2007年间，被告人杨延虎利用职务便利，为他人承揽工程、拆迁安置、国有土地受让等谋取利益，先后非法收受或索取57万元，其中索贿5万元。

裁判结果

浙江省金华市中级人民法院于2008年12月15日作出（2008）金中刑二初字第30号刑事判决：一、被告人杨延虎犯贪污罪，判处有期徒刑十五年，并处没收财产二十万元；犯受贿罪，判处有期徒刑十一年，并处没收财产十万元；决定执行有期徒刑十八年，并处没收财产三十万元。二、被告人郑新潮犯贪污罪，判处有期徒刑五年。三、被告人王月芳犯贪污罪，判处有期徒刑三年。宣判后，三被告人均提出上诉。浙江省高级人民法院于2009年3月16日作出（2009）浙刑二终字第34号刑事裁定，驳回上诉，维持原判。

裁判理由

法院生效裁判认为：关于被告人杨延虎的辩护人提出杨延虎没有利用职务便利的辩护意见。经查，义乌国际商贸城指挥部系义乌市委、市政府为确保国际商贸城建设工程顺利进行而设立的机构，指挥部下设确权报批科，工作人员从国土资源局抽调，负责土地确权、建房建设用地的审核及报批工作，分管该科的副总指挥吴某某也是国土资源局的副局长。确权报批科作为指挥部下设机构，同时受指挥部的领导，作为指挥部总指挥的杨延虎具有对该科室的领导职权。贪污罪中的"利用职务上的便利"，是指利用职务上主管、管理、经手公共财物的权力及方便条件，既包括利用本人职务上主管、管理公共财物的职务便利，也包括利用职务上有隶属关系的其他国家工作人员的职务便利。本案中，杨延虎正是利用担任义乌市委常委、义乌市人大常委会副主任和兼任指挥部总指挥的职务便利，给下属的土地确权报批科人员及其分管副总指挥打招呼，才使得王月芳等人虚报的拆迁安置得以实现。

关于被告人杨延虎等人及其辩护人提出被告人王月芳应当获得土地安置补偿，涉案土地属于集体土地，不能构成贪污罪的辩护意见。经查，王月芳购房时系居民户口，按照法律规定和义乌市拆迁安置有关规定，不属于拆迁安置对象，不具备获得土地确权的资格，其在共和村所购房屋既不能获得土地确权，又不能得到拆迁安置补偿。杨延虎等人明知王月芳不符合拆迁安置条件，却利用杨延虎的职务便利，通过将王月芳所购房屋谎报为其祖传旧房、虚构王月芳与王某祥分家事实，骗得旧房拆迁安置资格，骗取国有土地确权。同时，由于杨延虎利用职务便利，杨延虎、王月芳等人弄虚作假，既使王月芳所购旧房的房主赵某某按无房户得到了土地安置补偿，又使本来不应获得土地安置补偿的王月芳获得了土地安置补偿。《中华人民共和国土地管理法》第二条、第九条规定，我国土地实行社会主义公有制，即全民所有制和劳动群众集体所有制，并可以依法确定给单位或者个人使用。对土地进行占有、使用、开发、经营、交易和流转，能够带来相应经济收益。因此，土地使用权自然具有财产性利益，无论国有土地，还是集体土地，都属于刑法第三百八十二条第一款规定中的"公共财物"，可以成为贪污的对象。王月芳名下安置的地块已在2002年8月被征为国有并转为建设用地，义乌市政府文件抄告单也明确该处的拆迁安置土地使用权登记核发国有土地使用权证。因此，杨延虎等人及其辩护人所提该项辩护意见，不能成立。

综上，被告人杨延虎作为国家工作人员，利用担任义乌市委常委、义乌市人大常委会副主任和兼任国际商贸城指挥部总指挥的职务便利，伙同被告人郑新潮、王月芳以虚构事实的手段，骗取国有土地使用权，非法占有公共财物，三被告人的行为均已构成贪污罪。杨延虎还利用职务便利，索取或收受他人贿赂，为他人谋取利益，其行为又构成受贿罪，应依法数罪并罚。在共同贪污犯罪中，杨延虎起主要作用，系主犯，应当按照其所参与或者组织、指挥的全部犯罪处罚；郑新潮、王月芳起次要作用，系从犯，应减轻处罚。故一、二审法院依法作出如上裁判。

最高人民法院 最高人民检察院
关于办理职务犯罪案件严格适用缓刑、免予刑事处罚若干问题的意见

2012年8月8日　　　　　　　　　　　　　　法发〔2012〕17号

为进一步规范贪污贿赂、渎职等职务犯罪案件缓刑、免予刑事处罚的适用，确保办理职务犯罪案件的法律效果和社会效果，根据刑法有关规定并结合司法工作实际，就职务犯罪案件缓刑、免予刑事处罚的具体适用问题，提出以下意见：

一、严格掌握职务犯罪案件缓刑、免予刑事处罚的适用。职务犯罪案件的刑罚适用直接关系反腐败工作的实际效果。人民法院、人民检察院要深刻认识职务犯罪的严重社会危害性，正确贯彻宽严相济刑事政策，充分发挥刑罚的惩治和预防功能。要在全面把握犯罪事实和量刑情节的基础上严格依照刑法规定的条件适用缓刑、免予刑事处罚，既要考虑从宽情节，又要考虑从严情节；既要做到刑罚与犯罪相当，又要做到刑罚执行方式与犯罪相当，切实避免缓刑、免予刑事处罚不当适用造成的消极影响。

二、具有下列情形之一的职务犯罪分子，一般不适用缓刑或者免予刑事处罚：

（一）不如实供述罪行的；

（二）不予退缴赃款赃物或者将赃款赃物用于非法活动的；

（三）属于共同犯罪中情节严重的主犯的；

（四）犯有数个职务犯罪依法实行并罚或者以一罪处理的；

（五）曾因职务违纪违法行为受过行政处分的；

（六）犯罪涉及的财物属于救灾、抢险、防汛、优抚、扶贫、移民、救济、防疫等特定款物的；

（七）受贿犯罪中具有索贿情节的；

（八）渎职犯罪中徇私舞弊情节或者滥用职权情节恶劣的；

（九）其他不应适用缓刑、免予刑事处罚的情形。

三、不具有本意见第二条规定的情形，全部退缴赃款赃物，依法判处三年有期徒刑以下刑罚，符合刑法规定的缓刑适用条件的贪污、受贿犯罪分子，可以适用缓刑；符合刑法第三百八十三条第一款第（三）项的规定，依法不需要判处刑罚的，可以免予刑事处罚。

不具有本意见第二条所列情形，挪用公款进行营利活动或者超过三个月未还构成犯罪，一审宣判前已将公款归还，依法判处三年有期徒刑以下刑罚，符合刑法规定的缓刑适用条件的，可以适用缓刑；在案发前已归还，情节轻微，不需要判处刑罚的，可以免予刑事处罚。

四、人民法院审理职务犯罪案件时应当注意听取检察机关、被告人、辩护人提出的量刑意见，分析影响性案件案发前后的社会反映，必要时可以征求案件查办等机关的意见。对于情节恶劣、社会反映强烈的职务犯罪案件，不得适用缓刑、免予刑事处罚。

五、对于具有本意见第二条规定的情形之一，但根据全案事实和量刑情节，检察机关认为确有必要适用缓刑或者免予刑事处罚并据此提出量刑建议的，应经检察委员会讨论决定；审理法院认为确有必要适用缓刑或者免予刑事处罚的，应经审判委员会讨论决定。

最高人民法院　最高人民检察院
关于办理国家出资企业中职务犯罪案件具体应用法律若干问题的意见

2010 年 11 月 26 日　　　　　　　　法发〔2010〕49 号

随着企业改制的不断推进，人民法院、人民检察院在办理国家出资企业中的贪污、受贿等职务犯罪案件时遇到了一些新情况、新问题。这些新情况、新问题具有一定的特殊性和复杂性，需要结合企业改制的特定历史条件，依法妥善地进行处理。现根据刑法规定和相关政策精神，就办理此类刑事案件具体应用法律的若干问题，提出以下意见：

一、关于国家出资企业工作人员在改制过程中隐匿公司、企业财产归个人持股的改制后公司、企业所有的行为的处理

国家工作人员或者受国家机关、国有公司、企业、事业单位、人民团体委托管理、经营国有财产的人员利用职务上的便利，在国家出资企业改制过程中故意通过低估资产、隐瞒债权、虚设债务、虚构产权交易等方式隐匿公司、企业财产，转为本人持有股份的改制后公司、企业所有，应当依法追究刑事责任的，依照刑法第三百八十二条、第三百八十三条的规定，以贪污罪定罪处罚。贪污数额一般应当以所隐匿财产全额计算；改制后公司、企业仍有国有股份的，按股份比例扣除归于国有的部分。

所隐匿财产在改制过程中已为行为人实际控制，或者国家出资企业改制已经完成的，以犯罪既遂处理。

第一款规定以外的人员实施该款行为的，依照刑法第二百七十一条的规定，以职务侵占罪定罪处罚；第一款规定以外的人员与第一款规定的人员共同实施该款行为的，以贪污罪的共犯论处。

在企业改制过程中未采取低估资产、隐瞒债权、虚设债务、虚构产权交易等方式故意隐匿公司、企业财产的，一般不应当认定为贪污；造成国有资产重大损失，依法构成刑法第一百六十八条或者第一百六十九条规定的犯罪的，依照该规定定罪处罚。

二、关于国有公司、企业在改制过程中隐匿公司、企业财产归职工集体持股的改制后公司、企业所有的行为的处理

国有公司、企业违反国家规定，在改制过程中隐匿公司、企业财产，转为职工集体持股的改制后公司、企业所有的，对其直接负责的主管人员和其他直接责任人员，依照刑法第三百九十六条第一款的规定，以私分国有资产罪定罪处罚。

改制后的公司、企业中只有改制前公司、企业的管理人员或者少数职工持股，改制前公司、企业的多数职工未持股的，依照本意见第一条的规定，以贪污罪定罪处罚。

三、关于国家出资企业工作人员使用改制公司、企业的资金担保个人贷款，用于购买改制公司、企业股份的行为的处理

国家出资企业的工作人员在公司、企业改制过程中为购买公司、企业股份，利用职务上的便利，将公司、企业的资金或者金融凭证、有价证券等用于个人贷款担保的，依照刑法第二百七十二条或者第三百八十四条的规定，以挪用资金罪或者挪用公款罪定罪处罚。

行为人在改制前的国家出资企业持有股份的，不影响挪用数额的认定，但量刑时应当酌情考虑。

经有关主管部门批准或者按照有关政策规定，国家出资企业的工作人员为购买改制公司、企业股份实施前款行为的，可以视具体情况不作为犯罪处理。

四、关于国家工作人员在企业改制过程中的渎职行为的处理

国家出资企业中的国家工作人员在公司、企业改制或者国有资产处置过程中严重不负责任或者滥用职权，致使国家利益遭受重大损失的，依照刑法第一百六十八条的规定，以国有公司、企业人员失职罪或者国有公司、企业人员滥用职权罪定罪处罚。

国家出资企业中的国家工作人员在公司、企业改制或者国有资产处置过程中徇私舞弊，将国有资产低价折股或者低价出售给其本人未持有股份的公司、企业或者其他个人，致使国家利益遭受重大损失的，依照刑法第一百六十九条的规定，以徇私舞弊低价折股、出售国有资产罪定罪处罚。

国家出资企业中的国家工作人员在公司、企业改制或者国有资产处置过程中徇私舞弊，将国有资产低价折股或者低价出售给特定关系人持有股份或者本人实际控制的公司、企业，致使国家利益遭受重大损失的，依照刑法第三百八十二条、第三百八十三条的规定，以贪污罪定罪处罚。贪污数额以国有资产的损失数额计算。

国家出资企业中的国家工作人员因实施第一款、第二款行为收受贿赂，同时又构成刑法第三百八十五条规定之罪的，依照处罚较重的规定定罪处罚。

五、关于改制前后主体身份发生变化的犯罪的处理

国家工作人员在国家出资企业改制前利用职务上的便利实施犯罪，在其不再具有国家工作人员身份后又实施同种行为，依法构成不同犯罪的，应当分别定罪，实行数罪并罚。

国家工作人员利用职务上的便利，在国家出资企业改制过程中隐匿公司、企业财产，在其不再具有国家工作人员身份后将所隐匿财产据为己有的，依照刑法第三百八十二条、第三百八十三条的规定，以贪污罪定罪处罚。

国家工作人员在国家出资企业改制过程中利用职务上的便利为请托人谋取利益，事先约定在其不再具有国家工作人员身份后收受请托人财物，或者在身份变化前后连续收受请托人财物的，依照刑法第三百八十五条、第三百八十六条的规定，以受贿罪定罪处罚。

六、关于国家出资企业中国家工作人员的认定

经国家机关、国有公司、企业、事业单位提名、推荐、任命、批准等，在国有控股、参股公司及其分支机构中从事公务的人员，应当认定为国家工作人员。具体的任命机构和程序，不影响国家工作人员的认定。

经国家出资企业中负有管理、监督国有资产职责的组织批准或者研究决定，代表其在国有控股、参股公司及其分支机构中从事组织、领导、监督、经营、管理工作的人员，应当认定为国家工作人员。

国家出资企业中的国家工作人员，在国家出资企业中持有个人股份或者同时接受非国有股东委托的，不影响其国家工作人员身份的认定。

七、关于国家出资企业的界定

本意见所称"国家出资企业"，包括国家出资的国有独资公司、国有独资企业，以及国有资本控股公司、国有资本参股公司。

是否属于国家出资企业不清楚的，应遵循"谁投资、谁拥有产权"的原则进行界定。企业注册登记中的资金来源与实际出资不符的，应根据实际出资情况确定企业的性质。企业实际出资情况不清楚的，可以综合工商注册、分配形式、经营管理等因素确定企业的性质。

八、关于宽严相济刑事政策的具体贯彻

办理国家出资企业中的职务犯罪案件时，要综合考虑历史条件、企业发展、职工就业、社会稳定等因素，注意具体情况具体分析，严格把握犯罪与一般违规行为的区分界限。对于主观恶意明显、社会危害严重、群众反映强烈的严重犯罪，要坚决依法从严惩处；对于特定历史条件下、为了顺利完成企业改制而实施的违反国家政策法律规定的行为，行为人无主观恶意或者主观恶意不明显，情节较轻，危害不大的，可以不作为犯罪处理。

对于国家出资企业中的职务犯罪，要加大经济上的惩罚力度，充分重视财产刑的适用和执行，最大限度地挽回国家和人民利益遭受的损失。不能退赃的，在决定刑罚时，应当作为重要情节予以考虑。

最高人民法院 最高人民检察院
关于办理职务犯罪案件认定自首、立功等量刑情节若干问题的意见（节录）

2009年3月12日　　　　　　　　　　法发〔2009〕13号

四、关于赃款赃物追缴等情形的处理

贪污案件中赃款赃物全部或者大部分追缴的，一般应当考虑从轻处罚。

受贿案件中赃款赃物全部或者大部分追缴的，视具体情况可以酌定从轻处罚。

犯罪分子及其亲友主动退赃或者在办案机关追缴赃款赃物过程中积极配合的，在量刑时应当与办案机关查办案件过程中依职权追缴赃款赃物的有所区别。

职务犯罪案件立案后，犯罪分子及其亲友自行挽回的经济损失，司法机关或者犯罪分子所在单位及其上级主管部门挽回的经济损失，或者因客观原因减少的经济损失，不予扣减，但可以作为酌情从轻处罚的情节。

最高人民法院研究室
关于对行为人通过伪造国家机关公文、证件担任国家工作人员职务并利用职务上的便利侵占本单位财物、收受贿赂、挪用本单位资金等行为如何适用法律问题的答复

2004 年 3 月 30 日　　　　　　　　　　法研〔2004〕38 号

北京市高级人民法院：

你院〔2004〕15 号《关于通过伪造国家机关公文、证件担任国家工作人员职务后利用职务便利侵占本单位财物、收受贿赂、挪用本单位资金的行为如何定性的请示》收悉。经研究，答复如下：

行为人通过伪造国家机关公文、证件担任国家工作人员职务以后，又利用职务上的便利实施侵占本单位财物、收受贿赂、挪用本单位资金等行为，构成犯罪的，应当分别以伪造国家机关公文、证件罪和相应的贪污罪、受贿罪、挪用公款罪等追究刑事责任，实行数罪并罚。

全国法院审理经济犯罪案件工作座谈会纪要（节录）

2003 年 11 月 13 日　　　　　　　　　　法〔2003〕167 号

二、关于贪污罪

（一）贪污罪既遂与未遂的认定

贪污罪是一种以非法占有为目的的财产性职务犯罪，与盗窃、诈骗、抢夺等侵犯财产罪一样，应当以行为人是否实际控制财物作为区分贪污罪既遂与未遂的标准。对于行为人利用职务上的便利，实施了虚假平账等贪污行为，但公共财物尚未实际转移，或者尚未被行为人控制就被查获的，应当认定为贪污未遂。行为人控制公共财物后，是否将财物据为己有，不影响贪污既遂的认定。

（二）"受委托管理、经营国有财产"的认定

刑法第三百八十二条第二款规定的"受委托管理、经营国有财产"，是指

因承包、租赁、临时聘用等管理、经营国有财产。

（三）国家工作人员与非国家工作人员勾结共同非法占有单位财物行为的认定

对于国家工作人员与他人勾结，共同非法占有单位财物的行为，应当按照《最高人民法院关于审理贪污、职务侵占案件如何认定共同犯罪几个问题的解释》的规定定罪处罚。对于在公司、企业或者其他单位中，非国家工作人员与国家工作人员勾结，分别利用各自的职务便利，共同将本单位财物非法占有的，应当尽量区分主从犯，按照主犯的犯罪性质定罪。司法实践中，如果根据案件的实际情况，各共同犯罪人在共同犯罪中的地位、作用相当，难以区分主从犯的，可以贪污罪定罪处罚。

（四）共同贪污犯罪中"个人贪污数额"的认定

刑法第三百八十三条第一款规定的"个人贪污数额"，在共同贪污犯罪案件中应理解为个人所参与或者组织、指挥共同贪污的数额，不能只按个人实际分得的赃款数额来认定。对共同贪污犯罪中的从犯，应当按照其所参与的共同贪污的数额确定量刑幅度，并依照刑法第二十七条第二款的规定，从轻、减轻处罚或者免除处罚。

最高人民法院　最高人民检察院
关于办理妨害预防、控制突发传染病疫情等灾害的刑事案件具体应用法律若干问题的解释（节录）

法释〔2003〕8号

（2003年5月13日最高人民法院审判委员会第1269次会议、
2003年5月13日最高人民检察院第十届检察委员会
第3次会议通过　2003年5月14日最高人民法院、
最高人民检察院公告公布　自2003年5月15日起施行）

第十四条　贪污、侵占用于预防、控制突发传染病疫情等灾害的款物或者挪用归个人使用，构成犯罪的，分别依照刑法第三百八十二条、第三百八十三条、第二百七十一条、第三百八十四条、第二百七十二条的规定，以贪污罪、职务侵占罪、挪用公款罪、挪用资金罪定罪，依法从重处罚。

挪用用于预防、控制突发传染病疫情等灾害的救灾、优抚、救济等款物，构成犯罪的，对直接责任人员，依照刑法第二百七十三条的规定，以挪用特定款物罪定罪处罚。

最高人民法院
关于审理贪污、职务侵占案件如何认定共同犯罪几个问题的解释（节录）

法释〔2000〕15号

（2000年6月27日最高人民法院审判委员会第1120次会议通过 2000年6月30日最高人民法院公告公布 自2000年7月8日起施行）

为依法审理贪污或者职务侵占犯罪案件，现就这类案件如何认定共同犯罪问题解释如下：

第一条 行为人与国家工作人员勾结，利用国家工作人员的职务便利，共同侵吞、窃取、骗取或者以其他手段非法占有公共财物的，以贪污罪共犯论处。

第二条 行为人与公司、企业或者其他单位的人员勾结，利用公司、企业或者其他单位人员的职务便利，共同将该单位财物非法占为己有，数额较大的，以职务侵占罪共犯论处。

第三条 公司、企业或者其他单位中，不具有国家工作人员身份的人与国家工作人员勾结，分别利用各自的职务便利，共同将本单位财物非法占为己有的，按照主犯的犯罪性质定罪。

最高人民检察院
关于人民检察院直接受理立案侦查案件立案标准的规定（试行）（节录）

高检发释字〔1999〕2号

（1999年8月6日最高人民检察院第九届检察委员会第41次会议通过 1999年9月16日最高人民检察院公告公布 自1999年9月16日起施行）

一、贪污贿赂犯罪案件

（一）贪污案（第382条、第383条，第183条第2款，第271条第2款，第394条）

贪污罪是指国家工作人员利用职务上的便利，侵吞、窃取、骗取或者以其他手段非法占有公共财物的行为。

"利用职务上的便利"是指利用职务上主管、管理、经手公共财物的权力及方便条件。

受国家机关、国有公司、企业、事业单位、人民团体委托管理、经营国有财产的人员，利用职务上的便利，侵吞、窃取、骗取或者以其他手段非法占有国有财物的，以贪污罪追究其刑事责任。

"受委托管理、经营国有财产"是指因承包、租赁、聘用等而管理、经营国有财产。

国有保险公司的工作人员和国有保险公司委派到非国有保险公司从事公务的人员利用职务上的便利，故意编造未曾发生的保险事故进行虚假理赔，骗取保险金归自己所有的，以贪污罪追究刑事责任。

国有公司、企业或者其他国有单位中从事公务的人员和国有公司、企业或者其他国有单位委派到非国有公司、企业以及其他非国有单位从事公务的人员，利用职务上的便利，将本单位财物非法占为己有的，以贪污罪追究刑事责任。

国家工作人员在国内公务活动或者对外交往中接受礼物，依照国家规定应当交公而不交公，数额较大的，以贪污罪追究刑事责任。

涉嫌下列情形之一的，应予立案：

1. 个人贪污数额在五千元以上的；

2. 个人贪污数额不满五千元，但具有贪污救灾、抢险、防汛、防疫、优抚、扶贫、移民、救济款物及募捐款物、赃款赃物、罚没款物、暂扣款物，以及贪污手段恶劣、毁灭证据、转移赃物等情节的。

（二）受贿罪※

中华人民共和国刑法（节录）*

第一百六十三条 【非国家工作人员受贿罪】 公司、企业或者其他单位的工作人员利用职务上的便利，索取他人财物或者非法收受他人财物，为他人谋取利益，数额较大的，处五年以下有期徒刑或者拘役；数额巨大的，处五年以上有期徒刑，可以并处没收财产。

公司、企业或者其他单位的工作人员在经济往来中，利用职务上的便利，违反国家规定，收受各种名义的回扣、手续费，归个人所有的，依照前款的规定处罚。

（编者注：本条经 2006 年 6 月 29 日《刑法修正案（六）》第七条修改。

1997 年刑法第一百六十三条原规定："公司、企业的工作人员利用职务上的便利，索取他人财物或者非法收受他人财物，为他人谋取利益，数额较大的，处五年以下有期徒刑或者拘役；数额巨大的，处五年以上有期徒刑，可以并处没收财产。

"公司、企业的工作人员在经济往来中，违反国家规定，收受各种名义的回扣、手续费，归个人所有的，依照前款的规定处罚。

"国有公司、企业中从事公务的人员和国有公司、企业委派到非国有公司、企业从事公务的人员有前两款行为的，依照本法第三百八十五条、第三百八十六条的规定定罪处罚。"）

【受贿罪】 国有公司、企业或者其他国有单位中从事公务的人员和国有公司、企业或者其他国有单位委派到非国有公司、企业以及其他单位从事公务的人员有前两款行为的，依照本法第三百八十五条、第三百八十六条的规定定罪处罚。

第一百八十四条 【非国家工作人员受贿罪】 银行或者其他金融机构的工作人员在金融业务活动中索取他人财物或者非法收受他人财物，为他人谋取利益的，或者违反国家规定，收受各种名义的回扣、手续费，归个人所

---

* 编者注：根据 1997 年刑法和《全国人民代表大会常务委员会关于惩治骗购外汇、逃汇和非法买卖外汇犯罪的决定》及十部刑法修正案编纂。

有的，依照本法第一百六十三条的规定定罪处罚。

【受贿罪】 国有金融机构工作人员和国有金融机构委派到非国有金融机构从事公务的人员有前款行为的，依照本法第三百八十五条、第三百八十六条的规定定罪处罚。

第三百八十五条 【受贿罪】 国家工作人员利用职务上的便利，索取他人财物的，或者非法收受他人财物，为他人谋取利益的，是受贿罪。

国家工作人员在经济往来中，违反国家规定，收受各种名义的回扣、手续费，归个人所有的，以受贿论处。

第三百八十六条 对犯受贿罪的，根据受贿所得数额及情节，依照本法第三百八十三条的规定处罚。索贿的从重处罚。

第三百八十八条 【受贿罪】 国家工作人员利用本人职权或者地位形成的便利条件，通过其他国家工作人员职务上的行为，为请托人谋取不正当利益，索取请托人财物或者收受请托人财物的，以受贿论处。

全国人民代表大会常务委员会关于《中华人民共和国刑法》第九十三条第二款的解释*

（2000年4月29日第九届全国人民代表大会
常务委员会第十五次会议通过）

全国人民代表大会常务委员会讨论了村民委员会等村基层组织人员在从事哪些工作时属于刑法第九十三条第二款规定的"其他依照法律从事公务的人员"，解释如下：

村民委员会等村基层组织人员协助人民政府从事下列行政管理工作，属于刑法第九十三条第二款规定的"其他依照法律从事公务的人员"：

（一）救灾、抢险、防汛、优抚、扶贫、移民、救济款物的管理；
（二）社会捐助公益事业款物的管理；
（三）国有土地的经营和管理；
（四）土地征收、征用补偿费用的管理；
（五）代征、代缴税款；
（六）有关计划生育、户籍、征兵工作；

---

* 本解释根据2009年8月27日《全国人民代表大会常务委员会关于修改部分法律的决定》修改。

(七)协助人民政府从事的其他行政管理工作。

村民委员会等村基层组织人员从事前款规定的公务,利用职务上的便利,非法占有公共财物、挪用公款、索取他人财物或者非法收受他人财物,构成犯罪的,适用刑法第三百八十二条和第三百八十三条贪污罪、第三百八十四条挪用公款罪、第三百八十五条和第三百八十六条受贿罪的规定。

现予公告。

<h2 style="text-align:center;">最高人民法院
关于被告人林少钦受贿请示一案的答复</h2>

2017年2月13日　　　　　　　　　　〔2016〕最高法刑他5934号

福建省高级人民法院:

你院闽高法〔2016〕250号《关于立案追诉后因法律司法解释修改导致追诉时效发生变化的案件法律适用问题的请示》收悉。经研究,答复如下:

追诉时效是依照法律规定对犯罪分子追究刑事责任的期限,在追诉时效期限内,司法机关应当依法追究犯罪分子刑事责任。对于法院正在审理的贪污贿赂案件,应当依据司法机关立案侦查时的法律规定认定追诉时效。依据立案侦查时的法律规定未过时效,且已经进入诉讼程序的案件,在新的法律规定生效后应当继续审理。

此复。

<h2 style="text-align:center;">最高人民法院　最高人民检察院
关于办理贪污贿赂刑事案件适用法律
若干问题的解释</h2>

法释〔2016〕9号

(2016年3月28日最高人民法院审判委员会第1680次会议、2016年3月25日最高人民检察院第十二届检察委员会第50次会议通过　2016年4月18日最高人民法院、最高人民检察院公告公布　自2016年4月18日起施行)

为依法惩治贪污贿赂犯罪活动,根据刑法有关规定,现就办理贪污贿赂刑事案件适用法律的若干问题解释如下:

第一条 贪污或者受贿数额在三万元以上不满二十万元的,应当认定为刑法第三百八十三条第一款规定的"数额较大",依法判处三年以下有期徒刑或者拘役,并处罚金。

贪污数额在一万元以上不满三万元,具有下列情形之一的,应当认定为刑法第三百八十三条第一款规定的"其他较重情节",依法判处三年以下有期徒刑或者拘役,并处罚金:

(一) 贪污救灾、抢险、防汛、优抚、扶贫、移民、救济、防疫、社会捐助等特定款物的;

(二) 曾因贪污、受贿、挪用公款受过党纪、行政处分的;

(三) 曾因故意犯罪受过刑事追究的;

(四) 赃款赃物用于非法活动的;

(五) 拒不交待赃款赃物去向或者拒不配合追缴工作,致使无法追缴的;

(六) 造成恶劣影响或者其他严重后果的。

受贿数额在一万元以上不满三万元,具有前款第二项至第六项规定的情形之一,或者具有下列情形之一的,应当认定为刑法第三百八十三条第一款规定的"其他较重情节",依法判处三年以下有期徒刑或者拘役,并处罚金:

(一) 多次索贿的;

(二) 为他人谋取不正当利益,致使公共财产、国家和人民利益遭受损失的;

(三) 为他人谋取职务提拔、调整的。

第二条 贪污或者受贿数额在二十万元以上不满三百万元的,应当认定为刑法第三百八十三条第一款规定的"数额巨大",依法判处三年以上十年以下有期徒刑,并处罚金或者没收财产。

贪污数额在十万元以上不满二十万元,具有本解释第一条第二款规定的情形之一的,应当认定为刑法第三百八十三条第一款规定的"其他严重情节",依法判处三年以上十年以下有期徒刑,并处罚金或者没收财产。

受贿数额在十万元以上不满二十万元,具有本解释第一条第三款规定的情形之一的,应当认定为刑法第三百八十三条第一款规定的"其他严重情节",依法判处三年以上十年以下有期徒刑,并处罚金或者没收财产。

第三条 贪污或者受贿数额在三百万元以上的,应当认定为刑法第三百八十三条第一款规定的"数额特别巨大",依法判处十年以上有期徒刑、无期徒刑或者死刑,并处罚金或者没收财产。

贪污数额在一百五十万元以上不满三百万元,具有本解释第一条第二款规定的情形之一的,应当认定为刑法第三百八十三条第一款规定的"其他特别严重情节",依法判处十年以上有期徒刑、无期徒刑或者死刑,并处罚金或者没收财产。

受贿数额在一百五十万元以上不满三百万元，具有本解释第一条第三款规定的情形之一的，应当认定为刑法第三百八十三条第一款规定的"其他特别严重情节"，依法判处十年以上有期徒刑、无期徒刑或者死刑，并处罚金或者没收财产。

第四条 贪污、受贿数额特别巨大，犯罪情节特别严重、社会影响特别恶劣、给国家和人民利益造成特别重大损失的，可以判处死刑。

符合前款规定的情形，但具有自首，立功，如实供述自己罪行、真诚悔罪、积极退赃，或者避免、减少损害结果的发生等情节，不是必须立即执行的，可以判处死刑缓期二年执行。

符合第一款规定情形的，根据犯罪情节等情况可以判处死刑缓期二年执行，同时裁判决定在其死刑缓期执行二年期满依法减为无期徒刑后，终身监禁，不得减刑、假释。

第五条 挪用公款归个人使用，进行非法活动，数额在三万元以上的，应当依照刑法第三百八十四条的规定以挪用公款罪追究刑事责任；数额在三百万元以上的，应当认定为刑法第三百八十四条第一款规定的"数额巨大"。具有下列情形之一的，应当认定为刑法第三百八十四条第一款规定的"情节严重"：

（一）挪用公款数额在一百万元以上的；

（二）挪用救灾、抢险、防汛、优抚、扶贫、移民、救济特定款物，数额在五十万元以上不满一百万元的；

（三）挪用公款不退还，数额在五十万元以上不满一百万元的；

（四）其他严重的情节。

第六条 挪用公款归个人使用，进行营利活动或者超过三个月未还，数额在五万元以上的，应当认定为刑法第三百八十四条第一款规定的"数额较大"；数额在五百万元以上的，应当认定为刑法第三百八十四条第一款规定的"数额巨大"。具有下列情形之一的，应当认定为刑法第三百八十四条第一款规定的"情节严重"：

（一）挪用公款数额在二百万元以上的；

（二）挪用救灾、抢险、防汛、优抚、扶贫、移民、救济特定款物，数额在一百万元以上不满二百万元的；

（三）挪用公款不退还，数额在一百万元以上不满二百万元的；

（四）其他严重的情节。

第七条 为谋取不正当利益，向国家工作人员行贿，数额在三万元以上的，应当依照刑法第三百九十条的规定以行贿罪追究刑事责任。

行贿数额在一万元以上不满三万元,具有下列情形之一的,应当依照刑法第三百九十条的规定以行贿罪追究刑事责任:

(一) 向三人以上行贿的;

(二) 将违法所得用于行贿的;

(三) 通过行贿谋取职务提拔、调整的;

(四) 向负有食品、药品、安全生产、环境保护等监督管理职责的国家工作人员行贿,实施非法活动的;

(五) 向司法工作人员行贿,影响司法公正的;

(六) 造成经济损失数额在五十万元以上不满一百万元的。

第八条 犯行贿罪,具有下列情形之一的,应当认定为刑法第三百九十条第一款规定的"情节严重":

(一) 行贿数额在一百万元以上不满五百万元的;

(二) 行贿数额在五十万元以上不满一百万元,并具有本解释第七条第二款第一项至第五项规定的情形之一的;

(三) 其他严重的情节。

为谋取不正当利益,向国家工作人员行贿,造成经济损失数额在一百万元以上不满五百万元的,应当认定为刑法第三百九十条第一款规定的"使国家利益遭受重大损失"。

第九条 犯行贿罪,具有下列情形之一的,应当认定为刑法第三百九十条第一款规定的"情节特别严重":

(一) 行贿数额在五百万元以上的;

(二) 行贿数额在二百五十万元以上不满五百万元,并具有本解释第七条第二款第一项至第五项规定的情形之一的;

(三) 其他特别严重的情节。

为谋取不正当利益,向国家工作人员行贿,造成经济损失数额在五百万元以上的,应当认定为刑法第三百九十条第一款规定的"使国家利益遭受特别重大损失"。

第十条 刑法第三百八十八条之一规定的利用影响力受贿罪的定罪量刑适用标准,参照本解释关于受贿罪的规定执行。

刑法第三百九十条之一规定的对有影响力的人行贿罪的定罪量刑适用标准,参照本解释关于行贿罪的规定执行。

单位对有影响力的人行贿数额在二十万元以上的,应当依照刑法第三百九十条之一的规定以对有影响力的人行贿罪追究刑事责任。

第十一条 刑法第一百六十三条规定的非国家工作人员受贿罪、第二百七十一条规定的职务侵占罪中的"数额较大""数额巨大"的数额起点,按照本解释关于受贿罪、贪污罪相对应的数额标准规定的二倍、五倍执行。

刑法第二百七十二条规定的挪用资金罪中的"数额较大""数额巨大"以及"进行非法活动"情形的数额起点，按照本解释关于挪用公款罪"数额较大""情节严重"以及"进行非法活动"的数额标准规定的二倍执行。

刑法第一百六十四条第一款规定的对非国家工作人员行贿罪中的"数额较大""数额巨大"的数额起点，按照本解释第七条、第八条第一款关于行贿罪的数额标准规定的二倍执行。

第十二条 贿赂犯罪中的"财物"，包括货币、物品和财产性利益。财产性利益包括可以折算为货币的物质利益如房屋装修、债务免除等，以及需要支付货币的其他利益如会员服务、旅游等。后者的犯罪数额，以实际支付或者应当支付的数额计算。

第十三条 具有下列情形之一的，应当认定为"为他人谋取利益"，构成犯罪的，应当依照刑法关于受贿犯罪的规定定罪处罚：

（一）实际或者承诺为他人谋取利益的；

（二）明知他人有具体请托事项的；

（三）履职时未被请托，但事后基于该履职事由收受他人财物的。

国家工作人员索取、收受具有上下级关系的下属或者具有行政管理关系的被管理人员的财物价值三万元以上，可能影响职权行使的，视为承诺为他人谋取利益。

第十四条 根据行贿犯罪的事实、情节，可能被判处三年有期徒刑以下刑罚的，可以认定为刑法第三百九十条第二款规定的"犯罪较轻"。

根据犯罪的事实、情节，已经或者可能被判处十年有期徒刑以上刑罚的，或者案件在本省、自治区、直辖市或者全国范围内有较大影响的，可以认定为刑法第三百九十条第二款规定的"重大案件"。

具有下列情形之一的，可以认定为刑法第三百九十条第二款规定的"对侦破重大案件起关键作用"：

（一）主动交待办案机关未掌握的重大案件线索的；

（二）主动交待的犯罪线索不属于重大案件的线索，但该线索对于重大案件侦破有重要作用的；

（三）主动交待行贿事实，对于重大案件的证据收集有重要作用的；

（四）主动交待行贿事实，对于重大案件的追逃、追赃有重要作用的。

第十五条 对多次受贿未经处理的，累计计算受贿数额。

国家工作人员利用职务上的便利为请托人谋取利益前后多次收受请托人财物，受请托之前收受的财物数额在一万元以上的，应当一并计入受贿数额。

第十六条 国家工作人员出于贪污、受贿的故意，非法占有公共财物、收受他人财物之后，将赃款赃物用于单位公务支出或者社会捐赠的，不影响贪污罪、受贿罪的认定，但量刑时可以酌情考虑。

特定关系人索取、收受他人财物，国家工作人员知道后未退还或者上交的，应当认定国家工作人员具有受贿故意。

第十七条 国家工作人员利用职务上的便利，收受他人财物，为他人谋取利益，同时构成受贿罪和刑法分则第三章第三节、第九章规定的渎职犯罪的，除刑法另有规定外，以受贿罪和渎职犯罪数罪并罚。

第十八条 贪污贿赂犯罪分子违法所得的一切财物，应当依照刑法第六十四条的规定予以追缴或者责令退赔，对被害人的合法财产应当及时返还。对尚未追缴到案或者尚未足额退赔的违法所得，应当继续追缴或者责令退赔。

第十九条 对贪污罪、受贿罪判处三年以下有期徒刑或者拘役的，应当并处十万元以上五十万元以下的罚金；判处三年以上十年以下有期徒刑的，应当并处二十万元以上犯罪数额二倍以下的罚金或者没收财产；判处十年以上有期徒刑或者无期徒刑的，应当并处五十万元以上犯罪数额二倍以下的罚金或者没收财产。

对刑法规定并处罚金的其他贪污贿赂犯罪，应当在十万元以上犯罪数额二倍以下判处罚金。

第二十条 本解释自 2016 年 4 月 18 日起施行。最高人民法院、最高人民检察院此前发布的司法解释与本解释不一致的，以本解释为准。

最高人民检察院
关于印发第四批指导性案例的通知（节录）

2014 年 2 月 20 日　　　　　　　　　　高检发研字〔2014〕2 号

各省、自治区、直辖市人民检察院，军事检察院，新疆生产建设兵团人民检察院：

经 2014 年 2 月 19 日最高人民检察院第十二届检察委员会第十七次会议决定，现将柳立国等人生产、销售有毒、有害食品，生产、销售伪劣产品案等五个案例印发你们，供参考。

赛跃、韩成武受贿、食品监管渎职案

(检例第 16 号)

【关键词】

受贿罪　食品监管渎职罪

【要旨】

负有食品安全监督管理职责的国家机关工作人员，滥用职权或玩忽职守，导致发生重大食品安全事故或者造成其他严重后果的，应当认定为食品监管渎职罪。在渎职过程中受贿的，应当以食品监管渎职罪和受贿罪实行数罪并罚。

【相关立法】

《中华人民共和国刑法》第三百八十五条　第四百零八条之一

【基本案情】

被告人赛跃，男，云南省人，1965 年出生，原系云南省嵩明县质量技术监督局（以下简称嵩明县质监局）局长。

被告人韩成武，男，云南省人，1963 年出生，原系嵩明县质监局副局长。

2011 年 9 月 17 日，根据群众举报称云南丰瑞粮油工业产业有限公司（位于云南省嵩明县杨林工业园区，以下简称杨林丰瑞公司）违法生产地沟油，时任嵩明县质监局局长、副局长的赛跃、韩成武等人到杨林丰瑞公司现场检查，查获该公司无生产许可证，其生产区域的配套的食用油加工设备以"调试设备"之名在生产，现场有生产用原料毛猪油 2244.912 吨，其中有的外包装无标签标识等，不符合食品安全标准。9 月 21 日，被告人赛跃、韩成武没有计量核实毛猪油数量、来源，仅凭该公司人员陈述 500 吨，而对毛猪油 591.4 吨及生产用活性土 30 吨、无证生产的菜油 100 吨进行封存。同年 10 月 22 日，韩成武以"杨林丰瑞公司采购的原料共 59.143 吨不符合食品安全标准"建议立案查处，赛跃同意立案，并召开案审会经集体讨论，决定对杨林丰瑞公司给予行政处罚。10 月 24 日，嵩明县质监局作出对杨林丰瑞公司给予销毁不符合安全标准的原材料和罚款 1419432 元的行政处罚告知，并将行政处罚告知书送达该公司。之后，该公司申请从轻、减轻处罚。同年 12 月 9 日，赛跃、韩成武以企业配合调查及经济困难为由，未经集体讨论，决定减轻对杨林丰瑞公司的行政处罚，嵩明县质监局于 12 月 12 日作出行政处罚决定书，对杨林丰瑞公司作出销毁不符合食品安全标准的原料和罚款 20 万元的处罚，并下达责令改正通知书，责令杨林丰瑞公司于2011年12月27日前改正"采购的原料毛猪油不符合食品安全标准"的违法行为。12月13日，嵩明县质监局解除了对毛猪油、活性土、菜油的封存，实际并未销毁该批原料。致使杨林丰瑞公司在2011年11月至2012年3月期间，使用已查获的原料无证生产食用猪油并流入社会，对人民群众的生命健康造成较大隐患。

2011年10月至11月间，被告人赛跃、韩成武在查处该案的过程中，先后两次在办公室收受该公司吴庆伟（另案处理）分别送给的人民币10万元、3万元。

2012年3月13日，公安机关以该公司涉嫌生产、销售有毒、有害食品罪立案侦查。3月20日，赛跃和韩成武得知该情况后，更改相关文书材料、销毁原始行政处罚文书、伪造质监局分析协调会、案审会记录及杨林丰瑞公司毛猪油原材料的销毁材料，将所收受的13万受贿款作为对杨林丰瑞公司的罚款存入罚没账户。

【诉讼过程】

2012年5月4日，赛跃、韩成武因涉嫌徇私舞弊不移交刑事案件罪、受贿罪被云南省嵩明县人民检察院立案侦查，韩成武于5月7日被刑事拘留，赛跃于5月8日被刑事拘留，5月21日二人被逮捕。

该案由云南省嵩明县人民检察院反渎职侵权局侦查终结后，移送该院公诉部门审查起诉。云南省嵩明县人民检察院经审查认为，被告人赛跃、韩成武作为负有食品安全监督管理职责的国家机关工作人员，未认真履行职责，失职、渎职造成大量的问题猪油流向市场，后果特别严重；同时二被告人利用职务上的便利，非法收受他人贿赂，为他人谋取利益，二被告人之行为已触犯《中华人民共和国刑法》第四百零八条之一、第三百八十五条第一款之规定，应当以食品监管渎职罪、受贿罪追究刑事责任。2012年9月5日，云南省嵩明县人民检察院以被告人赛跃、韩成武犯食品监管渎职罪、受贿罪向云南省嵩明县人民法院提起公诉。

2012年11月26日，云南省嵩明县人民法院一审认为，被告人赛跃、韩成武作为国家工作人员，利用职务上的便利，非法收受他人财物，为他人谋取利益，其行为已构成受贿罪；被告人赛跃、韩成武作为质监局工作人员，在查办杨林丰瑞公司无生产许可证生产有毒、有害食品案件中玩忽职守、滥用职权，致使查获的不符合食品安全标准的原料用于生产，有毒、有害油脂流入社会，造成严重后果，其行为还构成食品监管渎职罪。鉴于杨林丰瑞公司被公安机关查处后，赛跃、韩成武向领导如实汇报受贿事实，且将受贿款以"罚款"上交，属自首，可从轻、减轻处罚。依照刑法相关条款之规定，判决被告人赛跃犯受贿罪和食品监管渎职罪，数罪并罚，判处有期徒刑六年；

韩成武犯受贿罪和食品监管渎职罪,数罪并罚,判处有期徒刑二年六个月。

一审宣判后,赛跃、韩成武提出上诉。

2013年4月20日,云南省昆明市中级人民法院二审裁定驳回上诉,维持原判。

指导案例 3 号

潘玉梅、陈宁受贿案

(最高人民法院审判委员会讨论通过　2011 年 12 月 20 日发布)

关键词　刑事　受贿罪　"合办"公司受贿　低价购房受贿承诺谋利　受贿数额计算　掩饰受贿退赃

裁判要点

1. 国家工作人员利用职务上的便利为请托人谋取利益,并与请托人以"合办"公司的名义获取"利润",没有实际出资和参与经营管理的,以受贿论处。

2. 国家工作人员明知他人有请托事项而收受其财物,视为承诺"为他人谋取利益",是否已实际为他人谋取利益或谋取到利益,不影响受贿的认定。

3. 国家工作人员利用职务上的便利为请托人谋取利益,以明显低于市场的价格向请托人购买房屋等物品的,以受贿论处,受贿数额按照交易时当地市场价格与实际支付价格的差额计算。

4. 国家工作人员收受财物后,因与其受贿有关联的人、事被查处,为掩饰犯罪而退还的,不影响认定受贿罪。

相关法条

《中华人民共和国刑法》第三百八十五条第一款

基本案情

2003年8、9月间,被告人潘玉梅、陈宁分别利用担任江苏省南京市栖霞区迈皋桥街道工委书记、迈皋桥办事处主任的职务便利,为南京某房地产开发有限公司总经理陈某在迈皋桥创业园区低价获取 100 亩土地等提供帮助,并于 9 月 3 日分别以其亲属名义与陈某共同注册成立南京多贺工贸有限责任公司(简称多贺公司),以"开发"上述土地。潘玉梅、陈宁既未实际出资,也未参与该公司经营管理。2004 年 6 月,陈某以多贺公司的名义将该公司及其土地转让给南京某体育用品有限公司,潘玉梅、陈宁以参与利润分配名义,分别收受陈某给予的 480 万元。2007 年 3 月，陈宁因潘玉梅被调查，在美国出差期间安排其驾驶员退给陈某 80 万元。案发后，潘玉梅、陈宁所得赃款及赃款收益均被依法追缴。

2004 年 2 月至 10 月，被告人潘玉梅、陈宁分别利用担任迈皋桥街道工委书记、迈皋桥办事处主任的职务之便，为南京某置业发展有限公司在迈皋桥创业园购买土地提供帮助，并先后 4 次各收受该公司总经理吴某某给予的 50 万元。

2004 年上半年，被告人潘玉梅利用担任迈皋桥街道工委书记的职务便利，为南京某发展有限公司受让金桥大厦项目减免 100 万元费用提供帮助，并在购买对方开发的一处房产时接受该公司总经理许某某为其支付的房屋差价款和相关税费 61 万余元（房价含税费 121.0817 万元，潘支付 60 万元）。2006 年 4 月，潘玉梅因检察机关从许某某的公司账上已掌握其购房仅支付部分款项的情况而补还给许某某 55 万元。

此外，2000 年春节前至 2006 年 12 月，被告人潘玉梅利用职务便利，先后收受迈皋桥办事处一党支部书记兼南京某商贸有限责任公司总经理高某某人民币 201 万元和美元 49 万元、浙江某房地产集团南京置业有限公司范某某美元 1 万元。2002 年至 2005 年间，被告人陈宁利用职务便利，先后收受迈皋桥办事处一党支部书记高某某 21 万元、迈皋桥办事处副主任刘某 8 万元。

综上，被告人潘玉梅收受贿赂人民币 792 万余元、美元 50 万元（折合人民币 398.1234 万元），共计收受贿赂 1190.2 万余元；被告人陈宁收受贿赂 559 万元。

裁判结果

江苏省南京市中级人民法院于 2009 年 2 月 25 日以（2008）宁刑初字第 49 号刑事判决，认定被告人潘玉梅犯受贿罪，判处死刑，缓期二年执行，剥夺政治权利终身，并处没收个人全部财产；被告人陈宁犯受贿罪，判处无期徒刑，剥夺政治权利终身，并处没收个人全部财产。宣判后，潘玉梅、陈宁提出上诉。江苏省高级人民法院于 2009 年 11 月 30 日以同样的事实和理由作出（2009）苏刑二终字第 0028 号刑事裁定，驳回上诉，维持原判，并核准一审以受贿罪判处被告人潘玉梅死刑，缓期二年执行，剥夺政治权利终身，并处没收个人全部财产的刑事判决。

裁判理由

法院生效裁判认为：关于被告人潘玉梅、陈宁及其辩护人提出二被告人与陈某共同开办多贺公司开发土地获取"利润"480 万元不应认定为受贿的辩护意见。经查，潘玉梅时任迈皋桥街道工委书记，陈宁时任迈皋桥街道办事处主任，对迈皋桥创业园区的招商工作、土地转让负有领导或协调职责，二人分别利用各自职务便利，为陈某低价取得创业园区的土地等提供了帮助，属于利用职务上的便利为他人谋取利益；在此期间，潘玉梅、陈宁与陈某商议合作成立多贺公司用于开发上述土地，公司注册资金全部来源于陈某，潘玉梅、陈宁既未实际出资，也未参与公司的经营管理。因此，潘玉梅、陈宁利用职务便利为陈某谋取利益，以与陈某合办公司开发该土地的名义而分别获取的480万元，并非所谓的公司利润，而是利用职务便利使陈某低价获取土地并转卖后获利的一部分，体现了受贿罪权钱交易的本质，属于以合办公司为名的变相受贿，应以受贿论处。

关于被告人潘玉梅及其辩护人提出潘玉梅没有为许某某实际谋取利益的辩护意见。经查，请托人许某某向潘玉梅行贿时，要求在受让金桥大厦项目中减免100万元的费用，潘玉梅明知许某某有请托事项而收受贿赂；虽然该请托事项没有实现，但"为他人谋取利益"包括承诺、实施和实现不同阶段的行为，只要具有其中一项，就属于为他人谋取利益。承诺"为他人谋取利益"，可以从为他人谋取利益的明示或默示的意思表示予以认定。潘玉梅明知他人有请托事项而收受其财物，应视为承诺为他人谋取利益，至于是否已实际为他人谋取利益或谋取到利益，只是受贿的情节问题，不影响受贿的认定。

关于被告人潘玉梅及其辩护人提出潘玉梅购买许某某的房产不应认定为受贿的辩护意见。经查，潘玉梅购买的房产，市场价格含税费共计应为121万余元，潘玉梅仅支付60万元，明显低于该房产交易时当地市场价格。潘玉梅利用职务之便为请托人谋取利益，以明显低于市场的价格向请托人购买房产的行为，是以形式上支付一定数额的价款来掩盖其受贿权钱交易本质的一种手段，应以受贿论处，受贿数额按照涉案房产交易时当地市场价格与实际支付价格的差额计算。

关于被告人潘玉梅及其辩护人提出潘玉梅购买许某某开发的房产，在案发前已将房产差价款给付了许某某，不应认定为受贿的辩护意见。经查，2006年4月，潘玉梅在案发前将购买许某某开发房产的差价款中的55万元补给许某某，相距2004年上半年其低价购房有近两年时间，没有及时补还巨额差价；潘玉梅的补还行为，是由于许某某因其他案件被检察机关找去谈话，检察机关从许某某的公司账上已掌握潘玉梅购房仅支付部分款项的情况后，出于掩盖罪行目的而采取的退赃行为。因此，潘玉梅为掩饰犯罪而补还房屋差价款，不影响对其受贿罪的认定。

综上所述，被告人潘玉梅、陈宁及其辩护人提出的上述辩护意见不能成立，不予采纳。潘玉梅、陈宁作为国家工作人员，分别利用各自的职务便利，为他人谋取利益，收受他人财物的行为均已构成受贿罪，且受贿数额特别巨大，但同时鉴于二被告人均具有归案后如实供述犯罪、认罪态度好，主动交代司法机关尚未掌握的同种余罪，案发前退出部分赃款，案发后配合追缴涉案全部赃款等从轻处罚情节，故一、二审法院依法作出如上裁判。

最高人民法院　最高人民检察院
关于办理国家出资企业中职务犯罪案件具体应用法律若干问题的意见（节录）

2010年11月26日　　　　　　　　　　法发〔2010〕49号

五、关于改制前后主体身份发生变化的犯罪的处理

国家工作人员在国家出资企业改制前利用职务上的便利实施犯罪，在其不再具有国家工作人员身份后又实施同种行为，依法构成不同犯罪的，应当分别定罪，实行数罪并罚。

国家工作人员利用职务上的便利，在国家出资企业改制过程中隐匿公司、企业财产，在其不再具有国家工作人员身份后将所隐匿财产据为己有的，依照刑法第三百八十二条、第三百八十三条的规定，以贪污罪定罪处罚。

国家工作人员在国家出资企业改制过程中利用职务上的便利为请托人谋取利益，事先约定在其不再具有国家工作人员身份后收受请托人财物，或者在身份变化前后连续收受请托人财物的，依照刑法第三百八十五条、第三百八十六条的规定，以受贿罪定罪处罚。

六、关于国家出资企业中国家工作人员的认定

经国家机关、国有公司、企业、事业单位提名、推荐、任命、批准等，在国有控股、参股公司及其分支机构中从事公务的人员，应当认定为国家工作人员。具体的任命机构和程序，不影响国家工作人员的认定。

经国家出资企业中负有管理、监督国有资产职责的组织批准或者研究决定，代表其在国有控股、参股公司及其分支机构中从事组织、领导、监督、经营、管理工作的人员，应当认定为国家工作人员。

国家出资企业中的国家工作人员，在国家出资企业中持有个人股份或者同时接受非国有股东委托的，不影响其国家工作人员身份的认定。

七、关于国家出资企业的界定

本意见所称"国家出资企业"，包括国家出资的国有独资公司、国有独资企业，以及国有资本控股公司、国有资本参股公司。

是否属于国家出资企业不清楚的，应遵循"谁投资、谁拥有产权"的原则进行界定。企业注册登记中的资金来源与实际出资不符的，应根据实际出资情况确定企业的性质。企业实际出资情况不清楚的，可以综合工商注册、分配形式、经营管理等因素确定企业的性质。

八、关于宽严相济刑事政策的具体贯彻

办理国家出资企业中的职务犯罪案件时，要综合考虑历史条件、企业发展、职工就业、社会稳定等因素，注意具体情况具体分析，严格把握犯罪与一般违规行为的区分界限。对于主观恶意明显、社会危害严重、群众反映强烈的严重犯罪，要坚决依法从严惩处；对于特定历史条件下、为了顺利完成企业改制而实施的违反国家政策法律规定的行为，行为人无主观恶意或者主观恶意不明显，情节较轻，危害不大的，可以不作为犯罪处理。

对于国家出资企业中的职务犯罪，要加大经济上的惩罚力度，充分重视财产刑的适用和执行，最大限度地挽回国家和人民利益遭受的损失。不能退赃的，在决定刑罚时，应当作为重要情节予以考虑。

最高人民法院　最高人民检察院
关于办理职务犯罪案件认定自首、立功等量刑情节若干问题的意见

2009 年 3 月 12 日　　　　　　　　　　法发〔2009〕13 号

为依法惩处贪污贿赂、渎职等职务犯罪，根据刑法和相关司法解释的规定，结合办案工作实际，现就办理职务犯罪案件有关自首、立功等量刑情节的认定和处理问题，提出如下意见：

一、关于自首的认定和处理

根据刑法第六十七条第一款的规定，成立自首需同时具备自动投案和如实供述自己的罪行两个要件。犯罪事实或者犯罪分子未被办案机关掌握，或者虽被掌握，但犯罪分子尚未受到调查谈话、讯问，或者未被宣布采取调查措施或者强制措施时，向办案机关投案的，是自动投案。在此期间如实交代自己的主要犯罪事实的，应当认定为自首。

犯罪分子向所在单位等办案机关以外的单位、组织或者有关负责人员投案的，应当视为自动投案。

没有自动投案，在办案机关调查谈话、讯问、采取调查措施或者强制措施期间，犯罪分子如实交代办案机关掌握的线索所针对的事实的，不能认定为自首。

没有自动投案，但具有以下情形之一的，以自首论：（1）犯罪分子如实

交代办案机关未掌握的罪行,与办案机关已掌握的罪行属不同种罪行的;(2)办案机关所掌握线索针对的犯罪事实不成立,在此范围外犯罪分子交代同种罪行的。

单位犯罪案件中,单位集体决定或者单位负责人决定而自动投案,如实交代单位犯罪事实的,或者单位直接负责的主管人员自动投案,如实交代单位犯罪事实的,应当认定为单位自首。单位自首的,直接负责的主管人员和直接责任人员未自动投案,但如实交代自己知道的犯罪事实的,可以视为自首;拒不交代自己知道的犯罪事实或者逃避法律追究的,不应当认定为自首。单位没有自首,直接责任人员自动投案并如实交代自己知道的犯罪事实的,对该直接责任人员应当认定为自首。

对于具有自首情节的犯罪分子,办案机关移送案件时应当予以说明并移交相关证据材料。

对于具有自首情节的犯罪分子,应当根据犯罪的事实、性质、情节和对于社会的危害程度,结合自动投案的动机、阶段、客观环境,交代犯罪事实的完整性、稳定性以及悔罪表现等具体情节,依法决定是否从轻、减轻或者免除处罚以及从轻、减轻处罚的幅度。

二、关于立功的认定和处理

立功必须是犯罪分子本人实施的行为。为使犯罪分子得到从轻处理,犯罪分子的亲友直接向有关机关揭发他人犯罪行为,提供侦破其他案件的重要线索,或者协助司法机关抓捕其他犯罪嫌疑人的,不应当认定为犯罪分子的立功表现。

据以立功的他人罪行材料应当指明具体犯罪事实;据以立功的线索或者协助行为对于侦破案件或者抓捕犯罪嫌疑人要有实际作用。犯罪分子揭发他人犯罪行为时没有指明具体犯罪事实的;揭发的犯罪事实与查实的犯罪事实不具有关联性的;提供的线索或者协助行为对于其他案件的侦破或者其他犯罪嫌疑人的抓捕不具有实际作用的,不能认定为立功表现。

犯罪分子揭发他人犯罪行为,提供侦破其他案件重要线索的,必须经查证属实,才能认定为立功。审查是否构成立功,不仅要审查办案机关的说明材料,还要审查有关事实和证据以及与案件定性处罚相关的法律文书,如立案决定书、逮捕决定书、侦查终结报告、起诉意见书、起诉书或者判决书等。

据以立功的线索、材料来源有下列情形之一的,不能认定为立功:(1)本人通过非法手段或者非法途径获取的;(2)本人因原担任的查禁犯罪等职务获取的;(3)他人违反监管规定向犯罪分子提供的;(4)负有查禁犯罪活动职责的国家机关工作人员或者其他国家工作人员利用职务便利提供的。

犯罪分子检举、揭发的他人犯罪,提供侦破其他案件的重要线索,阻止他人的犯罪活动，或者协助司法机关抓捕的其他犯罪嫌疑人，犯罪嫌疑人、被告人依法可能被判处无期徒刑以上刑罚的，应当认定为有重大立功表现。其中，可能被判处无期徒刑以上刑罚，是指根据犯罪行为的事实、情节可能判处无期徒刑以上刑罚。案件已经判决的，以实际判处的刑罚为准。但是，根据犯罪行为的事实、情节应当判处无期徒刑以上刑罚，因被判刑人有法定情节经依法从轻、减轻处罚后判处有期徒刑的，应当认定为重大立功。

对于具有立功情节的犯罪分子，应当根据犯罪的事实、性质、情节和对于社会的危害程度，结合立功表现所起作用的大小、所破获案件的罪行轻重、所抓获犯罪嫌疑人可能判处的法定刑以及立功的时机等具体情节，依法决定是否从轻、减轻或者免除处罚以及从轻、减轻处罚的幅度。

三、关于如实交代犯罪事实的认定和处理

犯罪分子依法不成立自首，但如实交代犯罪事实，有下列情形之一的，可以酌情从轻处罚：（1）办案机关掌握部分犯罪事实，犯罪分子交代了同种其他犯罪事实的；（2）办案机关掌握的证据不充分，犯罪分子如实交代有助于收集定案证据的。

犯罪分子如实交代犯罪事实，有下列情形之一的，一般应当从轻处罚：（1）办案机关仅掌握小部分犯罪事实，犯罪分子交代了大部分未被掌握的同种犯罪事实的；（2）如实交代对于定案证据的收集有重要作用的。

四、关于赃款赃物追缴等情形的处理

贪污案件中赃款赃物全部或者大部分追缴的，一般应当考虑从轻处罚。

受贿案件中赃款赃物全部或者大部分追缴的，视具体情况可以酌定从轻处罚。

犯罪分子及其亲友主动退赃或者在办案机关追缴赃款赃物过程中积极配合的，在量刑时应当与办案机关查办案件过程中依职权追缴赃款赃物的有所区别。

职务犯罪案件立案后，犯罪分子及其亲友自行挽回的经济损失，司法机关或者犯罪分子所在单位及其上级主管部门挽回的经济损失，或者因客观原因减少的经济损失，不予扣减，但可以作为酌情从轻处罚的情节。

最高人民法院 最高人民检察院
关于办理商业贿赂刑事案件适用法律若干问题的意见（节录）

2008年11月20日　　　　　　　　法发〔2008〕33号

四、医疗机构中的国家工作人员，在药品、医疗器械、医用卫生材料等医药产品采购活动中，利用职务上的便利，索取销售方财物，或者非法收受销售方财物，为销售方谋取利益，构成犯罪的，依照刑法第三百八十五条的规定，以受贿罪定罪处罚。

医疗机构中的非国家工作人员，有前款行为，数额较大的，依照刑法第一百六十三条的规定，以非国家工作人员受贿罪定罪处罚。

医疗机构中的医务人员，利用开处方的职务便利，以各种名义非法收受药品、医疗器械、医用卫生材料等医药产品销售方财物，为医药产品销售方谋取利益，数额较大的，依照刑法第一百六十三条的规定，以非国家工作人员受贿罪定罪处罚。

五、学校及其他教育机构中的国家工作人员，在教材、教具、校服或者其他物品的采购等活动中，利用职务上的便利，索取销售方财物，或者非法收受销售方财物，为销售方谋取利益，构成犯罪的，依照刑法第三百八十五条的规定，以受贿罪定罪处罚。

学校及其他教育机构中的非国家工作人员，有前款行为，数额较大的，依照刑法第一百六十三条的规定，以非国家工作人员受贿罪定罪处罚。

学校及其他教育机构中的教师，利用教学活动的职务便利，以各种名义非法收受教材、教具、校服或者其他物品销售方财物，为教材、教具、校服或者其他物品销售方谋取利益，数额较大的，依照刑法第一百六十三条的规定，以非国家工作人员受贿罪定罪处罚。

六、依法组建的评标委员会、竞争性谈判采购中谈判小组、询价采购中询价小组的组成人员，在招标、政府采购等事项的评标或者采购活动中，索取他人财物或者非法收受他人财物，为他人谋取利益，数额较大的，依照刑法第一百六十三条的规定，以非国家工作人员受贿罪定罪处罚。

依法组建的评标委员会、竞争性谈判采购中谈判小组、询价采购中询价小组中国家机关或者其他国有单位的代表有前款行为的，依照刑法第三百八十五条的规定，以受贿罪定罪处罚。

七、商业贿赂中的财物，既包括金钱和实物，也包括可以用金钱计算数额的财产性利益，如提供房屋装修、含有金额的会员卡、代币卡（券）、旅游费用等。具体数额以实际支付的资费为准。

八、收受银行卡的，不论受贿人是否实际取出或者消费，卡内的存款数额一般应全额认定为受贿数额。使用银行卡透支的，如果由给予银行卡的一方承担还款责任，透支数额也应当认定为受贿数额。

九、在行贿犯罪中，"谋取不正当利益"，是指行贿人谋取违反法律、法规、规章或者政策规定的利益，或者要求对方违反法律、法规、规章、政策、行业规范的规定提供帮助或者方便条件。

在招标投标、政府采购等商业活动中，违背公平原则，给予相关人员财物以谋取竞争优势的，属于"谋取不正当利益"。

十、办理商业贿赂犯罪案件，要注意区分贿赂与馈赠的界限。主要应当结合以下因素全面分析、综合判断：（1）发生财物往来的背景，如双方是否存在亲友关系及历史上交往的情形和程度；（2）往来财物的价值；（3）财物往来的缘由、时机和方式，提供财物方对于接受方有无职务上的请托；（4）接受方是否利用职务上的便利为提供方谋取利益。

十一、非国家工作人员与国家工作人员通谋，共同收受他人财物，构成共同犯罪的，根据双方利用职务便利的具体情形分别定罪追究刑事责任：

（1）利用国家工作人员的职务便利为他人谋取利益的，以受贿罪追究刑事责任。

（2）利用非国家工作人员的职务便利为他人谋取利益的，以非国家工作人员受贿罪追究刑事责任。

（3）分别利用各自的职务便利为他人谋取利益的，按照主犯的犯罪性质追究刑事责任，不能分清主从犯的，可以受贿罪追究刑事责任。

最高人民法院　最高人民检察院
关于办理受贿刑事案件适用法律若干问题的意见

2007年7月8日　　　　　　　　　　　法发〔2007〕22号

为依法惩治受贿犯罪活动，根据刑法有关规定，现就办理受贿刑事案件具体适用法律若干问题，提出以下意见：

一、关于以交易形式收受贿赂问题

国家工作人员利用职务上的便利为请托人谋取利益，以下列交易形式收

受请托人财物的,以受贿论处:

(1) 以明显低于市场的价格向请托人购买房屋、汽车等物品的;

(2) 以明显高于市场的价格向请托人出售房屋、汽车等物品的;

(3) 以其他交易形式非法收受请托人财物的。

受贿数额按照交易时当地市场价格与实际支付价格的差额计算。

前款所列市场价格包括商品经营者事先设定的不针对特定人的最低优惠价格。根据商品经营者事先设定的各种优惠交易条件,以优惠价格购买商品的,不属于受贿。

二、关于收受干股问题

干股是指未出资而获得的股份。国家工作人员利用职务上的便利为请托人谋取利益,收受请托人提供的干股的,以受贿论处。进行了股权转让登记,或者相关证据证明股份发生了实际转让的,受贿数额按转让行为时股份价值计算,所分红利按受贿孳息处理。股份未实际转让,以股份分红名义获取利益的,实际获利数额应当认定为受贿数额。

三、关于以开办公司等合作投资名义收受贿赂问题

国家工作人员利用职务上的便利为请托人谋取利益,由请托人出资,"合作"开办公司或者进行其他"合作"投资的,以受贿论处。受贿数额为请托人给国家工作人员的出资额。

国家工作人员利用职务上的便利为请托人谋取利益,以合作开办公司或者其他合作投资的名义获取"利润",没有实际出资和参与管理、经营的,以受贿论处。

四、关于以委托请托人投资证券、期货或者其他委托理财的名义收受贿赂问题

国家工作人员利用职务上的便利为请托人谋取利益,以委托请托人投资证券、期货或者其他委托理财的名义,未实际出资而获取"收益",或者虽然实际出资,但获取"收益"明显高于出资应得收益的,以受贿论处。受贿数额,前一情形,以"收益"额计算;后一情形,以"收益"额与出资应得收益额的差额计算。

五、关于以赌博形式收受贿赂的认定问题

根据《最高人民法院、最高人民检察院关于办理赌博刑事案件具体应用法律若干问题的解释》第七条规定,国家工作人员利用职务上的便利为请托人谋取利益,通过赌博方式收受请托人财物的,构成受贿。

实践中应注意区分贿赂与赌博活动、娱乐活动的界限。具体认定时,主要应当结合以下因素进行判断:(1)赌博的背景、场合、时间、次数;(2)赌资来源;(3)其他赌博参与者有无事先通谋;(4)输赢钱物的具体情况和金额大小。

六、关于特定关系人"挂名"领取薪酬问题

国家工作人员利用职务上的便利为请托人谋取利益,要求或者接受请托人以给特定关系人安排工作为名,使特定关系人不实际工作却获取所谓薪酬的,以受贿论处。

七、关于由特定关系人收受贿赂问题

国家工作人员利用职务上的便利为请托人谋取利益,授意请托人以本意见所列形式,将有关财物给予特定关系人的,以受贿论处。

特定关系人与国家工作人员通谋,共同实施前款行为的,对特定关系人以受贿罪的共犯论处。特定关系人以外的其他人与国家工作人员通谋,由国家工作人员利用职务上的便利为请托人谋取利益,收受请托人财物后双方共同占有的,以受贿罪的共犯论处。

八、关于收受贿赂物品未办理权属变更问题

国家工作人员利用职务上的便利为请托人谋取利益,收受请托人房屋、汽车等物品,未变更权属登记或者借用他人名义办理权属变更登记的,不影响受贿的认定。

认定以房屋、汽车等物品为对象的受贿,应注意与借用的区分。具体认定时,除双方交代或者书面协议之外,主要应当结合以下因素进行判断:(1)有无借用的合理事由;(2)是否实际使用;(3)借用时间的长短;(4)有无归还的条件;(5)有无归还的意思表示及行为。

九、关于收受财物后退还或者上交问题

国家工作人员收受请托人财物后及时退还或者上交的,不是受贿。

国家工作人员受贿后,因自身或者与其受贿有关联的人、事被查处,为掩饰犯罪而退还或者上交的,不影响认定受贿罪。

十、关于在职时为请托人谋利,离职后收受财物问题

国家工作人员利用职务上的便利为请托人谋取利益之前或者之后,约定在其离职后收受请托人财物,并在离职后收受的,以受贿论处。

国家工作人员利用职务上的便利为请托人谋取利益,离职前后连续收受请托人财物的,离职前后收受部分均应计入受贿数额。

十一、关于"特定关系人"的范围

本意见所称"特定关系人",是指与国家工作人员有近亲属、情妇(夫)以及其他共同利益关系的人。

十二、关于正确贯彻宽严相济刑事政策的问题

依照本意见办理受贿刑事案件,要根据刑法关于受贿罪的有关规定和受贿罪权钱交易的本质特征,准确区分罪与非罪、此罪与彼罪的界限,惩处少数，教育多数。在从严惩处受贿犯罪的同时，对于具有自首、立功等情节的，依法从轻、减轻或者免除处罚。

最高人民法院 最高人民检察院
关于办理赌博刑事案件具体应用法律若干问题的解释（节录）

法释〔2005〕3号

（2005年4月26日最高人民法院审判委员会第1349次会议、2005年5月8日最高人民检察院第十届检察委员会第34次会议通过 2005年5月11日最高人民法院、最高人民检察院公告公布 自2005年5月13日起施行）

第七条 通过赌博或者为国家工作人员赌博提供资金的形式实施行贿、受贿行为，构成犯罪的，依照刑法关于贿赂犯罪的规定定罪处罚。

最高人民检察院法律政策研究室
关于国家机关、国有企业、企业委派到非国有公司、企业从事公务但尚未依照规定程序获取该单位职务的人员是否适用刑法第九十三条第二款问题的答复

2004年11月3日　　　　　　　　〔2004〕高检研发第17号

重庆市人民检察院法律政策研究室：

你院《关于受委派的国家工作人员未按法定程序取得非国有公司职务是否适用刑法第九十二条第二款以国家工作人员论的请示》（渝检（研）〔2003〕6号）收悉。经研究，答复如下：

对于国家机关、固有公司、企业委派到非国有公司、企业从事公务但尚未依照规定程序获取该单位职务的人员，涉嫌职务犯罪的，可以依照刑法第九十三条第款关于"国家机关、国有公司、企业委派到非国有公司、企业、事业单位、社会团体从事公务的人员"，"以国家工作人员论"的规定追究刑事责任。

此复。

最高人民法院研究室
关于对行为人通过伪造国家机关公文、证件担任国家工作人员职务并利用职务上的便利侵占本单位财物、收受贿赂、挪用本单位资金等行为如何适用法律问题的答复

2004年3月20日　　　　　　　　　　法研〔2004〕38号

北京市高级人民法院：

你院〔2004〕15号《关于通过伪造国家机关公文、证件担任国家工作人员职务后利用职务便利侵占本单位财物、收受贿赂、挪用本单位资金的行为如何定性的请示》收悉。经研究，答复如下：

行为人通过伪造国家机关公文、证件担任国家工作人员职务以后，又利用职务上的便利实施侵占本单位财物、收受贿赂、挪用本单位资金等行为，构成犯罪的，应当分别以伪造国家机关公文、证件罪和相应的贪污罪、受贿罪、挪用公款罪等追究刑事责任，实行数罪并罚。

全国法院审理经济犯罪案件工作座谈会纪要（节录）

2003年11月13日　　　　　　　　　法〔2003〕167号

三、关于受贿罪

（一）关于"利用职务上的便利"的认定

刑法第三百八十五条第一款规定的"利用职务上的便利"，既包括利用本人职务上主管、负责、承办某项公共事务的职权，也包括利用职务上有隶属、制约关系的其他国家工作人员的职权。担任单位领导职务的国家工作人员通过不属自己主管的下级部门的国家工作人员的职务为他人谋取利益的，应当认定为"利用职务上的便利"为他人谋取利益。

（二）"为他人谋取利益"的认定

为他人谋取利益包括承诺、实施和实现三个阶段的行为。只要具有其中一个阶段的行为，如国家工作人员收受他人财物时，根据他人提出的具体请

托事项，承诺为他人谋取利益的，就具备了为他人谋取利益的要件。明知他人有具体请托事项而收受其财物的，视为承诺为他人谋取利益。

（三）"利用职权或地位形成的便利条件"的认定

刑法第三百八十八条规定的"利用本人职权或者地位形成的便利条件"，是指行为人与被其利用的国家工作人员之间在职务上虽然没有隶属、制约关系，但是行为人利用了本人职权或者地位产生的影响和一定的工作联系，如单位内不同部门的国家工作人员之间、上下级单位没有职务上隶属、制约关系的国家工作人员之间、有工作联系的不同单位的国家工作人员之间等。

（四）离职国家工作人员收受财物行为的处理

参照《最高人民法院关于国家工作人员利用职务上的便利为他人谋取利益离退休后收受财物行为如何处理问题的批复》规定的精神，国家工作人员利用职务上的便利为请托人谋取利益，并与请托人事先约定，在其离职后收受请托人财物，构成犯罪的，以受贿罪定罪处罚。

（五）共同受贿犯罪的认定

根据刑法关于共同犯罪的规定，非国家工作人员与国家工作人员勾结，伙同受贿的，应当以受贿罪的共犯追究刑事责任。非国家工作人员是否构成受贿罪共犯，取决于双方有无共同受贿的故意和行为。国家工作人员的近亲属向国家工作人员代为转达请托事项，收受请托人财物并告知该国家工作人员，或者国家工作人员明知其近亲属收受了他人财物，仍按照近亲属的要求利用职权为他人谋取利益的，对该国家工作人员应认定为受贿罪，其近亲属以受贿罪共犯论处。近亲属以外的其他人与国家工作人员通谋，由国家工作人员利用职务上的便利为请托人谋取利益，收受请托人财物后双方共同占有的，构成受贿罪共犯。

国家工作人员利用职务上的便利为他人谋取利益，并指定他人将财物送给其他人，构成犯罪的，应以受贿罪定罪处罚。

（六）以借款为名索取或者非法收受财物行为的认定

国家工作人员利用职务上的便利，以借为名向他人索取财物，或者非法收受财物为他人谋取利益的，应当认定为受贿。具体认定时，不能仅仅看是否有书面借款手续，应当根据以下因素综合判定：（1）有无正当、合理的借款事由；（2）款项的去向；（3）双方平时关系如何、有无经济往来；（4）出借方是否要求国家工作人员利用职务上的便利为其谋取利益；（5）借款后是否有归还的意思表示及行为；（6）是否有归还的能力；（7）未归还的原因；等等。

（七）涉及股票受贿案件的认定

在办理涉及股票的受贿案件时，应当注意：（1）国家工作人员利用职务上的便利，索取或非法收受股票，没有支付股本金，为他人谋取利益，构成受贿罪的,其受贿数额按照收受股票时的实际价格计算。(2)行为人支付股本金而购买较有可能升值的股票,由于不是无偿收受请托人财物,不以受贿罪论处。(3)股票已上市且已升值,行为人仅支付股本金,其"购买"股票时的实际价格与股本金的差价部分应认定为受贿。

最高人民检察院法律政策研究室

关于集体性质的乡镇卫生院院长利用职务之便收受他人财物的行为如何适用法律问题的答复

2003年4月2日　　　　　　　　　　　〔2003〕高检研发第9号

山东省人民检察院研究室:

你院《关于工人身份的乡镇卫生院院长利用职务之便收受贿赂如何适用法律问题的请示》(鲁检发研字〔2001〕第10号)收悉。经研究,答复如下:

经过乡镇政府或者主管行政机关任命的乡镇卫生院院长,在依法从事本区域卫生工作的管理与业务技术指导,承担医疗预防保健服务工作等公务活动时,属于刑法第九十三条第二款规定的其他依照法律从事公务的人员。对其利用职务上的便利,索取他人财物的,或者非法收受他人财物,为他人谋取利益的,应当依照刑法第三百八十五条、第三百八十六条的规定,以受贿罪追究刑事责任。

此复。

最高人民检察院

关于佛教协会工作人员能否构成受贿罪或者公司、企业人员受贿罪主体问题的答复

2003年1月13日　　　　　　　　　　　〔2003〕高检研发第2号

浙江省人民检察院研究室:

你室《关于佛教协会工作人员能否构成受贿罪或公司、企业人员受贿罪主体的请示》(检研请〔2002〕9号)收悉。经研究,答复如下:

佛教协会属于社会团体,其工作人员除符合刑法第九十三条第二款的规定属于受委托从事公务的人员外,既不属于国家工作人员,也不属于公司、

企业人员。根据刑法的规定，对非受委托从事公务的佛教协会的工作人员利用职务之便收受他人财物，为他人谋取利益的行为，不能按受贿罪或者公司、企业人员受贿罪追究刑事责任。

最高人民法院
关于国家工作人员利用职务上的便利为他人谋取利益离退休后收受财物行为如何处理问题的批复

法释〔2000〕21号

（2000年6月30日最高人民法院审判委员会第1121次会议通过 2000年7月13日最高人民法院公告公布 自2000年7月21日起施行）

江苏省高级人民法院：

你院苏高法〔1999〕65号《关于国家工作人员在职时为他人谋利，离退休后收受财物是否构成受贿罪的请示》收悉。经研究，答复如下：

国家工作人员利用职务上的便利为请托人谋取利益，并与请托人事先约定，在其离退休后收受请托人财物，构成犯罪的，以受贿罪定罪处罚。

此复。

最高人民检察院
关于人民检察院直接受理立案侦查案件立案标准的规定（试行）（节录）

高检发释字〔1999〕2号

（1999年8月6日最高人民检察院第九届检察委员会第41次会议通过 1999年9月16日最高人民检察院公告公布 自1999年9月16日起施行）

一、贪污贿赂犯罪案件

（三）受贿案（第385条、第386条，第388条，第163条第3款，第184条第2款）

受贿罪是指国家工作人员利用职务上的便利，索取他人财物的，或者非法收受他人财物，为他人谋取利益的行为。

"利用职务上的便利"，是指利用本人职务范围内的权力，即自己职务上主管、负责或者承办某项公共事务的职权及其所形成的便利条件。

索取他人财物的，不论是否"为他人谋取利益"，均可构成受贿罪。非法收受他人财物的，必须同时具备"为他人谋取利益"的条件，才能构成受贿罪。但是为他人谋取的利益是否正当，为他人谋取的利益是否实现，不影响受贿罪的认定。

国家工作人员在经济往来中，违反国家规定，收受各种名义的回扣、手续费，归个人所有的，以受贿罪追究刑事责任。

国有公司、企业中从事公务的人员和国有公司、企业委派到非国有公司、企业从事公务的人员利用职务上的便利，索取他人财物或者非法收受他人财物，为他人谋取利益，或者在经济往来中，违反国家规定，收受各种名义的回扣、手续费，归个人所有的，以受贿罪追究刑事责任。

国有金融机构工作人员和国有金融机构委派到非国有金融机构从事公务的人员在金融业务活动中索取他人财物或者非法收受他人财物，为他人谋取利益的，或者违反国家规定，收受各种名义的回扣、手续费归个人所有的，以受贿罪追究刑事责任。

国家工作人员利用本人职权或者地位形成的便利条件，通过其他国家工作人员职务上的行为，为请托人谋取不正当利益，索取请托人财物或者收受请托人财物的，以受贿罪追究刑事责任。

涉嫌下列情形之一的，应予立案：

1. 个人受贿数额在五千元以上的；
2. 个人受贿数额不满五千元，但具有下列情形之一的：
（1）因受贿行为而使国家或者社会利益遭受重大损失的；
（2）故意刁难、要挟有关单位、个人，造成恶劣影响的；
（3）强行索取财物的。

最高人民法院　最高人民检察院
公安部　国家工商行政管理局
关于依法查处盗窃、抢劫机动车案件的规定（节录）

1998年5月8日　　　　　　　　　　公通字〔1998〕31号

八、公安、工商行政管理人员利用职务上的便利，索取或者非法收受他人财物，为赃车入户、过户、验证构成犯罪的，依照《刑法》第三百八十五条、第三百八十六条的规定处罚。

（三）挪用公款罪※

中华人民共和国刑法（节录）*

第一百八十五条　【挪用资金罪】　商业银行、证券交易所、期货交易所、证券公司、期货经纪公司、保险公司或者其他金融机构的工作人员利用职务上的便利，挪用本单位或者客户资金的，依照本法第二百七十二条的规定定罪处罚。

（**编者注**：本条经1999年12月25日《刑法修正案》第七条修改。

1997年刑法第一百八十五条原规定："银行或者其他金融机构的工作人员利用职务上的便利，挪用本单位或者客户资金的，依照本法第二百七十二条的规定定罪处罚。

"国有金融机构工作人员和国有金融机构委派到非国有金融机构从事公务的人员有前款行为的，依照本法第三百八十四条的规定定罪处罚。"）

【挪用公款罪】　国有商业银行、证券交易所、期货交易所、证券公司、期货经纪公司、保险公司或者其他国有金融机构的工作人员和国有商业银行、证券交易所、期货交易所、证券公司、期货经纪公司、保险公司或者其他国有金融机构委派到前款规定中的非国有机构从事公务的人员有前款行为的，依照本法第三百八十四条的规定定罪处罚。

第二百七十二条　【挪用资金罪】　公司、企业或者其他单位的工作人员，利用职务上的便利，挪用本单位资金归个人使用或者借贷给他人，数额较大、超过三个月未还的，或者虽未超过三个月，但数额较大、进行营利活动的，或者进行非法活动的，处三年以下有期徒刑或者拘役；挪用本单位资金数额巨大的，或者数额较大不退还的，处三年以上十年以下有期徒刑。

【挪用公款罪】　国有公司、企业或者其他国有单位中从事公务的人员和国有公司、企业或者其他国有单位委派到非国有公司、企业以及其他单位从事公务的人员有前款行为的，依照本法第三百八十四条的规定定罪处罚。

第三百八十四条　【挪用公款罪】　国家工作人员利用职务上的便利，

---

* 编者注：根据1997年刑法和《全国人民代表大会常务委员会关于惩治骗购外汇、逃汇和非法买卖外汇犯罪的决定》及十部刑法修正案编纂。

挪用公款归个人使用，进行非法活动的，或者挪用公款数额较大、进行营利活动的，或者挪用公款数额较大、超过三个月未还的，是挪用公款罪，处五年以下有期徒刑或者拘役；情节严重的，处五年以上有期徒刑。挪用公款数额巨大不退还的，处十年以上有期徒刑或者无期徒刑。

挪用用于救灾、抢险、防汛、优抚、扶贫、移民、救济款物归个人使用的，从重处罚。

全国人民代表大会常务委员会
关于《中华人民共和国刑法》
第九十三条第二款的解释[*]

（2000年4月29日第九届全国人民代表大会
常务委员会第十五次会议通过）

全国人民代表大会常务委员会讨论了村民委员会等村基层组织人员在从事哪些工作时属于刑法第九十三条第二款规定的"其他依照法律从事公务的人员"，解释如下：

村民委员会等村基层组织人员协助人民政府从事下列行政管理工作，属于刑法第九十三条第二款规定的"其他依照法律从事公务的人员"：

（一）救灾、抢险、防汛、优抚、扶贫、移民、救济款物的管理；

（二）社会捐助公益事业款物的管理；

（三）国有土地的经营和管理；

（四）土地征收、征用补偿费用的管理；

（五）代征、代缴税款；

（六）有关计划生育、户籍、征兵工作；

（七）协助人民政府从事的其他行政管理工作。

村民委员会等村基层组织人员从事前款规定的公务，利用职务上的便利，非法占有公共财物、挪用公款、索取他人财物或者非法收受他人财物，构成犯罪的，适用刑法第三百八十二条和第三百八十三条贪污罪、第三百八十四条挪用公款罪、第三百八十五条和第三百八十六条受贿罪的规定。

现予公告。

---

* 本解释根据2009年8月27日《全国人民代表大会常务委员会关于修改部分法律的决定》修改。

全国人民代表大会常务委员会
关于《中华人民共和国刑法》
第三百八十四条第一款的解释

（2002年4月28日第九届全国人民代表大会
常务委员会第二十七次会议通过）

全国人民代表大会常务委员会讨论了刑法第三百八十四条第一款规定的国家工作人员利用职务上的便利，挪用公款"归个人使用"的含义问题，解释如下：

有下列情形之一的，属于挪用公款"归个人使用"：

（一）将公款供本人、亲友或者其他自然人使用的；

（二）以个人名义将公款供其他单位使用的；

（三）个人决定以单位名义将公款供其他单位使用，谋取个人利益的。

现予公告。

最高人民法院　最高人民检察院
关于办理贪污贿赂刑事案件适用法律
若干问题的解释（节录）

法释〔2016〕9号

（2016年3月28日最高人民法院审判委员会第1680次会议、
2016年3月25日最高人民检察院第十二届检察委员会
第50次会议通过　2016年4月18日最高人民法院、
最高人民检察院公告公布　自2016年4月18日起施行）

第五条　挪用公款归个人使用，进行非法活动，数额在三万元以上的，应当依照刑法第三百八十四条的规定以挪用公款罪追究刑事责任；数额在三百万元以上的，应当认定为刑法第三百八十四条第一款规定的"数额巨大"。具有下列情形之一的，应当认定为刑法第三百八十四条第一款规定的"情节严重"：

（一）挪用公款数额在一百万元以上的；

（二）挪用救灾、抢险、防汛、优抚、扶贫、移民、救济特定款物，数额在五十万元以上不满一百万元的；

（三）挪用公款不退还，数额在五十万元以上不满一百万元的；

（四）其他严重的情节。

第六条 挪用公款归个人使用，进行营利活动或者超过三个月未还，数额在五万元以上的，应当认定为刑法第三百八十四条第一款规定的"数额较大"；数额在五百万元以上的，应当认定为刑法第三百八十四条第一款规定的"数额巨大"。具有下列情形之一的，应当认定为刑法第三百八十四条第一款规定的"情节严重"：

（一）挪用公款数额在二百万元以上的；

（二）挪用救灾、抢险、防汛、优抚、扶贫、移民、救济特定款物，数额在一百万元以上不满二百万元的；

（三）挪用公款不退还，数额在一百万元以上不满二百万元的；

（四）其他严重的情节。

最高人民法院 最高人民检察院
关于办理国家出资企业中职务犯罪案件具体应用法律若干问题的意见（节录）

2010年11月26日　　　　　　　　法发〔2010〕49号

三、关于国家出资企业工作人员使用改制公司、企业的资金担保个人贷款，用于购买改制公司、企业股份的行为的处理

国家出资企业的工作人员在公司、企业改制过程中为购买公司、企业股份，利用职务上的便利，将公司、企业的资金或者金融凭证、有价证券等用于个人贷款担保的，依照刑法第二百七十二条或者第三百八十四条的规定，以挪用资金罪或者挪用公款罪定罪处罚。

行为人在改制前的国家出资企业持有股份的，不影响挪用数额的认定，但量刑时应当酌情考虑。

经有关主管部门批准或者按照有关政策规定，国家出资企业的工作人员为购买改制公司、企业股份实施前款行为的，可以视具体情况不作为犯罪处理。

最高人民法院研究室
关于挪用退休职工社会养老金行为
如何适用法律问题的复函

2004年7月9日 　　　　　　　　　　　法研〔2004〕102号

公安部经济犯罪侦查局：

你局公经〔2004〕916号《关于挪用退休职工社会养老保险金是否属于挪用特定款物罪事》收悉。经研究，提供如下意见供参考：

退休职工养老保险金不属于我国刑法中的救灾、抢险、防汛、优抚、扶贫、移民、救济等特定款物的任何一种。因此，对于挪用退休职工养老保险金的行为，构成犯罪时，不能以挪用特定款物罪追究刑事责任，而应当按照行为人身份的不同，分别以挪用资金罪或者挪用公款罪追究刑事责任。

最高人民法院研究室
关于对行为人通过伪造国家机关公文、证件担任
国家工作人员职务并利用职务上的便利侵占
本单位财物、收受贿赂、挪用本单位资金等
行为如何适用法律问题的答复

2004年3月20日 　　　　　　　　　　　法研〔2004〕38号

北京市高级人民法院：

你院〔2004〕15号《关于通过伪造国家机关公文、证件担任国家工作人员职务后利用职务便利侵占本单位财物、收受贿赂、挪用本单位资金的行为如何定性的请示》收悉。经研究，答复如下：

行为人通过伪造国家机关公文、证件担任国家工作人员职务以后，又利用职务上的便利实施侵占本单位财物、收受贿赂、挪用本单位资金等行为，构成犯罪的，应当分别以伪造国家机关公文、证件罪和相应的贪污罪、受贿罪、挪用公款罪等追究刑事责任，实行数罪并罚。

全国法院审理经济犯罪案件
工作座谈会纪要（节录）

2003 年 11 月 13 日   法〔2003〕167 号

四、关于挪用公款罪

（一）单位决定将公款给个人使用行为的认定

经单位领导集体研究决定将公款给个人使用，或者单位负责人为了单位的利益，决定将公款给个人使用的，不以挪用公款罪定罪处罚。上述行为致使单位遭受重大损失，构成其他犯罪的，依照刑法的有关规定对责任人员定罪处罚。

（二）挪用公款供其他单位使用行为的认定

根据全国人大常委会《关于〈中华人民共和国刑法〉第三百八十四条第一款的解释》的规定，"以个人名义将公款供其他单位使用的"、"个人决定以单位名义将公款供其他单位使用，谋取个人利益的"，属于挪用公款"归个人使用"。在司法实践中，对于将公款供其他单位使用的，认定是否属于"以个人名义"，不能只看形式，要从实质上把握。对于行为人逃避财务监管，或者与使用人约定以个人名义进行，或者借款、还款都以个人名义进行，将公款给其他单位使用的，应认定为"以个人名义"。"个人决定"既包括行为人在职权范围内决定，也包括超越职权范围决定。"谋取个人利益"，既包括行为人与使用人事先约定谋取个人利益实际尚未获取的情况，也包括虽未事先约定但实际已获取了个人利益的情况。其中的"个人利益"，既包括不正当利益，也包括正当利益；既包括财产性利益，也包括非财产性利益，但这种非财产性利益应当是具体的实际利益，如升学、就业等。

（三）国有单位领导向其主管的具有法人资格的下级单位借公款归个人使用的认定

国有单位领导利用职务上的便利指令具有法人资格的下级单位将公款供个人使用的，属于挪用公款行为，构成犯罪的，应以挪用公款罪定罪处罚。

（四）挪用有价证券、金融凭证用于质押行为性质的认定

挪用金融凭证、有价证券用于质押，使公款处于风险之中，与挪用公款为他人提供担保没有实质的区别，符合刑法关于挪用公款罪规定的，以挪用公款罪定罪处罚，挪用公款数额以实际或者可能承担的风险数额认定。

（五）挪用公款归还个人欠款行为性质的认定

挪用公款归还个人欠款的，应当根据产生欠款的原因，分别认定属于挪

用公款的何种情形。归还个人进行非法活动或者进行营利活动产生的欠款，应当认定为挪用公款进行非法活动或者进行营利活动。

（六）挪用公款用于注册公司、企业行为性质的认定

申报注册资本是为进行生产经营活动作准备，属于成立公司、企业进行营利活动的组成部分。因此，挪用公款归个人用于公司、企业注册资本验资证明的，应当认定为挪用公款进行营利活动。

（七）挪用公款后尚未投入实际使用的行为性质的认定

挪用公款后尚未投入实际使用的，只要同时具备"数额较大"和"超过三个月未还"的构成要件，应当认定为挪用公款罪，但可以酌情从轻处罚。

（八）挪用公款转化为贪污的认定

挪用公款罪与贪污罪的主要区别在于行为人主观上是否具有非法占有公款的目的。挪用公款是否转化为贪污，应当按照主客观相一致的原则，具体判断和认定行为人主观上是否具有非法占有公款的目的。在司法实践中，具有以下情形之一的，可以认定行为人具有非法占有公款的目的：

1. 根据《最高人民法院关于审理挪用公款案件具体应用法律若干问题的解释》第六条的规定，行为人"携带挪用的公款潜逃的"，对其携带挪用的公款部分，以贪污罪定罪处罚。

2. 行为人挪用公款后采取虚假发票平账、销毁有关账目等手段，使所挪用的公款已难以在单位财务账目上反映出来，且没有归还行为的，应当以贪污罪定罪处罚。

3. 行为人截取单位收入不入账，非法占有，使所占有的公款难以在单位财务账目上反映出来，且没有归还行为的，应当以贪污罪定罪处罚。

4. 有证据证明行为人有能力归还所挪用的公款而拒不归还，并隐瞒挪用的公款去向的，应当以贪污罪定罪处罚。

最高人民法院
关于挪用公款犯罪如何计算
追诉期限问题的批复（节录）

法释〔2003〕16号

（2003年9月18日最高人民法院审判委员会第1290次会议通过
2003年9月22日最高人民法院公告公布　自2003年10月10日起施行）

天津市高级人民法院：

你院津高法〔2002〕4号《关于挪用公款犯罪如何计算追诉期限问题的请

示》收悉。经研究，答复如下：

根据刑法第八十九条、第三百八十四条的规定，挪用公款归个人使用，进行非法活动的，或者挪用公款数额较大、进行营利活动的，犯罪的追诉期限从挪用行为实施完毕之日起计算；挪用公款数额较大、超过三个月未还的，犯罪的追诉期限从挪用公款罪成立之日起计算。挪用公款行为有连续状态的，犯罪的追诉期限应当从最后一次挪用行为实施完毕之日或者犯罪成立之日起计算。

此复。

最高人民法院　最高人民检察院
关于办理妨害预防、控制突发传染病疫情等灾害的刑事案件具体应用法律若干问题的解释（节录）

法释〔2003〕8号

（2003年5月13日最高人民法院审判委员会第1269次会议、
2003年5月13日最高人民检察院第十届检察委员会
第3次会议通过　2003年5月14日最高人民法院、
最高人民检察院公告公布　自2003年5月15日起施行）

第十四条　贪污、侵占用于预防、控制突发传染病疫情等灾害的款物或者挪用归个人使用，构成犯罪的，分别依照刑法第三百八十二条、第三百八十三条、第二百七十一条、第三百八十四条、第二百七十二条的规定，以贪污罪、职务侵占罪、挪用公款罪、挪用资金罪定罪，依法从重处罚。

挪用用于预防、控制突发传染病疫情等灾害的救灾、优抚、救济等款物，构成犯罪的，对直接责任人员，依照刑法第二百七十三条的规定，以挪用特定款物罪定罪处罚。

最高人民检察院
关于挪用失业保险基金和下岗职工基本生活保障资金的行为适用法律问题的批复

高检发释字〔2003〕1号

(2003年1月13日最高人民检察院第九届检察委员会第118次会议通过 2003年1月28日最高人民检察院公告公布 自2003年1月30日起施行)

辽宁省人民检察院：

你院辽检发研字〔2002〕9号《关于挪用职工失业保险金和下岗职工生活保障金是否属于挪用特定款物的请示》收悉。经研究，批复如下：

挪用失业保险基金和下岗职工基本生活保障资金属于挪用救济款物。挪用失业保险基金和下岗职工基本生活保障资金，情节严重，致使国家和人民群众利益遭受重大损害的，对直接责任人员，应当依照刑法第二百七十三条的规定，以挪用特定款物罪追究刑事责任；国家工作人员利用职务上的便利，挪用失业保险基金和下岗职工基本生活保障资金归个人使用，构成犯罪的，应当依照刑法第三百八十四条的规定，以挪用公款罪追究刑事责任。

此复。

最高人民检察院
关于认真贯彻执行全国人民代表大会常务委员会《关于刑法第二百九十四条第一款的解释》和《关于刑法第三百八十四条第一款的解释》的通知（节录）

2002年5月13日　　　　高检发研字〔2002〕11号

二、要正确适用法律，积极发挥检察职能作用。各级人民检察院在办理相关案件的过程中，要充分运用刑法和立法解释的有关规定，依法开展立案侦查和批捕、起诉工作，严格按照《解释》加强对黑社会性质组织和挪用公款犯罪的打击力度，积极发挥检察机关的职能作用。根据《解释》的规定，黑社会性质组织是否有国家工作人员充当"保护伞"，即是否要有国家工作人员参与犯罪或者为犯罪活动提供非法保护，不影响黑社会性质组织的认定，对于同时具备《解释》规定的黑社会性质组织四个特征的案件，应依法予以严惩，以体现"打早打小"的立法精神。同时，对于确有"保护伞"的案件，也要坚决一查到底，绝不姑息。对于国家工作人员利用职务上的便利，实施《解释》规定的挪用公款"归个人使用"的三种情形之一的，无论使用公款的是个人还是单位以及单位的性质如何，均应认定为挪用公款归个人使用，构成犯罪的，应依法严肃查处。

最高人民检察院关于国家工作人员挪用非特定公物能否定罪的请示的批复

高检发释字〔2000〕1号

（2000年3月6日最高人民检察院第九届检察委员会第57次会议通过 2000年3月15日最高人民检察院公告公布 自2000年3月15日起施行）

山东省人民检察院：

你院鲁检发研字〔1999〕第3号《关于国家工作人员挪用非特定公物能否定罪的请示》收悉。经研究认为，刑法第三百八十四条规定的挪用公款罪中未包括挪用非特定公物归个人使用的行为，对该行为不以挪用公款罪论处。如构成其他犯罪的，依照刑法的相关规定定罪处罚。

此复。

最高人民检察院
关于人民检察院直接受理立案侦查案件立案标准的规定（试行）（节录）

高检发释字〔1999〕2号

（1999年8月6日最高人民检察院第九届检察委员会第41次会议通过　1999年9月16日最高人民检察院公告公布　自1999年9月16日起施行）

（二）挪用公款案（第384条，第185条第2款，第272条第2款）

挪用公款罪是指国家工作人员利用职务上的便利，挪用公款归个人使用，进行非法活动的，或者挪用公款数额较大、进行营利活动的，或者挪用公款数额较大、超过三个月未还的行为。

国有金融机构工作人员和国有金融机构委派到非国有金融机构从事公务的人员，利用职务上的便利，挪用本单位或者客户资金的，以挪用公款罪追究刑事责任。

国有公司、企业或者其他国有单位中从事公务的人员和国有公司、企业或者其他国有单位委派到非国有公司、企业以及其他单位从事公务的人员，利用职务上的便利，挪用本单位资金归个人使用或者借贷给他人，数额较大，超过三个月未还的，或者虽未超过三个月，但数额较大，进行营利活动的，或者进行非法活动的，以挪用公款罪追究刑事责任。

涉嫌下列情形之一的，应予立案：

1. 挪用公款归个人使用，数额在五千元至一万元以上，进行非法活动的；
2. 挪用公款数额在一万元至三万元以上，归个人进行营利活动的；
3. 挪用公款归个人使用，数额在一万元至三万元以上，超过三个月未还的。

各省级人民检察院可以根据本地实际情况，在上述数额幅度内，确定本地区执行的具体数额标准，并报最高人民检察院备案。

"挪用公款归个人使用"，既包括挪用者本人使用，也包括给他人使用。

多次挪用公款不还的，挪用公款数额累计计算；多次挪用公款并以后次挪用的公款归还前次挪用的公款，挪用公款数额以案发时未还的数额认定。

挪用公款给其他个人使用的案件，使用人与挪用人共谋，指使或者参与策划取得挪用款的，对使用人以挪用公款罪的共犯追究刑事责任。

最高人民法院
关于审理挪用公款案件具体应用法律若干问题的解释

法释〔1998〕9号

(1998年4月6日最高人民法院审判委员会第972次会议通过 1998年4月29日最高人民法院公告公布 自1998年5月9日起施行)

为依法惩处挪用公款犯罪,根据刑法的有关规定,现对办理挪用公款案件具体应用法律的若干问题解释如下:

第一条 刑法第三百八十四条规定的"挪用公款归个人使用",包括挪用者本人使用或者给他人使用。

挪用公款给私有公司、私有企业使用的,属于挪用公款归个人使用。

第二条 对挪用公款罪,应区分3种不同情况予以认定:

(一)挪用公款归个人使用,数额较大、超过3个月未还的,构成挪用公款罪。

挪用正在生息或者需要支付利息的公款归个人使用,数额较大,超过3个月但在案发前全部归还本金的,可以从轻处罚或者免除处罚。给国家、集体造成的利息损失应予追缴。挪用公款数额巨大,超过3个月,案发前全部归还的,可以酌情从轻处罚。

(二)挪用公款数额较大,归个人进行营利活动的,构成挪用公款罪,不受挪用时间和是否归还的限制。在案发前部分或者全部归还本息的,可以从轻处罚;情节轻微的,可以免除处罚。

挪用公款存入银行、用于集资、购买股票、国债等,属于挪用公款进行营利活动。所获取的利息、收益等违法所得,应当追缴,但不计入挪用公款的数额。

(三)挪用公款归个人使用,进行赌博、走私等非法活动的,构成挪用公款罪,不受"数额较大"和挪用时间的限制。

挪用公款给他人使用,不知道使用人用公款进行营利活动或者用于非法活动,数额较大、超过3个月未还的,构成挪用公款罪;明知使用人用于营利活动或者非法活动的,应当认定为挪用人挪用公款进行营利活动或者非法活动。

第三条 挪用公款归个人使用,"数额较大、进行营利活动的",或者

"数额较大、超过 3 个月未还的",以挪用公款 1 万元至 3 万元为"数额较大"的起点,以挪用公款 15 万元至 20 万元为"数额巨大"的起点。挪用公款"情节严重",是指挪用公款数额巨大,或者数额虽未达到巨大,但挪用公款手段恶劣;多次挪用公款;因挪用公款严重影响生产、经营,造成严重损失等情形。

"挪用公款归个人使用,进行非法活动的",以挪用公款 5000 元至 1 万元为追究刑事责任的数额起点。挪用公款 5 万元至 10 万元以上的,属于挪用公款归个人使用,进行非法活动"情节严重"的情形之一。挪用公款归个人使用,进行非法活动,情节严重的其他情形,按照本条第一款的规定执行。

各高级人民法院可以根据本地实际情况,按照本解释规定的数额幅度,确定本地区执行的具体数额标准,并报最高人民法院备案。

挪用救灾、抢险、防汛、优抚、扶贫、移民、救济款物归个人使用的数额标准,参照挪用公款归个人使用进行非法活动的数额标准。

第四条 多次挪用公款不还,挪用公款数额累计计算;多次挪用公款,并以后次挪用的公款归还前次挪用的公款,挪用公款数额以案发时未还的实际数额认定。

第五条 "挪用公款数额巨大不退还的",是指挪用公款数额巨大,因客观原因在一审宣判前不能退还的。

第六条 携带挪用的公款潜逃的,依照刑法第三百八十二条、第三百八十三条的规定定罪处罚。

第七条 因挪用公款索取、收受贿赂构成犯罪的,依照数罪并罚的规定处罚。

挪用公款进行非法活动构成其他犯罪的,依照数罪并罚的规定处罚。

第八条 挪用公款给他人使用,使用人与挪用人共谋,指使或者参与策划取得挪用款的,以挪用公款罪的共犯定罪处罚。

最高人民检察院
关于挪用国库券如何定性问题的批复

1997 年 10 月 13 日　　　　　　　　高检发释字〔1997〕5 号

宁夏回族自治区人民检察院:

你院宁检发字〔1997〕43 号《关于国库券等有价证券是否可以成为挪用公款罪所侵犯的对象以及以国库券抵押贷款的行为如何定性等问题的请示》

收悉。关于挪用国库券如何定性的问题,经研究,批复如下:

  国家工作人员利用职务上的便利,挪用公有或本单位的国库券的行为以挪用公款论;符合刑法第 384 条、第 272 条第 2 款规定的情形构成犯罪的,按挪用公款罪追究刑事责任。

（四）单位受贿罪※

中华人民共和国刑法（节录）*

第三百八十七条 【单位受贿罪】 国家机关、国有公司、企业、事业单位、人民团体，索取、非法收受他人财物，为他人谋取利益，情节严重的，对单位判处罚金，并对其直接负责的主管人员和其他直接责任人员，处五年以下有期徒刑或者拘役。

前款所列单位，在经济往来中，在账外暗中收受各种名义的回扣、手续费的，以受贿论，依照前款的规定处罚。

最高人民检察院研究室
关于国有单位的内设机构能否构成单位受贿罪主体问题的答复

2006年9月12日　　　　　　　　　（2006）高检研发8号

陕西省人民检察院法律政策研究室：

你室《关于国家机关、国有公司、企业、事业单位、人民团体的内设机构能否构成单位受贿罪主体的请示》（陕检研发〔2005〕13号）收悉。经研究，答复如下：

国有单位的内设机构利用其行使职权的便利，索取、非法收受他人财物并归该内设机构所有或者支配，为他人谋取利益，情节严重的，依照刑法第三百八十七条的规定以单位受贿罪追究刑事责任。

上述内设机构在经济往来中，在账外暗中收受各种名义的回扣、手续费的，以受贿论。

此复。

---

* 编者注：根据1997年刑法和《全国人民代表大会常务委员会关于惩治骗购外汇、逃汇和非法买卖外汇犯罪的决定》及十部刑法修正案编纂。

最高人民检察院
关于人民检察院直接受理立案侦查案件立案标准的规定（试行）（节录）

高检发释字〔1999〕2号

(1999年8月6日最高人民检察院第九届检察委员会第41次会议通过 1999年9月16日最高人民检察院公告公布 自1999年9月16日起施行)

一、贪污贿赂犯罪案件

(四) 单位受贿案（第387条）

单位受贿罪是指国家机关、国有公司、企业、事业单位、人民团体，索取、非法收受他人财物，为他人谋取利益，情节严重的行为。

索取他人财物或者非法收受他人财物，必须同时具备为他人谋取利益的条件，且是情节严重的行为，才能构成单位受贿罪。

国家机关、国有公司、企业、事业单位、人民团体，在经济往来中，在账外暗中收受各种名义的回扣、手续费的，以单位受贿罪追究刑事责任。

涉嫌下列情形之一的，应予立案：

1. 单位受贿数额在十万元以上的；
2. 单位受贿数额不满十万元，但具有下列情形之一的：
(1) 故意刁难、要挟有关单位、个人，造成恶劣影响的；
(2) 强行索取财物的；
(3) 致使国家或者社会利益遭受重大损失的。

（五）利用影响力受贿罪※

中华人民共和国刑法（节录）*

第三百八十八条　【受贿罪】　国家工作人员利用本人职权或者地位形成的便利条件，通过其他国家工作人员职务上的行为，为请托人谋取不正当利益，索取请托人财物或者收受请托人财物的，以受贿论处。

最高人民法院　最高人民检察院
关于办理贪污贿赂刑事案件适用法律若干问题的解释（节录）

法释〔2016〕9号

（2016年3月28日最高人民法院审判委员会第1680次会议、2016年3月25日最高人民检察院第十二届检察委员会第50次会议通过　2016年4月18日最高人民法院、最高人民检察院公告公布　自2016年4月18日起施行）

第一条　贪污或者受贿数额在三万元以上不满二十万元的，应当认定为刑法第三百八十三条第一款规定的"数额较大"，依法判处三年以下有期徒刑或者拘役，并处罚金。

贪污数额在一万元以上不满三万元，具有下列情形之一的，应当认定为刑法第三百八十三条第一款规定的"其他较重情节"，依法判处三年以下有期徒刑或者拘役，并处罚金：

（一）贪污救灾、抢险、防汛、优抚、扶贫、移民、救济、防疫、社会捐助等特定款物的；

（二）曾因贪污、受贿、挪用公款受过党纪、行政处分的；

---

* 编者注：根据1997年刑法和《全国人民代表大会常务委员会关于惩治骗购外汇、逃汇和非法买卖外汇犯罪的决定》及十部刑法修正案编纂。

（三）曾因故意犯罪受过刑事追究的；
（四）赃款赃物用于非法活动的；
（五）拒不交待赃款赃物去向或者拒不配合追缴工作，致使无法追缴的；
（六）造成恶劣影响或者其他严重后果的。

受贿数额在一万元以上不满三万元，具有前款第二项至第六项规定的情形之一，或者具有下列情形之一的，应当认定为刑法第三百八十三条第一款规定的"其他较重情节"，依法判处三年以下有期徒刑或者拘役，并处罚金：

（一）多次索贿的；
（二）为他人谋取不正当利益，致使公共财产、国家和人民利益遭受损失的；
（三）为他人谋取职务提拔、调整的。

第二条 贪污或者受贿数额在二十万元以上不满三百万元的，应当认定为刑法第三百八十三条第一款规定的"数额巨大"，依法判处三年以上十年以下有期徒刑，并处罚金或者没收财产。

贪污数额在十万元以上不满二十万元，具有本解释第一条第二款规定的情形之一的，应当认定为刑法第三百八十三条第一款规定的"其他严重情节"，依法判处三年以上十年以下有期徒刑，并处罚金或者没收财产。

受贿数额在十万元以上不满二十万元，具有本解释第一条第三款规定的情形之一的，应当认定为刑法第三百八十三条第一款规定的"其他严重情节"，依法判处三年以上十年以下有期徒刑，并处罚金或者没收财产。

第三条 贪污或者受贿数额在三百万元以上的，应当认定为刑法第三百八十三条第一款规定的"数额特别巨大"，依法判处十年以上有期徒刑、无期徒刑或者死刑，并处罚金或者没收财产。

贪污数额在一百五十万元以上不满三百万元，具有本解释第一条第二款规定的情形之一的，应当认定为刑法第三百八十三条第一款规定的"其他特别严重情节"，依法判处十年以上有期徒刑、无期徒刑或者死刑，并处罚金或者没收财产。

受贿数额在一百五十万元以上不满三百万元，具有本解释第一条第三款规定的情形之一的，应当认定为刑法第三百八十三条第一款规定的"其他特别严重情节"，依法判处十年以上有期徒刑、无期徒刑或者死刑，并处罚金或者没收财产。

第四条 贪污、受贿数额特别巨大，犯罪情节特别严重、社会影响特别恶劣、给国家和人民利益造成特别重大损失的，可以判处死刑。

符合前款规定的情形，但具有自首、立功，如实供述自己罪行、真诚悔罪、积极退赃，或者避免、减少损害结果的发生等情节，不是必须立即执行的，可以判处死刑缓期二年执行。

符合第一款规定情形的，根据犯罪情节等情况可以判处死刑缓期二年执行，同时裁判决定在其死刑缓期执行二年期满依法减为无期徒刑后，终身监禁，不得减刑、假释。

第五条 挪用公款归个人使用，进行非法活动，数额在三万元以上的，应当依照刑法第三百八十四条的规定以挪用公款罪追究刑事责任；数额在三百万元以上的，应当认定为刑法第三百八十四条第一款规定的"数额巨大"。具有下列情形之一的，应当认定为刑法第三百八十四条第一款规定的"情节严重"：

（一）挪用公款数额在一百万元以上的；

（二）挪用救灾、抢险、防汛、优抚、扶贫、移民、救济特定款物，数额在五十万元以上不满一百万元的；

（三）挪用公款不退还，数额在五十万元以上不满一百万元的；

（四）其他严重的情节。

第六条 挪用公款归个人使用，进行营利活动或者超过三个月未还，数额在五万元以上的，应当认定为刑法第三百八十四条第一款规定的"数额较大"；数额在五百万元以上的，应当认定为刑法第三百八十四条第一款规定的"数额巨大"。具有下列情形之一的，应当认定为刑法第三百八十四条第一款规定的"情节严重"：

（一）挪用公款数额在二百万元以上的；

（二）挪用救灾、抢险、防汛、优抚、扶贫、移民、救济特定款物，数额在一百万元以上不满二百万元的；

（三）挪用公款不退还，数额在一百万元以上不满二百万元的；

（四）其他严重的情节。

第七条 为谋取不正当利益，向国家工作人员行贿，数额在三万元以上的，应当依照刑法第三百九十条的规定以行贿罪追究刑事责任。

行贿数额在一万元以上不满三万元，具有下列情形之一的，应当依照刑法第三百九十条的规定以行贿罪追究刑事责任：

（一）向三人以上行贿的；

（二）将违法所得用于行贿的；

（三）通过行贿谋取职务提拔、调整的；

（四）向负有食品、药品、安全生产、环境保护等监督管理职责的国家工作人员行贿，实施非法活动的；

（五）向司法工作人员行贿，影响司法公正的；

（六）造成经济损失数额在五十万元以上不满一百万元的。

第八条 犯行贿罪，具有下列情形之一的，应当认定为刑法第三百九十条第一款规定的"情节严重"：

（一）行贿数额在一百万元以上不满五百万元的；

（二）行贿数额在五十万元以上不满一百万元，并具有本解释第七条第二款第一项至第五项规定的情形之一的；

（三）其他严重的情节。

为谋取不正当利益，向国家工作人员行贿，造成经济损失数额在一百万元以上不满五百万元的，应当认定为刑法第三百九十条第一款规定的"使国家利益遭受重大损失"。

第九条 犯行贿罪，具有下列情形之一的，应当认定为刑法第三百九十条第一款规定的"情节特别严重"：

（一）行贿数额在五百万元以上的；

（二）行贿数额在二百五十万元以上不满五百万元，并具有本解释第七条第二款第一项至第五项规定的情形之一的；

（三）其他特别严重的情节。

为谋取不正当利益，向国家工作人员行贿，造成经济损失数额在五百万元以上的，应当认定为刑法第三百九十条第一款规定的"使国家利益遭受特别重大损失"。

第十条 刑法第三百八十八条之一规定的利用影响力受贿罪的定罪量刑适用标准，参照本解释关于受贿罪的规定执行。

刑法第三百九十条之一规定的对有影响力的人行贿罪的定罪量刑适用标准，参照本解释关于行贿罪的规定执行。

单位对有影响力的人行贿数额在二十万元以上的，应当依照刑法第三百九十条之一的规定以对有影响力的人行贿罪追究刑事责任。

第十一条 刑法第一百六十三条规定的非国家工作人员受贿罪、第二百七十一条规定的职务侵占罪中的"数额较大""数额巨大"的数额起点，按照本解释关于受贿罪、贪污罪相对应的数额标准规定的二倍、五倍执行。

刑法第二百七十二条规定的挪用资金罪中的"数额较大""数额巨大"以及"进行非法活动"情形的数额起点，按照本解释关于挪用公款罪"数额较大""情节严重"以及"进行非法活动"的数额标准规定的二倍执行。

刑法第一百六十四条第一款规定的对非国家工作人员行贿罪中的"数额较大""数额巨大"的数额起点，按照本解释第七条、第八条第一款关于行贿罪的数额标准规定的二倍执行。

第十二条 贿赂犯罪中的"财物"，包括货币、物品和财产性利益。财产性利益包括可以折算为货币的物质利益如房屋装修、债务免除等，以及需要支付货币的其他利益如会员服务、旅游等。后者的犯罪数额，以实际支付或者应当支付的数额计算。

第十三条　具有下列情形之一的，应当认定为"为他人谋取利益"，构成犯罪的，应当依照刑法关于受贿犯罪的规定定罪处罚：

（一）实际或者承诺为他人谋取利益的；

（二）明知他人有具体请托事项的；

（三）履职时未被请托，但事后基于该履职事由收受他人财物的。

国家工作人员索取、收受具有上下级关系的下属或者具有行政管理关系的被管理人员的财物价值三万元以上，可能影响职权行使的，视为承诺为他人谋取利益。

第十四条　根据行贿犯罪的事实、情节，可能被判处三年有期徒刑以下刑罚的，可以认定为刑法第三百九十条第二款规定的"犯罪较轻"。

根据犯罪的事实、情节，已经或者可能被判处十年有期徒刑以上刑罚的，或者案件在本省、自治区、直辖市或者全国范围内有较大影响的，可以认定为刑法第三百九十条第二款规定的"重大案件"。

具有下列情形之一的，可以认定为刑法第三百九十条第二款规定的"对侦破重大案件起关键作用"：

（一）主动交待办案机关未掌握的重大案件线索的；

（二）主动交待的犯罪线索不属于重大案件的线索，但该线索对于重大案件侦破有重要作用的；

（三）主动交待行贿事实，对于重大案件的证据收集有重要作用的；

（四）主动交待行贿事实，对于重大案件的追逃、追赃有重要作用的。

第十五条　对多次受贿未经处理的，累计计算受贿数额。

国家工作人员利用职务上的便利为请托人谋取利益前后多次收受请托人财物，受请托之前收受的财物数额在一万元以上的，应当一并计入受贿数额。

第十六条　国家工作人员出于贪污、受贿的故意，非法占有公共财物、收受他人财物之后，将赃款赃物用于单位公务支出或者社会捐赠的，不影响贪污罪、受贿罪的认定，但量刑时可以酌情考虑。

特定关系人索取、收受他人财物，国家工作人员知道后未退还或者上交的，应当认定国家工作人员具有受贿故意。

第十七条　国家工作人员利用职务上的便利，收受他人财物，为他人谋取利益，同时构成受贿罪和刑法分则第三章第三节、第九章规定的渎职犯罪的，除刑法另有规定外，以受贿罪和渎职犯罪数罪并罚。

第十八条　贪污贿赂犯罪分子违法所得的一切财物，应当依照刑法第六十四条的规定予以追缴或者责令退赔，对被害人的合法财产应当及时返还。

对尚未追缴到案或者尚未足额退赔的违法所得，应当继续追缴或者责令退赔。

第十九条 对贪污罪、受贿罪判处三年以下有期徒刑或者拘役的，应当并处十万元以上五十万元以下的罚金；判处三年以上十年以下有期徒刑的，应当并处二十万元以上犯罪数额二倍以下的罚金或者没收财产；判处十年以上有期徒刑或者无期徒刑的，应当并处五十万元以上犯罪数额二倍以下的罚金或者没收财产。

对刑法规定并处罚金的其他贪污贿赂犯罪，应当在十万元以上犯罪数额二倍以下判处罚金。

（六）行贿罪※

中华人民共和国刑法（节录）*

第三百八十九条 【**行贿罪**】 为谋取不正当利益，给予国家工作人员以财物的，是行贿罪。

在经济往来中，违反国家规定，给予国家工作人员以财物，数额较大的，或者违反国家规定，给予国家工作人员以各种名义的回扣、手续费的，以行贿论处。

因被勒索给予国家工作人员以财物，没有获得不正当利益的，不是行贿。

第三百九十条 对犯行贿罪的，处五年以下有期徒刑或者拘役，并处罚金；因行贿谋取不正当利益，情节严重的，或者使国家利益遭受重大损失的，处五年以上十年以下有期徒刑，并处罚金；情节特别严重的，或者使国家利益遭受特别重大损失的，处十年以上有期徒刑或者无期徒刑，并处罚金或者没收财产。

行贿人在被追诉前主动交待行贿行为的，可以从轻或者减轻处罚。其中，犯罪较轻的，对侦破重大案件起关键作用的，或者有重大立功表现的，可以减轻或者免除处罚。

（**编者注**：本条经 2015 年 8 月 29 日《刑法修正案（九）》第四十五条修改。

1997 年刑法第三百九十条原规定："对犯行贿罪的，处五年以下有期徒刑或者拘役；因行贿谋取不正当利益，情节严重的，或者使国家利益遭受重大损失的，处五年以上十年以下有期徒刑；情节特别严重的，处十年以上有期徒刑或者无期徒刑，可以并处没收财产。

"行贿人在被追诉前主动交待行贿行为的，可以减轻处罚或者免除处罚。"）

---

* 编者注：根据 1997 年刑法和《全国人民代表大会常务委员会关于惩治骗购外汇、逃汇和非法买卖外汇犯罪的决定》及十部刑法修正案编纂。

最高人民法院　最高人民检察院
关于办理贪污贿赂刑事案件适用法律若干问题的解释（节录）

法释〔2016〕9号

（2016年3月28日最高人民法院审判委员会第1680次会议、2016年3月25日最高人民检察院第十二届检察委员会第50次会议通过　2016年4月18日最高人民法院、最高人民检察院公告公布　自2016年4月18日起施行）

第七条　为谋取不正当利益，向国家工作人员行贿，数额在三万元以上的，应当依照刑法第三百九十条的规定以行贿罪追究刑事责任。

行贿数额在一万元以上不满三万元，具有下列情形之一的，应当依照刑法第三百九十条的规定以行贿罪追究刑事责任：

（一）向三人以上行贿的；

（二）将违法所得用于行贿的；

（三）通过行贿谋取职务提拔、调整的；

（四）向负有食品、药品、安全生产、环境保护等监督管理职责的国家工作人员行贿，实施非法活动的；

（五）向司法工作人员行贿，影响司法公正的；

（六）造成经济损失数额在五十万元以上不满一百万元的。

第八条　犯行贿罪，具有下列情形之一的，应当认定为刑法第三百九十条第一款规定的"情节严重"：

（一）行贿数额在一百万元以上不满五百万元的；

（二）行贿数额在五十万元以上不满一百万元，并具有本解释第七条第二款第一项至第五项规定的情形之一的；

（三）其他严重的情节。

为谋取不正当利益，向国家工作人员行贿，造成经济损失数额在一百万元以上不满五百万元的，应当认定为刑法第三百九十条第一款规定的"使国家利益遭受重大损失"。

第九条　犯行贿罪，具有下列情形之一的，应当认定为刑法第三百九十条第一款规定的"情节特别严重"：

（一）行贿数额在五百万元以上的；

（二）行贿数额在二百五十万元以上不满五百万元，并具有本解释第七条第二款第一项至第五项规定的情形之一的；

（三）其他特别严重的情节。

为谋取不正当利益，向国家工作人员行贿，造成经济损失数额在五百万元以上的，应当认定为刑法第三百九十条第一款规定的"使国家利益遭受特别重大损失"。

第十条 刑法第三百八十八条之一规定的利用影响力受贿罪的定罪量刑适用标准，参照本解释关于受贿罪的规定执行。

刑法第三百九十条之一规定的对有影响力的人行贿罪的定罪量刑适用标准，参照本解释关于行贿罪的规定执行。

单位对有影响力的人行贿数额在二十万元以上的，应当依照刑法第三百九十条之一的规定以对有影响力的人行贿罪追究刑事责任。

第十一条 刑法第一百六十三条规定的非国家工作人员受贿罪、第二百七十一条规定的职务侵占罪中的"数额较大""数额巨大"的数额起点，按照本解释关于受贿罪、贪污罪相对应的数额标准规定的二倍、五倍执行。

刑法第二百七十二条规定的挪用资金罪中的"数额较大""数额巨大"以及"进行非法活动"情形的数额起点，按照本解释关于挪用公款罪"数额较大""情节严重"以及"进行非法活动"的数额标准规定的二倍执行。

刑法第一百六十四条第一款规定的对非国家工作人员行贿罪中的"数额较大""数额巨大"的数额起点，按照本解释第七条、第八条第一款关于行贿罪的数额标准规定的二倍执行。

第十二条 贿赂犯罪中的"财物"，包括货币、物品和财产性利益。财产性利益包括可以折算为货币的物质利益如房屋装修、债务免除等，以及需要支付货币的其他利益如会员服务、旅游等。后者的犯罪数额，以实际支付或者应当支付的数额计算。

第十三条 具有下列情形之一的，应当认定为"为他人谋取利益"，构成犯罪的，应当依照刑法关于受贿犯罪的规定定罪处罚：

（一）实际或者承诺为他人谋取利益的；

（二）明知他人有具体请托事项的；

（三）履职时未被请托，但事后基于该履职事由收受他人财物的。

国家工作人员索取、收受具有上下级关系的下属或者具有行政管理关系的被管理人员的财物价值三万元以上，可能影响职权行使的，视为承诺为他人谋取利益。

第十四条 根据行贿犯罪的事实、情节，可能被判处三年有期徒刑以下刑罚的，可以认定为刑法第三百九十条第二款规定的"犯罪较轻"。

根据犯罪的事实、情节，已经或者可能被判处十年有期徒刑以上刑罚的，或者案件在本省、自治区、直辖市或者全国范围内有较大影响的，可以认定为刑法第三百九十条第二款规定的"重大案件"。

具有下列情形之一的，可以认定为刑法第三百九十条第二款规定的"对侦破重大案件起关键作用"：

（一）主动交待办案机关未掌握的重大案件线索的；

（二）主动交待的犯罪线索不属于重大案件的线索，但该线索对于重大案件侦破有重要作用的；

（三）主动交待行贿事实，对于重大案件的证据收集有重要作用的；

（四）主动交待行贿事实，对于重大案件的追逃、追赃有重要作用的。

第十五条 对多次受贿未经处理的，累计计算受贿数额。

国家工作人员利用职务上的便利为请托人谋取利益前后多次收受请托人财物，受请托之前收受的财物数额在一万元以上的，应当一并计入受贿数额。

第十六条 国家工作人员出于贪污、受贿的故意，非法占有公共财物、收受他人财物之后，将赃款赃物用于单位公务支出或者社会捐赠的，不影响贪污罪、受贿罪的认定，但量刑时可以酌情考虑。

特定关系人索取、收受他人财物，国家工作人员知道后未退还或者上交的，应当认定国家工作人员具有受贿故意。

第十七条 国家工作人员利用职务上的便利，收受他人财物，为他人谋取利益，同时构成受贿罪和刑法分则第三章第三节、第九章规定的渎职犯罪的，除刑法另有规定外，以受贿罪和渎职犯罪数罪并罚。

第十八条 贪污贿赂犯罪分子违法所得的一切财物，应当依照刑法第六十四条的规定予以追缴或者责令退赔，对被害人的合法财产应当及时返还。对尚未追缴到案或者尚未足额退赔的违法所得，应当继续追缴或者责令退赔。

第十九条 对贪污罪、受贿罪判处三年以下有期徒刑或者拘役的，应当并处十万元以上五十万元以下的罚金；判处三年以上十年以下有期徒刑的，应当并处二十万元以上犯罪数额二倍以下的罚金或者没收财产；判处十年以上有期徒刑或者无期徒刑的，应当并处五十万元以上犯罪数额二倍以下的罚金或者没收财产。

对刑法规定并处罚金的其他贪污贿赂犯罪，应当在十万元以上犯罪数额二倍以下判处罚金。

最高人民检察院
关于印发第四批指导性案例的通知（节录）

2014年2月20日　　　　　　　　　　高检发研字〔2014〕2号

各省、自治区、直辖市人民检察院，军事检察院，新疆生产建设兵团人民检察院：

经2014年2月19日最高人民检察院第十二届检察委员会第十七次会议决定，现将柳立国等人生产、销售有毒、有害食品，生产、销售伪劣产品案等五个案例印发你们，供参考。

胡林贵等人生产、销售有毒、有害食品，行贿；骆梅等人销售伪劣产品；朱伟全等人生产、销售伪劣产品；黎达文等人受贿，食品监管渎职案

（检例第15号）

【关键词】

生产、销售有毒、有害食品罪　生产、销售伪劣产品罪　食品监管渎职罪　受贿罪　行贿罪

【要旨】

实施生产、销售有毒、有害食品犯罪，为逃避查处向负有食品安全监管职责的国家工作人员行贿的，应当以生产、销售有毒、有害食品罪和行贿罪实行数罪并罚。

负有食品安全监督管理职责的国家机关工作人员，滥用职权，向生产、销售有毒、有害食品的犯罪分子通风报信，帮助逃避处罚的，应当认定为食品监管渎职罪；在渎职过程中受贿的，应当以食品监管渎职罪和受贿罪实行数罪并罚。

【相关立法】

《中华人民共和国刑法》第一百四十四条　第一百四十条　第四百零八条之一　第三百八十五条　第三百八十九条

【基本案情】

被告人胡林贵，男，1968年出生，重庆市人，原系广东省东莞市渝湘腊味食品有限公司股东。

被告人刘康清，男，1964年出生，重庆市人，原系广东省东莞市渝湘腊味食品有限公司股东。

被告人叶在均，男，1954年出生，重庆市人，原系广东省东莞市渝湘腊味食品有限公司股东。

被告人刘国富，男，1976年出生，重庆市人，原系广东省东莞市渝湘腊味食品有限公司股东。

被告人张永富，男，1969年出生，重庆市人，原系广东省东莞市渝湘腊味食品有限公司股东。

被告人叶世科，男，1979年出生，重庆市人，原系广东省东莞市渝湘腊味食品有限公司驾驶员。

被告人骆梅，女，1977年出生，重庆市人，原系广东省东莞市大岭山镇信立农产品批发市场销售人员。

被告人刘康素，女，1971年出生，重庆市人，原系广东省东莞市中堂镇江南农产品批发市场销售人员。

被告人朱伟全，男，1958年出生，广东省人，无业。

被告人曾伟中，男，1971年出生，广东省人，无业。

被告人黎达文，男，1973年出生，广东省人，原系广东省东莞市中堂镇人民政府经济贸易办公室（简称经贸办）副主任、中堂镇食品药品监督站站长，兼任中堂镇食品安全委员会（简称食安委）副主任及办公室主任。

被告人王伟昌，男，1965年出生，广东省人，原系广东省东莞市中堂中心屠场稽查队队长。

被告人陈伟基，男，1982年出生，广东省人，原系广东省东莞市中堂中心屠场稽查队队员。

被告人余忠东，男，1963年出生，湖南省人，原系广东省东莞市江南市场经营管理有限公司仓储加工管理部主管。

（一）被告人胡林贵、刘康清、叶在均、刘国富、张永富等人于2011年6月以每人出资2万元，在未取得工商营业执照和卫生许可证的情况下，在东莞市中堂镇江南农产品批发市场租赁加工区建立加工厂，利用病、死、残猪猪肉为原料，加入亚硝酸钠、工业用盐等调料，生产腊肠、腊肉。并将生产出来的腊肠、腊肉运至该市农产品批发市场固定铺位进行销售，平均每天销售约500公斤。该工厂主要由胡林贵负责采购病、死、残猪猪肉，刘康清负责销售，刘国富等人负责加工生产，张永富、叶在均等人负责打杂及协作，该加工厂还聘请了被告人叶世科等人负责运输，聘请了骆梅、刘康素等人负责销售上述加工厂生产出的腊肠、腊肉，其中骆梅于2011年8月初开始受聘担任销售，刘康素于2011年9月初开始受聘担任销售。

2011年10月17日，经群众举报，执法部门查处了该加工厂，当场缴获腊肠500公斤、腊肉500公斤、未检验的腊肉半成品2吨、工业用盐24包（每包50公斤）、"敌百虫"8支、亚硝酸钠11支等物品；10月25日，公安机关在农产品批发市场固定铺位缴获胡林贵等人存放的半成品猪肉7980公斤，经广东省质量监督检测中心抽样检测，该半成品含敌百虫等有害物质严重超标。

（二）自2010年12月至2011年6月份期间，被告人朱伟全、曾伟中等人收购病、死、残猪后私自屠宰，每月运行20天，并将每天生产出的约500公斤猪肉销售给被告人胡林贵、刘康清等人。后曾伟中退出经营，朱伟全等人于2011年9月份开始至案发期间，继续每天向胡林贵等人合伙经营的腊肉加工厂出售病、死、残猪猪肉约500公斤。

（三）被告人黎达文于2008年起先后兼任中堂镇产品质量和食品安全工作领导小组成员、经贸办副主任、中堂食安委副主任兼办公室主任、食品药品监督站站长，负责对中堂镇全镇食品安全的监督管理，包括中堂镇内食品安全综合协调职能和依法组织各执法部门查处食品安全方面的举报等工作。被告人余忠东于2005年起在东莞市江南市场经营管理有限公司任仓储加工管理部的主管。

2010年至2011年期间，黎达文在组织执法人员查处江南农产品批发市场的无证照腊肉、腊肠加工窝点过程中，收受被告人刘康清、胡林贵、余忠东等人贿款共十一次，每次5000元，合计55000元，其中胡林贵参与行贿十一次，计55000元，刘康清参与行贿十次，计50000元，余忠东参与行贿六次，计30000元。

被告人黎达文在收受被告人刘康清、胡林贵、余忠东等人的贿款之后，滥用食品安全监督管理的职权，多次在组织执法人员检查江南农产品批发市场之前打电话通知余忠东或胡林贵，让胡林贵等人做好准备，把加工场内的病、死、残猪猪肉等生产原料和腊肉、腊肠藏好，逃避查处，导致胡林贵等人在一年多时间内持续非法利用病、死、残猪猪肉生产"敌百虫"和亚硝酸盐成分严重超标的腊肠、腊肉，销往东莞市及周边城市的食堂和餐馆。

被告人王伟昌自2007年起任中堂中心屠场稽查队队长，被告人陈伟基自2009年2月起任中堂中心屠场稽查队队员，二人负责中堂镇内私宰猪肉的稽查工作。2009年7月至2011年10月间，王伟昌、陈伟基在执法过程中收受刘康清、刘国富等人贿款，其中王伟昌、陈伟基共同收受贿款13100元，王伟昌单独受贿 3000 元。

王伟昌、陈伟基受贿后，滥用食品安全监督管理的职权，多次在带队稽查过程中，明知刘康清和刘国富等人非法销售死猪猪肉、排骨而不履行查处职责，王伟昌还多次在参与中堂镇食安委组织的联合执法行动前打电话给刘康清通风报信，让刘康清等人逃避查处。

【诉讼过程】

2011 年 10 月 22 日，胡林贵、刘康清因涉嫌生产、销售有毒、有害食品罪被刑事拘留，11 月 24 日被逮捕；10 月 23 日，叶在均、刘国富、张永富、叶世科、骆梅、刘康素因涉嫌生产、销售有毒、有害食品罪被刑事拘留，11 月 24 日被逮捕；10 月 28 日，朱伟全、曾伟中因涉嫌生产、销售有毒、有害食品罪被刑事拘留，11 月 24 日被逮捕。2012 年 3 月 6 日，黎达文因涉嫌受贿罪被刑事拘留，3 月 20 日被逮捕。2012 年 4 月 26 日，王伟昌、陈伟基因涉嫌受贿罪被刑事拘留，5 月 10 日被逮捕。2012 年 3 月 6 日，余忠东因涉嫌受贿罪被刑事拘留，3 月 20 日被逮捕。

被告人胡林贵、刘康清、叶在均、刘国富、张永富、叶世科、骆梅、刘康素、曾伟中、朱伟全涉嫌生产、销售有毒、有害食品罪一案，由广东省东莞市公安局侦查终结，移送东莞市第一市区人民检察院审查起诉。被告人黎达文、王伟昌、陈伟基涉嫌受贿、食品监管渎职罪，被告人胡林贵、刘康清、余忠东涉嫌行贿罪一案，由东莞市人民检察院侦查终结，移送东莞市第一市区人民检察院审查起诉。因上述两个案件系关联案件，东莞市第一市区人民检察院决定并案审查。东莞市第一市区人民检察院经审查认为，被告人胡林贵、刘康清、叶在均、刘国富、张永富、叶世科无视国法，在生产、销售的食品中掺入有毒、有害的非食品原料，胡林贵、刘康清还为谋取不正当利益，多次向被告人黎达文、王伟昌、陈伟基等人行贿，胡林贵、刘康清的行为均已触犯了《中华人民共和国刑法》第一百四十四条、第三百八十九条第一款之规定，被告人叶在均、刘国富、张永富、叶世科的行为均已触犯了《中华人民共和国刑法》第一百四十四条之规定；被告人骆梅、刘康素在销售中以不合格产品冒充合格产品，其中骆梅销售的金额五十万元以上，刘康素销售的金额二十万元以上，二人的行为均已触犯了《中华人民共和国刑法》第一百四十条之规定；被告人朱伟全、曾伟中在生产、销售中以不合格产品冒充合格产品，生产、销售金额五十万元以上，二人的行为均已触犯了《中华人民共和国刑法》第一百四十条之规定；被告人黎达文、王伟昌、陈伟基身为国家机关工作人员，利用职务之便，多次收受贿款，同时黎达文、王伟昌、陈伟基身为负有食品安全监督管理职责的国家机关工作人员，滥用职权为刘康清等人谋取非法利益，造成恶劣社会影响，三人的行为已分别触犯了《中华人民共和国刑法》第三百八十五条第一款、第四百零八条之一之规定;被告人余忠东为谋取不正当利益,多次向被告人黎达文、王伟昌、陈伟基等人行贿,其行为已触犯《中华人民共和国刑法》第三百八十九条第一款之规定。2012年5月29日,东莞市第一市区人民检察院以被告人胡林贵、刘康清犯生产、销售有毒、有害食品罪、行贿罪,叶在均、刘国富、张永富、叶世科犯生产、销售有毒、有害食品罪,骆梅、刘康素犯销售伪劣产品罪,朱伟全、曾伟中犯生产、销售伪劣产品罪,黎达文、王伟昌、陈伟基犯受贿罪、食品监管渎职罪,余忠东犯行贿罪,向东莞市第一人民法院提起公诉。

2012年7月9日,东莞市第一人民法院一审认为,被告人胡林贵、刘康清、叶在均、刘国富、张永富、叶世科无视国法,在生产、销售的食品中掺入有毒、有害的非食品原料,其行为已构成生产、销售有毒、有害食品罪,且属情节严重;被告人骆梅、刘康素作为产品销售者,以不合格产品冒充合格产品,其中被告人骆梅销售金额为五十万元以上不满二百万元,被告人刘康素销售金额为二十万元以上不满五十万元,其二人的行为已构成销售伪劣产品罪;被告人朱伟全、曾伟中在生产、销售中以不合格产品冒充合格产品,涉案金额五十万元以上不满二百万元,其二人的行为已构成生产、销售伪劣产品罪;被告人黎达文身为国家工作人员,被告人王伟昌、陈伟基身为受国家机关委托从事公务的人员,均利用职务之便,多次收受贿款,同时,被告人黎达文、王伟昌、陈伟基还违背所负的食品安全监督管理职责,滥用职权为刘康清等人谋取非法利益,造成严重后果,被告人黎达文、王伟昌、陈伟基的行为已构成受贿罪、食品监管渎职罪;被告人胡林贵、刘康清、余忠东为谋取不正当利益,多次向黎达文、王伟昌、陈伟基等人行贿,其三人的行为均已构成行贿罪。对上述被告人的犯罪行为,依法均应惩处,对被告人胡林贵、刘康清、黎达文、王伟昌、陈伟基依法予以数罪并罚。被告人刘康清系累犯,依法应从重处罚;刘康清在被追诉前主动交代其行贿行为,依法可以从轻处罚;刘康清还举报了胡林贵向黎达文行贿5000元的事实,并经查证属实,是立功,依法可以从轻处罚。被告人黎达文、王伟昌、陈伟基归案后已向侦查机关退出全部赃款,对其从轻处罚。被告人胡林贵、刘康清、张永富、叶世科、余忠东归案后如实供述犯罪事实,认罪态度较好,均可从轻处罚;被告人黎达文在法庭上认罪态度较好,可酌情从轻处罚。依照刑法相关条款规定,判决:

(一)被告人胡林贵犯生产、销售有毒、有害食品罪和行贿罪,数罪并罚,判处有期徒刑九年九个月,并处罚金人民币十万元。被告人刘康清犯生产、销售有毒、有害食品罪和行贿罪,数罪并罚,判处有期徒刑九年,并处罚金人民币九万元。被告人叶在均、刘国富、张永富、叶世科犯生产、销售有毒、有害食品罪，分别判处有期徒刑八年六个月并处罚金人民币十万元、有期徒刑八年六个月并处罚金人民币十万元、有期徒刑八年三个月并处罚金人民币十万元、有期徒刑七年九个月并处罚金人民币五万元。被告人骆梅、刘康素犯销售伪劣产品罪，分别判处有期徒刑七年六个月并处罚金人民币三万元、有期徒刑六年并处罚金人民币二万元。

（二）被告人朱伟全、曾伟中犯生产、销售伪劣产品罪，分别判处有期徒刑八年并处罚金人民币七万元、有期徒刑七年六个月并处罚金人民币六万元。

（三）被告人黎达文犯受贿罪和食品监管渎职罪，数罪并罚，判处有期徒刑七年六个月，并处没收个人财产人民币一万元。被告人王伟昌犯受贿罪和食品监管渎职罪，数罪并罚，判处有期徒刑三年三个月。被告人陈伟基犯受贿罪和食品监管渎职罪，数罪并罚，判处有期徒刑二年六个月。被告人余忠东犯行贿罪，判处有期徒刑十个月。

一审宣判后，被告人胡林贵、刘康清、叶在均、刘国富、张永富、叶世科、骆梅、刘康素、曾伟中、黎达文、王伟昌、陈伟基提出上诉。

2012年8月21日，广东省东莞市中级人民法院二审裁定驳回上诉，维持原判。

最高人民法院　最高人民检察院
关于办理行贿刑事案件具体应用法律若干问题的解释

法释〔2012〕22号

（2012年5月14日最高人民法院审判委员会第1547次会议、2012年8月21日最高人民检察院第十一届检察委员会第77次会议通过　2012年12月26日最高人民法院、最高人民检察院公告公布　自2013年1月1日起施行）

为依法惩治行贿犯罪活动，根据刑法有关规定，现就办理行贿刑事案件具体应用法律的若干问题解释如下：

第一条　为谋取不正当利益，向国家工作人员行贿，数额在一万元以上的，应当依照刑法第三百九十条的规定追究刑事责任。

第二条　因行贿谋取不正当利益，具有下列情形之一的，应当认定为刑法第三百九十条第一款规定的"情节严重"：

（一）行贿数额在二十万元以上不满一百万元的；

（二）行贿数额在十万元以上不满二十万元，并具有下列情形之一的：

1. 向三人以上行贿的；

2. 将违法所得用于行贿的；

3. 为实施违法犯罪活动，向负有食品、药品、安全生产、环境保护等监督管理职责的国家工作人员行贿，严重危害民生、侵犯公众生命财产安全的；

4. 向行政执法机关、司法机关的国家工作人员行贿，影响行政执法和司法公正的；

（三）其他情节严重的情形。

第三条 因行贿谋取不正当利益，造成直接经济损失数额在一百万元以上的，应当认定为刑法第三百九十条第一款规定的"使国家利益遭受重大损失"。

第四条 因行贿谋取不正当利益，具有下列情形之一的，应当认定为刑法第三百九十条第一款规定的"情节特别严重"：

（一）行贿数额在一百万元以上的；

（二）行贿数额在五十万元以上不满一百万元，并具有下列情形之一的：

1. 向三人以上行贿的；

2. 将违法所得用于行贿的；

3. 为实施违法犯罪活动，向负有食品、药品、安全生产、环境保护等监督管理职责的国家工作人员行贿，严重危害民生、侵犯公众生命财产安全的；

4. 向行政执法机关、司法机关的国家工作人员行贿，影响行政执法和司法公正的；

（三）造成直接经济损失数额在五百万元以上的；

（四）其他情节特别严重的情形。

第五条 多次行贿未经处理的，按照累计行贿数额处罚。

第六条 行贿人谋取不正当利益的行为构成犯罪的，应当与行贿犯罪实行数罪并罚。

第七条 因行贿人在被追诉前主动交待行贿行为而破获相关受贿案件的，对行贿人不适用刑法第六十八条关于立功的规定，依照刑法第三百九十条第二款的规定，可以减轻或者免除处罚。

单位行贿的，在被追诉前，单位集体决定或者单位负责人决定主动交待单位行贿行为的，依照刑法第三百九十条第二款的规定，对单位及相关责任人员可以减轻处罚或者免除处罚；受委托直接办理单位行贿事项的直接责任人员在被追诉前主动交待自己知道的单位行贿行为的，对该直接责任人员可以依照刑法第三百九十条第二款的规定减轻处罚或者免除处罚。

第八条 行贿人被追诉后如实供述自己罪行的，依照刑法第六十七条第三款的规定，可以从轻处罚；因其如实供述自己罪行，避免特别严重后果发生的，可以减轻处罚。

第九条 行贿人揭发受贿人与其行贿无关的其他犯罪行为，查证属实的，依照刑法第六十八条关于立功的规定，可以从轻、减轻或者免除处罚。

第十条 实施行贿犯罪，具有下列情形之一的，一般不适用缓刑和免予刑事处罚：

（一）向三人以上行贿的；

（二）因行贿受过行政处罚或者刑事处罚的；

（三）为实施违法犯罪活动而行贿的；

（四）造成严重危害后果的；

（五）其他不适用缓刑和免予刑事处罚的情形。

具有刑法第三百九十条第二款规定的情形的，不受前款规定的限制。

第十一条 行贿犯罪取得的不正当财产性利益应当依照刑法第六十四条的规定予以追缴、责令退赔或者返还被害人。

因行贿犯罪取得财产性利益以外的经营资格、资质或者职务晋升等其他不正当利益，建议有关部门依照相关规定予以处理。

第十二条 行贿犯罪中的"谋取不正当利益"，是指行贿人谋取的利益违反法律、法规、规章、政策规定，或者要求国家工作人员违反法律、法规、规章、政策、行业规范的规定，为自己提供帮助或者方便条件。

违背公平、公正原则，在经济、组织人事管理等活动中，谋取竞争优势的，应当认定为"谋取不正当利益"。

第十三条 刑法第三百九十条第二款规定的"被追诉前"，是指检察机关对行贿人的行贿行为刑事立案前。

最高人民法院 最高人民检察院
关于办理商业贿赂刑事案件
适用法律若干问题的意见（节录）

2008年11月20日　　　　　　　　法发〔2008〕33号

七、商业贿赂中的财物，既包括金钱和实物，也包括可以用金钱计算数额的财产性利益，如提供房屋装修、含有金额的会员卡、代币卡（券）、旅游费用等。具体数额以实际支付的资费为准。

八、收受银行卡的，不论受贿人是否实际取出或者消费，卡内的存款数额一般应全额认定为受贿数额。使用银行卡透支的，如果由给予银行卡的一方承担还款责任，透支数额也应当认定为受贿数额。

九、在行贿犯罪中，"谋取不正当利益"，是指行贿人谋取违反法律、法规、规章或者政策规定的利益，或者要求对方违反法律、法规、规章、政策、行业规范的规定提供帮助或者方便条件。

在招标投标、政府采购等商业活动中，违背公平原则，给予相关人员财物以谋取竞争优势的，属于"谋取不正当利益"。

十、办理商业贿赂犯罪案件，要注意区分贿赂与馈赠的界限。主要应当结合以下因素全面分析、综合判断：（1）发生财物往来的背景，如双方是否存在亲友关系及历史上交往的情形和程度；（2）往来财物的价值；（3）财物往来的缘由、时机和方式，提供财物方对于接受方有无职务上的请托；（4）接受方是否利用职务上的便利为提供方谋取利益。

最高人民检察院
关于行贿罪立案标准的规定（节录）

（2000年12月22日）

一、行贿案（刑法第三百八十九条、第三百九十条）

行贿罪是指为谋取不正当利益，给予国家工作人员以财物的行为。

在经济往来中，违反国家规定，给予国家工作人员以财物，数额较大的，或者违反国家规定，给予国家工作人员以各种名义的回扣、手续费的，以行贿罪追究刑事责任。

涉嫌下列情形之一的，应予立案：

1. 行贿数额在一万元以上的；
2. 行贿数额不满一万元，但具有下列情形之一的：
（1）为谋取非法利益而行贿的；
（2）向三人以上行贿的；
（3）向党政领导、司法工作人员、行政执法人员行贿的；
（4）致使国家或者社会利益遭受重大损失的。

因被勒索给予国家工作人员以财物，已获得不正当利益的，以行贿罪追究刑事责任。

最高人民法院 最高人民检察院
关于在办理受贿犯罪大要案的同时要严肃查处严重行贿犯罪分子的通知

1999年3月4日　　　　　　　　　　　高检会〔1999〕1号

各省、自治区、直辖市高级人民法院、人民检察院，解放军军事法院、军事检察院：

近一时期，各级人民法院、人民检察院依法严肃惩处了一批严重受贿犯罪分子，取得了良好的社会效果。但是还有一些大肆拉拢、腐蚀国家工作人员的行贿犯罪分子却没有受到应有的法律追究，他们继续进行行贿犯罪，严重危害了党和国家的廉政建设。为依法严肃惩处严重行贿犯罪，特作如下通知：

一、要充分认识严肃惩处行贿犯罪，对于全面落实党中央反腐败工作部署，把反腐败斗争引向深入，从源头上遏制和预防受贿犯罪的重要意义。各级人民法院、人民检察院要把严肃惩处行贿犯罪作为反腐败斗争中的一项重要和紧迫的工作，在继续严肃惩处受贿犯罪分子的同时，对严重行贿犯罪分子，必须依法严肃惩处，坚决打击。

二、对于为谋取不正当利益而行贿，构成行贿罪、向单位行贿罪、单位行贿罪的，必须依法追究刑事责任。"谋取不正当利益"是指谋取违反法律、法规、国家政策和国务院各部门规章规定的利益，以及要求国家工作人员或者有关单位提供违反法律、法规、国家政策和国务院各部门规章规定的帮助或者方便条件。

对于向国家工作人员介绍贿赂，构成犯罪的案件，也要依法查处。

三、当前要特别注意依法严肃惩处下列严重行贿犯罪行为：

1. 行贿数额巨大、多次行贿或者向多人行贿的；
2. 向党政干部和司法工作人员行贿的；
3. 为进行走私、偷税、骗税、骗汇、逃汇、非法买卖外汇等违法犯罪活动，向海关、工商、税务、外汇管理等行政执法机关工作人员行贿的；
4. 为非法办理金融、证券业务，向银行等金融机构、证券管理机构工作人员行贿，致使国家利益遭受重大损失的；
5. 为非法获取工程、项目的开发、承包、经营权，向有关主管部门及其主管领导行贿，致使公共财产、国家和人民利益遭受重大损失的；

6. 为制售假冒伪劣产品，向有关国家机关、国有单位及国家工作人员行贿，造成严重后果的；

7. 其他情节严重的行贿犯罪行为。

四、在查处严重行贿、介绍贿赂犯罪案件中，既要坚持从严惩处的方针，又要注意体现政策。行贿人、介绍贿赂人具有刑法第三百九十条第二款、第三百九十二条第二款规定的在被追诉前主动交代行贿、介绍贿赂犯罪情节的，依法分别可以减轻或者免除处罚；行贿人、介绍贿赂人在被追诉后如实交代行贿、介绍贿赂行为的，也可以酌情从轻处罚。

五、在依法严肃查处严重行贿、介绍贿赂犯罪案件中，要讲究斗争策略，注意工作方法。要把查处受贿犯罪大案要案同查处严重行贿、介绍贿赂犯罪案件有机地结合起来，通过打击行贿、介绍贿赂犯罪，促进受贿犯罪大案要案的查处工作，推动查办贪污贿赂案件工作的全面、深入开展。

六、各级人民法院、人民检察院要结合办理贿赂犯罪案件情况，认真总结经验、教训，找出存在的问题，提出切实可行的解决办法，以改变对严重行贿犯罪打击不力的状况。工作中遇到什么情况和问题，要及时报告最高人民法院、最高人民检察院。

以上通知，望认真遵照执行。

（七）对有影响力的人行贿罪※

中华人民共和国刑法（节录）*

第三百九十条 对犯行贿罪的，处五年以下有期徒刑或者拘役，并处罚金；因行贿谋取不正当利益，情节严重的，或者使国家利益遭受重大损失的，处五年以上十年以下有期徒刑，并处罚金；情节特别严重的，或者使国家利益遭受特别重大损失的，处十年以上有期徒刑或者无期徒刑，并处罚金或者没收财产。

行贿人在被追诉前主动交待行贿行为的，可以从轻或者减轻处罚。其中，犯罪较轻的，对侦破重大案件起关键作用的，或者有重大立功表现的，可以减轻或者免除处罚。

（编者注：本条经 2015 年 8 月 29 日《刑法修正案（九）》第四十五条修改。

1997 年刑法第三百九十条原规定："对犯行贿罪的，处五年以下有期徒刑或者拘役；因行贿谋取不正当利益，情节严重的，或者使国家利益遭受重大损失的，处五年以上十年以下有期徒刑；情节特别严重的，处十年以上有期徒刑或者无期徒刑，可以并处没收财产。

"行贿人在被追诉前主动交待行贿行为的，可以减轻处罚或者免除处罚。"）

---

* 编者注：根据 1997 年刑法和《全国人民代表大会常务委员会关于惩治骗购外汇、逃汇和非法买卖外汇犯罪的决定》及十部刑法修正案编纂。

最高人民法院　最高人民检察院
关于办理贪污贿赂刑事案件适用法律若干问题的解释（节录）

法释〔2016〕9号

（2016年3月28日最高人民法院审判委员会第1680次会议、2016年3月25日最高人民检察院第十二届检察委员会第50次会议通过　2016年4月18日最高人民法院、最高人民检察院公告公布　自2016年4月18日起施行）

第七条　为谋取不正当利益，向国家工作人员行贿，数额在三万元以上的，应当依照刑法第三百九十条的规定以行贿罪追究刑事责任。

行贿数额在一万元以上不满三万元，具有下列情形之一的，应当依照刑法第三百九十条的规定以行贿罪追究刑事责任：

（一）向三人以上行贿的；

（二）将违法所得用于行贿的；

（三）通过行贿谋取职务提拔、调整的；

（四）向负有食品、药品、安全生产、环境保护等监督管理职责的国家工作人员行贿，实施非法活动的；

（五）向司法工作人员行贿，影响司法公正的；

（六）造成经济损失数额在五十万元以上不满一百万元的。

第八条　犯行贿罪，具有下列情形之一的，应当认定为刑法第三百九十条第一款规定的"情节严重"：

（一）行贿数额在一百万元以上不满五百万元的；

（二）行贿数额在五十万元以上不满一百万元，并具有本解释第七条第二款第一项至第五项规定的情形之一的；

（三）其他严重的情节。

为谋取不正当利益，向国家工作人员行贿，造成经济损失数额在一百万元以上不满五百万元的，应当认定为刑法第三百九十条第一款规定的"使国家利益遭受重大损失"。

第九条　犯行贿罪，具有下列情形之一的，应当认定为刑法第三百九十条第一款规定的"情节特别严重"：

（一）行贿数额在五百万元以上的；

（二）行贿数额在二百五十万元以上不满五百万元，并具有本解释第七条第二款第一项至第五项规定的情形之一的；

（三）其他特别严重的情节。

为谋取不正当利益，向国家工作人员行贿，造成经济损失数额在五百万元以上的，应当认定为刑法第三百九十条第一款规定的"使国家利益遭受特别重大损失"。

第十条 刑法第三百八十八条之一规定的利用影响力受贿罪的定罪量刑适用标准，参照本解释关于受贿罪的规定执行。

刑法第三百九十条之一规定的对有影响力的人行贿罪的定罪量刑适用标准，参照本解释关于行贿罪的规定执行。

单位对有影响力的人行贿数额在二十万元以上的，应当依照刑法第三百九十条之一的规定以对有影响力的人行贿罪追究刑事责任。

第十一条 刑法第一百六十三条规定的非国家工作人员受贿罪、第二百七十一条规定的职务侵占罪中的"数额较大""数额巨大"的数额起点，按照本解释关于受贿罪、贪污罪相对应的数额标准规定的二倍、五倍执行。

刑法第二百七十二条规定的挪用资金罪中的"数额较大""数额巨大"以及"进行非法活动"情形的数额起点，按照本解释关于挪用公款罪"数额较大""情节严重"以及"进行非法活动"的数额标准规定的二倍执行。

刑法第一百六十四条第一款规定的对非国家工作人员行贿罪中的"数额较大""数额巨大"的数额起点，按照本解释第七条、第八条第一款关于行贿罪的数额标准规定的二倍执行。

第十二条 贿赂犯罪中的"财物"，包括货币、物品和财产性利益。财产性利益包括可以折算为货币的物质利益如房屋装修、债务免除等，以及需要支付货币的其他利益如会员服务、旅游等。后者的犯罪数额，以实际支付或者应当支付的数额计算。

第十三条 具有下列情形之一的，应当认定为"为他人谋取利益"，构成犯罪的，应当依照刑法关于受贿犯罪的规定定罪处罚：

（一）实际或者承诺为他人谋取利益的；

（二）明知他人有具体请托事项的；

（三）履职时未被请托，但事后基于该履职事由收受他人财物的。

国家工作人员索取、收受具有上下级关系的下属或者具有行政管理关系的被管理人员的财物价值三万元以上，可能影响职权行使的，视为承诺为他人谋取利益。

第十四条 根据行贿犯罪的事实、情节，可能被判处三年有期徒刑以下刑罚的，可以认定为刑法第三百九十条第二款规定的"犯罪较轻"。

根据犯罪的事实、情节，已经或者可能被判处十年有期徒刑以上刑罚的，或者案件在本省、自治区、直辖市或者全国范围内有较大影响的，可以认定为刑法第三百九十条第二款规定的"重大案件"。

具有下列情形之一的，可以认定为刑法第三百九十条第二款规定的"对侦破重大案件起关键作用"：

（一）主动交待办案机关未掌握的重大案件线索的；

（二）主动交待的犯罪线索不属于重大案件的线索，但该线索对于重大案件侦破有重要作用的；

（三）主动交待行贿事实，对于重大案件的证据收集有重要作用的；

（四）主动交待行贿事实，对于重大案件的追逃、追赃有重要作用的。

第十五条 对多次受贿未经处理的，累计计算受贿数额。

国家工作人员利用职务上的便利为请托人谋取利益前后多次收受请托人财物，受请托之前收受的财物数额在一万元以上的，应当一并计入受贿数额。

第十六条 国家工作人员出于贪污、受贿的故意，非法占有公共财物、收受他人财物之后，将赃款赃物用于单位公务支出或者社会捐赠的，不影响贪污罪、受贿罪的认定，但量刑时可以酌情考虑。

特定关系人索取、收受他人财物，国家工作人员知道后未退还或者上交的，应当认定国家工作人员具有受贿故意。

第十七条 国家工作人员利用职务上的便利，收受他人财物，为他人谋取利益，同时构成受贿罪和刑法分则第三章第三节、第九章规定的渎职犯罪的，除刑法另有规定外，以受贿罪和渎职犯罪数罪并罚。

第十八条 贪污贿赂犯罪分子违法所得的一切财物，应当依照刑法第六十四条的规定予以追缴或者责令退赔，对被害人的合法财产应当及时返还。对尚未追缴到案或者尚未足额退赔的违法所得，应当继续追缴或者责令退赔。

第十九条 对贪污罪、受贿罪判处三年以下有期徒刑或者拘役的，应当并处十万元以上五十万元以下的罚金；判处三年以上十年以下有期徒刑的，应当并处二十万元以上犯罪数额二倍以下的罚金或者没收财产；判处十年以上有期徒刑或者无期徒刑的，应当并处五十万元以上犯罪数额二倍以下的罚金或者没收财产。

对刑法规定并处罚金的其他贪污贿赂犯罪，应当在十万元以上犯罪数额二倍以下判处罚金。

（八）对单位行贿罪※

中华人民共和国刑法（节录）*

第三百九十一条　【对单位行贿罪】　为谋取不正当利益，给予国家机关、国有公司、企业、事业单位、人民团体以财物的，或者在经济往来中，违反国家规定，给予各种名义的回扣、手续费的，处三年以下有期徒刑或者拘役，并处罚金。

单位犯前款罪的，对单位判处罚金，并对其直接负责的主管人员和其他直接责任人员，依照前款的规定处罚。

（编者注：本条第一款经 2015 年 8 月 29 日《刑法修正案（九）》第四十七条修改。

1997 年刑法第三百九十一条第一款原规定："为谋取不正当利益，给予国家机关、国有公司、企业、事业单位、人民团体以财物的，或者在经济往来中，违反国家规定，给予各种名义的回扣、手续费的，处三年以下有期徒刑或者拘役。"）

最高人民法院　最高人民检察院
关于办理行贿刑事案件具体应用法律若干问题的解释（节录）

法释〔2012〕22 号

（2012 年 5 月 14 日最高人民法院审判委员会第 1547 次会议、
2012 年 8 月 21 日最高人民检察院第十一届检察委员会
第 77 次会议通过　2012 年 12 月 26 日最高人民法院、
最高人民检察院公告公布　自 2013 年 1 月 1 日起施行）

第十二条　行贿犯罪中的"谋取不正当利益"，是指行贿人谋取的利益违

---

* 编者注：根据1997年刑法和《全国人民代表大会常务委员会关于惩治骗购外汇、逃汇和非法买卖外汇犯罪的决定》及十部刑法修正案编纂。

反法律、法规、规章、政策规定，或者要求国家工作人员违反法律、法规、规章、政策、行业规范的规定，为自己提供帮助或者方便条件。

违背公平、公正原则，在经济、组织人事管理等活动中，谋取竞争优势的，应当认定为"谋取不正当利益"。

最高人民法院 最高人民检察院
关于办理商业贿赂刑事案件适用法律若干问题的意见（节录）

2008年11月20日　　　　　　　　　　法发〔2008〕33号

七、商业贿赂中的财物，既包括金钱和实物，也包括可以用金钱计算数额的财产性利益，如提供房屋装修、含有金额的会员卡、代币卡（券）、旅游费用等。具体数额以实际支付的资费为准。

八、收受银行卡的，不论受贿人是否实际取出或者消费，卡内的存款数额一般应全额认定为受贿数额。使用银行卡透支的，如果由给予银行卡的一方承担还款责任，透支数额也应当认定为受贿数额。

九、在行贿犯罪中，"谋取不正当利益"，是指行贿人谋取违反法律、法规、规章或者政策规定的利益，或者要求对方违反法律、法规、规章、政策、行业规范的规定提供帮助或者方便条件。

在招标投标、政府采购等商业活动中，违背公平原则，给予相关人员财物以谋取竞争优势的，属于"谋取不正当利益"。

十、办理商业贿赂犯罪案件，要注意区分贿赂与馈赠的界限。主要应当结合以下因素全面分析、综合判断：（1）发生财物往来的背景，如双方是否存在亲友关系及历史上交往的情形和程度；（2）往来财物的价值；（3）财物往来的缘由、时机和方式，提供财物方对于接受方有无职务上的请托；（4）接受方是否利用职务上的便利为提供方谋取利益。

最高人民检察院
关于行贿罪立案标准的规定（节录）

(2000 年 12 月 22 日)

二、对单位行贿案（刑法第三百九十一条）

对单位行贿罪是指为谋取不正当利益，给予国家机关、国有公司、企业、事业单位、人民团体以财物，或者在经济往来中，违反国家规定，给予上述单位各种名义的回扣、手续费的行为。

涉嫌下列情形之一的，应予立案：

1. 个人行贿数额在十万元以上、单位行贿数额在二十万元以上的；
2. 个人行贿数额不满十万元、单位行贿数额在十万元以上不满二十万元，但具有下列情形之一的：

（1）为谋取非法利益而行贿的；

（2）向三个以上单位行贿的；

（3）向党政机关、司法机关、行政执法机关行贿的；

（4）致使国家或者社会利益遭受重大损失的。

单位行贿案（刑法第三百九十三条）

单位行贿罪是指公司、企业、事业单位、机关、团体为谋取不正当利益而行贿，或者违反国家规定，给予国家工作人员以回扣、手续费，情节严重的行为。

涉嫌下列情形之一的，应予立案：

1. 单位行贿数额在二十万元以上的；
2. 单位为谋取不正当利益而行贿，数额在十万元以上不满二十万元，但具有下列情形之一的：

（1）为谋取非法利益而行贿的；

（2）向三人以上行贿的；

（3）向党政领导、司法工作人员、行政执法人员行贿的；

（4）致使国家或者社会利益遭受重大损失的。

因行贿取得的违法所得归个人所有的，依照本规定关于个人行贿的规定立案，追究其刑事责任。

最高人民检察院
关于人民检察院直接受理立案侦查案件立案标准的规定(试行)(节录)

高检发释字〔1999〕2号

(1999年8月6日最高人民检察院第九届检察委员会第41次会议通过 1999年9月16日最高人民检察院公告公布 自1999年9月16日起施行)

一、贪污贿赂犯罪案件

(六)对单位行贿案(第391条)

对单位行贿罪是指为谋取不正当利益,给予国家机关、国有公司、企业、事业单位、人民团体以财物,或者在经济往来中,违反国家规定,给予上述单位各种名义的回扣、手续费的行为。

涉嫌下列情形之一的,应予立案:

1. 个人行贿数额在十万元以上、单位行贿数额在二十万元以上的;

2. 个人行贿数额不满十万元、单位行贿数额在十万元以上不满二十万元,但具有下列情形之一的:

(1)为谋取非法利益而行贿的;

(2)向三个以上单位行贿的;

(3)向党政机关、司法机关、行政执法机关行贿的;

(4)致使国家或者社会利益遭受重大损失的。

（九）介绍贿赂罪※

中华人民共和国刑法（节录）*

第三百九十二条 【介绍贿赂罪】 向国家工作人员介绍贿赂，情节严重的，处三年以下有期徒刑或者拘役，并处罚金。

介绍贿赂人在被追诉前主动交待介绍贿赂行为的，可以减轻处罚或者免除处罚。

编者注：本条第一款经 2015 年 8 月 29 日《刑法修正案（九）》第四十八条修改。

1997 年刑法第三百九十二条第一款原规定："向国家工作人员介绍贿赂，情节严重的，处三年以下有期徒刑或者拘役。"）

最高人民检察院
关于人民检察院直接受理立案侦查
案件立案标准的规定（试行）（节录）

高检发释字〔1999〕2 号

（1999 年 8 月 6 日最高人民检察院第九届检察委员会第 41 次
会议通过 1999 年 9 月 16 日最高人民检察院
公告公布 自 1999 年 9 月 16 日起施行）

一、贪污贿赂犯罪案件

（七）介绍贿赂案（第 392 条）

介绍贿赂罪是指向国家工作人员介绍贿赂，情节严重的行为。

"介绍贿赂"是指在行贿人与受贿人之间沟通关系、撮合条件，使贿赂行为得以实现的行为。

---

* 编者注：根据 1997 年刑法和《全国人民代表大会常务委员会关于惩治骗购外汇、逃汇和非法买卖外汇犯罪的决定》及十部刑法修正案编纂。

涉嫌下列情形之一的，应予立案：

1. 介绍个人向国家工作人员行贿，数额在二万元以上的；介绍单位向国家工作人员行贿，数额在二十万元以上的；

2. 介绍贿赂数额不满上述标准，但具有下列情形之一的：

（1）为使行贿人获取非法利益而介绍贿赂的；

（2）3次以上或者为三人以上介绍贿赂的；

（3）向党政领导、司法工作人员、行政执法人员介绍贿赂的；

（4）致使国家或者社会利益遭受重大损失的。

（十）单位行贿罪※

中华人民共和国刑法（节录）*

第三百九十三条 【单位行贿罪】 单位为谋取不正当利益而行贿，或者违反国家规定，给予国家工作人员以回扣、手续费，情节严重的，对单位判处罚金，并对其直接负责的主管人员和其他直接责任人员，处五年以下有期徒刑或者拘役，并处罚金。因行贿取得的违法所得归个人所有的，依照本法第三百八十九条、第三百九十条的规定定罪处罚。

（**编者注**：本条经 2015 年 8 月 29 日《刑法修正案（九）》第四十九条修改。

1997 年刑法第三百九十三条原规定："单位为谋取不正当利益而行贿，或者违反国家规定，给予国家工作人员以回扣、手续费，情节严重的，对单位判处罚金，并对其直接负责的主管人员和其他直接责任人员，处五年以下有期徒刑或者拘役。因行贿取得的违法所得归个人所有的，依照本法第三百八十九条、第三百九十条的规定定罪处罚。"）

最高人民法院 最高人民检察院
关于办理行贿刑事案件具体应用法律若干问题的解释

法释〔2012〕22 号

（2012 年 5 月 14 日最高人民法院审判委员会第 1547 次会议、
2012 年 8 月 21 日最高人民检察院第十一届检察委员会
第 77 次会议通过 2012 年 12 月 26 日最高人民法院、
最高人民检察院公告公布 自 2013 年 1 月 1 日起施行）

为依法惩治行贿犯罪活动，根据刑法有关规定，现就办理行贿刑事案件

---

* 编者注：根据 1997 年刑法和《全国人民代表大会常务委员会关于惩治骗购外汇、逃汇和非法买卖外汇犯罪的决定》及十部刑法修正案编纂。

具体应用法律的若干问题解释如下:

第一条 为谋取不正当利益,向国家工作人员行贿,数额在一万元以上的,应当依照刑法第三百九十条的规定追究刑事责任。

第二条 因行贿谋取不正当利益,具有下列情形之一的,应当认定为刑法第三百九十条第一款规定的"情节严重":

(一) 行贿数额在二十万元以上不满一百万元的;

(二) 行贿数额在十万元以上不满二十万元,并具有下列情形之一的:

1. 向三人以上行贿的;

2. 将违法所得用于行贿的;

3. 为实施违法犯罪活动,向负有食品、药品、安全生产、环境保护等监督管理职责的国家工作人员行贿,严重危害民生、侵犯公众生命财产安全的;

4. 向行政执法机关、司法机关的国家工作人员行贿,影响行政执法和司法公正的;

(三) 其他情节严重的情形。

第三条 因行贿谋取不正当利益,造成直接经济损失数额在一百万元以上的,应当认定为刑法第三百九十条第一款规定的"使国家利益遭受重大损失"。

第四条 因行贿谋取不正当利益,具有下列情形之一的,应当认定为刑法第三百九十条第一款规定的"情节特别严重":

(一) 行贿数额在一百万元以上的;

(二) 行贿数额在五十万元以上不满一百万元,并具有下列情形之一的:

1. 向三人以上行贿的;

2. 将违法所得用于行贿的;

3. 为实施违法犯罪活动,向负有食品、药品、安全生产、环境保护等监督管理职责的国家工作人员行贿,严重危害民生、侵犯公众生命财产安全的;

4. 向行政执法机关、司法机关的国家工作人员行贿,影响行政执法和司法公正的;

(三) 造成直接经济损失数额在五百万元以上的;

(四) 其他情节特别严重的情形。

第五条 多次行贿未经处理的,按照累计行贿数额处罚。

第六条 行贿人谋取不正当利益的行为构成犯罪的,应当与行贿犯罪实行数罪并罚。

第七条 因行贿人在被追诉前主动交待行贿行为而破获相关受贿案件的,对行贿人不适用刑法第六十八条关于立功的规定,依照刑法第三百九十条第二款的规定,可以减轻或者免除处罚。

单位行贿的，在被追诉前，单位集体决定或者单位负责人决定主动交待单位行贿行为的，依照刑法第三百九十条第二款的规定，对单位及相关责任人员可以减轻处罚或者免除处罚；受委托直接办理单位行贿事项的直接责任人员在被追诉前主动交待自己知道的单位行贿行为的，对该直接责任人员可以依照刑法第三百九十条第二款的规定减轻处罚或者免除处罚。

第八条 行贿人被追诉后如实供述自己罪行的，依照刑法第六十七条第三款的规定，可以从轻处罚；因其如实供述自己罪行，避免特别严重后果发生的，可以减轻处罚。

第九条 行贿人揭发受贿人与其行贿无关的其他犯罪行为，查证属实的，依照刑法第六十八条关于立功的规定，可以从轻、减轻或者免除处罚。

第十条 实施行贿犯罪，具有下列情形之一的，一般不适用缓刑和免予刑事处罚：

（一）向三人以上行贿的；

（二）因行贿受过行政处罚或者刑事处罚的；

（三）为实施违法犯罪活动而行贿的；

（四）造成严重危害后果的；

（五）其他不适用缓刑和免予刑事处罚的情形。

具有刑法第三百九十条第二款规定的情形的，不受前款规定的限制。

第十一条 行贿犯罪取得的不正当财产性利益应当依照刑法第六十四条的规定予以追缴、责令退赔或者返还被害人。

因行贿犯罪取得财产性利益以外的经营资格、资质或者职务晋升等其他不正当利益，建议有关部门依照相关规定予以处理。

第十二条 行贿犯罪中的"谋取不正当利益"，是指行贿人谋取的利益违反法律、法规、规章、政策规定，或者要求国家工作人员违反法律、法规、规章、政策、行业规范的规定，为自己提供帮助或者方便条件。

违背公平、公正原则，在经济、组织人事管理等活动中，谋取竞争优势的，应当认定为"谋取不正当利益"。

第十三条 刑法第三百九十条第二款规定的"被追诉前"，是指检察机关对行贿人的行贿行为刑事立案前。

最高人民法院　最高人民检察院
关于办理商业贿赂刑事案件
适用法律若干问题的意见（节录）

2008 年 11 月 20 日　　　　　　　　　法发〔2008〕33 号

为依法惩治商业贿赂犯罪，根据刑法有关规定，结合办案工作实际，现就办理商业贿赂刑事案件适用法律的若干问题，提出如下意见：

一、商业贿赂犯罪涉及刑法规定的以下八种罪名：（1）非国家工作人员受贿罪（刑法第一百六十三条）；（2）对非国家工作人员行贿罪（刑法第一百六十四条）；（3）受贿罪（刑法第三百八十五条）；（4）单位受贿罪（刑法第三百八十七条）；（5）行贿罪（刑法第三百八十九条）；（6）对单位行贿罪（刑法第三百九十一条）；（7）介绍贿赂罪（刑法第三百九十二条）；（8）单位行贿罪（刑法第三百九十三条）。

二、刑法第一百六十三条、第一百六十四条规定的"其他单位"，既包括事业单位、社会团体、村民委员会、居民委员会、村民小组等常设性的组织，也包括为组织体育赛事、文艺演出或者其他正当活动而成立的组委会、筹委会、工程承包队等非常设性的组织。

三、刑法第一百六十三条、第一百六十四条规定的"公司、企业或者其他单位的工作人员"，包括国有公司、企业以及其他国有单位中的非国家工作人员。

四、医疗机构中的国家工作人员，在药品、医疗器械、医用卫生材料等医药产品采购活动中，利用职务上的便利，索取销售方财物，或者非法收受销售方财物，为销售方谋取利益，构成犯罪的，依照刑法第三百八十五条的规定，以受贿罪定罪处罚。

医疗机构中的非国家工作人员，有前款行为，数额较大的，依照刑法第一百六十三条的规定，以非国家工作人员受贿罪定罪处罚。

医疗机构中的医务人员，利用开处方的职务便利，以各种名义非法收受药品、医疗器械、医用卫生材料等医药产品销售方财物，为医药产品销售方谋取利益，数额较大的，依照刑法第一百六十三条的规定，以非国家工作人员受贿罪定罪处罚。

五、学校及其他教育机构中的国家工作人员，在教材、教具、校服或者其他物品的采购等活动中，利用职务上的便利，索取销售方财物，或者非法收受销售方财物，为销售方谋取利益，构成犯罪的，依照刑法第三百八十五条的规定，以受贿罪定罪处罚。

学校及其他教育机构中的非国家工作人员，有前款行为，数额较大的，依照刑法第一百六十三条的规定，以非国家工作人员受贿罪定罪处罚。

学校及其他教育机构中的教师，利用教学活动的职务便利，以各种名义非法收受教材、教具、校服或者其他物品销售方财物，为教材、教具、校服或者其他物品销售方谋取利益，数额较大的，依照刑法第一百六十三条的规定，以非国家工作人员受贿罪定罪处罚。

六、依法组建的评标委员会、竞争性谈判采购中谈判小组、询价采购中询价小组的组成人员，在招标、政府采购等事项的评标或者采购活动中，索取他人财物或者非法收受他人财物，为他人谋取利益，数额较大的，依照刑法第一百六十三条的规定，以非国家工作人员受贿罪定罪处罚。

依法组建的评标委员会、竞争性谈判采购中谈判小组、询价采购中询价小组中国家机关或者其他国有单位的代表有前款行为的，依照刑法第三百八十五条的规定，以受贿罪定罪处罚。

七、商业贿赂中的财物，既包括金钱和实物，也包括可以用金钱计算数额的财产性利益，如提供房屋装修、含有金额的会员卡、代币卡（券）、旅游费用等。具体数额以实际支付的资费为准。

八、收受银行卡的，不论受贿人是否实际取出或者消费，卡内的存款数额一般应全额认定为受贿数额。使用银行卡透支的，如果由给予银行卡的一方承担还款责任，透支数额也应当认定为受贿数额。

九、在行贿犯罪中，"谋取不正当利益"，是指行贿人谋取违反法律、法规、规章或者政策规定的利益，或者要求对方违反法律、法规、规章、政策、行业规范的规定提供帮助或者方便条件。

在招标投标、政府采购等商业活动中，违背公平原则，给予相关人员财物以谋取竞争优势的，属于"谋取不正当利益"。

十、办理商业贿赂犯罪案件，要注意区分贿赂与馈赠的界限。主要应当结合以下因素全面分析、综合判断：（1）发生财物往来的背景，如双方是否存在亲友关系及历史上交往的情形和程度；（2）往来财物的价值；（3）财物往来的缘由、时机和方式，提供财物方对于接受方有无职务上的请托；（4）接受方是否利用职务上的便利为提供方谋取利益。

十一、非国家工作人员与国家工作人员通谋，共同收受他人财物，构成共同犯罪的，根据双方利用职务便利的具体情形分别定罪追究刑事责任：

（1）利用国家工作人员的职务便利为他人谋取利益的，以受贿罪追究刑事责任。

（2）利用非国家工作人员的职务便利为他人谋取利益的，以非国家工作人员受贿罪追究刑事责任。

（3）分别利用各自的职务便利为他人谋取利益的，按照主犯的犯罪性质追究刑事责任，不能分清主从犯的，可以受贿罪追究刑事责任。

最高人民检察院
关于行贿罪立案标准的规定（节录）

（2000年12月22日）

一、行贿案（刑法第三百八十九条、第三百九十条）

行贿罪是指为谋取不正当利益，给予国家工作人员以财物的行为。

在经济往来中，违反国家规定，给予国家工作人员以财物，数额较大的，或者违反国家规定，给予国家工作人员以各种名义的回扣、手续费的，以行贿罪追究刑事责任。

涉嫌下列情形之一的，应予立案：

1. 行贿数额在一万元以上的；
2. 行贿数额不满一万元，但具有下列情形之一的：

（1）为谋取非法利益而行贿的；

（2）向三人以上行贿的；

（3）向党政领导、司法工作人员、行政执法人员行贿的；

（4）致使国家或者社会利益遭受重大损失的。

因被勒索给予国家工作人员以财物，已获得不正当利益的，以行贿罪追究刑事责任。

二、对单位行贿案（刑法第三百九十一条）

对单位行贿罪是指为谋取不正当利益，给予国家机关、国有公司、企业、事业单位、人民团体以财物，或者在经济往来中，违反国家规定，给予上述单位各种名义的回扣、手续费的行为。

涉嫌下列情形之一的，应予立案：

1. 个人行贿数额在十万元以上、单位行贿数额在二十万元以上的；
2. 个人行贿数额不满十万元、单位行贿数额在十万元以上不满二十万元，但具有下列情形之一的：

（1）为谋取非法利益而行贿的；

（2）向三个以上单位行贿的；

(3) 向党政机关、司法机关、行政执法机关行贿的；

(4) 致使国家或者社会利益遭受重大损失的。

单位行贿案（刑法第三百九十三条）

单位行贿罪是指公司、企业、事业单位、机关、团体为谋取不正当利益而行贿，或者违反国家规定，给予国家工作人员以回扣、手续费，情节严重的行为。

涉嫌下列情形之一的，应予立案：

1. 单位行贿数额在二十万元以上的；

2. 单位为谋取不正当利益而行贿，数额在十万元以上不满二十万元，但具有下列情形之一的：

(1) 为谋取非法利益而行贿的；

(2) 向三人以上行贿的；

(3) 向党政领导、司法工作人员、行政执法人员行贿的；

(4) 致使国家或者社会利益遭受重大损失的。

因行贿取得的违法所得归个人所有的，依照本规定关于个人行贿的规定立案，追究其刑事责任。

最高人民检察院
关于人民检察院直接受理立案侦查案件立案标准的规定（试行）（节录）

高检发释字〔1999〕2号

（1999年8月6日最高人民检察院第九届检察委员会第41次
会议通过　1999年9月16日最高人民检察院
公告公布　自1999年9月16日起施行）

一、贪污贿赂犯罪案件

（八）单位行贿案（第393条）

单位行贿罪是指公司、企业、事业单位、机关、团体为谋取不正当利益而行贿，或者违反国家规定，给予国家工作人员以回扣、手续费，情节严重的行为。

涉嫌下列情形之一的，应予立案：

1. 单位行贿数额在二十万元以上的；

2. 单位为谋取不正当利益而行贿，数额在十万元以上不满二十万元，但具有下列情形之一的：

（1）为谋取非法利益而行贿的；

（2）向三人以上行贿的；

（3）向党政领导、司法工作人员、行政执法人员行贿的；

（4）致使国家或者社会利益遭受重大损失的。

因行贿取得的违法所得归个人所有的，依照本规定关于个人行贿的规定立案，追究其刑事责任。

(十一)巨额财产来源不明罪※

中华人民共和国刑法(节录)*

第三百九十五条 【**巨额财产来源不明罪**】 国家工作人员的财产、支出明显超过合法收入,差额巨大的,可以责令该国家工作人员说明来源,不能说明来源的,差额部分以非法所得论,处五年以下有期徒刑或者拘役;差额特别巨大的,处五年以上十年以下有期徒刑。财产的差额部分予以追缴。

(编者注:本条第一款经 2009 年 2 月 28 日《刑法修正案(七)》第十四条修改。

1997 年刑法第三百九十五条第一款原规定:"国家工作人员的财产或者支出明显超过合法收入,差额巨大的,可以责令说明来源。本人不能说明其来源是合法的,差额部分以非法所得论,处五年以下有期徒刑或者拘役,财产的差额部分予以追缴。")

【**隐瞒境外存款罪**】 国家工作人员在境外的存款,应当依照国家规定申报。数额较大、隐瞒不报的,处二年以下有期徒刑或者拘役;情节较轻的,由其所在单位或者上级主管机关酌情给予行政处分。

全国法院审理经济犯罪案件
工作座谈会纪要(节录)

2003 年 11 月 13 日　　　　　　　　　　法〔2003〕167 号

五、关于巨额财产来源不明罪

(一)行为人不能说明巨额财产来源合法的认定

刑法第三百九十五条第一款规定的"不能说明",包括以下情况:(1)行为人拒不说明财产来源;(2)行为人无法说明财产的具体来源;(3)行为人

---

　　* 编者注:根据1997年刑法和《全国人民代表大会常务委员会关于惩治骗购外汇、逃汇和非法买卖外汇犯罪的决定》及十部刑法修正案编纂。

所说的财产来源经司法机关查证并不属实;(4)行为人所说的财产来源因线索不具体等原因,司法机关无法查实,但能排除存在来源合法的可能性和合理性的。

(二)"非法所得"的数额计算

刑法第三百九十五条规定的"非法所得",一般是指行为人的全部财产与能够认定的所有支出的总和减去能够证实的有真实来源的所得。在具体计算时,应注意以下问题:(1)应把国家工作人员个人财产和与其共同生活的家庭成员的财产、支出等一并计算,而且一并减去他们所有的合法收入以及确属与其共同生活的家庭成员个人的非法收入。(2)行为人所有的财产包括房产、家具、生活用品、学习用品及股票、债券、存款等动产和不动产;行为人的支出包括合法支出和不合法的支出,包括日常生活、工作、学习费用、罚款及向他人行贿的财物等;行为人的合法收入包括工资、奖金、稿酬、继承等法律和政策允许的各种收入。(3)为了便于计算犯罪数额,对于行为人的财产和合法收入,一般可以从行为人有比较确定的收入和财产时开始计算。

最高人民检察院
关于人民检察院直接受理立案侦查案件立案标准的规定(试行)(节录)

高检发释字〔1999〕2号

(1999年8月6日最高人民检察院第九届检察委员会第41次会议通过 1999年9月16日最高人民检察院公告公布 自1999年9月16日起施行)

一、贪污贿赂犯罪案件

(九)巨额财产来源不明案(第395条第1款)

巨额财产来源不明罪是指国家工作人员的财产或者支出明显超出合法收入,差额巨大,而本人又不能说明其来源是合法的行为。

涉嫌巨额财产来源不明,数额在三十万元以上的,应予立案。

（十二）隐瞒境外存款罪※

中华人民共和国刑法（节录）*

第三百九十五条　【巨额财产来源不明罪】 国家工作人员的财产、支出明显超过合法收入，差额巨大的，可以责令该国家工作人员说明来源，不能说明来源的，差额部分以非法所得论，处五年以下有期徒刑或者拘役；差额特别巨大的，处五年以上十年以下有期徒刑。财产的差额部分予以追缴。

（编者注：本条第一款经2009年2月28日《刑法修正案（七）》第十四条修改。

1997年刑法第三百九十五条第一款原规定："国家工作人员的财产或者支出明显超过合法收入，差额巨大的，可以责令说明来源。本人不能说明其来源是合法的，差额部分以非法所得论，处五年以下有期徒刑或者拘役，财产的差额部分予以追缴。"）

【隐瞒境外存款罪】 国家工作人员在境外的存款，应当依照国家规定申报。数额较大、隐瞒不报的，处二年以下有期徒刑或者拘役；情节较轻的，由其所在单位或者上级主管机关酌情给予行政处分。

最高人民法院
关于被告人林少钦受贿请示一案的答复

2017年2月13日　　　　　　　〔2016〕最高法刑他5934号

福建省高级人民法院：

你院闽高法〔2016〕250号《关于立案追诉后因法律司法解释修改导致追诉时效发生变化的案件法律适用问题的请示》收悉。经研究，答复如下：

追诉时效是依照法律规定对犯罪分子追究刑事责任的期限，在追诉时效

---

* 编者注：根据1997年刑法和《全国人民代表大会常务委员会关于惩治骗购外汇、逃汇和非法买卖外汇犯罪的决定》及十部刑法修正案编纂。

期限内，司法机关应当依法追究犯罪分子刑事责任。对于法院正在审理的贪污贿赂案件，应当依据司法机关立案侦查时的法律规定认定追诉时效。依据立案侦查时的法律规定未过时效，且已经进入诉讼程序的案件，在新的法律规定生效后应当继续审理。

此复。

最高人民检察院法律政策研究室
关于国家机关、国有企业、企业委派到非国有公司、企业从事公务但尚未依照规定程序获取该单位职务的人员是否适用刑法第九十三条第二款问题的答复

2004年11月3日　　　　　　　　　　〔2004〕高检研发第17号

重庆市人民检察院法律政策研究室：

你院《关于受委派的国家工作人员未按法定程序取得非国有公司职务是否适用刑法第九十二条第二款以国家工作人员论的请示》（渝检（研）〔2003〕6号）收悉。经研究，答复如下：

对于国家机关、固有公司、企业委派到非国有公司、企业从事公务但尚未依照规定程序获取该单位职务的人员，涉嫌职务犯罪的，可以依照刑法第九十三条第款关于"国家机关、国有公司、企业委派到非国有公司、企业、事业单位、社会团体从事公务的人员"，"以国家工作人员论"的规定追究刑事责任。

此复。

最高人民检察院
关于人民检察院直接受理立案侦查案件立案标准的规定（试行）（节录）

高检发释字〔1999〕2号

（1999年8月6日最高人民检察院第九届检察委员会第41次会议通过 1999年9月16日最高人民检察院公告公布 自1999年9月16日起施行）

一、贪污贿赂犯罪案件

（十）隐瞒境外存款案（第395条第2款）

隐瞒境外存款罪是指国家工作人员违反国家规定，故意隐瞒不报在境外的存款，数额较大的行为。

涉嫌隐瞒境外存款，折合人民币数额在三十万元以上的，应予立案。

（十三）私分国有资产罪※

中华人民共和国刑法（节录）*

第三百九十六条 【私分国有资产罪】 国家机关、国有公司、企业、事业单位、人民团体，违反国家规定，以单位名义将国有资产集体私分给个人，数额较大的，对其直接负责的主管人员和其他直接责任人员，处三年以下有期徒刑或者拘役，并处或者单处罚金；数额巨大的，处三年以上七年以下有期徒刑，并处罚金。

【私分罚没财物罪】 司法机关、行政执法机关违反国家规定，将应当上缴国家的罚没财物，以单位名义集体私分给个人的，依照前款的规定处罚。

最高人民法院 最高人民检察院
关于办理国家出资企业中职务犯罪案件具体应用法律若干问题的意见

2010年11月26日　　　　　　　　　　法发〔2010〕49号

随着企业改制的不断推进，人民法院、人民检察院在办理国家出资企业中的贪污、受贿等职务犯罪案件时遇到了一些新情况、新问题。这些新情况、新问题具有一定的特殊性和复杂性，需要结合企业改制的特定历史条件，依法妥善地进行处理。现根据刑法规定和相关政策精神，就办理此类刑事案件具体应用法律的若干问题，提出以下意见：

一、关于国家出资企业工作人员在改制过程中隐匿公司、企业财产归个人持股的改制后公司、企业所有的行为的处理

国家工作人员或者受国家机关、国有公司、企业、事业单位、人民团体委托管理、经营国有财产的人员利用职务上的便利，在国家出资企业改制过

---

* 编者注：根据1997年刑法和《全国人民代表大会常务委员会关于惩治骗购外汇、逃汇和非法买卖外汇犯罪的决定》及十部刑法修正案编纂。

程中故意通过低估资产、隐瞒债权、虚设债务、虚构产权交易等方式隐匿公司、企业财产，转为本人持有股份的改制后公司、企业所有，应当依法追究刑事责任的，依照刑法第三百八十二条、第三百八十三条的规定，以贪污罪定罪处罚。贪污数额一般应当以所隐匿财产全额计算；改制后公司、企业仍有国有股份的，按股份比例扣除归于国有的部分。

所隐匿财产在改制过程中已为行为人实际控制，或者国家出资企业改制已经完成的，以犯罪既遂处理。

第一款规定以外的人员实施该款行为的，依照刑法第二百七十一条的规定，以职务侵占罪定罪处罚；第一款规定以外的人员与第一款规定的人员共同实施该款行为的，以贪污罪的共犯论处。

在企业改制过程中未采取低估资产、隐瞒债权、虚设债务、虚构产权交易等方式故意隐匿公司、企业财产的，一般不应当认定为贪污；造成国有资产重大损失，依法构成刑法第一百六十八条或者第一百六十九条规定的犯罪的，依照该规定定罪处罚。

二、关于国有公司、企业在改制过程中隐匿公司、企业财产归职工集体持股的改制后公司、企业所有的行为的处理

国有公司、企业违反国家规定，在改制过程中隐匿公司、企业财产，转为职工集体持股的改制后公司、企业所有的，对其直接负责的主管人员和其他直接责任人员，依照刑法第三百九十六条第一款的规定，以私分国有资产罪定罪处罚。

改制后的公司、企业中只有改制前公司、企业的管理人员或者少数职工持股，改制前公司、企业的多数职工未持股的，依照本意见第一条的规定，以贪污罪定罪处罚。

三、关于国家出资企业工作人员使用改制公司、企业的资金担保个人贷款，用于购买改制公司、企业股份的行为的处理

国家出资企业的工作人员在公司、企业改制过程中为购买公司、企业股份，利用职务上的便利，将公司、企业的资金或者金融凭证、有价证券等用于个人贷款担保的，依照刑法第二百七十二条或者第三百八十四条的规定，以挪用资金罪或者挪用公款罪定罪处罚。

行为人在改制前的国家出资企业持有股份的，不影响挪用数额的认定，但量刑时应当酌情考虑。

经有关主管部门批准或者按照有关政策规定，国家出资企业的工作人员为购买改制公司、企业股份实施前款行为的，可以视具体情况不作为犯罪处理。

四、关于国家工作人员在企业改制过程中的渎职行为的处理

国家出资企业中的国家工作人员在公司、企业改制或者国有资产处置过程中严重不负责任或者滥用职权，致使国家利益遭受重大损失的，依照刑法第一百六十八条的规定，以国有公司、企业人员失职罪或者国有公司、企业人员滥用职权罪定罪处罚。

国家出资企业中的国家工作人员在公司、企业改制或者国有资产处置过程中徇私舞弊，将国有资产低价折股或者低价出售给其本人未持有股份的公司、企业或者其他个人，致使国家利益遭受重大损失的，依照刑法第一百六十九条的规定，以徇私舞弊低价折股、出售国有资产罪定罪处罚。

国家出资企业中的国家工作人员在公司、企业改制或者国有资产处置过程中徇私舞弊，将国有资产低价折股或者低价出售给特定关系人持有股份或者本人实际控制的公司、企业，致使国家利益遭受重大损失的，依照刑法第三百八十二条、第三百八十三条的规定，以贪污罪定罪处罚。贪污数额以国有资产的损失数额计算。

国家出资企业中的国家工作人员因实施第一款、第二款行为收受贿赂，同时又构成刑法第三百八十五条规定之罪的，依照处罚较重的规定定罪处罚。

五、关于改制前后主体身份发生变化的犯罪的处理

国家工作人员在国家出资企业改制前利用职务上的便利实施犯罪，在其不再具有国家工作人员身份后又实施同种行为，依法构成不同犯罪的，应当分别定罪，实行数罪并罚。

国家工作人员利用职务上的便利，在国家出资企业改制过程中隐匿公司、企业财产，在其不再具有国家工作人员身份后将所隐匿财产据为己有的，依照刑法第三百八十二条、第三百八十三条的规定，以贪污罪定罪处罚。

国家工作人员在国家出资企业改制过程中利用职务上的便利为请托人谋取利益，事先约定在其不再具有国家工作人员身份后收受请托人财物，或者在身份变化前后连续收受请托人财物的，依照刑法第三百八十五条、第三百八十六条的规定，以受贿罪定罪处罚。

六、关于国家出资企业中国家工作人员的认定

经国家机关、国有公司、企业、事业单位提名、推荐、任命、批准等，在国有控股、参股公司及其分支机构中从事公务的人员，应当认定为国家工作人员。具体的任命机构和程序，不影响国家工作人员的认定。

经国家出资企业中负有管理、监督国有资产职责的组织批准或者研究决定，代表其在国有控股、参股公司及其分支机构中从事组织、领导、监督、经营、管理工作的人员，应当认定为国家工作人员。

国家出资企业中的国家工作人员，在国家出资企业中持有个人股份或者同时接受非国有股东委托的，不影响其国家工作人员身份的认定。

七、关于国家出资企业的界定

本意见所称"国家出资企业"，包括国家出资的国有独资公司、国有独资企业，以及国有资本控股公司、国有资本参股公司。

是否属于国家出资企业不清楚的，应遵循"谁投资、谁拥有产权"的原则进行界定。企业注册登记中的资金来源与实际出资不符的，应根据实际出资情况确定企业的性质。企业实际出资情况不清楚的，可以综合工商注册、分配形式、经营管理等因素确定企业的性质。

八、关于宽严相济刑事政策的具体贯彻

办理国家出资企业中的职务犯罪案件时，要综合考虑历史条件、企业发展、职工就业、社会稳定等因素，注意具体情况具体分析，严格把握犯罪与一般违规行为的区分界限。对于主观恶意明显、社会危害严重、群众反映强烈的严重犯罪，要坚决依法从严惩处；对于特定历史条件下、为了顺利完成企业改制而实施的违反国家政策法律规定的行为，行为人无主观恶意或者主观恶意不明显，情节较轻，危害不大的，可以不作为犯罪处理。

对于国家出资企业中的职务犯罪，要加大经济上的惩罚力度，充分重视财产刑的适用和执行，最大限度地挽回国家和人民利益遭受的损失。不能退赃的，在决定刑罚时，应当作为重要情节予以考虑。

最高人民检察院
关于人民检察院直接受理立案侦查案件立案标准的规定（试行）（节录）

高检发释字〔1999〕2号

（1999年8月6日最高人民检察院第九届检察委员会第41次
会议通过　1999年9月16日最高人民检察院
公告公布　自1999年9月16日起施行）

一、贪污贿赂犯罪案件

（十一）私分国有资产案（第396条第1款）

私分国有资产罪是指国家机关、国有公司、企业、事业单位、人民团体，违反国家规定，以单位名义将国有资产集体私分给个人，数额较大的行为。

涉嫌私分国有资产，累计数额在十万元以上的，应予立案。

由监察机关、公安机关共同管辖的贪污贿赂犯罪案件

(十四) 私分罚没财产罪 ※

中华人民共和国刑法（节录）*

第三百九十六条 【私分国有资产罪】 国家机关、国有公司、企业、事业单位、人民团体，违反国家规定，以单位名义将国有资产集体私分给个人，数额较大的，对其直接负责的主管人员和其他直接责任人员，处三年以下有期徒刑或者拘役，并处或者单处罚金；数额巨大的，处三年以上七年以下有期徒刑，并处罚金。

【私分罚没财物罪】 司法机关、行政执法机关违反国家规定，将应当上缴国家的罚没财物，以单位名义集体私分给个人的，依照前款的规定处罚。

最高人民法院 最高人民检察院
关于办理国家出资企业中职务犯罪案件具体应用法律若干问题的意见（节录）

2010 年 11 月 26 日 　　　　　　法发〔2010〕49 号

二、关于国有公司、企业在改制过程中隐匿公司、企业财产归职工集体持股的改制后公司、企业所有的行为的处理

国有公司、企业违反国家规定，在改制过程中隐匿公司、企业财产，转

---

* 编者注：根据 1997 年刑法和《全国人民代表大会常务委员会关于惩治骗购外汇、逃汇和非法买卖外汇犯罪的决定》及十部刑法修正案编纂。

为职工集体持股的改制后公司、企业所有的，对其直接负责的主管人员和其他直接责任人员，依照刑法第三百九十六条第一款的规定，以私分国有资产罪定罪处罚。

改制后的公司、企业中只有改制前公司、企业的管理人员或者少数职工持股，改制前公司、企业的多数职工未持股的，依照本意见第一条的规定，以贪污罪定罪处罚。

最高人民检察院
关于人民检察院直接受理立案侦查案件立案标准的规定（试行）（节录）

高检发释字〔1999〕2号

（1999年8月6日最高人民检察院第九届检察委员会第41次会议通过 1999年9月16日最高人民检察院公告公布 自1999年9月16日起施行）

一、贪污贿赂犯罪案件

（十二）私分罚没财物案（第396条第2款）

私分罚没财物罪是指司法机关、行政执法机关违反国家规定，将应当上缴国家的罚没财物，以单位名义集体私分给个人的行为。

涉嫌私分罚没财物，累计数额在10万元以上，应予立案。

（十五）非国家工作人员受贿罪※

中华人民共和国刑法（节录）*

第一百六十三条 【非国家工作人员受贿罪】 公司、企业或者其他单位的工作人员利用职务上的便利，索取他人财物或者非法收受他人财物，为他人谋取利益，数额较大的，处五年以下有期徒刑或者拘役；数额巨大的，处五年以上有期徒刑，可以并处没收财产。

公司、企业或者其他单位的工作人员在经济往来中，利用职务上的便利，违反国家规定，收受各种名义的回扣、手续费，归个人所有的，依照前款的规定处罚。

（编者注：本条经 2006 年 6 月 29 日《刑法修正案（六）》第七条修改。

1997 年刑法第一百六十三条原规定："公司、企业的工作人员利用职务上的便利，索取他人财物或者非法收受他人财物，为他人谋取利益，数额较大的，处五年以下有期徒刑或者拘役；数额巨大的，处五年以上有期徒刑，可以并处没收财产。

"公司、企业的工作人员在经济往来中，违反国家规定，收受各种名义的回扣、手续费，归个人所有的，依照前款的规定处罚。

"国有公司、企业中从事公务的人员和国有公司、企业委派到非国有公司、企业从事公务的人员有前两款行为的，依照本法第三百八十五条、第三百八十六条的规定定罪处罚。"）

【受贿罪】 国有公司、企业或者其他国有单位中从事公务的人员和国有公司、企业或者其他国有单位委派到非国有公司、企业以及其他单位从事公务的人员有前两款行为的，依照本法第三百八十五条、第三百八十六条的规定定罪处罚。

---

* 编者注：根据 1997 年刑法和《全国人民代表大会常务委员会关于惩治骗购外汇、逃汇和非法买卖外汇犯罪的决定》及十部刑法修正案编纂。

最高人民法院 最高人民检察院
关于办理贪污贿赂刑事案件适用法律若干问题的解释（节录）

法释〔2016〕9号

（2016年3月28日最高人民法院审判委员会第1680次会议、2016年3月25日最高人民检察院第十二届检察委员会第50次会议通过 2016年4月18日最高人民法院、最高人民检察院公告公布 自2016年4月18日起施行）

第一条 贪污或者受贿数额在三万元以上不满二十万元的，应当认定为刑法第三百八十三条第一款规定的"数额较大"，依法判处三年以下有期徒刑或者拘役，并处罚金。

贪污数额在一万元以上不满三万元，具有下列情形之一的，应当认定为刑法第三百八十三条第一款规定的"其他较重情节"，依法判处三年以下有期徒刑或者拘役，并处罚金：

（一）贪污救灾、抢险、防汛、优抚、扶贫、移民、救济、防疫、社会捐助等特定款物的；

（二）曾因贪污、受贿、挪用公款受过党纪、行政处分的；

（三）曾因故意犯罪受过刑事追究的；

（四）赃款赃物用于非法活动的；

（五）拒不交待赃款赃物去向或者拒不配合追缴工作，致使无法追缴的；

（六）造成恶劣影响或者其他严重后果的。

受贿数额在一万元以上不满三万元，具有前款第二项至第六项规定的情形之一，或者具有下列情形之一的，应当认定为刑法第三百八十三条第一款规定的"其他较重情节"，依法判处三年以下有期徒刑或者拘役，并处罚金：

（一）多次索贿的；

（二）为他人谋取不正当利益，致使公共财产、国家和人民利益遭受损失的；

（三）为他人谋取职务提拔、调整的。

第二条 贪污或者受贿数额在二十万元以上不满三百万元的，应当认定为刑法第三百八十三条第一款规定的"数额巨大"，依法判处三年以上十年以下有期徒刑，并处罚金或者没收财产。

贪污数额在十万元以上不满二十万元，具有本解释第一条第二款规定的情形之一的，应当认定为刑法第三百八十三条第一款规定的"其他严重情节"，依法判处三年以上十年以下有期徒刑，并处罚金或者没收财产。

受贿数额在十万元以上不满二十万元，具有本解释第一条第三款规定的情形之一的，应当认定为刑法第三百八十三条第一款规定的"其他严重情节"，依法判处三年以上十年以下有期徒刑，并处罚金或者没收财产。

第三条 贪污或者受贿数额在三百万元以上的，应当认定为刑法第三百八十三条第一款规定的"数额特别巨大"，依法判处十年以上有期徒刑、无期徒刑或者死刑，并处罚金或者没收财产。

贪污数额在一百五十万元以上不满三百万元，具有本解释第一条第二款规定的情形之一的，应当认定为刑法第三百八十三条第一款规定的"其他特别严重情节"，依法判处十年以上有期徒刑、无期徒刑或者死刑，并处罚金或者没收财产。

受贿数额在一百五十万元以上不满三百万元，具有本解释第一条第三款规定的情形之一的，应当认定为刑法第三百八十三条第一款规定的"其他特别严重情节"，依法判处十年以上有期徒刑、无期徒刑或者死刑，并处罚金或者没收财产。

第四条 贪污、受贿数额特别巨大，犯罪情节特别严重、社会影响特别恶劣、给国家和人民利益造成特别重大损失的，可以判处死刑。

符合前款规定的情形，但具有自首，立功，如实供述自己罪行、真诚悔罪、积极退赃，或者避免、减少损害结果的发生等情节，不是必须立即执行的，可以判处死刑缓期二年执行。

符合第一款规定情形的，根据犯罪情节等情况可以判处死刑缓期二年执行，同时裁判决定在其死刑缓期执行二年期满依法减为无期徒刑后，终身监禁，不得减刑、假释。

第五条 挪用公款归个人使用，进行非法活动，数额在三万元以上的，应当依照刑法第三百八十四条的规定以挪用公款罪追究刑事责任；数额在三百万元以上的，应当认定为刑法第三百八十四条第一款规定的"数额巨大"。具有下列情形之一的，应当认定为刑法第三百八十四条第一款规定的"情节严重"：

（一）挪用公款数额在一百万元以上的；

（二）挪用救灾、抢险、防汛、优抚、扶贫、移民、救济特定款物，数额在五十万元以上不满一百万元的；

（三）挪用公款不退还，数额在五十万元以上不满一百万元的；

（四）其他严重的情节。

第六条 挪用公款归个人使用，进行营利活动或者超过三个月未还，数额在五万元以上的，应当认定为刑法第三百八十四条第一款规定的"数额较大"；数额在五百万元以上的，应当认定为刑法第三百八十四条第一款规定的"数额巨大"。具有下列情形之一的，应当认定为刑法第三百八十四条第一款规定的"情节严重"：

（一）挪用公款数额在二百万元以上的；

（二）挪用救灾、抢险、防汛、优抚、扶贫、移民、救济特定款物，数额在一百万元以上不满二百万元的；

（三）挪用公款不退还，数额在一百万元以上不满二百万元的；

（四）其他严重的情节。

第七条 为谋取不正当利益，向国家工作人员行贿，数额在三万元以上的，应当依照刑法第三百九十条的规定以行贿罪追究刑事责任。

行贿数额在一万元以上不满三万元，具有下列情形之一的，应当依照刑法第三百九十条的规定以行贿罪追究刑事责任：

（一）向三人以上行贿的；

（二）将违法所得用于行贿的；

（三）通过行贿谋取职务提拔、调整的；

（四）向负有食品、药品、安全生产、环境保护等监督管理职责的国家工作人员行贿，实施非法活动的；

（五）向司法工作人员行贿，影响司法公正的；

（六）造成经济损失数额在五十万元以上不满一百万元的。

第八条 犯行贿罪，具有下列情形之一的，应当认定为刑法第三百九十条第一款规定的"情节严重"：

（一）行贿数额在一百万元以上不满五百万元的；

（二）行贿数额在五十万元以上不满一百万元，并具有本解释第七条第二款第一项至第五项规定的情形之一的；

（三）其他严重的情节。

为谋取不正当利益，向国家工作人员行贿，造成经济损失数额在一百万元以上不满五百万元的，应当认定为刑法第三百九十条第一款规定的"使国家利益遭受重大损失"。

第九条 犯行贿罪，具有下列情形之一的，应当认定为刑法第三百九十条第一款规定的"情节特别严重"：

（一）行贿数额在五百万元以上的；

（二）行贿数额在二百五十万元以上不满五百万元，并具有本解释第七条第二款第一项至第五项规定的情形之一的；

（三）其他特别严重的情节。

为谋取不正当利益，向国家工作人员行贿，造成经济损失数额在五百万元以上的，应当认定为刑法第三百九十条第一款规定的"使国家利益遭受特别重大损失"。

第十条 刑法第三百八十八条之一规定的利用影响力受贿罪的定罪量刑适用标准，参照本解释关于受贿罪的规定执行。

刑法第三百九十条之一规定的对有影响力的人行贿罪的定罪量刑适用标准，参照本解释关于行贿罪的规定执行。

单位对有影响力的人行贿数额在二十万元以上的，应当依照刑法第三百九十条之一的规定以对有影响力的人行贿罪追究刑事责任。

第十一条 刑法第一百六十三条规定的非国家工作人员受贿罪、第二百七十一条规定的职务侵占罪中的"数额较大""数额巨大"的数额起点，按照本解释关于受贿罪、贪污罪相对应的数额标准规定的二倍、五倍执行。

刑法第二百七十二条规定的挪用资金罪中的"数额较大""数额巨大"以及"进行非法活动"情形的数额起点，按照本解释关于挪用公款罪"数额较大""情节严重"以及"进行非法活动"的数额标准规定的二倍执行。

刑法第一百六十四条第一款规定的对非国家工作人员行贿罪中的"数额较大""数额巨大"的数额起点，按照本解释第七条、第八条第一款关于行贿罪的数额标准规定的二倍执行。

第十二条 贿赂犯罪中的"财物"，包括货币、物品和财产性利益。财产性利益包括可以折算为货币的物质利益如房屋装修、债务免除等，以及需要支付货币的其他利益如会员服务、旅游等。后者的犯罪数额，以实际支付或者应当支付的数额计算。

第十三条 具有下列情形之一的，应当认定为"为他人谋取利益"，构成犯罪的，应当依照刑法关于受贿犯罪的规定定罪处罚：

（一）实际或者承诺为他人谋取利益的；

（二）明知他人有具体请托事项的；

（三）履职时未被请托，但事后基于该履职事由收受他人财物的。

国家工作人员索取、收受具有上下级关系的下属或者具有行政管理关系的被管理人员的财物价值三万元以上，可能影响职权行使的，视为承诺为他人谋取利益。

第十四条 根据行贿犯罪的事实、情节，可能被判处三年有期徒刑以下刑罚的，可以认定为刑法第三百九十条第二款规定的"犯罪较轻"。

根据犯罪的事实、情节，已经或者可能被判处十年有期徒刑以上刑罚的，或者案件在本省、自治区、直辖市或者全国范围内有较大影响的，可以认定为刑法第三百九十条第二款规定的"重大案件"。

具有下列情形之一的，可以认定为刑法第三百九十条第二款规定的"对侦破重大案件起关键作用"：

（一）主动交待办案机关未掌握的重大案件线索的；

（二）主动交待的犯罪线索不属于重大案件的线索，但该线索对于重大案件侦破有重要作用的；

（三）主动交待行贿事实，对于重大案件的证据收集有重要作用的；

（四）主动交待行贿事实，对于重大案件的追逃、追赃有重要作用的。

第十五条 对多次受贿未经处理的，累计计算受贿数额。

国家工作人员利用职务上的便利为请托人谋取利益前后多次收受请托人财物，受请托之前收受的财物数额在一万元以上的，应当一并计入受贿数额。

第十六条 国家工作人员出于贪污、受贿的故意，非法占有公共财物、收受他人财物之后，将赃款赃物用于单位公务支出或者社会捐赠的，不影响贪污罪、受贿罪的认定，但量刑时可以酌情考虑。

特定关系人索取、收受他人财物，国家工作人员知道后未退还或者上交的，应当认定国家工作人员具有受贿故意。

第十七条 国家工作人员利用职务上的便利，收受他人财物，为他人谋取利益，同时构成受贿罪和刑法分则第三章第三节、第九章规定的渎职犯罪的，除刑法另有规定外，以受贿罪和渎职犯罪数罪并罚。

第十八条 贪污贿赂犯罪分子违法所得的一切财物，应当依照刑法第六十四条的规定予以追缴或者责令退赔，对被害人的合法财产应当及时返还。对尚未追缴到案或者尚未足额退赔的违法所得，应当继续追缴或者责令退赔。

最高人民法院 最高人民检察院
关于办理商业贿赂刑事案件
适用法律若干问题的意见（节录）

2008年11月20日　　　　　　　　法发〔2008〕33号

二、刑法第一百六十三条、第一百六十四条规定的"其他单位"，既包括事业单位、社会团体、村民委员会、居民委员会、村民小组等常设性的组织，也包括为组织体育赛事、文艺演出或者其他正当活动而成立的组委会、筹委会、工程承包队等非常设性的组织。

三、刑法第一百六十三条、第一百六十四条规定的"公司、企业或者其他单位的工作人员",包括国有公司、企业以及其他国有单位中的非国家工作人员。

四、医疗机构中的国家工作人员,在药品、医疗器械、医用卫生材料等医药产品采购活动中,利用职务上的便利,索取销售方财物,或者非法收受销售方财物,为销售方谋取利益,构成犯罪的,依照刑法第三百八十五条的规定,以受贿罪定罪处罚。

医疗机构中的非国家工作人员,有前款行为,数额较大的,依照刑法第一百六十三条的规定,以非国家工作人员受贿罪定罪处罚。

医疗机构中的医务人员,利用开处方的职务便利,以各种名义非法收受药品、医疗器械、医用卫生材料等医药产品销售方财物,为医药产品销售方谋取利益,数额较大的,依照刑法第一百六十三条的规定,以非国家工作人员受贿罪定罪处罚。

五、学校及其他教育机构中的国家工作人员,在教材、教具、校服或者其他物品的采购等活动中,利用职务上的便利,索取销售方财物,或者非法收受销售方财物,为销售方谋取利益,构成犯罪的,依照刑法第三百八十五条的规定,以受贿罪定罪处罚。

学校及其他教育机构中的非国家工作人员,有前款行为,数额较大的,依照刑法第一百六十三条的规定,以非国家工作人员受贿罪定罪处罚。

学校及其他教育机构中的教师,利用教学活动的职务便利,以各种名义非法收受教材、教具、校服或者其他物品销售方财物,为教材、教具、校服或者其他物品销售方谋取利益,数额较大的,依照刑法第一百六十三条的规定,以非国家工作人员受贿罪定罪处罚。

六、依法组建的评标委员会、竞争性谈判采购中谈判小组、询价采购中询价小组的组成人员,在招标、政府采购等事项的评标或者采购活动中,索取他人财物或者非法收受他人财物,为他人谋取利益,数额较大的,依照刑法第一百六十三条的规定,以非国家工作人员受贿罪定罪处罚。

依法组建的评标委员会、竞争性谈判采购中谈判小组、询价采购中询价小组中国家机关或者其他国有单位的代表有前款行为的,依照刑法第三百八十五条的规定,以受贿罪定罪处罚。

七、商业贿赂中的财物,既包括金钱和实物,也包括可以用金钱计算数额的财产性利益,如提供房屋装修、含有金额的会员卡、代币卡(券)、旅游费用等。具体数额以实际支付的资费为准。

八、收受银行卡的,不论受贿人是否实际取出或者消费,卡内的存款数额一般应全额认定为受贿数额。使用银行卡透支的,如果由给予银行卡的一方承担还款责任,透支数额也应当认定为受贿数额。

九、在行贿犯罪中,"谋取不正当利益",是指行贿人谋取违反法律、法规、规章或者政策规定的利益,或者要求对方违反法律、法规、规章、政策、行业规范的规定提供帮助或者方便条件。

在招标投标、政府采购等商业活动中,违背公平原则,给予相关人员财物以谋取竞争优势的,属于"谋取不正当利益"。

十、办理商业贿赂犯罪案件,要注意区分贿赂与馈赠的界限。主要应当结合以下因素全面分析、综合判断:(1)发生财物往来的背景,如双方是否存在亲友关系及历史上交往的情形和程度;(2)往来财物的价值;(3)财物往来的缘由、时机和方式,提供财物方对于接受方有无职务上的请托;(4)接受方是否利用职务上的便利为提供方谋取利益。

十一、非国家工作人员与国家工作人员通谋,共同收受他人财物,构成共同犯罪的,根据双方利用职务便利的具体情形分别定罪追究刑事责任:

(1)利用国家工作人员的职务便利为他人谋取利益的,以受贿罪追究刑事责任。

(2)利用非国家工作人员的职务便利为他人谋取利益的,以非国家工作人员受贿罪追究刑事责任。

(3)分别利用各自的职务便利为他人谋取利益的,按照主犯的犯罪性质追究刑事责任,不能分清主从犯的,可以受贿罪追究刑事责任。

最高人民法院
关于如何认定国有控股、参股股份有限公司中的国有公司、企业人员的解释

法释〔2005〕10号

(2005年7月31日最高人民法院审判委员会第1359次会议通过
2005年8月1日最高人民法院公告公布 自2005年8月11日起施行)

为准确认定刑法分则第三章第三节中的国有公司、企业人员,现对国有控股、参股的股份有限公司中的国有公司、企业人员解释如下:

国有公司、企业委派到国有控股、参股公司从事公务的人员,以国有公司、企业人员论。

（十六）对非国家工作人员行贿罪※

中华人民共和国刑法（节录）*

第一百六十四条　【对非国家工作人员行贿罪】　为谋取不正当利益，给予公司、企业或者其他单位的工作人员以财物，数额较大的，处三年以下有期徒刑或者拘役，并处罚金；数额巨大的，处三年以上十年以下有期徒刑，并处罚金。

（**编者注**：本条经2006年6月29日《刑法修正案（六）》第八条、2011年2月25日《刑法修正案（八）》第二十九条、2015年8月29日《刑法修正案（九）》第十条三次修改。

1997年刑法第一百六十四条原规定："为谋取不正当利益，给予公司、企业的工作人员以财物，数额较大的，处三年以下有期徒刑或者拘役；数额巨大的，处三年以上十年以下有期徒刑，并处罚金。

"单位犯前款罪的，对单位判处罚金，并对其直接负责的主管人员和其他直接责任人员，依照前款的规定处罚。

"行贿人在被追诉前主动交待行贿行为的，可以减轻处罚或者免除处罚。"

《刑法修正案（六）》第八条将1997年刑法第一百六十四条第一款修改为："为谋取不正当利益，给予公司、企业或者其他单位的工作人员以财物，数额较大的，处三年以下有期徒刑或者拘役；数额巨大的，处三年以上十年以下有期徒刑，并处罚金。"

《刑法修正案（八）》第二十九条将本条修改为："为谋取不正当利益，给予公司、企业或者其他单位的工作人员以财物，数额较大的，处三年以下有期徒刑或者拘役；数额巨大的，处三年以上十年以下有期徒刑，并处罚金。

"为谋取不正当商业利益，给予外国公职人员或者国际公共组织官员以财物的，依照前款的规定处罚。

"单位犯前两款罪的，对单位判处罚金，并对其直接负责的主管人员和其他直接责任人员，依照第一款的规定处罚。

---

* 编者注：根据1997年刑法和《全国人民代表大会常务委员会关于惩治骗购外汇、逃汇和非法买卖外汇犯罪的决定》及十部刑法修正案编纂。

"行贿人在被追诉前主动交待行贿行为的，可以减轻处罚或者免除处罚。"《刑法修正案（九）》第十条对本条第一款作了再次修改。）

【对外国公职人员、国际公共组织官员行贿罪】 为谋取不正当商业利益，给予外国公职人员或者国际公共组织官员以财物的，依照前款的规定处罚。

单位犯前两款罪的，对单位判处罚金，并对其直接负责的主管人员和其他直接责任人员，依照第一款的规定处罚。

行贿人在被追诉前主动交待行贿行为的，可以减轻处罚或者免除处罚。

最高人民法院 最高人民检察院
关于办理贪污贿赂刑事案件适用法律若干问题的解释（节录）

法释〔2016〕9号

（2016年3月28日最高人民法院审判委员会第1680次会议、2016年3月25日最高人民检察院第十二届检察委员会第50次会议通过 2016年4月18日最高人民法院、最高人民检察院公告公布 自2016年4月18日起施行）

第七条 为谋取不正当利益，向国家工作人员行贿，数额在三万元以上的，应当依照刑法第三百九十条的规定以行贿罪追究刑事责任。

行贿数额在一万元以上不满三万元，具有下列情形之一的，应当依照刑法第三百九十条的规定以行贿罪追究刑事责任：

（一）向三人以上行贿的；

（二）将违法所得用于行贿的；

（三）通过行贿谋取职务提拔、调整的；

（四）向负有食品、药品、安全生产、环境保护等监督管理职责的国家工作人员行贿，实施非法活动的；

（五）向司法工作人员行贿，影响司法公正的；

（六）造成经济损失数额在五十万元以上不满一百万元的。

第八条 犯行贿罪，具有下列情形之一的，应当认定为刑法第三百九十条第一款规定的"情节严重"：

（一）行贿数额在一百万元以上不满五百万元的；

（二）行贿数额在五十万元以上不满一百万元，并具有本解释第七条第二款第一项至第五项规定的情形之一的；

（三）其他严重的情节。

为谋取不正当利益，向国家工作人员行贿，造成经济损失数额在一百万元以上不满五百万元的，应当认定为刑法第三百九十条第一款规定的"使国家利益遭受重大损失"。

第九条 犯行贿罪，具有下列情形之一的，应当认定为刑法第三百九十条第一款规定的"情节特别严重"：

（一）行贿数额在五百万元以上的；

（二）行贿数额在二百五十万元以上不满五百万元，并具有本解释第七条第二款第一项至第五项规定的情形之一的；

（三）其他特别严重的情节。

为谋取不正当利益，向国家工作人员行贿，造成经济损失数额在五百万元以上的，应当认定为刑法第三百九十条第一款规定的"使国家利益遭受特别重大损失"。

第十条 刑法第三百八十八条之一规定的利用影响力受贿罪的定罪量刑适用标准，参照本解释关于受贿罪的规定执行。

刑法第三百九十条之一规定的对有影响力的人行贿罪的定罪量刑适用标准，参照本解释关于行贿罪的规定执行。

单位对有影响力的人行贿数额在二十万元以上的，应当依照刑法第三百九十条之一的规定以对有影响力的人行贿罪追究刑事责任。

第十一条 刑法第一百六十三条规定的非国家工作人员受贿罪、第二百七十一条规定的职务侵占罪中的"数额较大""数额巨大"的数额起点，按照本解释关于受贿罪、贪污罪相对应的数额标准规定的二倍、五倍执行。

刑法第二百七十二条规定的挪用资金罪中的"数额较大""数额巨大"以及"进行非法活动"情形的数额起点，按照本解释关于挪用公款罪"数额较大""情节严重"以及"进行非法活动"的数额标准规定的二倍执行。

刑法第一百六十四条第一款规定的对非国家工作人员行贿罪中的"数额较大""数额巨大"的数额起点，按照本解释第七条、第八条第一款关于行贿罪的数额标准规定的二倍执行。

第十二条 贿赂犯罪中的"财物"，包括货币、物品和财产性利益。财产性利益包括可以折算为货币的物质利益如房屋装修、债务免除等，以及需要支付货币的其他利益如会员服务、旅游等。后者的犯罪数额，以实际支付或者应当支付的数额计算。

第十三条 具有下列情形之一的，应当认定为"为他人谋取利益"，构成犯罪的，应当依照刑法关于受贿犯罪的规定定罪处罚：

（一）实际或者承诺为他人谋取利益的；
（二）明知他人有具体请托事项的；
（三）履职时未被请托，但事后基于该履职事由收受他人财物的。

国家工作人员索取、收受具有上下级关系的下属或者具有行政管理关系的被管理人员的财物价值三万元以上，可能影响职权行使的，视为承诺为他人谋取利益。

第十四条 根据行贿犯罪的事实、情节，可能被判处三年有期徒刑以下刑罚的，可以认定为刑法第三百九十条第二款规定的"犯罪较轻"。

根据犯罪的事实、情节，已经或者可能被判处十年有期徒刑以上刑罚的，或者案件在本省、自治区、直辖市或者全国范围内有较大影响的，可以认定为刑法第三百九十条第二款规定的"重大案件"。

具有下列情形之一的，可以认定为刑法第三百九十条第二款规定的"对侦破重大案件起关键作用"：

（一）主动交待办案机关未掌握的重大案件线索的；
（二）主动交待的犯罪线索不属于重大案件的线索，但该线索对于重大案件侦破有重要作用的；
（三）主动交待行贿事实，对于重大案件的证据收集有重要作用的；
（四）主动交待行贿事实，对于重大案件的追逃、追赃有重要作用的。

第十五条 对多次受贿未经处理的，累计计算受贿数额。

国家工作人员利用职务上的便利为请托人谋取利益前后多次收受请托人财物，受请托之前收受的财物数额在一万元以上的，应当一并计入受贿数额。

第十六条 国家工作人员出于贪污、受贿的故意，非法占有公共财物、收受他人财物之后，将赃款赃物用于单位公务支出或者社会捐赠的，不影响贪污罪、受贿罪的认定，但量刑时可以酌情考虑。

特定关系人索取、收受他人财物，国家工作人员知道后未退还或者上交的，应当认定国家工作人员具有受贿故意。

第十七条 国家工作人员利用职务上的便利，收受他人财物，为他人谋取利益，同时构成受贿罪和刑法分则第三章第三节、第九章规定的渎职犯罪的，除刑法另有规定外，以受贿罪和渎职犯罪数罪并罚。

第十八条 贪污贿赂犯罪分子违法所得的一切财物，应当依照刑法第六十四条的规定予以追缴或者责令退赔，对被害人的合法财产应当及时返还。对尚未追缴到案或者尚未足额退赔的违法所得，应当继续追缴或者责令退赔。

第十九条 对贪污罪、受贿罪判处三年以下有期徒刑或者拘役的，应当并处十万元以上五十万元以下的罚金；判处三年以上十年以下有期徒刑的，应当并处二十万元以上犯罪数额二倍以下的罚金或者没收财产；判处十年以上有期徒刑或者无期徒刑的，应当并处五十万元以上犯罪数额二倍以下的罚金或者没收财产。

对刑法规定并处罚金的其他贪污贿赂犯罪，应当在十万元以上犯罪数额二倍以下判处罚金。

最高人民法院　最高人民检察院
关于办理商业贿赂刑事案件
适用法律若干问题的意见（节录）

2008年11月20日　　　　　　　　法发〔2008〕33号

二、刑法第一百六十三条、第一百六十四条规定的"其他单位"，既包括事业单位、社会团体、村民委员会、居民委员会、村民小组等常设性的组织，也包括为组织体育赛事、文艺演出或者其他正当活动而成立的组委会、筹委会、工程承包队等非常设性的组织。

三、刑法第一百六十三条、第一百六十四条规定的"公司、企业或者其他单位的工作人员"，包括国有公司、企业以及其他国有单位中的非国家工作人员。

四、医疗机构中的国家工作人员，在药品、医疗器械、医用卫生材料等医药产品采购活动中，利用职务上的便利，索取销售方财物，或者非法收受销售方财物，为销售方谋取利益，构成犯罪的，依照刑法第三百八十五条的规定，以受贿罪定罪处罚。

医疗机构中的非国家工作人员，有前款行为，数额较大的，依照刑法第一百六十三条的规定，以非国家工作人员受贿罪定罪处罚。

医疗机构中的医务人员，利用开处方的职务便利，以各种名义非法收受药品、医疗器械、医用卫生材料等医药产品销售方财物，为医药产品销售方谋取利益，数额较大的，依照刑法第一百六十三条的规定，以非国家工作人员受贿罪定罪处罚。

五、学校及其他教育机构中的国家工作人员，在教材、教具、校服或者其他物品的采购等活动中，利用职务上的便利，索取销售方财物，或者非法收受销售方财物，为销售方谋取利益，构成犯罪的，依照刑法第三百八十五条的规定，以受贿罪定罪处罚。

学校及其他教育机构中的非国家工作人员，有前款行为，数额较大的，依照刑法第一百六十三条的规定，以非国家工作人员受贿罪定罪处罚。

学校及其他教育机构中的教师，利用教学活动的职务便利，以各种名义非法收受教材、教具、校服或者其他物品销售方财物，为教材、教具、校服或者其他物品销售方谋取利益，数额较大的，依照刑法第一百六十三条的规定，以非国家工作人员受贿罪定罪处罚。

六、依法组建的评标委员会、竞争性谈判采购中谈判小组、询价采购中询价小组的组成人员，在招标、政府采购等事项的评标或者采购活动中，索取他人财物或者非法收受他人财物，为他人谋取利益，数额较大的，依照刑法第一百六十三条的规定，以非国家工作人员受贿罪定罪处罚。

依法组建的评标委员会、竞争性谈判采购中谈判小组、询价采购中询价小组中国家机关或者其他国有单位的代表有前款行为的，依照刑法第三百八十五条的规定，以受贿罪定罪处罚。

七、商业贿赂中的财物，既包括金钱和实物，也包括可以用金钱计算数额的财产性利益，如提供房屋装修、含有金额的会员卡、代币卡（券）、旅游费用等。具体数额以实际支付的资费为准。

八、收受银行卡的，不论受贿人是否实际取出或者消费，卡内的存款数额一般应全额认定为受贿数额。使用银行卡透支的，如果由给予银行卡的一方承担还款责任，透支数额也应当认定为受贿数额。

九、在行贿犯罪中，"谋取不正当利益"，是指行贿人谋取违反法律、法规、规章或者政策规定的利益，或者要求对方违反法律、法规、规章、政策、行业规范的规定提供帮助或者方便条件。

在招标投标、政府采购等商业活动中，违背公平原则，给予相关人员财物以谋取竞争优势的，属于"谋取不正当利益"。

十、办理商业贿赂犯罪案件，要注意区分贿赂与馈赠的界限。主要应当结合以下因素全面分析、综合判断：（1）发生财物往来的背景，如双方是否存在亲友关系及历史上交往的情形和程度；（2）往来财物的价值；（3）财物往来的缘由、时机和方式，提供财物方对于接受方有无职务上的请托；（4）接受方是否利用职务上的便利为提供方谋取利益。

(十七) 对外国公职人员、国际公共组织官员行贿罪※

中华人民共和国刑法（节录）*

第一百六十四条 【对非国家工作人员行贿罪】 为谋取不正当利益，给予公司、企业或者其他单位的工作人员以财物，数额较大的，处三年以下有期徒刑或者拘役，并处罚金；数额巨大的，处三年以上十年以下有期徒刑，并处罚金。

（编者注：本条经 2006 年 6 月 29 日《刑法修正案（六）》第八条、2011 年 2 月 25 日《刑法修正案（八）》第二十九条、2015 年 8 月 29 日《刑法修正案（九）》第十条三次修改。

1997 年刑法第一百六十四条原规定："为谋取不正当利益，给予公司、企业的工作人员以财物，数额较大的，处三年以下有期徒刑或者拘役；数额巨大的，处三年以上十年以下有期徒刑，并处罚金。

"单位犯前款罪的，对单位判处罚金，并对其直接负责的主管人员和其他直接责任人员，依照前款的规定处罚。

"行贿人在被追诉前主动交待行贿行为的，可以减轻处罚或者免除处罚。"

《刑法修正案（六）》第八条将 1997 年刑法第一百六十四条第一款修改为："为谋取不正当利益，给予公司、企业或者其他单位的工作人员以财物，数额较大的，处三年以下有期徒刑或者拘役；数额巨大的，处三年以上十年以下有期徒刑，并处罚金。"

《刑法修正案（八）》第二十九条将本条修改为："为谋取不正当利益，给予公司、企业或者其他单位的工作人员以财物，数额较大的，处三年以下有期徒刑或者拘役；数额巨大的，处三年以上十年以下有期徒刑，并处罚金。

"为谋取不正当商业利益，给予外国公职人员或者国际公共组织官员以财

---

* 编者注：根据1997年刑法和《全国人民代表大会常务委员会关于惩治骗购外汇、逃汇和非法买卖外汇犯罪的决定》及十部刑法修正案编纂。

物的，依照前款的规定处罚。

"单位犯前两款罪的，对单位判处罚金，并对其直接负责的主管人员和其他直接责任人员，依照第一款的规定处罚。

"行贿人在被追诉前主动交待行贿行为的，可以减轻处罚或者免除处罚。"

《刑法修正案（九）》第十条对本条第一款作了再次修改。）

【对外国公职人员、国际公共组织官员行贿罪】 为谋取不正当商业利益，给予外国公职人员或者国际公共组织官员以财物的，依照前款的规定处罚。

单位犯前两款罪的，对单位判处罚金，并对其直接负责的主管人员和其他直接责任人员，依照第一款的规定处罚。

行贿人在被追诉前主动交待行贿行为的，可以减轻处罚或者免除处罚。

最高人民法院 最高人民检察院
关于办理贪污贿赂刑事案件适用法律若干问题的解释（节录）

法释〔2016〕9号

（2016年3月28日最高人民法院审判委员会第1680次会议、2016年3月25日最高人民检察院第十二届检察委员会第50次会议通过 2016年4月18日最高人民法院、最高人民检察院公告公布 自2016年4月18日起施行）

第七条 为谋取不正当利益，向国家工作人员行贿，数额在三万元以上的，应当依照刑法第三百九十条的规定以行贿罪追究刑事责任。

行贿数额在一万元以上不满三万元，具有下列情形之一的，应当依照刑法第三百九十条的规定以行贿罪追究刑事责任：

（一）向三人以上行贿的；

（二）将违法所得用于行贿的；

（三）通过行贿谋取职务提拔、调整的；

（四）向负有食品、药品、安全生产、环境保护等监督管理职责的国家工作人员行贿，实施非法活动的；

（五）向司法工作人员行贿，影响司法公正的；

（六）造成经济损失数额在五十万元以上不满一百万元的。

第八条 犯行贿罪，具有下列情形之一的，应当认定为刑法第三百九十

条第一款规定的"情节严重":

(一) 行贿数额在一百万元以上不满五百万元的;

(二) 行贿数额在五十万元以上不满一百万元,并具有本解释第七条第二款第一项至第五项规定的情形之一的;

(三) 其他严重的情节。

为谋取不正当利益,向国家工作人员行贿,造成经济损失数额在一百万元以上不满五百万元的,应当认定为刑法第三百九十条第一款规定的"使国家利益遭受重大损失"。

第九条 犯行贿罪,具有下列情形之一的,应当认定为刑法第三百九十条第一款规定的"情节特别严重":

(一) 行贿数额在五百万元以上的;

(二) 行贿数额在二百五十万元以上不满五百万元,并具有本解释第七条第二款第一项至第五项规定的情形之一的;

(三) 其他特别严重的情节。

为谋取不正当利益,向国家工作人员行贿,造成经济损失数额在五百万元以上的,应当认定为刑法第三百九十条第一款规定的"使国家利益遭受特别重大损失"。

第十条 刑法第三百八十八条之一规定的利用影响力受贿罪的定罪量刑适用标准,参照本解释关于受贿罪的规定执行。

刑法第三百九十条之一规定的对有影响力的人行贿罪的定罪量刑适用标准,参照本解释关于行贿罪的规定执行。

单位对有影响力的人行贿数额在二十万元以上的,应当依照刑法第三百九十条之一的规定以对有影响力的人行贿罪追究刑事责任。

第十一条 刑法第一百六十三条规定的非国家工作人员受贿罪、第二百七十一条规定的职务侵占罪中的"数额较大""数额巨大"的数额起点,按照本解释关于受贿罪、贪污罪相对应的数额标准规定的二倍、五倍执行。

刑法第二百七十二条规定的挪用资金罪中的"数额较大""数额巨大"以及"进行非法活动"情形的数额起点,按照本解释关于挪用公款罪"数额较大""情节严重"以及"进行非法活动"的数额标准规定的二倍执行。

刑法第一百六十四条第一款规定的对非国家工作人员行贿罪中的"数额较大""数额巨大"的数额起点,按照本解释第七条、第八条第一款关于行贿罪的数额标准规定的二倍执行。

第十二条 贿赂犯罪中的"财物",包括货币、物品和财产性利益。财产性利益包括可以折算为货币的物质利益如房屋装修、债务免除等,以及需要支付货币的其他利益如会员服务、旅游等。后者的犯罪数额,以实际支付或者应当支付的数额计算。

第十三条 具有下列情形之一的,应当认定为"为他人谋取利益",构成犯罪的,应当依照刑法关于受贿犯罪的规定定罪处罚:

(一)实际或者承诺为他人谋取利益的;

(二)明知他人有具体请托事项的;

(三)履职时未被请托,但事后基于该履职事由收受他人财物的。

国家工作人员索取、收受具有上下级关系的下属或者具有行政管理关系的被管理人员的财物价值三万元以上,可能影响职权行使的,视为承诺为他人谋取利益。

第十四条 根据行贿犯罪的事实、情节,可能被判处三年有期徒刑以下刑罚的,可以认定为刑法第三百九十条第二款规定的"犯罪较轻"。

根据犯罪的事实、情节,已经或者可能被判处十年有期徒刑以上刑罚的,或者案件在本省、自治区、直辖市或者全国范围内有较大影响的,可以认定为刑法第三百九十条第二款规定的"重大案件"。

具有下列情形之一的,可以认定为刑法第三百九十条第二款规定的"对侦破重大案件起关键作用":

(一)主动交待办案机关未掌握的重大案件线索的;

(二)主动交待的犯罪线索不属于重大案件的线索,但该线索对于重大案件侦破有重要作用的;

(三)主动交待行贿事实,对于重大案件的证据收集有重要作用的;

(四)主动交待行贿事实,对于重大案件的追逃、追赃有重要作用的。

第十五条 对多次受贿未经处理的,累计计算受贿数额。

国家工作人员利用职务上的便利为请托人谋取利益前后多次收受请托人财物,受请托之前收受的财物数额在一万元以上的,应当一并计入受贿数额。

第十六条 国家工作人员出于贪污、受贿的故意,非法占有公共财物、收受他人财物之后,将赃款赃物用于单位公务支出或者社会捐赠的,不影响贪污罪、受贿罪的认定,但量刑时可以酌情考虑。

特定关系人索取、收受他人财物,国家工作人员知道后未退还或者上交的,应当认定国家工作人员具有受贿故意。

第十七条 国家工作人员利用职务上的便利,收受他人财物,为他人谋取利益,同时构成受贿罪和刑法分则第三章第三节、第九章规定的渎职犯罪的,除刑法另有规定外,以受贿罪和渎职犯罪数罪并罚。

第十八条 贪污贿赂犯罪分子违法所得的一切财物,应当依照刑法第六十四条的规定予以追缴或者责令退赔,对被害人的合法财产应当及时返还。对尚未追缴到案或者尚未足额退赔的违法所得,应当继续追缴或者责令退赔。

第十九条 对贪污罪、受贿罪判处三年以下有期徒刑或者拘役的,应当并处十万元以上五十万元以下的罚金;判处三年以上十年以下有期徒刑的,应当并处二十万元以上犯罪数额二倍以下的罚金或者没收财产;判处十年以上有期徒刑或者无期徒刑的,应当并处五十万元以上犯罪数额二倍以下的罚金或者没收财产。

对刑法规定并处罚金的其他贪污贿赂犯罪,应当在十万元以上犯罪数额二倍以下判处罚金。

最高人民检察院 公安部
关于公安机关管辖的刑事案件立案追诉标准的规定(二)的补充规定(节录)

2011年11月21日　　　　　　公通字〔2011〕47号

一、在《最高人民检察院 公安部关于公安机关管辖的刑事案件立案追诉标准的规定(二)》(以下简称《立案追诉标准(二)》)中增加第十一条之一:〔对外国公职人员、国际公共组织官员行贿案(刑法第一百六十四条第二款)〕

为谋取不正当商业利益,给予外国公职人员或者国际公共组织官员以财物,个人行贿数额在一万元以上的,单位行贿数额在二十万元以上的,应予立案追诉。

最高人民法院 最高人民检察院
关于办理商业贿赂刑事案件适用法律若干问题的意见(节录)

2008年11月20日　　　　　　法发〔2008〕33号

二、刑法第一百六十三条、第一百六十四条规定的"其他单位",既包括事业单位、社会团体、村民委员会、居民委员会、村民小组等常设性的组织,也包括为组织体育赛事、文艺演出或者其他正当活动而成立的组委会、筹委会、工程承包队等非常设性的组织。

三、刑法第一百六十三条、第一百六十四条规定的"公司、企业或者其他单位的工作人员"，包括国有公司、企业以及其他国有单位中的非国家工作人员。

四、医疗机构中的国家工作人员，在药品、医疗器械、医用卫生材料等医药产品采购活动中，利用职务上的便利，索取销售方财物，或者非法收受销售方财物，为销售方谋取利益，构成犯罪的，依照刑法第三百八十五条的规定，以受贿罪定罪处罚。

医疗机构中的非国家工作人员，有前款行为，数额较大的，依照刑法第一百六十三条的规定，以非国家工作人员受贿罪定罪处罚。

医疗机构中的医务人员，利用开处方的职务便利，以各种名义非法收受药品、医疗器械、医用卫生材料等医药产品销售方财物，为医药产品销售方谋取利益，数额较大的，依照刑法第一百六十三条的规定，以非国家工作人员受贿罪定罪处罚。

五、学校及其他教育机构中的国家工作人员，在教材、教具、校服或者其他物品的采购等活动中，利用职务上的便利，索取销售方财物，或者非法收受销售方财物，为销售方谋取利益，构成犯罪的，依照刑法第三百八十五条的规定，以受贿罪定罪处罚。

学校及其他教育机构中的非国家工作人员，有前款行为，数额较大的，依照刑法第一百六十三条的规定，以非国家工作人员受贿罪定罪处罚。

学校及其他教育机构中的教师，利用教学活动的职务便利，以各种名义非法收受教材、教具、校服或者其他物品销售方财物，为教材、教具、校服或者其他物品销售方谋取利益，数额较大的，依照刑法第一百六十三条的规定，以非国家工作人员受贿罪定罪处罚。

六、依法组建的评标委员会、竞争性谈判采购中谈判小组、询价采购中询价小组的组成人员，在招标、政府采购等事项的评标或者采购活动中，索取他人财物或者非法收受他人财物，为他人谋取利益，数额较大的，依照刑法第一百六十三条的规定，以非国家工作人员受贿罪定罪处罚。

依法组建的评标委员会、竞争性谈判采购中谈判小组、询价采购中询价小组中国家机关或者其他国有单位的代表有前款行为的，依照刑法第三百八十五条的规定，以受贿罪定罪处罚。

七、商业贿赂中的财物，既包括金钱和实物，也包括可以用金钱计算数额的财产性利益，如提供房屋装修、含有金额的会员卡、代币卡（券）、旅游费用等。具体数额以实际支付的资费为准。

八、收受银行卡的，不论受贿人是否实际取出或者消费，卡内的存款数额一般应全额认定为受贿数额。使用银行卡透支的，如果由给予银行卡的一方承担还款责任，透支数额也应当认定为受贿数额。

九、在行贿犯罪中,"谋取不正当利益",是指行贿人谋取违反法律、法规、规章或者政策规定的利益,或者要求对方违反法律、法规、规章、政策、行业规范的规定提供帮助或者方便条件。

在招标投标、政府采购等商业活动中,违背公平原则,给予相关人员财物以谋取竞争优势的,属于"谋取不正当利益"。

十、办理商业贿赂犯罪案件,要注意区分贿赂与馈赠的界限。主要应当结合以下因素全面分析、综合判断:(1)发生财物往来的背景,如双方是否存在亲友关系及历史上交往的情形和程度;(2)往来财物的价值;(3)财物往来的缘由、时机和方式,提供财物方对于接受方有无职务上的请托;(4)接受方是否利用职务上的便利为提供方谋取利益。

二、滥用职权犯罪案件

APPENDIX

由监察机关、公安机关共同管辖的滥用职权犯罪案件

(十八) 滥用职权罪 ※

中华人民共和国刑法 (节录)*

第三百九十七条 【滥用职权罪】【玩忽职守罪】 国家机关工作人员滥用职权或者玩忽职守，致使公共财产、国家和人民利益遭受重大损失的，处三年以下有期徒刑或者拘役；情节特别严重的，处三年以上七年以下有期徒刑。本法另有规定的，依照规定。

国家机关工作人员徇私舞弊，犯前款罪的，处五年以下有期徒刑或者拘役；情节特别严重的，处五年以上十年以下有期徒刑。本法另有规定的，依照规定。

全国人民代表大会常务委员会
关于惩治骗购外汇、逃汇和
非法买卖外汇犯罪的决定 (节录)

(1998年12月29日第九届全国人民代表大会常务委员会第六次会议通过 1998年12月29日中华人民共和国主席令第十四号公布施行)

六、海关、外汇管理部门的工作人员严重不负责任，造成大量外汇被骗购或者逃汇，致使国家利益遭受重大损失的，依照刑法第三百九十七条的规

---

* 编者注：根据1997年刑法和《全国人民代表大会常务委员会关于惩治骗购外汇、逃汇和非法买卖外汇犯罪的决定》及十部刑法修正案编纂。

定定罪处罚。

最高人民法院　最高人民检察院
关于办理扰乱无线电通讯管理秩序等刑事案件
适用法律若干问题的解释（节录）

法释〔2017〕11号

（2017年4月17日最高人民法院审判委员会第1715次会议、2017年5月25日最高人民检察院第十二届检察委员会第64次会议通过　2017年6月27日最高人民法院、最高人民检察院公告公布　自2017年7月1日起施行）

第七条　负有无线电监督管理职责的国家机关工作人员滥用职权或者玩忽职守，致使公共财产、国家和人民利益遭受重大损失的，应当依照刑法第三百九十七条的规定，以滥用职权罪或者玩忽职守罪追究刑事责任。

有查禁扰乱无线电管理秩序犯罪活动职责的国家机关工作人员，向犯罪分子通风报信、提供便利，帮助犯罪分子逃避处罚的，应当依照刑法第四百一十七条的规定，以帮助犯罪分子逃避处罚罪追究刑事责任；事先通谋的，以共同犯罪论处。

最高人民法院　最高人民检察院
关于办理贪污贿赂刑事案件适用法律
若干问题的解释（节录）

法释〔2016〕9号

（2016年3月28日最高人民法院审判委员会第1680次会议、2016年3月25日最高人民检察院第十二届检察委员会第50次会议通过　2016年4月18日最高人民法院、最高人民检察院公告公布　自2016年4月18日起施行）

第十七条　国家工作人员利用职务上的便利，收受他人财物，为他人谋取利益，同时构成受贿罪和刑法分则第三章第三节、第九章规定的渎职犯罪的，除刑法另有规定外，以受贿罪和渎职犯罪数罪并罚。

最高人民法院 最高人民检察院
关于办理危害生产安全刑事案件适用法律若干问题的解释（节录）

法释〔2015〕22号

（2015年11月9日最高人民法院审判委员会第1665次会议、2015年12月9日最高人民检察院第十二届检察委员会第44次会议通过 2015年12月14日最高人民法院、最高人民检察院公告公布 自2015年12月16日起施行）

第十五条 国家机关工作人员在履行安全监督管理职责时滥用职权、玩忽职守，致使公共财产、国家和人民利益遭受重大损失的，或者徇私舞弊，对发现的刑事案件依法应当移交司法机关追究刑事责任而不移交，情节严重的，分别依照刑法第三百九十七条、第四百零二条的规定，以滥用职权罪、玩忽职守罪或者徇私舞弊不移交刑事案件罪定罪处罚。

公司、企业、事业单位的工作人员在依法或者受委托行使安全监督管理职责时滥用职权或者玩忽职守，构成犯罪的，应当依照《全国人民代表大会常务委员会关于〈中华人民共和国刑法〉第九章渎职罪主体适用问题的解释》的规定，适用渎职罪的规定追究刑事责任。

第十六条 对于实施危害生产安全犯罪适用缓刑的犯罪分子，可以根据犯罪情况，禁止其在缓刑考验期限内从事与安全生产相关联的特定活动；对于被判处刑罚的犯罪分子，可以根据犯罪情况和预防再犯罪的需要，禁止其自刑罚执行完毕之日或者假释之日起三年至五年内从事与安全生产相关的职业。

最高人民检察院
关于印发第二批指导性案例的通知（节录）

2012 年 11 月 15 日　　　　　　　　高检发研字〔2012〕5 号

各省、自治区、直辖市人民检察院，军事检察院，新疆生产建设兵团人民检察院：

经 2012 年 10 月 31 日最高人民检察院第十一届检察委员会第八十一次会议审议决定，现将崔某环境监管失职案、陈某等滥用职权案、罗甲等滥用职权案、胡某等徇私舞弊不移交刑事案件案和杨某玩忽职守、徇私枉法、受贿案等五个案例印发你们，供参考。

崔某环境监管失职案

（检例第 4 号）

【关键词】

渎职罪主体　国有事业单位工作人员　环境监管失职罪

【要旨】

实践中，一些国有公司、企业和事业单位经合法授权从事具体的管理市场经济和社会生活的工作，拥有一定管理公共事务和社会事务的职权，这些实际行使国家行政管理职权的公司、企业和事业单位工作人员，符合渎职罪主体要求；对其实施渎职行为构成犯罪的，应当依照刑法关于渎职罪的规定追究刑事责任。

【相关立法】

《中华人民共和国刑法》第四百零八条，全国人民代表大会常务委员会《关于〈中华人民共和国刑法〉第九章渎职罪主体适用问题的解释》。

【基本案情】

被告人崔某，男，1960 年出生，原系江苏省盐城市饮用水源保护区环境监察支队二大队大队长。

江苏省盐城市标新化工有限公司（以下简称"标新公司"）位于该市二级饮用水保护区内的饮用水取水河蟒蛇河上游。根据国家、市、区的相关法律法规文件规定，标新公司为重点污染源，系"零排污"企业。标新公司于2002年5月经过江苏省盐城市环保局审批建设年产500吨氯代醚酮项目，2004年8月通过验收。2005年11月，标新公司未经批准在原有氯代醚酮生产车间套产甘宝素。2006年9月建成甘宝素生产专用车间，含11台生产反应釜。氯代醚酮的生产过程中所产生的废水有钾盐水、母液、酸性废水、间接冷却水及生活污水。根据验收报告的要求，母液应外售，钾盐水、酸性废水、间接冷却水均应经过中和、吸附后回用（钾盐水也可收集后出售给有资质的单位）。但标新公司自生产以来，从未使用有关排污的技术处理设施。除在2006年至2007年部分钾盐废水（共50吨左右）外售至阜宁助剂厂外，标新公司生产产生的钾盐废水及其他废水直接排放至厂区北侧或者东侧的河流中，导致2009年2月发生盐城市区饮用水源严重污染事件。盐城市城西水厂、越河水厂水源遭受严重污染，所生产的自来水中酚类物质严重超标，近20万盐城市居民生活饮用水和部分单位供水被迫中断66小时40分钟，造成直接经济损失543万余元，并在社会上造成恶劣影响。

盐城市环保局饮用水源保护区环境监察支队负责盐城市区饮用水源保护区的环境保护、污染防治工作，标新公司位于市饮用水源二级保护区范围内，属该支队二大队管辖。被告人崔某作为二大队大队长，对标新公司环境保护监察工作负有直接领导责任。崔某不认真履行环境保护监管职责，并于2006年到2008年多次收受标新公司法定代表人胡某小额财物。崔某在日常检查中多次发现标新公司有冷却水和废水外排行为，但未按规定要求标新公司提供母液台账、合同、发票等材料，只是填写现场监察记录，也未向盐城市饮用水源保护区环境监察支队汇报标新公司违法排污情况。2008年12月6日，盐城市饮用水源保护区环境监察支队对保护区内重点化工企业进行专项整治活动，并对标新公司发出整改通知，但崔某未组织二大队监察人员对标新公司进行跟踪检查，监督标新公司整改。直至2009年2月18日，崔某对标新公司进行检查时，只在该公司办公室填写了1份现场监察记录，未对排污情况进行现场检查，没有能及时发现和阻止标新公司向厂区外河流排放大量废液，以致发生盐城市饮用水源严重污染。在水污染事件发生后，崔某为掩盖其工作严重不负责任，于2009年2月21日伪造了日期为2008年12月10日和2009年2月16日两份虚假监察记录，以逃避有关部门的查处。

【诉讼过程】

2009年3月14日，崔某因涉嫌环境监管失职罪由江苏省盐城市阜宁县人民检察院立案侦查，同日被刑事拘留，3月27日被逮捕，5月13日侦查终结移送审查起诉。2009年6月26日，江苏省盐城市阜宁县人民检察院以被告人崔某犯环境监管失职罪向阜宁县人民法院提起公诉。2009年12月16日，阜宁县人民法院作出一审判决，认为被告人崔某作为负有环境保护监督管理职责的国家机关工作人员，在履行环境监管职责过程中，严重不负责任，导致发生重大环境污染事故，致使公私财产遭受重大损失，其行为构成环境监管失职罪；依照《中华人民共和国刑法》第四百零八条的规定，判决崔某犯环境监管失职罪，判处有期徒刑二年。一审判决后，崔某以自己对标新公司只具有督查的职责，不具有监管的职责，不符合环境监管失职罪的主体要求等为由提出上诉。盐城市中级人民法院认为，崔某身为国有事业单位的工作人员，在受国家机关的委托代表国家机关履行环境监督管理职责过程中，严重不负责任，导致发生重大环境污染事故，致使公私财产遭受重大损失，其行为构成环境监管失职罪。崔某所在的盐城市饮用水源保护区环境监察支队为国有事业单位，由盐城市人民政府设立，其系受国家机关委托代表国家机关行使环境监管职权，原判决未引用全国人民代表大会常务委员会《关于〈中华人民共和国刑法〉第九章渎职罪主体适用问题的解释》的相关规定，直接认定崔某系国家机关工作人员不当，予以纠正；原判认定崔某犯罪事实清楚，定性正确，量刑恰当，审判程序合法。2010年1月21日，盐城市中级人民法院二审终审裁定，驳回上诉，维持原判。

陈某、林某、李甲滥用职权案

（检例第5号）

【关键词】

渎职罪主体　村基层组织人员　滥用职权罪

【要旨】

随着我国城镇建设和社会主义新农村建设逐步深入推进，村民委员会、居民委员会等基层组织协助人民政府管理社会发挥越来越重要的作用。实践中，对村民委员会、居民委员会等基层组织人员协助人民政府从事行政管理工作时，滥用职权、玩忽职守构成犯罪的，应当依照刑法关于渎职罪的规定追究刑事责任。

【相关立法】

《中华人民共和国刑法》第三百九十七条，全国人民代表大会常务委员会《关于〈中华人民共和国刑法〉第九章渎职罪主体适用问题的解释》。

【基本案情】

被告人陈某，男，1946年出生，原系上海市奉贤区四团镇推进小城镇社会保险（以下简称"镇保"）工作领导小组办公室负责人。

被告人林某，女，1960年出生，原系上海市奉贤区四团镇杨家宅村党支部书记、村民委员会主任、村镇保工作负责人。

被告人李甲（曾用名李乙），男，1958年出生，原系上海市奉贤区四团镇杨家宅村党支部委员、村民委员会副主任、村镇保工作经办人。

2004年1月至2006年6月期间，被告人陈某利用担任上海市奉贤区四团镇推进镇保工作领导小组办公室负责人的职务便利，被告人林某、李甲利用受上海市奉贤区四团镇人民政府委托分别担任杨家宅村镇保工作负责人、经办人的职务便利，在从事被征用农民集体所有土地负责农业人员就业和社会保障工作过程中，违反相关规定，采用虚增被征用土地面积等方法徇私舞弊，共同或者单独将杨家宅村、良民村、横桥村114名不符合镇保条件的人员纳入镇保范围，致使奉贤区四团镇人民政府为上述人员缴纳镇保费用共计人民币600余万元、上海市社会保险事业基金结算管理中心（以下简称"市社保中心"）为上述人员实际发放镇保资金共计人民币178万余元，并造成了恶劣的社会影响。其中，被告人陈某共同及单独将71名不符合镇保条件人员纳入镇保范围，致使镇政府缴纳镇保费用共计人民币400余万元、市社保中心实际发放镇保资金共计人民币114万余元；被告人林某共同及单独将79名不符合镇保条件人员纳入镇保范围，致使镇政府缴纳镇保费用共计人民币400余万元、市社保中心实际发放镇保资金共计人民币124万余元；被告人李甲共同及单独将60名不符合镇保条件人员纳入镇保范围，致使镇政府缴纳镇保费用共计人民币300余万元，市社保中心实际发放镇保资金共计人民币95万余元。

【诉讼过程】

2008年4月15日，陈某、林某、李甲因涉嫌滥用职权罪由上海市奉贤区人民检察院立案侦查，陈某于4月15日被刑事拘留，4月29日被逮捕，林某、李甲于4月15日被取保候审，6月27日侦查终结移送审查起诉。2008年7月28日，上海市奉贤区人民检察院以被告人陈某、林某、李甲犯滥用职权罪向奉贤区人民法院提起公诉。2008年12月15日，上海市奉贤区人民法院作出一审判决，认为被告人陈某身为国家机关工作人员，被告人林某、李甲作为在受国家机关委托代表国家机关行使职权的组织中从事公务的人员，在负责或经办被征地人员就业和保障工作过程中，故意违反有关规定，共同或单独擅自将不符合镇保条件的人员纳入镇保范围，致使公共财产遭受重大损失，并造成恶劣社会影响，其行为均已触犯刑法，构成滥用职权罪，且有徇个人私情、私利的徇私舞弊情节。其中被告人陈某、林某情节特别严重。犯罪后，三被告人在尚未被司法机关采取强制措施时，如实供述自己的罪行，属自首，依法可从轻或减轻处罚。依照《中华人民共和国刑法》第三百九十七条，第二十五条第一款，第六十七条第一款，第七十二条第一款，第七十三条第二、三款之规定，判决被告人陈某犯滥用职权罪，判处有期徒刑二年；被告人林某犯滥用职权罪，判处有期徒刑一年六个月，宣告缓刑一年六个月；被告人李甲犯滥用职权罪，判处有期徒刑一年，宣告缓刑一年。一审判决后，被告人林某提出上诉。上海市第一中级人民法院二审终审裁定，驳回上诉，维持原判。

罗甲、罗乙、朱某、罗丙滥用职权案

（检例第6号）

【关键词】

滥用职权罪　重大损失　恶劣社会影响

【要旨】

根据刑法规定，滥用职权罪是指国家机关工作人员滥用职权，致使"公共财产、国家和人民利益遭受重大损失"的行为。实践中，对滥用职权"造成恶劣社会影响的"，应当依法认定为"致使公共财产、国家和人民利益遭受重大损失"。

【相关立法】

《中华人民共和国刑法》第三百九十七条，全国人民代表大会常务委员会《关于〈中华人民共和国刑法〉第九章渎职罪主体适用问题的解释》。

【基本案情】

被告人罗甲，男，1963年出生，原系广州市城市管理综合执法局黄埔分局大沙街执法队协管员。

被告人罗乙，男，1967年出生，原系广州市城市管理综合执法局黄埔分局大沙街执法队协管员。

被告人朱某，男，1964年出生，原系广州市城市管理综合执法局黄埔分局大沙街执法队协管员。

被告人罗丙，男，1987年出生，原系广州市城市管理综合执法局黄埔分局大沙街执法队协管员。

2008年8月至2009年12月期间，被告人罗甲、罗乙、朱某、罗丙先后被广州市黄埔区人民政府大沙街道办事处招聘为广州市城市管理综合执法局黄埔分局大沙街执法队（以下简称"执法队"）协管员。上述四名被告人的工作职责是街道城市管理协管工作，包括动态巡查，参与街道、社区日常性的城管工作；劝阻和制止并督促改正违反城市管理法规的行为；配合综合执法部门，开展集中统一整治行动等。工作任务包括坚持巡查与守点相结合，及时劝导中心城区的乱摆卖行为等。罗甲、罗乙从2009年8月至2011年5月担任协管员队长和副队长，此后由罗乙担任队长，罗甲担任副队长。协管员队长职责是负责协管员人员召集，上班路段分配和日常考勤工作；副队长职责是协助队长开展日常工作，队长不在时履行队长职责。上述四名被告人上班时，身着统一发放的迷彩服，臂上戴着写有"大沙街城市管理督导员"的红袖章，手持一根木棍。2010年8月至2011年9月期间，罗甲、罗乙、朱某、罗丙和罗丁（另案处理）利用职务便利，先后多次向多名无照商贩索要12元、10元、5元不等的少量现金、香烟或直接在该路段的"士多店"拿烟再让部分无照商贩结账，后放弃履行职责，允许给予好处的无照商贩在严禁乱摆卖的地段非法占道经营。由于上述被告人的行为，导致该地段的无照商贩非法占道经营十分严重，几百档流动商贩恣意乱摆卖，严重影响了市容市貌和环境卫生，给周边商铺和住户的经营、生活、出行造成极大不便。由于执法不公，对给予钱财的商贩放任其占道经营，对其他没给好处费的无照商贩则进行驱赶或通知城管部门到场处罚，引起了群众强烈不满，城市管理执法部门执法人员在依法执行公务过程中遭遇多次暴力抗法，数名执法人员受伤住院。上述四名被告人的行为严重危害和影响了该地区的社会秩序、经济秩序、城市管理和治安管理，造成了恶劣的社会影响。

【诉讼过程】

2011年10月1日，罗甲、罗乙、朱某、罗丙四人因涉嫌敲诈勒索罪被广州市公安局黄埔分局刑事拘留，11月7日被逮捕。11月10日，广州市公安局黄埔分局将本案移交广州市黄埔区人民检察院。2011年11月10日，罗甲、罗乙、朱某、罗丙四人因涉嫌滥用职权罪由广州市黄埔区人民检察院立案侦查，12月9日侦查终结移送审查起诉。2011年12月28日，广州市黄埔区人民检察院以被告人罗甲、罗乙、朱某、罗丙犯滥用职权罪向黄埔区人民法院提起公诉。2012年4月18日，黄埔区人民法院一审判决，认为被告人罗甲、罗乙、朱某、罗丙身为虽未列入国家机关人员编制但在国家机关中从事公务的人员，在代表国家行使职权时，长期不正确履行职权，大肆勒索辖区部分无照商贩的钱财，造成无照商贩非法占道经营十分严重，暴力抗法事件不断发生，社会影响相当恶劣，其行为触犯了《中华人民共和国刑法》第三百九十七条第一款的规定，构成滥用职权罪。被告人罗甲与罗乙身为城管协管员前、后任队长及副队长不仅参与勒索无照商贩的钱财，放任无照商贩非法占道经营，而且也收受其下属勒索来的香烟，放任其下属胡作非为，在共同犯罪中所起作用相对较大，可对其酌情从重处罚。鉴于四被告人归案后能供述自己的罪行，可对其酌情从轻处罚。依照《中华人民共和国刑法》第三百九十七条第一款、第六十一条，全国人民代表大会常务委员会《关于〈中华人民共和国刑法〉第九章渎职罪主体适用问题的解释》的规定，判决被告人罗甲犯滥用职权罪，判处有期徒刑一年六个月；被告人罗乙犯滥用职权罪，判处有期徒刑一年五个月；被告人朱某犯滥用职权罪，判处有期徒刑一年二个月；被告人罗丙犯滥用职权罪，判处有期徒刑一年二个月。一审判决后，四名被告人在法定期限内均未上诉，检察机关也没有提出抗诉，一审判决发生法律效力。

杨某玩忽职守、徇私枉法、受贿案

（检例第 8 号）

【关键词】

玩忽职守罪　徇私枉法罪　受贿罪　因果关系　数罪并罚

【要旨】

本案要旨有两点：一是渎职犯罪因果关系的认定。如果负有监管职责的国家机关工作人员没有认真履行其监管职责，从而未能有效防止危害结果发生，那么，这些对危害结果具有"原因力"的渎职行为，应认定与危害结果之间具有刑法意义上的因果关系。二是渎职犯罪同时受贿的处罚原则。对于国家机关工作人员实施渎职犯罪并收受贿赂，同时构成受贿罪的，除刑法第三百九十九条有特别规定的外，以渎职犯罪和受贿罪数罪并罚。

【相关立法】

《中华人民共和国刑法》第三百九十七条、第三百九十九条、第三百八十五条、第六十九条。

【基本案情】

被告人杨某，男，1958年出生，原系深圳市公安局龙岗分局同乐派出所所长。

犯罪事实如下：

一、玩忽职守罪

1999年7月9日，王某（另案处理）经营的深圳市龙岗区舞王歌舞厅经深圳市工商行政管理部门批准成立，经营地址在龙岗区龙平路。2006年该歌舞厅被依法吊销营业执照。2007年9月8日，王某未经相关部门审批，在龙岗街道龙东社区三和村经营舞王俱乐部，辖区派出所为同乐派出所。被告人杨某自2001年10月开始担任同乐派出所所长。开业前几天，王某为取得同乐派出所对舞王俱乐部的关照，在杨某之妻何某经营的川香酒家宴请了被告人杨某等人。此后，同乐派出所三和责任区民警在对舞王俱乐部采集信息建档和日常检查中，发现王某无法提供消防许可证、娱乐经营许可证等必需证件，提供的营业执照复印件上的名称和地址与实际不符，且已过有效期。杨某得知情况后没有督促责任区民警依法及时取缔舞王俱乐部。责任区民警还发现舞王俱乐部经营过程中存在超时超员、涉黄涉毒、未配备专业保安人员、发生多起治安案件等治安隐患，杨某既没有依法责令舞王俱乐部停业整顿，也没有责令责任区民警跟踪监督舞王俱乐部进行整改。

2008年3月，根据龙岗区"扫雷"行动的安排和部署，同乐派出所成立"扫雷"专项行动小组，杨某担任组长。有关部门将舞王俱乐部存在治安隐患和消防隐患等于2008年3月12日通报同乐派出所，但杨某没有督促责任区民警跟踪落实整改措施，导致舞王俱乐部的安全隐患没有得到及时排除。

2008年6月至8月期间，广东省公安厅组织开展"百日信息会战"，杨某没有督促责任区民警如实上报舞王俱乐部无证无照经营，没有对舞王俱乐部采取相应处理措施。舞王俱乐部未依照消防法、《建筑工程消防监督审核管理规定》等规定要求取得消防验收许可，未通过申报开业前消防安全检查，擅自开业、违法经营，营业期间不落实安全管理制度和措施，导致2008年9月20日晚发生特大火灾，造成44人死亡、64人受伤的严重后果。在这起特大消防事故中，杨某及其他有关单位的人员负有重要责任。

二、徇私枉法罪

2008年8月12日凌晨，江某、汪某、赵某等人在舞王俱乐部消费后乘坐电梯离开时与同时乘坐电梯的另外几名顾客发生口角，舞王俱乐部的保安员前来劝阻。争执过程中，舞王俱乐部的保安员易某及员工罗某等五人与江某等人在舞王俱乐部一楼发生打斗，致江某受轻伤，汪某、赵某受轻微伤。杨某指示以涉嫌故意伤害对舞王俱乐部罗某、易某等五人立案侦查。次日，同乐派出所依法对涉案人员刑事拘留。案发后，舞王俱乐部负责人王某多次打电话给杨某，并通过杨某之妻何某帮忙请求调解，要求使其员工免受刑事处罚。王某并为此在龙岗中心城邮政局停车场处送给何某人民币3万元。何某收到钱后发短信告诉杨某。杨某明知该案不属于可以调解处理的案件，仍答应帮忙，并指派不是本案承办民警的刘某负责协调调解工作，于2008年9月6日促成双方以赔偿人民币11万元达成和解。杨某随即安排办案民警将案件作调解结案。舞王俱乐部有关人员于9月7日被解除刑事拘留，未被追究刑事责任。

三、受贿罪

2007年9月至2008年9月，杨某利用职务便利，为舞王俱乐部负责人王某谋取好处，单独收受或者通过妻子何某收受王某好处费，共计人民币30万元。

【诉讼过程】

2008年9月28日，杨某因涉嫌徇私枉法罪由深圳市人民检察院立案侦查，10月25日被刑事拘留，11月7日被逮捕，11月13日侦查终结移交深圳市龙岗区人民检察院审查起诉。2008年11月24日，深圳市龙岗区人民检察院以被告人杨某犯玩忽职守罪、徇私枉法罪和受贿罪向龙岗区人民法院提起公诉。一审期间，延期审理一次。2009年5月9日，深圳市龙岗区人民法院作出一审判决，认为被告人杨某作为同乐派出所的所长，对辖区内的娱乐场所负有监督管理职责，其明知舞王俱乐部未取得合法的营业执照擅自经营，且存在众多消防、治安隐患，但严重不负责任，不认真履行职责，使本应停业整顿或被取缔的舞王俱乐部持续违法经营达一年之久，并最终导致发生44人死亡、64人受伤的特大消防事故，造成了人民群众生命财产的重大损失，其行为已构成玩忽职守罪，情节特别严重；被告人杨某明知舞王俱乐部发生的江某等人被打案应予刑事处罚，不符合调解结案的规定，仍指示将该案件予以调解结案，构成徇私枉法罪，但是鉴于杨某在实施徇私枉法行为的同时有受贿行为，且该受贿事实已被起诉，依照刑法第三百九十九条的规定，应以受贿罪一罪定罪处罚；被告人杨某作为国家工作人员，利用职务上的便利，非法收受舞王俱乐部负责人王某的巨额钱财，为其谋取利益，其行为已构成受贿罪；被告人杨某在未被采取强制措施前即主动交代自己全部受贿事实，属于自首，并由其妻何某代为退清全部赃款，依法可以从轻处罚。依照《中华人民共和国刑法》第三百九十七条第一款，第三百九十九条第一款、第四款，第三百八十五条第一款，第三百八十六条，第三百八十三条第一款第（一）项、第二款，第六十四条，第六十七条第一款，第六十九条第一款之规定，判决被告人杨某犯玩忽职守罪，判处有期徒刑五年；犯受贿罪，判处有期徒刑十年；总和刑期十五年，决定执行有期徒刑十三年；追缴受贿所得的赃款人民币30万元，依法予以没收并上缴国库。一审判决后，被告人杨某在法定期限内没有上诉，检察机关也没有提出抗诉，一审判决发生法律效力。

最高人民法院 最高人民检察院
关于办理渎职刑事案件适用
法律若干问题的解释（一）

法释〔2012〕18 号

（2012 年 7 月 9 日最高人民法院审判委员会第 1552 次会议、2012 年 9 月 12 日最高人民检察院第十一届检察委员会第 79 次会议通过　2012 年 12 月 7 日最高人民法院、最高人民检察院公告公布　自 2013 年 1 月 9 日起施行）

为依法惩治渎职犯罪，根据刑法有关规定，现就办理渎职刑事案件适用法律的若干问题解释如下：

第一条　国家机关工作人员滥用职权或者玩忽职守，具有下列情形之一的，应当认定为刑法第三百九十七条规定的"致使公共财产、国家和人民利益遭受重大损失"：

（一）造成死亡 1 人以上，或者重伤 3 人以上，或者轻伤 9 人以上，或者重伤 2 人、轻伤 3 人以上，或者重伤 1 人、轻伤 6 人以上的；

（二）造成经济损失 30 万元以上的；

（三）造成恶劣社会影响的；

（四）其他致使公共财产、国家和人民利益遭受重大损失的情形。

具有下列情形之一的，应当认定为刑法第三百九十七条规定的"情节特别严重"：

（一）造成伤亡达到前款第（一）项规定人数 3 倍以上的；

（二）造成经济损失 150 万元以上的；

（三）造成前款规定的损失后果，不报、迟报、谎报或者授意、指使、强令他人不报、迟报、谎报事故情况，致使损失后果持续、扩大或者抢救工作延误的；

（四）造成特别恶劣社会影响的；

（五）其他特别严重的情节。

第二条　国家机关工作人员实施滥用职权或者玩忽职守犯罪行为，触犯刑法分则第九章第三百九十八条至第四百一十九条规定的，依照该规定定罪处罚。

国家机关工作人员滥用职权或者玩忽职守，因不具备徇私舞弊等情形，不符合刑法分则第九章第三百九十八条至第四百一十九条的规定，但依法构成第三百九十七条规定的犯罪的，以滥用职权罪或者玩忽职守罪定罪处罚。

第三条 国家机关工作人员实施渎职犯罪并收受贿赂，同时构成受贿罪的，除刑法另有规定外，以渎职犯罪和受贿罪数罪并罚。

第四条 国家机关工作人员实施渎职行为，放纵他人犯罪或者帮助他人逃避刑事处罚，构成犯罪的，依照渎职罪的规定定罪处罚。

国家机关工作人员与他人共谋，利用其职务行为帮助他人实施其他犯罪行为，同时构成渎职犯罪和共谋实施的其他犯罪共犯的，依照处罚较重的规定定罪处罚。

国家机关工作人员与他人共谋，既利用其职务行为帮助他人实施其他犯罪，又以非职务行为与他人共同实施该其他犯罪行为，同时构成渎职犯罪和其他犯罪的共犯的，依照数罪并罚的规定定罪处罚。

第五条 国家机关负责人员违法决定，或者指使、授意、强令其他国家机关工作人员违法履行职务或者不履行职务，构成刑法分则第九章规定的渎职犯罪的，应当依法追究刑事责任。

以"集体研究"形式实施的渎职犯罪，应当依照刑法分则第九章的规定追究国家机关负有责任的人员的刑事责任。对于具体执行人员，应当在综合认定其行为性质、是否提出反对意见、危害结果大小等情节的基础上决定是否追究刑事责任和应当判处的刑罚。

第六条 以危害结果为条件的渎职犯罪的追诉期限，从危害结果发生之日起计算；有数个危害结果的，从最后一个危害结果发生之日起计算。

第七条 依法或者受委托行使国家行政管理职权的公司、企业、事业单位的工作人员，在行使行政管理职权时滥用职权或者玩忽职守，构成犯罪的，应当依照《全国人民代表大会常务委员会关于〈中华人民共和国刑法〉第九章渎职罪主体适用问题的解释》的规定，适用渎职罪的规定追究刑事责任。

第八条 本解释规定的"经济损失"，是指渎职犯罪或者与渎职犯罪相关联的犯罪立案时已经实际造成的财产损失，包括为挽回渎职犯罪所造成损失而支付的各种开支、费用等。立案后至提起公诉前持续发生的经济损失，应一并计入渎职犯罪造成的经济损失。

债务人经法定程序被宣告破产，债务人潜逃、去向不明，或者因行为人的责任超过诉讼时效等，致使债权已经无法实现的，无法实现的债权部分应当认定为渎职犯罪的经济损失。

渎职犯罪或者与渎职犯罪相关联的犯罪立案后，犯罪分子及其亲友自行挽回的经济损失，司法机关或者犯罪分子所在单位及其上级主管部门挽回的经济损失，或者因客观原因减少的经济损失，不予扣减，但可以作为酌定从轻处罚的情节。

第九条 负有监督管理职责的国家机关工作人员滥用职权或者玩忽职守，致使不符合安全标准的食品、有毒有害食品、假药、劣药等流入社会，对人民群众生命、健康造成严重危害后果的，依照渎职罪的规定从严惩处。

第十条 最高人民法院、最高人民检察院此前发布的司法解释与本解释不一致的，以本解释为准。

最高人民检察院
关于加强查办危害土地资源
渎职犯罪工作的指导意见

2008年11月6日　　　　　　　　　高检发渎检字〔2008〕12号

为充分发挥检察机关在保护土地资源中的职能作用，进一步加大检察机关查办危害土地资源渎职犯罪案件工作力度，确保办案质量和办案效果，推动办案工作健康有序地开展，特就当前和今后一个时期做好查办危害土地资源渎职犯罪案件工作提出如下指导意见：

一、突出查办案件的重点。在查办案件中，要严格执行法律，始终做到"一要坚决、二要慎重，务必搞准"。要突出办案重点，严肃查办国家机关工作人员滥用职权，玩忽职守，非法批准征收、征用、占用土地和非法低价出让国有土地使用权案件，集中精力办好社会高度关注、党委和上级人民检察院交办的渎职犯罪案件；人民群众反映强烈，引发群体性事件的渎职犯罪案件；经新闻媒体曝光，造成恶劣社会影响的渎职犯罪案件；充当黑恶势力犯罪"保护伞"，为其破坏土地资源犯罪提供保护的渎职犯罪案件。

二、准确确定损失后果。在查办案件中，对损失后果的认定，既要考虑被破坏的土地资源的经济价值，按照有关部门做出的鉴定结论，以经济损失计算损失后果，也要充分考虑土地作为特殊资源，被破坏土地的性质、地理位置、实际用处等差异所产生的土地价值，受损后无法用经济价值数额衡量的特殊性，可以采取经济标准或者面积标准认定损失后果，准确适用《中华人民共和国刑法》第三百九十七条和第四百一十条的规定以及相关司法解释查处犯罪。

三、严格区分责任。在查办案件中，要分清渎职行为对危害后果所起的作用大小，正确区分主要责任人与次要责任人、直接责任人与间接责任人。对多因一果的有关责任人员，要分清主次，分别根据他们在造成危害土地资源损失结果发生过程中所起的作用，确定其罪责。

要正确区分决策者与实施人员、监管人员的责任。对于决策者滥用职权、玩忽职守、徇私舞弊违法决策，严重破坏土地资源的，或者强令、胁迫其他国家机关工作人员实施破坏土地资源行为的，或者阻挠监管人员执法，导致国家土地资源被严重破坏的，应当区分决策者和实施人员、监管人员的责任大小，重点查处决策者的渎职犯罪；实施人员、监管人员贪赃枉法、徇私舞弊，隐瞒事实真相，提供虚假信息，影响决策者的正确决策，造成危害后果发生的，要严肃追究实施人员和监管人员的责任；实施人员、监管人员明知决策者决策错误，而不提出反对意见，或者不进行纠正、制止、查处，造成国家土地资源被严重破坏的，应当视其情节追究渎职犯罪责任；对于决策者与具体实施人员、监管人员相互勾结，共同实施危害土地资源渎职犯罪的，要依法一并查处。

要严格区分集体行为和个人行为的责任。对集体研究做出的决定违反法律法规的，要具体案件具体分析。对于采取集体研究决策形式，实为个人滥用职权、玩忽职守、贪赃枉法、徇私舞弊等，构成危害土地资源渎职犯罪的，应当依法追究决策者的刑事责任。

四、正确把握法律政策界限。严格区分罪与非罪的界限。要正确把握相关的法律、行政法规及政策，准确把握工作失误与渎职犯罪的界限，坚持具体案件具体分析，严查擅权渎职、徇私舞弊型渎职犯罪案件，找准法律与政策的结合点，确保办案的法律效果、政治效果和社会效果的有机统一。对一时难以区分罪与非罪的，要放到具体时代背景、政策环境中去研究判断，对当时国家有关土地管理法律政策界限不清，以土地资源换取国家和集体经济发展的行为，要慎重对待，一般不作犯罪处理。

在查办案件中，要严格依法办案，既要认真执行国家刑事法律，也要认真掌握国土资源管理方面的规章制度和规范性文件。国家颁布实施的有关土地管理的行政法规和规范性文件，既是贯彻落实国家关于土地宏观调控政策的具体措施和工作要求，也是检察机关认定国家机关工作人员危害土地资源渎职责任的重要根据。要认真学习掌握《中华人民共和国土地管理法》和2004年颁布的《国务院关于深化改革严格土地管理的决定》以及国家有关保护土地资源的规定，对违反法律和有关土地管理文件禁止性规定的渎职犯罪行为，要严格依法查办；对《国务院关于深化改革严格土地管理的决定》颁布以前的危害土地资源行为，要着力查办有徇私舞弊行为的滥用职权，玩忽职守，非法批准征收、征用、占用土地和非法低价出让国有土地使用权的渎职犯罪案件。

五、认真贯彻宽严相济刑事政策。在查办危害土地资源渎职犯罪案件中，要贯彻落实宽严相济刑事政策,对犯罪情节轻微、有悔罪表现的犯罪嫌疑人,要落实教育、感化、挽救方针,可以依法从轻处理;对毁灭、伪造证据,干扰作证,串供,可能存在案中案的犯罪嫌疑人,要依法采取羁押性强制措施,确保办案工作顺利进行。

六、加强领导,努力营造良好的执法环境。上级人民检察院要加强对查办危害土地资源渎职案件的组织领导和对下指导力度,及时研究解决工作中遇到的新情况、新问题。对开展工作的重大部署、查办的重大案件、遇到的重大问题等,要及时向党委、人大和上级人民检察院汇报,紧紧依靠党委的领导、人大的监督和上级检察院的领导做好查办案件工作,努力营造良好的执法环境。

要加强与国土资源管理等部门的协调联系,对查办案件中遇到的疑难复杂专业性问题,采取召开联席会议、案件研讨等方式,共同研究解决,保证办案工作健康发展。

最高人民检察院关于对林业主管部门工作人员在发放林木采伐许可证之外滥用职权玩忽职守致使森林遭受严重破坏的行为适用法律问题的批复

高检发释字〔2007〕1号

(2007年5月14日最高人民检察院第十届检察委员会第77次会议通过 2007年5月16日最高人民检察院公告公布 自公布之日起施行)

福建省人民检察院:

你院《关于林业主管部门工作人员滥用职权、玩忽职守造成森林资源损毁立案标准问题的请示》(闽检〔2007〕14号)收悉。经研究,批复如下:

林业主管部门工作人员违法发放林木采伐许可证,致使森林遭受严重破坏的,依照刑法第四百零七条的规定,以违法发放林木采伐许可证罪追究刑事责任;以其他方式滥用职权或者玩忽职守,致使森林遭受严重破坏的,依照刑法第三百九十七条的规定,以滥用职权罪或者玩忽职守罪追究刑事责任,立案标准依照《最高人民检察院关于渎职侵权犯罪案件立案标准的规定》第一部分渎职犯罪案件第十八条第三款的规定执行。

此复。

最高人民法院　最高人民检察院
关于办理与盗窃、抢劫、诈骗、抢夺机动车相关刑事案件具体应用法律若干问题的解释

法释〔2007〕11号

（2006年12月25日最高人民法院审判委员会第1411次会议、2007年2月14日最高人民检察院第十届检察委员会第71次会议通过　2007年5月9日最高人民法院、最高人民检察院公告公布　自2007年5月11日起施行）

为依法惩治与盗窃、抢劫、诈骗、抢夺机动车相关的犯罪活动，根据刑法、刑事诉讼法等有关法律的规定，现对办理这类案件具体应用法律的若干问题解释如下：

第一条　明知是盗窃、抢劫、诈骗、抢夺的机动车，实施下列行为之一的，依照刑法第三百一十二条的规定，以掩饰、隐瞒犯罪所得、犯罪所得收益罪定罪，处三年以下有期徒刑、拘役或者管制，并处或者单处罚金：

（一）买卖、介绍买卖、典当、拍卖、抵押或者用其抵债的；

（二）拆解、拼装或者组装的；

（三）修改发动机号、车辆识别代号的；

（四）更改车身颜色或者车辆外形的；

（五）提供或者出售机动车来历凭证、整车合格证、号牌以及有关机动车的其他证明和凭证的；

（六）提供或者出售伪造、变造的机动车来历凭证、整车合格证、号牌以及有关机动车的其他证明和凭证的。

实施第一款规定的行为涉及盗窃、抢劫、诈骗、抢夺的机动车五辆以上或者价值总额达到五十万元以上的，属于刑法第三百一十二条规定的"情节严重"，处三年以上七年以下有期徒刑，并处罚金。

第二条　伪造、变造、买卖机动车行驶证、登记证书，累计三本以上的，依照刑法第二百八十条第一款的规定，以伪造、变造、买卖国家机关证件罪定罪，处三年以下有期徒刑、拘役、管制或者剥夺政治权利。

伪造、变造、买卖机动车行驶证、登记证书，累计达到第一款规定数量标准五倍以上的，属于刑法第二百八十条第一款规定中的"情节严重"，处三年以上十年以下有期徒刑。

第三条 国家机关工作人员滥用职权,有下列情形之一,致使盗窃、抢劫、诈骗、抢夺的机动车被办理登记手续,数量达到三辆以上或者价值总额达到三十万元以上的,依照刑法第三百九十七条第一款的规定,以滥用职权罪定罪,处三年以下有期徒刑或者拘役:

(一)明知是登记手续不全或者不符合规定的机动车而办理登记手续的;

(二)指使他人为明知是登记手续不全或者不符合规定的机动车办理登记手续的;

(三)违规或者指使他人违规更改、调换车辆档案的;

(四)其他滥用职权的行为。

国家机关工作人员疏于审查或者审查不严,致使盗窃、抢劫、诈骗、抢夺的机动车被办理登记手续,数量达到五辆以上或者价值总额达到五十万元以上的,依照刑法第三百九十七条第一款的规定,以玩忽职守罪定罪,处三年以下有期徒刑或者拘役。

国家机关工作人员实施前两款规定的行为,致使盗窃、抢劫、诈骗、抢夺的机动车被办理登记手续,分别达到前两款规定数量、数额标准五倍以上的,或者明知是盗窃、抢劫、诈骗、抢夺的机动车而办理登记手续的,属于刑法第三百九十七条第一款规定的"情节特别严重",处三年以上七年以下有期徒刑。

国家机关工作人员徇私舞弊,实施上述行为,构成犯罪的,依照刑法第三百九十七条第二款的规定定罪处罚。

第四条 实施本解释第一条、第二条、第三条第一款或者第三款规定的行为,事前与盗窃、抢劫、诈骗、抢夺机动车的犯罪分子通谋的,以盗窃罪、抢劫罪、诈骗罪、抢夺罪的共犯论处。

第五条 对跨地区实施的涉及同一机动车的盗窃、抢劫、诈骗、抢夺以及掩饰、隐瞒犯罪所得、犯罪所得收益行为,有关公安机关可以依照法律和有关规定一并立案侦查,需要提请批准逮捕、移送审查起诉、提起公诉的,由该公安机关所在地的同级人民检察院、人民法院受理。

第六条 行为人实施本解释第一条、第三条第三款规定的行为,涉及的机动车有下列情形之一的,应当认定行为人主观上属于上述条款所称"明知":

(一)没有合法有效的来历凭证;

(二)发动机号、车辆识别代号有明显更改痕迹,没有合法证明的。

最高人民法院 最高人民检察院
关于办理盗窃油气、破坏油气设备等刑事案件具体应用法律若干问题的解释（节录）

法释〔2007〕3号

（2006年11月20日最高人民法院审判委员会第1406次会议、2006年12月11日最高人民检察院第十届检察委员会第66次会议通过 2007年1月15日最高人民法院、最高人民检察院公告公布 自2007年1月19日起施行）

第七条 国家机关工作人员滥用职权或者玩忽职守，实施下列行为之一，致使公共财产、国家和人民利益遭受重大损失的，依照刑法第三百九十七条的规定，以滥用职权罪或者玩忽职守罪定罪处罚：

（一）超越职权范围，批准发放石油、天然气勘查、开采、加工、经营等许可证的；

（二）违反国家规定，给不符合法定条件的单位、个人发放石油、天然气勘查、开采、加工、经营等许可证的；

（三）违反《石油天然气管道保护条例》等国家规定，在油气设备安全保护范围内批准建设项目的；

（四）对发现或者经举报查实的未经依法批准、许可擅自从事石油、天然气勘查、开采、加工、经营等违法活动不予查封、取缔的。

最高人民检察院
关于渎职侵权犯罪案件立案标准的规定(节录)

高检发释字〔2006〕2号

(2005年12月29日最高人民检察院第十届检察委员会第四十九次会议通过 2006年7月26日最高人民检察院公告公布 自公布之日起施行)

一、渎职犯罪案件

(一)滥用职权案(第三百九十七条)

滥用职权罪是指国家机关工作人员超越职权,违法决定、处理其无权决定、处理的事项,或者违反规定处理公务,致使公共财产、国家和人民利益遭受重大损失的行为。

涉嫌下列情形之一的,应予立案:

1. 造成死亡一人以上,或者重伤二人以上,或者重伤一人、轻伤三人以上,或者轻伤五人以上的;

2. 导致十人以上严重中毒的;

3. 造成个人财产直接经济损失十万元以上,或者直接经济损失不满十万元,但间接经济损失五十万元以上的;

4. 造成公共财产或者法人、其他组织财产直接经济损失二十万元以上,或者直接经济损失不满二十万元,但间接经济损失一百万元以上的;

5. 虽未达到3、4两项数额标准,但3、4两项合计直接经济损失二十万元以上,或者合计直接经济损失不满二十万元,但合计间接经济损失一百万元以上的;

6. 造成公司、企业等单位停业、停产六个月以上,或者破产的;

7. 弄虚作假,不报、缓报、谎报或者授意、指使、强令他人不报、缓报、谎报情况,导致重特大事故危害结果继续、扩大,或者致使抢救、调查、处理工作延误的;

8. 严重损害国家声誉,或者造成恶劣社会影响的;

9. 其他致使公共财产、国家和人民利益遭受重大损失的情形。

国家机关工作人员滥用职权,符合刑法第九章所规定的特殊渎职罪构成要件的,按照该特殊规定追究刑事责任;主体不符合刑法第九章所规定的特殊渎职罪的主体要件,但滥用职权涉嫌前款第1项至第9项规定情形之一的,按照刑法第三百九十七条的规定以滥用职权罪追究刑事责任。

最高人民法院研究室

关于对滥用职权致使公共财产、国家和人民利益遭受重大损失如何认定问题的答复

2004 年 11 月 22 日　　　　　　　　　　法研〔2004〕136 号

浙江省高级人民法院：

你院浙〔2004〕194 号《关于对滥用职权致使公共财产、国家和人民利益遭受重大损失如何认定的请示》收悉。经研究答复如下：

人民法院在审判过程中，对于行为人滥用职权，致使公共财产、国家和人民利益遭受的损失计算至侦查机关立案之时。立案以后，判决宣告以前追回的损失，作为量刑情节予以考虑。

最高人民法院　最高人民检察院　公安部

关于严格执行刑事诉讼法切实纠防超期羁押的通知

2003 年 11 月 12 日　　　　　　　　　　法〔2003〕163 号

各省、自治区、直辖市高级人民法院、人民检察院、公安厅（局），解放军军事法院、军事检察院、总政治部保卫部：

目前，超期羁押现象在全国许多地方没有得到有效遏制，"前清后超"、"边清边超"、"押而不决"等现象仍然不断发生，人民群众反映强烈。各级人民法院、人民检察院和公安机关要坚持以"三个代表"重要思想为指导，坚持司法为民的工作要求，严格执行刑事诉讼法的有关规定，切实提高办理刑事案件的质量和效率，维护人民法院、人民检察院和公安机关的公正形象，坚决纠正和预防超期羁押现象，尊重和保障犯罪嫌疑人、被告人的合法权益。现就有关问题通知如下：

一、进一步端正执法思想，牢固树立实体法和程序法并重、打击犯罪和保障人权并重的刑事诉讼观念。社会主义司法制度必须保障在全社会实现公平和正义。人民法院、人民检察院和公安机关依法进行刑事诉讼，既要惩罚犯罪，维护社会稳定，也要尊重和保障人权。尊重和保障犯罪嫌疑人、被告

人的合法权益，是依法惩罚犯罪和依法保障人权的有机统一。任何人，在人民法院依法判决之前，都不得被确定有罪。在侦查、起诉、审判等各个阶段，必须始终坚持依法进行诉讼，认真遵守刑事诉讼法关于犯罪嫌疑人、被告人羁押期限的规定，坚决克服重实体、轻程序，重打击、轻保障的错误观念，避免因超期羁押而侵犯犯罪嫌疑人、被告人合法权益现象的发生。

二、严格适用刑事诉讼法关于犯罪嫌疑人、被告人羁押期限的规定，严禁随意延长羁押期限。犯罪嫌疑人、被告人被羁押的，人民法院、人民检察院和公安机关在刑事诉讼的不同阶段，要及时办理换押手续。在侦查阶段，要严格遵守拘留、逮捕后的羁押期限的规定；犯罪嫌疑人被逮捕以后，需要延长羁押期限的，应当符合刑事诉讼法第一百二十四条、第一百二十六条或者第一百二十七条规定的情形，并应当经过上一级人民检察院或者省、自治区、直辖市人民检察院的批准或者决定。在审查逮捕阶段和审查起诉阶段，人民检察院应当在法定期限内作出决定。在审判阶段，人民法院要严格遵守刑事诉讼法关于审理期限的规定；需要延长一个月审理期限的，应当属于刑事诉讼法第一百二十六条规定的情形之一，而且应当经过省、自治区、直辖市高级人民法院批准或者决定。

凡不符合刑事诉讼法关于重新计算犯罪嫌疑人、被告人羁押期限规定的，不得重新计算羁押期限。严禁滥用退回补充侦查、撤回起诉、改变管辖等方式变相超期羁押犯罪嫌疑人、被告人。

三、准确适用刑事诉讼法关于取保候审、监视居住的规定。人民法院、人民检察院和公安机关在对犯罪嫌疑人、被告人采取强制措施时，凡符合取保候审、监视居住条件的，应当依法采取取保候审、监视居住。对已被羁押的犯罪嫌疑人、被告人，在其法定羁押期限已满时必须立即释放，如侦查、起诉、审判活动尚未完成，需要继续查证、审理的，要依法变更强制措施为取保候审或者监视居住，充分发挥取保候审、监视居住这两项强制措施的作用，做到追究犯罪与保障犯罪嫌疑人、被告人合法权益的统一。

四、坚持依法办案，正确适用法律，有罪依法追究，无罪坚决放人。人民法院、人民检察院和公安机关在刑事诉讼过程中，要分工负责，互相配合，互相制约，依法进行，避免超期羁押现象的发生。在侦查、起诉、审判等各个诉讼阶段，凡发现犯罪嫌疑人、被告人不应或者不需要追究刑事责任的，应当依法撤销案件，或者不起诉，或者终止审理，或者宣告无罪。公安机关、人民检察院要严格执行刑事诉讼法关于拘留、逮捕条件的规定，不符合条件的坚决不拘、不提请批准逮捕或者决定不批准逮捕。人民检察院对于经过两次补充侦查或者在审判阶段建议补充侦查并经人民法院决定延期审理的案件，不再退回公安机关；对于经过两次补充侦查，仍然证据不足、不符合起诉条件的案件，要依法作出不起诉的决定。公安机关要依法加强对看守所的管理，及时向办案机关通报超期羁押情况。人民法院对于人民检察院提起公诉的案件，经过审理，认为证据不足，不能认定被告人有罪的，要依法作出证据不足、指控的犯罪不能成立的无罪判决。第二审人民法院经过审理，对于事实不清或者证据不足的案件，只能一次裁定撤销原判、发回原审人民法院重新审判；对于经过查证，只有部分犯罪事实清楚、证据充分的案件，只就该部分罪行进行认定和宣判；对于查证以后，仍然事实不清或者证据不足的案件，要依法作出证据不足、指控的犯罪不能成立的无罪判决，不得拖延不决，迟迟不判。

五、严格执行超期羁押责任追究制度。超期羁押侵犯犯罪嫌疑人、被告人的合法权益，损害司法公正，对此必须严肃查处，绝不姑息。本通知发布以后，凡违反刑事诉讼法和本通知的规定，造成犯罪嫌疑人、被告人超期羁押的，对于直接负责的主管人员和其他直接责任人员，由其所在单位或者上级主管机关依照有关规定予以行政或者纪律处分；造成犯罪嫌疑人、被告人超期羁押，情节严重的，对于直接负责的主管人员和其他直接责任人员，依照刑法第三百九十七条的规定，以玩忽职守罪或者滥用职权罪追究刑事责任。

六、对于重大、疑难、复杂的案件，涉外案件，新类型案件以及危害国家安全案件涉及的适用法律问题，应及时报请全国人大常委会作出立法解释或者最高人民法院、最高人民检察院作出司法解释。

执行本通知的情况，请及时层报最高人民法院、最高人民检察院和公安部。

最高人民法院　最高人民检察院
关于办理非法制造、买卖、运输、储存毒鼠强等禁用剧毒化学品刑事案件具体应用法律若干问题的解释（节录）

法释〔2003〕14号

（2003年8月29日最高人民法院审判委员会第1287次会议、2003年2月13日最高人民检察院第九届检察委员会第119次会议通过　2003年9月4日最高人民法院、最高人民检察院公告公布　自2003年10月1日起施行）

第五条　本解释施行以前，确因生产、生活需要而非法制造、买卖、运输、储存毒鼠强等禁用剧毒化学品饵料自用，没有造成严重社会危害的，可以依照刑法第十三条的规定，不作为犯罪处理。

本解释施行以后，确因生产、生活需要而非法制造、买卖、运输、储存毒鼠强等禁用剧毒化学品饵料自用，构成犯罪，但没有造成严重社会危害，经教育确有悔改表现的，可以依法从轻、减轻或者免除处罚。

最高人民法院　最高人民检察院

关于办理妨害预防、控制突发传染病疫情等灾害的刑事案件具体应用法律若干问题的解释（节录）

法释〔2003〕8号

（2003年5月13日最高人民法院审判委员会第1269次会议、2003年5月13日最高人民检察院第十届检察委员会第3次会议通过　2003年5月14日最高人民法院、最高人民检察院公告公布　自2003年5月15日起施行）

第十五条　在预防、控制突发传染病疫情等灾害的工作中，负有组织、协调、指挥、灾害调查、控制、医疗救治、信息传递、交通运输、物资保障等职责的国家机关工作人员，滥用职权或者玩忽职守，致使公共财产、国家和人民利益遭受重大损失的，依照刑法第三百九十七条的规定，以滥用职权罪或者玩忽职守罪定罪处罚。

第十六条　在预防、控制突发传染病疫情等灾害期间，从事传染病防治的政府卫生行政部门的工作人员，或者在受政府卫生行政部门委托代表政府卫生行政部门行使职权的组织中从事公务的人员，或者虽未列入政府卫生行政部门人员编制但在政府卫生行政部门从事公务的人员，在代表政府卫生行政部门行使职权时，严重不负责任，导致传染病传播或者流行，情节严重的，依照刑法第四百零九条的规定，以传染病防治失职罪定罪处罚。

在国家对突发传染病疫情等灾害采取预防、控制措施后，具有下列情形之一的，属于刑法第四百零九条规定的"情节严重"：

（一）对发生突发传染病疫情等灾害的地区或者突发传染病病人、病原携带者、疑似突发传染病病人，未按照预防、控制突发传染病疫情等灾害工作规范的要求做好防疫、检疫、隔离、防护、救治等工作，或者采取的预防、控制措施不当，造成传染范围扩大或者疫情、灾情加重的；

（二）隐瞒、缓报、谎报或者授意、指使、强令他人隐瞒、缓报、谎报疫情、灾情，造成传染范围扩大或者疫情、灾情加重的；

（三）拒不执行突发传染病疫情等灾害应急处理指挥机构的决定、命令，造成传染范围扩大或者疫情、灾情加重的；

（四）具有其他严重情节的。

第十七条 人民法院、人民检察院办理有关妨害预防、控制突发传染病疫情等灾害的刑事案件，对于有自首、立功等悔罪表现的，依法从轻、减轻、免除处罚或者依法作出不起诉决定。

最高人民检察院
关于对海事局工作人员如何使用法律问题的答复

2003 年 1 月 13 日　　　　　　　　　　〔2003〕高检研发第 1 号

辽宁省人民检察院研究室：

你院《关于辽宁海事局的工作人员是否为国家机关工作人员的主体认定请示》（辽检发渎检字〔2002〕1 号）收悉。经研究，答复如下：

根据国办发〔1999〕90 号、中编办函〔2000〕184 号等文件的规定，海事局负责行使国家水上安全监督和防止船舶污染及海上设施检验、航海保障的管理职权，是国家执法监督机构。海事局及其分支机构工作人员在从事上述公务活动中，滥用职权或者玩忽职守，致使公共财产、国家和人民利益遭受重大损失的，应当依照刑法第三百九十七条的规定，以滥用职权罪或者玩忽职守罪追究刑事责任。

最高人民检察院研究室
关于买卖尚未加盖印章的空白《边境证》
行为如何适用法律问题的答复

2002 年 9 月 25 日　　　　　　　　　　〔2002〕高检研发第 19 号

重庆市人民检察院研究室：

你院《关于对买卖尚未加盖印章的空白〈边境证〉案件适用法律问题的请示》（渝检（研）〔2002〕11 号）收悉。经研究，答复如下：

对买卖尚未加盖发证机关的行政印章或者通行专用章印鉴的空白《中华人民共和国边境管理区通行证》的行为，不宜以买卖国家机关证件罪追究刑事责任。国家机关工作人员实施上述行为，构成犯罪的，可以按滥用职权等相关犯罪依法追究刑事责任。

人民检察院直接受理立案侦查的渎职侵权重特大案件标准（试行）（节录）

2001年8月24日　　　　　　　　　　　　　高检发〔2001〕13号

一、滥用职权案
（一）重大案件
1. 致人死亡二人以上，或者重伤五人以上，或者轻伤十人以上的；
2. 造成直接经济损失五十万元以上的。

最高人民检察院
关于企业事业单位的公安机构在机构改革过程中其工作人员能否构成渎职侵权犯罪主体问题的批复

高检发释字〔2002〕3号

（2002年4月24日最高人民检察院第九届检察委员会第107次会议通过　2002年4月29日最高人民检察院公告公布　自2002年5月16日起施行）

陕西省人民检察院：

你院陕检发研〔2001〕159号《关于对企业事业单位的公安机构在机构改革过程中其工作人员能否构成渎职侵权犯罪主体问题的请示》收悉。经研究，批复如下：

企业事业单位的公安机构在机构改革过程中虽尚未列入公安机关建制，其工作人员在行使侦查职责时，实施渎职侵权行为的，可以成为渎职侵权犯罪的主体。

此复。

最高人民检察院
关于镇财政所所长是否适用国家机关工作人员的批复

2000年5月4日　　　　　　　　　　　　高检发研字〔2000〕9号

上海市人民检察院：

你院沪检发（2000）30号文收悉。经研究，批复如下：

对于属行政执法事业单位的镇财政所中按国家机关在编干部管理的工作人员，在履行政府行政公务活动中，滥用职权或玩忽职守构成犯罪的，应以国家机关工作人员论。

最高人民法院　最高人民检察院
公安部　国家工商行政管理局
关于依法查处盗窃、抢劫机动车案件的规定（节录）

1998年5月8日　　　　　　　　　　　　公通字〔1998〕31号

九、公安、工商行政管理人员或者其他国家机关工作人员滥用职权或者玩忽职守、徇私舞弊，致使赃车入户、过户、验证的，给予行政处分；致使公共财产、国家和人民利益遭受重大损失的，依照《刑法》第三百九十七条的规定处罚。

最高人民法院研究室
关于对重大责任事故和玩忽职守案件造成
经济损失需追究刑事责任的数额标准
应否做出规定问题的电话答复

（1987年10月20日）

陕西省高级人民法院：

你院陕高法研〔1987〕30号《关于重大责任事故和玩忽职守案件造成经

济损失需追究刑事责任的数额标准应否做出规定的请示报告》收悉。经研究，答复如下：

一、重大责任事故和玩忽职守这两类案件的案情往往比较复杂，二者造成经济损失的数额标准只是定罪量刑的重要依据之一，不宜以此作为定罪的唯一依据。在实践中，因重大责任事故和玩忽职守所造成的严重损失，既有经济损失、人身伤亡，也有的还造成政治上的不良影响。其中，有些是不能仅仅用经济数额来衡量的。在审理这两类案件时，应当根据每个案件的情况作具体分析，认定是否构成犯罪。

二、虽然玩忽职守和重大责任事故案件你省检察机关的立案数额标准不同于法院判刑的标准，但法院不宜以此为理由拒绝收案。法院是否收案以及如何判处，要根据具体案情，认真研究，慎重决定。

由监察机关管辖的滥用职权犯罪案件

(十九) 国有公司、企业、事业单位人员滥用职权罪※

中华人民共和国刑法（节录）*

第一百六十八条 【国有公司、企业、事业单位人员失职罪】【国有公司、企业、事业单位人员滥用职权罪】 国有公司、企业的工作人员，由于严重不负责任或者滥用职权，造成国有公司、企业破产或者严重损失，致使国家利益遭受重大损失的，处三年以下有期徒刑或者拘役；致使国家利益遭受特别重大损失的，处三年以上七年以下有期徒刑。

国有事业单位的工作人员有前款行为，致使国家利益遭受重大损失的，依照前款的规定处罚。

国有公司、企业、事业单位的工作人员，徇私舞弊，犯前两款罪的，依照第一款的规定从重处罚。

（编者注：本条经1999年12月25日《刑法修正案》第二条修改。

1997年刑法第一百六十八条原规定："国有公司、企业直接负责的主管人员，徇私舞弊，造成国有公司、企业破产或者严重亏损，致使国家利益遭受重大损失的，处三年以下有期徒刑或者拘役。"）

---

* 编者注：根据1997年刑法和《全国人民代表大会常务委员会关于惩治骗购外汇、逃汇和非法买卖外汇犯罪的决定》及十部刑法修正案编纂。

最高人民法院 最高人民检察院
关于办理国家出资企业中职务犯罪案件具体应用法律若干问题的意见

2010年11月26日　　　　　　　　　　法发〔2010〕49号

随着企业改制的不断推进，人民法院、人民检察院在办理国家出资企业中的贪污、受贿等职务犯罪案件时遇到了一些新情况、新问题。这些新情况、新问题具有一定的特殊性和复杂性，需要结合企业改制的特定历史条件，依法妥善地进行处理。现根据刑法规定和相关政策精神，就办理此类刑事案件具体应用法律的若干问题，提出以下意见：

一、关于国家出资企业工作人员在改制过程中隐匿公司、企业财产归个人持股的改制后公司、企业所有的行为的处理

国家工作人员或者受国家机关、国有公司、企业、事业单位、人民团体委托管理、经营国有财产的人员利用职务上的便利，在国家出资企业改制过程中故意通过低估资产、隐瞒债权、虚设债务、虚构产权交易等方式隐匿公司、企业财产，转为本人持有股份的改制后公司、企业所有，应当依法追究刑事责任的，依照刑法第三百八十二条、第三百八十三条的规定，以贪污罪定罪处罚。贪污数额一般应当以所隐匿财产全额计算；改制后公司、企业仍有国有股份的，按股份比例扣除归于国有的部分。

所隐匿财产在改制过程中已为行为人实际控制，或者国家出资企业改制已经完成的，以犯罪既遂处理。

第一款规定以外的人员实施该款行为的，依照刑法第二百七十一条的规定，以职务侵占罪定罪处罚；第一款规定以外的人员与第一款规定的人员共同实施该款行为的，以贪污罪的共犯论处。

在企业改制过程中未采取低估资产、隐瞒债权、虚设债务、虚构产权交易等方式故意隐匿公司、企业财产的，一般不应当认定为贪污；造成国有资产重大损失，依法构成刑法第一百六十八条或者第一百六十九条规定的犯罪的，依照该规定定罪处罚。

二、关于国有公司、企业在改制过程中隐匿公司、企业财产归职工集体持股的改制后公司、企业所有的行为的处理

国有公司、企业违反国家规定，在改制过程中隐匿公司、企业财产，转为职工集体持股的改制后公司、企业所有的，对其直接负责的主管人员和其

他直接责任人员,依照刑法第三百九十六条第一款的规定,以私分国有资产罪定罪处罚。

改制后的公司、企业中只有改制前公司、企业的管理人员或者少数职工持股,改制前公司、企业的多数职工未持股的,依照本意见第一条的规定,以贪污罪定罪处罚。

三、关于国家出资企业工作人员使用改制公司、企业的资金担保个人贷款,用于购买改制公司、企业股份的行为的处理

国家出资企业的工作人员在公司、企业改制过程中为购买公司、企业股份,利用职务上的便利,将公司、企业的资金或者金融凭证、有价证券等用于个人贷款担保的,依照刑法第二百七十二条或者第三百八十四条的规定,以挪用资金罪或者挪用公款罪定罪处罚。

行为人在改制前的国家出资企业持有股份的,不影响挪用数额的认定,但量刑时应当酌情考虑。

经有关主管部门批准或者按照有关政策规定,国家出资企业的工作人员为购买改制公司、企业股份实施前款行为的,可以视具体情况不作为犯罪处理。

四、关于国家工作人员在企业改制过程中的渎职行为的处理

国家出资企业中的国家工作人员在公司、企业改制或者国有资产处置过程中严重不负责任或者滥用职权,致使国家利益遭受重大损失的,依照刑法第一百六十八条的规定,以国有公司、企业人员失职罪或者国有公司、企业人员滥用职权罪定罪处罚。

国家出资企业中的国家工作人员在公司、企业改制或者国有资产处置过程中徇私舞弊,将国有资产低价折股或者低价出售给其本人未持有股份的公司、企业或者其他个人,致使国家利益遭受重大损失的,依照刑法第一百六十九条的规定,以徇私舞弊低价折股、出售国有资产罪定罪处罚。

国家出资企业中的国家工作人员在公司、企业改制或者国有资产处置过程中徇私舞弊,将国有资产低价折股或者低价出售给特定关系人持有股份或者本人实际控制的公司、企业,致使国家利益遭受重大损失的,依照刑法第三百八十二条、第三百八十三条的规定,以贪污罪定罪处罚。贪污数额以国有资产的损失数额计算。

国家出资企业中的国家工作人员因实施第一款、第二款行为收受贿赂,同时又构成刑法第三百八十五条规定之罪的,依照处罚较重的规定定罪处罚。

五、关于改制前后主体身份发生变化的犯罪的处理

国家工作人员在国家出资企业改制前利用职务上的便利实施犯罪,在其不再具有国家工作人员身份后又实施同种行为,依法构成不同犯罪的,应当分别定罪，实行数罪并罚。

国家工作人员利用职务上的便利，在国家出资企业改制过程中隐匿公司、企业财产，在其不再具有国家工作人员身份后将所隐匿财产据为己有的，依照刑法第三百八十二条、第三百八十三条的规定，以贪污罪定罪处罚。

国家工作人员在国家出资企业改制过程中利用职务上的便利为请托人谋取利益，事先约定在其不再具有国家工作人员身份后收受请托人财物，或者在身份变化前后连续收受请托人财物的，依照刑法第三百八十五条、第三百八十六条的规定，以受贿罪定罪处罚。

六、关于国家出资企业中国家工作人员的认定

经国家机关、国有公司、企业、事业单位提名、推荐、任命、批准等，在国有控股、参股公司及其分支机构中从事公务的人员，应当认定为国家工作人员。具体的任命机构和程序，不影响国家工作人员的认定。

经国家出资企业中负有管理、监督国有资产职责的组织批准或者研究决定，代表其在国有控股、参股公司及其分支机构中从事组织、领导、监督、经营、管理工作的人员，应当认定为国家工作人员。

国家出资企业中的国家工作人员，在国家出资企业中持有个人股份或者同时接受非国有股东委托的，不影响其国家工作人员身份的认定。

七、关于国家出资企业的界定

本意见所称"国家出资企业"，包括国家出资的国有独资公司、国有独资企业，以及国有资本控股公司、国有资本参股公司。

是否属于国家出资企业不清楚的，应遵循"谁投资、谁拥有产权"的原则进行界定。企业注册登记中的资金来源与实际出资不符的，应根据实际出资情况确定企业的性质。企业实际出资情况不清楚的，可以综合工商注册、分配形式、经营管理等因素确定企业的性质。

八、关于宽严相济刑事政策的具体贯彻

办理国家出资企业中的职务犯罪案件时，要综合考虑历史条件、企业发展、职工就业、社会稳定等因素，注意具体情况具体分析，严格把握犯罪与一般违规行为的区分界限。对于主观恶意明显、社会危害严重、群众反映强烈的严重犯罪，要坚决依法从严惩处；对于特定历史条件下、为了顺利完成企业改制而实施的违反国家政策法律规定的行为，行为人无主观恶意或者主观恶意不明显，情节较轻，危害不大的，可以不作为犯罪处理。

对于国家出资企业中的职务犯罪，要加大经济上的惩罚力度，充分重视财产刑的适用和执行，最大限度地挽回国家和人民利益遭受的损失。不能退赃的，在决定刑罚时，应当作为重要情节予以考虑。

最高人民检察院　公安部
关于公安机关管辖的刑事案件立案追诉标准的规定（二）（节录）

2010 年 5 月 7 日　　　　　　　　　　　　公通字〔2010〕23 号

第十六条　［国有公司、企业、事业单位人员滥用职权案（刑法第一百六十八条）］国有公司、企业、事业单位的工作人员，滥用职权，涉嫌下列情形之一的，应予立案追诉：

（一）造成国家直接经济损失数额在三十万元以上的；

（二）造成有关单位破产，停业、停产六个月以上，或者被吊销许可证和营业执照、责令关闭、撤销、解散的；

（三）其他致使国家利益遭受重大损失的情形。

最高人民法院
关于如何认定国有控股、参股股份有限公司中的国有公司、企业人员的解释

法释〔2005〕10 号

（2005 年 7 月 31 日最高人民法院审判委员会第 1359 次会议通过　2005 年 8 月 1 日最高人民法院公告公布　自 2005 年 8 月 11 日起施行）

为准确认定刑法分则第三章第三节中的国有公司、企业人员，现对国有控股、参股的股份有限公司中的国有公司、企业人员解释如下：

国有公司、企业委派到国有控股、参股公司从事公务的人员，以国有公司、企业人员论。

最高人民法院　最高人民检察院
关于办理妨害预防、控制突发传染病疫情等灾害的刑事案件具体应用法律若干问题的解释（节录）

法释〔2003〕8号

（2003年5月13日最高人民法院审判委员会第1269次会议、
2003年5月13日最高人民检察院第十届检察委员会
第3次会议通过　2003年5月14日最高人民法院、
最高人民检察院公告公布　自2003年5月15日起施行）

第四条　国有公司、企业、事业单位的工作人员，在预防、控制突发传染病疫情等灾害的工作中，由于严重不负责任或者滥用职权，造成国有公司、企业破产或者严重损失，致使国家利益遭受重大损失的，依照刑法第一百六十八条的规定，以国有公司、企业、事业单位人员失职罪或者国有公司、企业、事业单位人员滥用职权罪定罪处罚。

第十七条　人民法院、人民检察院办理有关妨害预防、控制突发传染病疫情等灾害的刑事案件，对于有自首、立功等悔罪表现的，依法从轻、减轻、免除处罚或者依法作出不起诉决定。

最高人民检察院研究室
关于中国农业发展银行及其分支机构的工作人员法律适用问题的答复

2002年9月23日　　　　　　　　〔2002〕高检研发第16号

湖北省人民检察院研究室：

你院关于中国农业发展银行工作人员法律适用问题的请示（鄂检文〔2001〕50号）收悉。经研究，答复如下：

中国农业发展银行及其分支机构的工作人员严重不负责任或者滥用职权，构成犯罪的，应当依照刑法第一百六十八条的规定追究刑事责任。

最高人民法院
关于审理扰乱电信市场管理秩序案件具体应用法律若干问题的解释（节录）

法释〔2000〕12号

（2000年4月28日最高人民法院审判委员会第1113次会议通过 2000年5月12日最高人民法院公告公布 自2000年5月24日起施行）

第六条 国有电信企业的工作人员，由于严重不负责任或者滥用职权，造成国有电信企业破产或者严重损失，致使国家利益遭受重大损失的，依照刑法第一百六十八条的规定定罪处罚。

（二十）滥用管理公司、证券职权罪※

中华人民共和国刑法（节录）*

第四百零三条　【滥用管理公司、证券职权罪】　国家有关主管部门的国家机关工作人员，徇私舞弊，滥用职权，对不符合法律规定条件的公司设立、登记申请或者股票、债券发行、上市申请，予以批准或者登记，致使公共财产、国家和人民利益遭受重大损失的，处五年以下有期徒刑或者拘役。

上级部门强令登记机关及其工作人员实施前款行为的，对其直接负责的主管人员，依照前款的规定处罚。

最高人民检察院
关于渎职侵权犯罪案件立案标准的规定（节录）

高检发释字〔2006〕2号

（2005年12月29日最高人民检察院第十届检察委员会第四十九次会议通过　2006年7月26日最高人民检察院公告公布　自公布之日起施行）

一、渎职犯罪案件

（十三）滥用管理公司、证券职权案（第四百零三条）

滥用管理公司、证券职权罪是指工商行政管理、证券管理等国家有关主管部门的工作人员徇私舞弊，滥用职权，对不符合法律规定条件的公司设立、登记申请或者股票、债券发行、上市申请予以批准或者登记，致使公共财产、国家和人民利益遭受重大损失的行为，以及上级部门、当地政府强令登记机关及其工作人员实施上述行为的行为。

涉嫌下列情形之一的，应予立案：

1. 造成直接经济损失五十万元以上的；

---

* 编者注：根据1997年刑法和《全国人民代表大会常务委员会关于惩治骗购外汇、逃汇和非法买卖外汇犯罪的决定》及十部刑法修正案编纂。

2. 工商管理部门的工作人员对不符合法律规定条件的公司设立、登记申请，违法予以批准、登记，严重扰乱市场秩序的；

3. 金融证券管理机构工作人员对不符合法律规定条件的股票、债券发行、上市申请，违法予以批准，严重损害公众利益，或者严重扰乱金融秩序的；

4. 工商管理部门、金融证券管理机构的工作人员对不符合法律规定条件的公司设立、登记申请或者股票、债券发行、上市申请违法予以批准或者登记，致使犯罪行为得逞的；

5. 上级部门、当地政府直接负责的主管人员强令登记机关及其工作人员，对不符合法律规定条件的公司设立、登记申请或者股票、债券发行、上市申请予以批准或者登记，致使公共财产、国家或者人民利益遭受重大损失的；

6. 其他致使公共财产、国家和人民利益遭受重大损失的情形。

人民检察院直接受理立案侦查的渎职侵权重特大案件标准（试行）（节录）

2001年8月24日　　　　　　　　高检发〔2001〕13号

十一、滥用管理公司、证券职权案

（一）重大案件

1. 造成直接经济损失五十万元以上的；
2. 因违法批准或者登记致使发生刑事犯罪的。

（二）特大案件

1. 造成直接经济损失一百万元以上的；
2. 因违法批准或者登记致使发生重大刑事犯罪的。

（二十一）食品监管渎职罪※

中华人民共和国刑法（节录）*

第四百零八条之一　【食品监管渎职罪】　负有食品安全监督管理职责的国家机关工作人员，滥用职权或者玩忽职守，导致发生重大食品安全事故或者造成其他严重后果的，处五年以下有期徒刑或者拘役；造成特别严重后果的，处五年以上十年以下有期徒刑。

徇私舞弊犯前款罪的，从重处罚。

（编者注：本条为2011年2月25日《刑法修正案（八）》第四十九条增加。）

最高人民检察院
关于印发第四批指导性案例的通知（节录）

2014年2月20日　　　　　　　　　高检发研字〔2014〕2号

各省、自治区、直辖市人民检察院，军事检察院，新疆生产建设兵团人民检察院：

经2014年2月19日最高人民检察院第十二届检察委员会第十七次会议决定，现将柳立国等人生产、销售有毒、有害食品，生产、销售伪劣产品案等五个案例印发你们，供参考。

＊ 编者注：根据1997年刑法和《全国人民代表大会常务委员会关于惩治骗购外汇、逃汇和非法买卖外汇犯罪的决定》及十部刑法修正案编纂。

胡林贵等人生产、销售有毒、有害食品，行贿；骆梅等人销售伪劣产品；朱伟全等人生产、销售伪劣产品；黎达文等人受贿，食品监管渎职案

（检例第 15 号）

【关键词】

生产、销售有毒、有害食品罪　生产、销售伪劣产品罪　食品监管渎职罪　受贿罪　行贿罪

【要旨】

实施生产、销售有毒、有害食品犯罪，为逃避查处向负有食品安全监管职责的国家工作人员行贿的，应当以生产、销售有毒、有害食品罪和行贿罪实行数罪并罚。

负有食品安全监督管理职责的国家机关工作人员，滥用职权，向生产、销售有毒、有害食品的犯罪分子通风报信，帮助逃避处罚的，应当认定为食品监管渎职罪；在渎职过程中受贿的，应当以食品监管渎职罪和受贿罪实行数罪并罚。

【相关立法】

《中华人民共和国刑法》第一百四十四条　第一百四十条　第四百零八条之一　第三百八十五条　第三百八十九条

【基本案情】

被告人胡林贵，男，1968 年出生，重庆市人，原系广东省东莞市渝湘腊味食品有限公司股东。

被告人刘康清，男，1964 年出生，重庆市人，原系广东省东莞市渝湘腊味食品有限公司股东。

被告人叶在均，男，1954 年出生，重庆市人，原系广东省东莞市渝湘腊味食品有限公司股东。

被告人刘国富，男，1976 年出生，重庆市人，原系广东省东莞市渝湘腊味食品有限公司股东。

被告人张永富，男，1969 年出生，重庆市人，原系广东省东莞市渝湘腊味食品有限公司股东。

被告人叶世科，男，1979 年出生，重庆市人，原系广东省东莞市渝湘腊味食品有限公司驾驶员。

被告人骆梅，女，1977年出生，重庆市人，原系广东省东莞市大岭山镇信立农产品批发市场销售人员。

被告人刘康素，女，1971年出生，重庆市人，原系广东省东莞市中堂镇江南农产品批发市场销售人员。

被告人朱伟全，男，1958年出生，广东省人，无业。

被告人曾伟中，男，1971年出生，广东省人，无业。

被告人黎达文，男，1973年出生，广东省人，原系广东省东莞市中堂镇人民政府经济贸易办公室（简称经贸办）副主任、中堂镇食品药品监督站站长，兼任中堂镇食品安全委员会（简称食安委）副主任及办公室主任。

被告人王伟昌，男，1965年出生，广东省人，原系广东省东莞市中堂中心屠场稽查队队长。

被告人陈伟基，男，1982年出生，广东省人，原系广东省东莞市中堂中心屠场稽查队队员。

被告人余忠东，男，1963年出生，湖南省人，原系广东省东莞江南市场经营管理有限公司仓储加工管理部主管。

（一）被告人胡林贵、刘康清、叶在均、刘国富、张永富等人于2011年6月以每人出资2万元，在未取得工商营业执照和卫生许可证的情况下，在东莞市中堂镇江南农产品批发市场租赁加工区建立加工厂，利用病、死、残猪猪肉为原料，加入亚硝酸钠、工业用盐等调料，生产腊肠、腊肉。并将生产出来的腊肠、腊肉运至该市农产品批发市场固定铺位进行销售，平均每天销售约500公斤。该工厂主要由胡林贵负责采购病、死、残猪猪肉，刘康清负责销售，刘国富等人负责加工生产，张永富、叶在均等人负责打杂及协作，该加工厂还聘请了被告人叶世科等人负责运输，聘请了骆梅、刘康素等人负责销售上述加工厂生产出的腊肠、腊肉，其中骆梅于2011年8月初开始受聘担任销售，刘康素于2011年9月初开始受聘担任销售。

2011年10月17日，经群众举报，执法部门查处了该加工厂，当场缴获腊肠500公斤、腊肉500公斤、未检验的腊肉半成品2吨、工业用盐24包（每包50公斤）、"敌百虫"8支、亚硝酸钠11支等物品；10月25日，公安机关在农产品批发市场固定铺位缴获胡林贵等人存放的半成品猪肉7980公斤，经广东省质量监督检测中心抽样检测，该半成品含敌百虫等有害物质严重超标。

（二）自2010年12月至2011年6月份期间，被告人朱伟全、曾伟中等人收购病、死、残猪后私自屠宰，每月运行20天，并将每天生产出的约500公斤猪肉销售给被告人胡林贵、刘康清等人。后曾伟中退出经营，朱伟全等人于2011年9月份开始至案发期间，继续每天向胡林贵等人合伙经营的腊肉加工厂出售病、死、残猪猪肉约 500 公斤。

（三）被告人黎达文于 2008 年起先后兼任中堂镇产品质量和食品安全工作领导小组成员、经贸办副主任、中堂食安委副主任兼办公室主任、食品药品监督站站长，负责对中堂镇全镇食品安全的监督管理，包括中堂镇内食品安全综合协调职能和依法组织各执法部门查处食品安全方面的举报等工作。被告人余忠东于 2005 年起在东莞市江南市场经营管理有限公司任仓储加工管理部的主管。

2010 年至 2011 年期间，黎达文在组织执法人员查处江南农产品批发市场的无证照腊肉、腊肠加工窝点过程中，收受被告人刘康清、胡林贵、余忠东等人贿款共十一次，每次 5000 元，合计 55000 元，其中胡林贵参与行贿十一次，计 55000 元，刘康清参与行贿十次，计 50000 元，余忠东参与行贿六次，计 30000 元。

被告人黎达文在收受被告人刘康清、胡林贵、余忠东等人的贿款之后，滥用食品安全监督管理的职权，多次在组织执法人员检查江南农产品批发市场之前打电话通知余忠东或胡林贵，让胡林贵等人做好准备，把加工场内的病、死、残猪猪肉等生产原料和腊肉、腊肠藏好，逃避查处，导致胡林贵等人在一年多时间内持续非法利用病、死、残猪猪肉生产"敌百虫"和亚硝酸盐成分严重超标的腊肠、腊肉，销往东莞市及周边城市的食堂和餐馆。

被告人王伟昌自 2007 年起任中堂中心屠场稽查队队长，被告人陈伟基自 2009 年 2 月起任中堂中心屠场稽查队队员，二人负责中堂镇内私宰猪肉的稽查工作。2009 年 7 月至 2011 年 10 月间，王伟昌、陈伟基在执法过程中收受刘康清、刘国富等人贿款，其中王伟昌、陈伟基共同收受贿款 13100 元，王伟昌单独受贿 3000 元。

王伟昌、陈伟基受贿后，滥用食品安全监督管理的职权，多次在带队稽查过程中，明知刘康清和刘国富等人非法销售死猪猪肉、排骨而不履行查处职责，王伟昌还多次在参与中堂镇食安委组织的联合执法行动前打电话给刘康清通风报信，让刘康清等人逃避查处。

【诉讼过程】

2011 年 10 月 22 日，胡林贵、刘康清因涉嫌生产、销售有毒、有害食品罪被刑事拘留，11 月 24 日被逮捕；10 月 23 日，叶在均、刘国富、张永富、叶世科、骆梅、刘康素因涉嫌生产、销售有毒、有害食品罪被刑事拘留，11 月 24 日被逮捕；10 月 28 日，朱伟全、曾伟中因涉嫌生产、销售有毒、有害食品罪被刑事拘留，11 月 24 日被逮捕。2012 年 3 月 6 日，黎达文因涉嫌受贿罪被刑事拘留，3 月 20 日被逮捕。2012 年 4 月 26 日，王伟昌、陈伟基因涉嫌受贿罪被刑事拘留，5 月 10 日被逮捕。2012 年 3 月 6 日，余忠东因涉嫌受贿罪被刑事拘留，3月20日被逮捕。

被告人胡林贵、刘康清、叶在均、刘国富、张永富、叶世科、骆梅、刘康素、曾伟中、朱伟全涉嫌生产、销售有毒、有害食品罪一案，由广东省东莞市公安局侦查终结，移送东莞市第一市区人民检察院审查起诉。被告人黎达文、王伟昌、陈伟基涉嫌受贿、食品监管渎职罪，被告人胡林贵、刘康清、余忠东涉嫌行贿罪一案，由东莞市人民检察院侦查终结，移送东莞市第一市区人民检察院审查起诉。因上述两个案件系关联案件，东莞市第一市区人民检察院决定并案审查。东莞市第一市区人民检察院经审查认为，被告人胡林贵、刘康清、叶在均、刘国富、张永富、叶世科无视国法，在生产、销售的食品中掺入有毒、有害的非食品原料，胡林贵、刘康清还为谋取不正当利益，多次向被告人黎达文、王伟昌、陈伟基等人行贿，胡林贵、刘康清的行为均已触犯了《中华人民共和国刑法》第一百四十四条、第三百八十九条第一款之规定，被告人叶在均、刘国富、张永富、叶世科的行为均已触犯了《中华人民共和国刑法》第一百四十四条之规定；被告人骆梅、刘康素在销售中以不合格产品冒充合格产品，其中骆梅销售的金额五十万元以上，刘康素销售的金额二十万元以上，二人的行为均已触犯了《中华人民共和国刑法》第一百四十条之规定；被告人朱伟全、曾伟中在生产、销售中以不合格产品冒充合格产品，生产、销售金额五十万元以上，二人的行为均已触犯了《中华人民共和国刑法》第一百四十条之规定；被告人黎达文、王伟昌、陈伟基身为国家机关工作人员，利用职务之便，多次收受贿款，同时黎达文、王伟昌、陈伟基身为负有食品安全监督管理职责的国家机关工作人员，滥用职权为刘康清等人谋取非法利益，造成恶劣社会影响，三人的行为已分别触犯了《中华人民共和国刑法》第三百八十五条第一款、第四百零八条之一之规定；被告人余忠东为谋取不正当利益，多次向被告人黎达文、王伟昌、陈伟基等人行贿，其行为已触犯《中华人民共和国刑法》第三百八十九条第一款之规定。2012年5月29日，东莞市第一市区人民检察院以被告人胡林贵、刘康清犯生产、销售有毒、有害食品罪、行贿罪，叶在均、刘国富、张永富、叶世科犯生产、销售有毒、有害食品罪，骆梅、刘康素犯销售伪劣产品罪，朱伟全、曾伟中犯生产、销售伪劣产品罪，黎达文、王伟昌、陈伟基犯受贿罪、食品监管渎职罪，余忠东犯行贿罪，向东莞市第一人民法院提起公诉。

2012年7月9日，东莞市第一人民法院一审认为，被告人胡林贵、刘康清、叶在均、刘国富、张永富、叶世科无视国法，在生产、销售的食品中掺入有毒、有害的非食品原料，其行为已构成生产、销售有毒、有害食品罪，且属情节严重；被告人骆梅、刘康素作为产品销售者，以不合格产品冒充合格产品，其中被告人骆梅销售金额为五十万元以上不满二百万元，被告人刘康素销售金额为二十万元以上不满五十万元，其二人的行为已构成销售伪劣产品罪；被告人朱伟全、曾伟中在生产、销售中以不合格产品冒充合格产品，涉案金额五十万元以上不满二百万元，其二人的行为已构成生产、销售伪劣产品罪；被告人黎达文身为国家工作人员，被告人王伟昌、陈伟基身为受国家机关委托从事公务的人员，均利用职务之便，多次收受贿款，同时，被告人黎达文、王伟昌、陈伟基还违背所负的食品安全监督管理职责，滥用职权为刘康清等人谋取非法利益，造成严重后果，被告人黎达文、王伟昌、陈伟基的行为已构成受贿罪、食品监管渎职罪；被告人胡林贵、刘康清、余忠东为谋取不正当利益，多次向黎达文、王伟昌、陈伟基等人行贿，其三人的行为均已构成行贿罪。对上述被告人的犯罪行为，依法均应惩处，对被告人胡林贵、刘康清、黎达文、王伟昌、陈伟基依法予以数罪并罚。被告人刘康清系累犯，依法应从重处罚；刘康清在被追诉前主动交代其行贿行为，依法可以从轻处罚；刘康清还举报了胡林贵向黎达文行贿5000元的事实，并经查证属实，是立功，依法可以从轻处罚。被告人黎达文、王伟昌、陈伟基归案后已向侦查机关退出全部赃款，对其从轻处罚。被告人胡林贵、刘康清、张永富、叶世科、余忠东归案后如实供述犯罪事实，认罪态度较好，均可从轻处罚；被告人黎达文在法庭上认罪态度较好，可酌情从轻处罚。依照刑法相关条款规定，判决：

（一）被告人胡林贵犯生产、销售有毒、有害食品罪和行贿罪，数罪并罚，判处有期徒刑九年九个月，并处罚金人民币十万元。被告人刘康清犯生产、销售有毒、有害食品罪和行贿罪，数罪并罚，判处有期徒刑九年，并处罚金人民币九万元。被告人叶在均、刘国富、张永富、叶世科犯生产、销售有毒、有害食品罪，分别判处有期徒刑八年六个月并处罚金人民币十万元、有期徒刑八年六个月并处罚金人民币十万元、有期徒刑八年三个月并处罚金人民币十万元、有期徒刑七年九个月并处罚金人民币五万元。被告人骆梅、刘康素犯销售伪劣产品罪，分别判处有期徒刑七年六个月并处罚金人民币三万元、有期徒刑六年并处罚金人民币二万元。

（二）被告人朱伟全、曾伟中犯生产、销售伪劣产品罪，分别判处有期徒刑八年并处罚金人民币七万元、有期徒刑七年六个月并处罚金人民币六万元。

（三）被告人黎达文犯受贿罪和食品监管渎职罪，数罪并罚，判处有期徒刑七年六个月，并处没收个人财产人民币一万元。被告人王伟昌犯受贿罪和食品监管渎职罪，数罪并罚，判处有期徒刑三年三个月。被告人陈伟基犯受贿罪和食品监管渎职罪，数罪并罚，判处有期徒刑二年六个月。被告人余忠东犯行贿罪，判处有期徒刑十个月。

一审宣判后，被告人胡林贵、刘康清、叶在均、刘国富、张永富、叶世科、骆梅、刘康素、曾伟中、黎达文、王伟昌、陈伟基提出上诉。

2012年8月21日,广东省东莞市中级人民法院二审裁定驳回上诉,维持原判。

最高人民法院 最高人民检察院
关于办理危害食品安全刑事案件
适用法律若干问题的解释(节录)

法释〔2013〕12号

(2013年4月28日最高人民法院审判委员会第1576次会议、
2013年4月28日最高人民检察院第十二届检察委员会
第5次会议通过 2013年5月2日最高人民法院、
最高人民检察院公告公布 自2013年5月4日起施行)

第十六条 负有食品安全监督管理职责的国家机关工作人员,滥用职权或者玩忽职守,导致发生重大食品安全事故或者造成其他严重后果,同时构成食品监管渎职罪和徇私舞弊不移交刑事案件罪、商检徇私舞弊罪、动植物检疫徇私舞弊罪、放纵制售伪劣商品犯罪行为罪等其他渎职犯罪的,依照处罚较重的规定定罪处罚。

负有食品安全监督管理职责的国家机关工作人员滥用职权或者玩忽职守,不构成食品监管渎职罪,但构成前款规定的其他渎职犯罪的,依照该其他犯罪定罪处罚。

负有食品安全监督管理职责的国家机关工作人员与他人共谋,利用其职务行为帮助他人实施危害食品安全犯罪行为,同时构成渎职犯罪和危害食品安全犯罪共犯的,依照处罚较重的规定定罪处罚。

最高人民法院　最高人民检察院
关于办理渎职刑事案件适用法律若干问题的解释（一）

法释〔2012〕18号

（2012年7月9日最高人民法院审判委员会第1552次会议、2012年9月12日最高人民检察院第十一届检察委员会第79次会议通过　2012年12月7日最高人民法院、最高人民检察院公告公布　自2013年1月9日起施行）

为依法惩治渎职犯罪，根据刑法有关规定，现就办理渎职刑事案件适用法律的若干问题解释如下：

第一条　国家机关工作人员滥用职权或者玩忽职守，具有下列情形之一的，应当认定为刑法第三百九十七条规定的"致使公共财产、国家和人民利益遭受重大损失"：

（一）造成死亡1人以上，或者重伤3人以上，或者轻伤9人以上，或者重伤2人、轻伤3人以上，或者重伤1人、轻伤6人以上的；

（二）造成经济损失30万元以上的；

（三）造成恶劣社会影响的；

（四）其他致使公共财产、国家和人民利益遭受重大损失的情形。

具有下列情形之一的，应当认定为刑法第三百九十七条规定的"情节特别严重"：

（一）造成伤亡达到前款第（一）项规定人数3倍以上的；

（二）造成经济损失150万元以上的；

（三）造成前款规定的损失后果，不报、迟报、谎报或者授意、指使、强令他人不报、迟报、谎报事故情况，致使损失后果持续、扩大或者抢救工作延误的；

（四）造成特别恶劣社会影响的；

（五）其他特别严重的情节。

第二条　国家机关工作人员实施滥用职权或者玩忽职守犯罪行为，触犯刑法分则第九章第三百九十八条至第四百一十九条规定的，依照该规定定罪处罚。

国家机关工作人员滥用职权或者玩忽职守，因不具备徇私舞弊等情形，不符合刑法分则第九章第三百九十八条至第四百一十九条的规定，但依法构成第三百九十七条规定的犯罪的，以滥用职权罪或者玩忽职守罪定罪处罚。

第三条 国家机关工作人员实施渎职犯罪并收受贿赂，同时构成受贿罪的，除刑法另有规定外，以渎职犯罪和受贿罪数罪并罚。

第四条 国家机关工作人员实施渎职行为，放纵他人犯罪或者帮助他人逃避刑事处罚，构成犯罪的，依照渎职罪的规定定罪处罚。

国家机关工作人员与他人共谋，利用其职务行为帮助他人实施其他犯罪行为，同时构成渎职犯罪和共谋实施的其他犯罪共犯的，依照处罚较重的规定定罪处罚。

国家机关工作人员与他人共谋，既利用其职务行为帮助他人实施其他犯罪，又以非职务行为与他人共同实施该其他犯罪行为，同时构成渎职犯罪和其他犯罪的共犯的，依照数罪并罚的规定定罪处罚。

第五条 国家机关负责人员违法决定，或者指使、授意、强令其他国家机关工作人员违法履行职务或者不履行职务，构成刑法分则第九章规定的渎职犯罪的，应当依法追究刑事责任。

以"集体研究"形式实施的渎职犯罪，应当依照刑法分则第九章的规定追究国家机关负有责任的人员的刑事责任。对于具体执行人员，应当在综合认定其行为性质、是否提出反对意见、危害结果大小等情节的基础上决定是否追究刑事责任和应当判处的刑罚。

第六条 以危害结果为条件的渎职犯罪的追诉期限，从危害结果发生之日起计算；有数个危害结果的，从最后一个危害结果发生之日起计算。

第七条 依法或者受委托行使国家行政管理职权的公司、企业、事业单位的工作人员，在行使行政管理职权时滥用职权或者玩忽职守，构成犯罪的，应当依照《全国人民代表大会常务委员会关于〈中华人民共和国刑法〉第九章渎职罪主体适用问题的解释》的规定，适用渎职罪的规定追究刑事责任。

第八条 本解释规定的"经济损失"，是指渎职犯罪或者与渎职犯罪相关联的犯罪立案时已经实际造成的财产损失，包括为挽回渎职犯罪所造成损失而支付的各种开支、费用等。立案后至提起公诉前持续发生的经济损失，应一并计入渎职犯罪造成的经济损失。

债务人经法定程序被宣告破产，债务人潜逃、去向不明，或者因行为人的责任超过诉讼时效等，致使债权已经无法实现的，无法实现的债权部分应当认定为渎职犯罪的经济损失。

渎职犯罪或者与渎职犯罪相关联的犯罪立案后，犯罪分子及其亲友自行挽回的经济损失，司法机关或者犯罪分子所在单位及其上级主管部门挽回的经济损失，或者因客观原因减少的经济损失，不予扣减，但可以作为酌定从轻处罚的情节。

第九条 负有监督管理职责的国家机关工作人员滥用职权或者玩忽职守，致使不符合安全标准的食品、有毒有害食品、假药、劣药等流入社会，对人民群众生命、健康造成严重危害后果的，依照渎职罪的规定从严惩处。

第十条 最高人民法院、最高人民检察院此前发布的司法解释与本解释不一致的，以本解释为准。

最高人民法院 最高人民检察院
关于办理与盗窃、抢劫、诈骗、抢夺机动车相关刑事案件具体应用法律若干问题的解释（节录）

法释〔2007〕11号

（2006年12月25日最高人民法院审判委员会第1411次会议、2007年2月14日最高人民检察院第十届检察委员会第71次会议通过 2007年5月9日最高人民法院、最高人民检察院公告公布 自2007年5月11日起施行）

第三条 国家机关工作人员滥用职权，有下列情形之一，致使盗窃、抢劫、诈骗、抢夺的机动车被办理登记手续，数量达到三辆以上或者价值总额达到三十万元以上的，依照刑法第三百九十七条第一款的规定，以滥用职权罪定罪，处三年以下有期徒刑或者拘役：

（一）明知是登记手续不全或者不符合规定的机动车而办理登记手续的；

（二）指使他人为明知是登记手续不全或者不符合规定的机动车办理登记手续的；

（三）违规或者指使他人违规更改、调换车辆档案的；

（四）其他滥用职权的行为。

国家机关工作人员疏于审查或者审查不严，致使盗窃、抢劫、诈骗、抢夺的机动车被办理登记手续，数量达到五辆以上或者价值总额达到五十万元以上的，依照刑法第三百九十七条第一款的规定，以玩忽职守罪定罪，处三年以下有期徒刑或者拘役。

国家机关工作人员实施前两款规定的行为，致使盗窃、抢劫、诈骗、抢夺的机动车被办理登记手续，分别达到前两款规定数量、数额标准五倍以上的，或者明知是盗窃、抢劫、诈骗、抢夺的机动车而办理登记手续的，属于刑法第三百九十七条第一款规定的"情节特别严重"，处三年以上七年以下有期徒刑。

国家机关工作人员徇私舞弊，实施上述行为，构成犯罪的，依照刑法第三百九十七条第二款的规定定罪处罚。

最高人民检察院
关于渎职侵权犯罪案件立案标准的规定（节录）

高检发释字〔2006〕2号

(2005年12月29日最高人民检察院第十届检察委员会第四十九次会议通过　2006年7月26日最高人民检察院公告公布　自公布之日起施行)

一、渎职犯罪案件

（一）滥用职权案（第三百九十七条）

滥用职权罪是指国家机关工作人员超越职权，违法决定、处理其无权决定、处理的事项，或者违反规定处理公务，致使公共财产、国家和人民利益遭受重大损失的行为。

涉嫌下列情形之一的，应予立案：

1．造成死亡一人以上，或者重伤二人以上，或者重伤一人、轻伤三人以上，或者轻伤五人以上的；

2．导致十人以上严重中毒的；

3．造成个人财产直接经济损失十万元以上，或者直接经济损失不满十万元，但间接经济损失五十万元以上的；

4．造成公共财产或者法人、其他组织财产直接经济损失二十万元以上，或者直接经济损失不满二十万元，但间接经济损失一百万元以上的；

5．虽未达到3、4两项数额标准，但3、4两项合计直接经济损失二十万元以上，或者合计直接经济损失不满二十万元，但合计间接经济损失一百万元以上的；

6．造成公司、企业等单位停业、停产六个月以上，或者破产的；

7．弄虚作假，不报、缓报、谎报或者授意、指使、强令他人不报、缓报、谎报情况，导致重特大事故危害结果继续、扩大，或者致使抢救、调查、处理工作延误的；

8．严重损害国家声誉，或者造成恶劣社会影响的；

9．其他致使公共财产、国家和人民利益遭受重大损失的情形。

国家机关工作人员滥用职权，符合刑法第九章所规定的特殊渎职罪构成要件的，按照该特殊规定追究刑事责任；主体不符合刑法第九章所规定的特殊渎职罪的主体要件，但滥用职权涉嫌前款第 1 项至第 9 项规定情形之一的，按照刑法第三百九十七条的规定以滥用职权罪追究刑事责任。

(二) 玩忽职守案 (第三百九十七条)

玩忽职守罪是指国家机关工作人员严重不负责任，不履行或者不认真履行职责，致使公共财产、国家和人民利益遭受重大损失的行为。

涉嫌下列情形之一的，应予立案：

1. 造成死亡一人以上，或者重伤三人以上，或者重伤二人、轻伤四人以上，或者重伤一人、轻伤七人以上，或者轻伤十人以上的；

2. 导致二十人以上严重中毒的；

3. 造成个人财产直接经济损失十五万元以上，或者直接经济损失不满十五万元，但间接经济损失七十五万元以上的；

4. 造成公共财产或者法人、其他组织财产直接经济损失三十万元以上，或者直接经济损失不满三十万元，但间接经济损失一百五十万元以上的；

5. 虽未达到 3、4 两项数额标准，但 3、4 两项合计直接经济损失三十万元以上，或者合计直接经济损失不满三十万元，但合计间接经济损失一百五十万元以上的；

6. 造成公司、企业等单位停业、停产 1 年以上，或者破产的；

7. 海关、外汇管理部门的工作人员严重不负责任，造成一百万美元以上外汇被骗购或者逃汇一千万美元以上的；

8. 严重损害国家声誉，或者造成恶劣社会影响的；

9. 其他致使公共财产、国家和人民利益遭受重大损失的情形。

国家机关工作人员玩忽职守，符合刑法第九章所规定的特殊渎职罪构成要件的，按照该特殊规定追究刑事责任；主体不符合刑法第九章所规定的特殊渎职罪的主体要件，但玩忽职守涉嫌前款第 1 项至第 9 项规定情形之一的，按照刑法第三百九十七条的规定以玩忽职守罪追究刑事责任。

(十八) 违法发放林木采伐许可证案 (第四百零七条)

违法发放林木采伐许可证罪是指林业主管部门的工作人员违反森林法的规定，超过批准的年采伐限额发放林木采伐许可证或者违反规定滥发林木采伐许可证，情节严重，致使森林遭受严重破坏的行为。

涉嫌下列情形之一的，应予立案：

1. 发放林木采伐许可证允许采伐数量累计超过批准的年采伐限额，导致林木被超限额采伐十立方米以上的；

2. 滥发林木采伐许可证，导致林木被滥伐二十立方米以上，或者导致幼树被滥伐一千株以上的；

3. 滥发林木采伐许可证，导致防护林、特种用途林被滥伐五立方米以上，或者幼树被滥伐二百株以上的；

4. 滥发林木采伐许可证，导致珍贵树木或者国家重点保护的其他树木被滥伐的；

5. 滥发林木采伐许可证，导致国家禁止采伐的林木被采伐的；

6. 其他情节严重，致使森林遭受严重破坏的情形。

林业主管部门工作人员之外的国家机关工作人员，违反森林法的规定，滥用职权或者玩忽职守，致使林木被滥伐四十立方米以上或者幼树被滥伐二千株以上，或者致使防护林、特种用途林被滥伐十立方米以上或者幼树被滥伐四百株以上，或者致使珍贵树木被采伐、毁坏四立方米或者四株以上，或者致使国家重点保护的其他植物被采伐、毁坏后果严重的，或者致使国家严禁采伐的林木被采伐、毁坏情节恶劣的，按照刑法第三百九十七条的规定以滥用职权罪或者玩忽职守罪追究刑事责任。

三、附则

（五）本规定中的"徇私舞弊"，是指国家机关工作人员为徇私情、私利，故意违背事实和法律，伪造材料，隐瞒情况，弄虚作假的行为。

(二十二) 故意泄露国家秘密罪※

中华人民共和国刑法（节录）*

第三百九十八条 【故意泄露国家秘密罪】【过失泄露国家秘密罪】 国家机关工作人员违反保守国家秘密法的规定，故意或者过失泄露国家秘密，情节严重的，处三年以下有期徒刑或者拘役；情节特别严重的，处三年以上七年以下有期徒刑。

非国家机关工作人员犯前款罪的，依照前款的规定酌情处罚。

中华人民共和国保守国家秘密法（节录）

(1988年9月5日第七届全国人民代表大会常务委员会第三次会议通过 2010年4月29日第十一届全国人民代表大会常务委员会第十四次会议修订 2010年4月29日中华人民共和国主席令第28号公布 自2010年10月1日起施行)

第二条 国家秘密是关系国家安全和利益，依照法定程序确定，在一定时间内只限一定范围的人员知悉的事项。

第九条 下列涉及国家安全和利益的事项，泄露后可能损害国家在政治、经济、国防、外交等领域的安全和利益的，应当确定为国家秘密：

（一）国家事务重大决策中的秘密事项；

（二）国防建设和武装力量活动中的秘密事项；

（三）外交和外事活动中的秘密事项以及对外承担保密义务的秘密事项；

（四）国民经济和社会发展中的秘密事项；

（五）科学技术中的秘密事项；

（六）维护国家安全活动和追查刑事犯罪中的秘密事项；

---

* 编者注：根据1997年刑法和《全国人民代表大会常务委员会关于惩治骗购外汇、逃汇和非法买卖外汇犯罪的决定》及十部刑法修正案编纂。

（七）经国家保密行政管理部门确定的其他秘密事项。

政党的秘密事项中符合前款规定的，属于国家秘密。

最高人民检察院
关于渎职侵权犯罪案件立案标准的规定（节录）

高检发释字〔2006〕2号

(2005年12月29日最高人民检察院第十届检察委员会第四十九次会议通过　2006年7月26日最高人民检察院公告公布　自公布之日起施行)

一、渎职犯罪案件

（三）故意泄露国家秘密案（第三百九十八条）

故意泄露国家秘密罪是指国家机关工作人员或者非国家机关工作人员违反保守国家秘密法，故意使国家秘密被不应知悉者知悉，或者故意使国家秘密超出了限定的接触范围，情节严重的行为。

涉嫌下列情形之一的，应予立案：

1. 泄露绝密级国家秘密1项（件）以上的；
2. 泄露机密级国家秘密2项（件）以上的；
3. 泄露秘密级国家秘密3项（件）以上的；
4. 向非境外机构、组织、人员泄露国家秘密，造成或者可能造成危害社会稳定、经济发展、国防安全或者其他严重危害后果的；
5. 通过口头、书面或者网络等方式向公众散布、传播国家秘密的；
6. 利用职权指使或者强迫他人违反国家保守秘密法的规定泄露国家秘密的；
7. 以牟取私利为目的泄露国家秘密的；
8. 其他情节严重的情形。

最高人民法院
关于审理为境外窃取、刺探、收买、非法提供国家秘密、情报案件具体应用法律若干问题的解释（节录）

法释〔2001〕4号

（2000年11月20日最高人民法院审判委员会第1142次会议通过 2001年1月17日最高人民法院公告公布 自2001年1月22日起施行）

第六条 通过互联网将国家秘密或者情报非法发送给境外的机构、组织、个人的，依照刑法第一百一十一条的规定定罪处罚；将国家秘密通过互联网予以发布，情节严重的，依照刑法第三百九十八条的规定定罪处罚。

（二十三）报复陷害罪※

中华人民共和国刑法（节录）*

第二百五十四条　【报复陷害罪】　国家机关工作人员滥用职权、假公济私，对控告人、申诉人、批评人、举报人实行报复陷害的，处二年以下有期徒刑或者拘役；情节严重的，处二年以上七年以下有期徒刑。

最高人民检察院
关于渎职侵权犯罪案件立案标准的规定（节录）

高检发释字〔2006〕2号

（2005年12月29日最高人民检察院第十届检察委员会第四十九次会议通过　2006年7月26日最高人民检察院公告公布　自公布之日起施行）

二、国家机关工作人员利用职权实施的侵犯公民人身权利、民主权利犯罪案件

（六）报复陷害案（第二百五十四条）

报复陷害罪是指国家机关工作人员滥用职权、假公济私，对控告人、申诉人、批评人、举报人实行打击报复、陷害的行为。

涉嫌下列情形之一的，应予立案：

1. 报复陷害，情节严重，导致控告人、申诉人、批评人、举报人或者其近亲属自杀、自残造成重伤、死亡，或者精神失常的；

2. 致使控告人、申诉人、批评人、举报人或者其近亲属的其他合法权利受到严重损害的；

3. 其他报复陷害应予追究刑事责任的情形。

---

* 编者注：根据1997年刑法和《全国人民代表大会常务委员会关于惩治骗购外汇、逃汇和非法买卖外汇犯罪的决定》及十部刑法修正案编纂。

(二十四) 阻碍解救被拐卖、绑架妇女、儿童罪※

中华人民共和国刑法（节录）*

第四百一十六条 【不解救被拐卖、绑架妇女、儿童罪】 对被拐卖、绑架的妇女、儿童负有解救职责的国家机关工作人员，接到被拐卖、绑架的妇女、儿童及其家属的解救要求或者接到其他人的举报，而对被拐卖、绑架的妇女、儿童不进行解救，造成严重后果的，处五年以下有期徒刑或者拘役。

【阻碍解救被拐卖、绑架妇女、儿童罪】 负有解救职责的国家机关工作人员利用职务阻碍解救的，处二年以上七年以下有期徒刑；情节较轻的，处二年以下有期徒刑或者拘役。

最高人民检察院
关于渎职侵权犯罪案件立案标准的规定（节录）

高检发释字〔2006〕2号

（2005年12月29日最高人民检察院第十届检察委员会第四十九次会议通过 2006年7月26日最高人民检察院公告公布 自公布之日起施行）

一、渎职犯罪案件

（三十二）阻碍解救被拐卖、绑架妇女、儿童案（第四百一十六条第二款）

阻碍解救被拐卖、绑架妇女、儿童罪是指对被拐卖、绑架的妇女、儿童负有解救职责的公安、司法等国家机关工作人员利用职务阻碍解救被拐卖、绑架的妇女、儿童的行为。

---

* 编者注：根据1997年刑法和《全国人民代表大会常务委员会关于惩治骗购外汇、逃汇和非法买卖外汇犯罪的决定》及十部刑法修正案编纂。

涉嫌下列情形之一的，应予立案：

1. 利用职权，禁止、阻止或者妨碍有关部门、人员解救被拐卖、绑架的妇女、儿童的；

2. 利用职务上的便利，向拐卖、绑架者或者收买者通风报信，妨碍解救工作正常进行的；

3. 其他利用职务阻碍解救被拐卖、绑架的妇女、儿童应予追究刑事责任的情形。

(二十五)帮助犯罪分子逃避处罚罪※

中华人民共和国刑法(节录)*

第四百一十七条 【帮助犯罪分子逃避处罚罪】 有查禁犯罪活动职责的国家机关工作人员,向犯罪分子通风报信、提供便利,帮助犯罪分子逃避处罚的,处三年以下有期徒刑或者拘役;情节严重的,处三年以上十年以下有期徒刑。

最高人民法院 最高人民检察院
关于办理扰乱无线电通讯管理秩序等刑事案件适用法律若干问题的解释(节录)

法释〔2017〕11号

(2017年4月17日最高人民法院审判委员会第1715次会议、2017年5月25日最高人民检察院第十二届检察委员会第64次会议通过 2017年6月27日最高人民法院、最高人民检察院公告公布 自2017年7月1日起施行)

第七条 有查禁扰乱无线电管理秩序犯罪活动职责的国家机关工作人员,向犯罪分子通风报信、提供便利,帮助犯罪分子逃避处罚的,应当依照刑法第四百一十七条的规定,以帮助犯罪分子逃避处罚罪追究刑事责任;事先通谋的,以共同犯罪论处。

---

* 编者注:根据1997年刑法和《全国人民代表大会常务委员会关于惩治骗购外汇、逃汇和非法买卖外汇犯罪的决定》及十部刑法修正案编纂。

最高人民检察院
关于渎职侵权犯罪案件立案标准的规定（节录）

高检发释字〔2006〕2号

（2005年12月29日最高人民检察院第十届检察委员会第四十九次会议通过 2006年7月26日最高人民检察院公告公布 自公布之日起施行）

一、渎职犯罪案件

（三十三）帮助犯罪分子逃避处罚案（第四百一十七条）

帮助犯罪分子逃避处罚罪是指有查禁犯罪活动职责的司法及公安、国家安全、海关、税务等国家机关工作人员，向犯罪分子通风报信、提供便利，帮助犯罪分子逃避处罚的行为。

涉嫌下列情形之一的，应予立案：

1. 向犯罪分子泄漏有关部门查禁犯罪活动的部署、人员、措施、时间、地点等情况的；
2. 向犯罪分子提供钱物、交通工具、通讯设备、隐藏处所等便利条件的；
3. 向犯罪分子泄漏案情的；
4. 帮助、示意犯罪分子隐匿、毁灭、伪造证据，或者串供、翻供的；
5. 其他帮助犯罪分子逃避处罚应予追究刑事责任的情形。

最高人民法院 最高人民检察院
公安部 国家工商行政管理局
关于依法查处盗窃、抢劫机动车案件的规定（节录）

1998年5月8日　　　　　　　　　公通字〔1998〕31号

十、公安人员对盗窃、抢劫的机动车辆，非法提供机动车牌证或者为其取得机动车牌证提供便利，帮助犯罪分子逃避处罚的，依照《刑法》第四百一十七条规定处罚。

（二十六）违法发放林木采伐许可证罪※

中华人民共和国刑法（节录）*

第四百零七条 【违法发放林木采伐许可证罪】 林业主管部门的工作人员违反森林法的规定，超过批准的年采伐限额发放林木采伐许可证或者违反规定滥发林木采伐许可证，情节严重，致使森林遭受严重破坏的，处三年以下有期徒刑或者拘役。

最高人民检察院
关于渎职侵权犯罪案件立案标准的规定（节录）

高检发释字〔2006〕2号

（2005年12月29日最高人民检察院第十届检察委员会第四十九次会议通过 2006年7月26日最高人民检察院公告公布 自公布之日起施行）

一、渎职犯罪案件

（十八）违法发放林木采伐许可证案（第四百零七条）

违法发放林木采伐许可证罪是指林业主管部门的工作人员违反森林法的规定，超过批准的年采伐限额发放林木采伐许可证或者违反规定滥发林木采伐许可证，情节严重，致使森林遭受严重破坏的行为。

涉嫌下列情形之一的，应予立案：

1. 发放林木采伐许可证允许采伐数量累计超过批准的年采伐限额，导致林木被超限额采伐十立方米以上的；

2. 滥发林木采伐许可证，导致林木被滥伐二十立方米以上，或者导致幼树被滥伐一千株以上的；

---

* 编者注：根据1997年刑法和《全国人民代表大会常务委员会关于惩治骗购外汇、逃汇和非法买卖外汇犯罪的决定》及十部刑法修正案编纂。

3. 滥发林木采伐许可证,导致防护林、特种用途林被滥伐五立方米以上,或者幼树被滥伐二百株以上的;

4. 滥发林木采伐许可证,导致珍贵树木或者国家重点保护的其他树木被滥伐的;

5. 滥发林木采伐许可证,导致国家禁止采伐的林木被采伐的;

6. 其他情节严重,致使森林遭受严重破坏的情形。

林业主管部门工作人员之外的国家机关工作人员,违反森林法的规定,滥用职权或者玩忽职守,致使林木被滥伐四十立方米以上或者幼树被滥伐二千株以上,或者致使防护林、特种用途林被滥伐十立方米以上或者幼树被滥伐四百株以上,或者致使珍贵树木被采伐、毁坏四立方米或者四株以上,或者致使国家重点保护的其他植物被采伐、毁坏后果严重的,或者致使国家严禁采伐的林木被采伐、毁坏情节恶劣的,按照刑法第三百九十七条的规定以滥用职权罪或者玩忽职守罪追究刑事责任。

最高人民法院
关于审理破坏森林资源刑事案件具体应用法律若干问题的解释(节录)

法释〔2000〕36号

(2000年11月17日最高人民法院审判委员会第1141次会议通过 2000年11月22日最高人民法院公告公布 自2000年12月11日起施行)

第十二条 林业主管部门的工作人员违反森林法的规定,超过批准的年采伐限额发放林木采伐许可证或者违反规定滥发林木采伐许可证,具有下列情形之一的,属于刑法第四百零七条规定的"情节严重,致使森林遭受严重破坏",以违法发放林木采伐许可证罪定罪处罚:

(一)发放林木采伐许可证允许采伐数量累计超过批准的年采伐限额,导致林木被采伐数量在10立方米以上的;

(二)滥发林木采伐许可证,导致林木被滥伐20立方米以上的;

(三)滥发林木采伐许可证,导致珍贵树木被滥伐的;

(四)批准采伐国家禁止采伐的林木,情节恶劣的;

(五)其他情节严重的情形。

(二十七)办理偷越国(边)境人员出入境证件罪※

中华人民共和国刑法(节录)*

第四百一十五条 【办理偷越国(边)境人员出入境证件罪】【放行偷越国(边)境人员罪】 负责办理护照、签证以及其他出入境证件的国家机关工作人员,对明知是企图偷越国(边)境的人员,予以办理出入境证件的,或者边防、海关等国家机关工作人员,对明知是偷越国(边)境的人员,予以放行的,处三年以下有期徒刑或者拘役;情节严重的,处三年以上七年以下有期徒刑。

最高人民检察院
关于渎职侵权犯罪案件立案标准的规定(节录)

高检发释字〔2006〕2号

(2005年12月29日最高人民检察院第十届检察委员会第四十九次会议通过 2006年7月26日最高人民检察院公告公布 自公布之日起施行)

一、渎职犯罪案件

(二十九)办理偷越国(边)境人员出入境证件案(第四百一十五条)

办理偷越国(边)境人员出入境证件罪是指负责办理护照、签证以及其他出入境证件的国家机关工作人员,对明知是企图偷越国(边)境的人员,予以办理出入境证件的行为。

负责办理护照、签证以及其他出入境证件的国家机关工作人员涉嫌在办理护照、签证以及其他出入境证件的过程中,对明知是企图偷越国(边)境的人员而予以办理出入境证件的,应予立案。

---

* 编者注:根据1997年刑法和《全国人民代表大会常务委员会关于惩治骗购外汇、逃汇和非法买卖外汇犯罪的决定》及十部刑法修正案编纂。

（二十八）放行偷越国（边）境人员罪※

中华人民共和国刑法（节录）*

第四百一十五条 【办理偷越国（边）境人员出入境证件罪】【放行偷越国（边）境人员罪】 负责办理护照、签证以及其他出入境证件的国家机关工作人员，对明知是企图偷越国（边）境的人员，予以办理出入境证件的，或者边防、海关等国家机关工作人员，对明知是偷越国（边）境的人员，予以放行的，处三年以下有期徒刑或者拘役；情节严重的，处三年以上七年以下有期徒刑。

最高人民检察院
关于渎职侵权犯罪案件立案标准的规定（节录）

高检发释字〔2006〕2号

（2005年12月29日最高人民检察院第十届检察委员会第四十九次会议通过 2006年7月26日最高人民检察院公告公布 自公布之日起施行）

一、渎职犯罪案件

（三十）放行偷越国（边）境人员案（第四百一十五条）

放行偷越国（边）境人员罪是指边防、海关等国家机关工作人员，对明知是偷越国（边）境的人员予以放行的行为。

边防、海关等国家机关工作人员涉嫌在履行职务过程中，对明知是偷越国（边）境的人员而予以放行的，应予立案。

---

* 编者注：根据1997年刑法和《全国人民代表大会常务委员会关于惩治骗购外汇、逃汇和非法买卖外汇犯罪的决定》及十部刑法修正案编纂。

（二十九）挪用特定款物罪※

中华人民共和国刑法（节录）*

第二百七十三条　【挪用特定款物罪】　挪用用于救灾、抢险、防汛、优抚、扶贫、移民、救济款物，情节严重，致使国家和人民群众利益遭受重大损害的，对直接责任人员，处三年以下有期徒刑或者拘役；情节特别严重的，处三年以上七年以下有期徒刑。

最高人民检察院　公安部
关于公安机关管辖的刑事案件立案追诉标准的规定（二）（节录）

2010年5月7日　　　　　　　　　　　公通字〔2010〕23号

第八十六条　［挪用特定款物案（刑法第二百七十三条）］挪用用于救灾、抢险、防汛、优抚、扶贫、移民、救济款物，涉嫌下列情形之一的，应予立案追诉：

（一）挪用特定款物数额在五千元以上的；

（二）造成国家和人民群众直接经济损失数额在五万元以上的；

（三）虽未达到上述数额标准，但多次挪用特定款物的，或者造成人民群众的生产、生活严重困难的；

（四）严重损害国家声誉，或者造成恶劣社会影响的；

（五）其他致使国家和人民群众利益遭受重大损害的情形。

---

*　编者注：根据1997年刑法和《全国人民代表大会常务委员会关于惩治骗购外汇、逃汇和非法买卖外汇犯罪的决定》及十部刑法修正案编纂。

最高人民法院研究室
关于挪用退休职工社会养老金行为
如何适用法律问题的复函

2004年7月9日 　　　　　　　　　　　　法研〔2004〕102号

公安部经济犯罪侦查局：

你局公经〔2004〕916号《关于挪用退休职工社会养老保险金是否属于挪用特定款物罪事》收悉。经研究，提供如下意见供参考：

退休职工养老保险金不属于我国刑法中的救灾、抢险、防汛、优抚、扶贫、移民、救济等特定款物的任何一种。因此，对于挪用退休职工养老保险金的行为，构成犯罪时，不能以挪用特定款物罪追究刑事责任，而应当按照行为人身份的不同，分别以挪用资金罪或者挪用公款罪追究刑事责任。

最高人民法院　最高人民检察院
关于办理妨害预防、控制突发传染病疫情等灾害的
刑事案件具体应用法律若干问题的解释（节录）

法释〔2003〕8号

（2003年5月13日最高人民法院审判委员会第1269次会议、
2003年5月13日最高人民检察院第十届检察委员会
第3次会议通过　2003年5月14日最高人民法院、
最高人民检察院公告公布　自2003年5月15日起施行）

第十四条　挪用用于预防、控制突发传染病疫情等灾害的救灾、优抚、救济等款物，构成犯罪的，对直接责任人员，依照刑法第二百七十三条的规定，以挪用特定款物罪定罪处罚。

最高人民检察院
关于挪用失业保险基金和下岗职工基本生活保障资金的行为适用法律问题的批复

高检发释字〔2003〕1号

(2003年1月13日最高人民检察院第九届检察委员会第118次会议通过 2003年1月28日最高人民检察院公告公布 自2003年1月30日起施行)

辽宁省人民检察院：

你院辽检发研字〔2002〕9号《关于挪用职工失业保险金和下岗职工生活保障金是否属于挪用特定款物的请示》收悉。经研究，批复如下：

挪用失业保险基金和下岗职工基本生活保障资金属于挪用救济款物。挪用失业保险基金和下岗职工基本生活保障资金，情节严重，致使国家和人民群众利益遭受重大损害的，对直接责任人员，应当依照刑法第二百七十三条的规定，以挪用特定款物罪追究刑事责任；国家工作人员利用职务上的便利，挪用失业保险基金和下岗职工基本生活保障资金归个人使用，构成犯罪的，应当依照刑法第三百八十四条的规定，以挪用公款罪追究刑事责任。

此复。

（三十）非法剥夺公民宗教信仰自由罪※

中华人民共和国刑法（节录）*

第二百五十一条　【非法剥夺公民宗教信仰自由罪】【侵犯少数民族风俗习惯罪】　国家机关工作人员非法剥夺公民的宗教信仰自由和侵犯少数民族风俗习惯，情节严重的，处二年以下有期徒刑或者拘役。

＊　编者注：根据1997年刑法和《全国人民代表大会常务委员会关于惩治骗购外汇、逃汇和非法买卖外汇犯罪的决定》及十部刑法修正案编纂。

(三十一)侵害少数民族风俗习惯罪※

中华人民共和国刑法(节录)*

第二百五十一条 【非法剥夺公民宗教信仰自由罪】【侵犯少数民族风俗习惯罪】 国家机关工作人员非法剥夺公民的宗教信仰自由和侵犯少数民族风俗习惯,情节严重的,处二年以下有期徒刑或者拘役。

---

* 编者注:根据1997年刑法和《全国人民代表大会常务委员会关于惩治骗购外汇、逃汇和非法买卖外汇犯罪的决定》及十部刑法修正案编纂。

由监察机关、公安机关共同管辖的滥用职权犯罪案件

（三十二）打击报复会计、统计人员罪※

中华人民共和国刑法（节录）*

第二百五十五条 【打击报复会计、统计人员罪】 公司、企业、事业单位、机关、团体的领导人，对依法履行职责、抵制违反会计法、统计法行为的会计、统计人员实行打击报复，情节恶劣的，处三年以下有期徒刑或者拘役。

最高人民检察院
关于渎职侵权犯罪案件立案标准的规定（节录）

高检发释字〔2006〕2号

(2005年12月29日最高人民检察院第十届检察委员会第四十九次会议通过 2006年7月26日最高人民检察院公告公布 自公布之日起施行)

二、国家机关工作人员利用职权实施的侵犯公民人身权利、民主权利犯罪案件

（六）报复陷害案（第二百五十四条）

报复陷害罪是指国家机关工作人员滥用职权、假公济私，对控告人、申

---

* 编者注：根据1997年刑法和《全国人民代表大会常务委员会关于惩治骗购外汇、逃汇和非法买卖外汇犯罪的决定》及十部刑法修正案编纂。

诉人、批评人、举报人实行打击报复、陷害的行为。

涉嫌下列情形之一的，应予立案：

1. 报复陷害，情节严重，导致控告人、申诉人、批评人、举报人或者其近亲属自杀、自残造成重伤、死亡，或者精神失常的；

2. 致使控告人、申诉人、批评人、举报人或者其近亲属的其他合法权利受到严重损害的；

3. 其他报复陷害应予追究刑事责任的情形。

三、玩忽职守犯罪案件

由监察机关、公安机关共同管辖的玩忽职守犯罪案件

（三十三）玩忽职守罪※

中华人民共和国刑法（节录）*

第三百九十七条　【滥用职权罪】【玩忽职守罪】　国家机关工作人员滥用职权或者玩忽职守，致使公共财产、国家和人民利益遭受重大损失的，处三年以下有期徒刑或者拘役；情节特别严重的，处三年以上七年以下有期徒刑。本法另有规定的，依照规定。

国家机关工作人员徇私舞弊，犯前款罪的，处五年以下有期徒刑或者拘役；情节特别严重的，处五年以上十年以下有期徒刑。本法另有规定的，依照规定。

全国人民代表大会常务委员会
关于惩治骗购外汇、逃汇和
非法买卖外汇犯罪的决定（节录）

（1998年12月29日第九届全国人民代表大会常务委员会第六次会议通过　1998年12月29日中华人民共和国主席令第十四号公布施行）

六、海关、外汇管理部门的工作人员严重不负责任，造成大量外汇被骗购或者逃汇，致使国家利益遭受重大损失的，依照刑法第三百九十七条的规

---

* 编者注：根据1997年刑法和《全国人民代表大会常务委员会关于惩治骗购外汇、逃汇和非法买卖外汇犯罪的决定》及十部刑法修正案编纂。

定定罪处罚。

最高人民法院　最高人民检察院
关于办理扰乱无线电通讯管理秩序等刑事案件适用法律若干问题的解释（节录）

法释〔2017〕11号

（2017年4月17日最高人民法院审判委员会第1715次会议、2017年5月25日最高人民检察院第十二届检察委员会第64次会议通过　2017年6月27日最高人民法院、最高人民检察院公告公布　自2017年7月1日起施行）

第七条　负有无线电监督管理职责的国家机关工作人员滥用职权或者玩忽职守，致使公共财产、国家和人民利益遭受重大损失的，应当依照刑法第三百九十七条的规定，以滥用职权罪或者玩忽职守罪追究刑事责任。

最高人民法院　最高人民检察院
关于办理药品、医疗器械注册申请材料造假刑事案件适用法律若干问题的解释（节录）

法释〔2017〕15号

（2017年4月10日最高人民法院审判委员会第1714次会议、2017年6月8日最高人民检察院第十二届检察委员会第65次会议通过　2017年8月14日最高人民法院、最高人民检察院公告公布　自2017年9月1日起施行）

第七条　对药品、医疗器械注册申请负有核查职责的国家机关工作人员，滥用职权或者玩忽职守，导致使用虚假证明材料的药品、医疗器械获得注册，致使公共财产、国家和人民利益遭受重大损失的，应当依照刑法第三百九十七条规定，以滥用职权罪或者玩忽职守罪追究刑事责任。

最高人民法院　最高人民检察院
关于办理危害生产安全刑事案件
适用法律若干问题的解释（节录）

法释〔2015〕22号

（2015年11月9日最高人民法院审判委员会第1665次会议、
2015年12月9日最高人民检察院第十二届检察委员会
第44次会议通过　2015年12月14日最高人民法院、
最高人民检察院公告公布　自2015年12月16日起施行）

第十五条　国家机关工作人员在履行安全监督管理职责时滥用职权、玩忽职守，致使公共财产、国家和人民利益遭受重大损失的，或者徇私舞弊，对发现的刑事案件依法应当移交司法机关追究刑事责任而不移交，情节严重的，分别依照刑法第三百九十七条、第四百零二条的规定，以滥用职权罪、玩忽职守罪或者徇私舞弊不移交刑事案件罪定罪处罚。

公司、企业、事业单位的工作人员在依法或者受委托行使安全监督管理职责时滥用职权或者玩忽职守，构成犯罪的，应当依照《全国人民代表大会常务委员会关于〈中华人民共和国刑法〉第九章渎职罪主体适用问题的解释》的规定，适用渎职罪的规定追究刑事责任。

最高人民法院　最高人民检察院
关于办理渎职刑事案件适用
法律若干问题的解释（一）（节录）

法释〔2012〕18号

（2012年7月9日最高人民法院审判委员会第1552次会议、
2012年9月12日最高人民检察院第十一届检察委员会
第79次会议通过　2012年12月7日最高人民法院、
最高人民检察院公告公布　自2013年1月9日起施行）

第一条　国家机关工作人员滥用职权或者玩忽职守，具有下列情形之一的，应当认定为刑法第三百九十七条规定的"致使公共财产、国家和人民利

益遭受重大损失":

（一）造成死亡 1 人以上，或者重伤 3 人以上，或者轻伤 9 人以上，或者重伤 2 人、轻伤 3 人以上，或者重伤 1 人、轻伤 6 人以上的；

（二）造成经济损失 30 万元以上的；

（三）造成恶劣社会影响的；

（四）其他致使公共财产、国家和人民利益遭受重大损失的情形。

具有下列情形之一的，应当认定为刑法第三百九十七条规定的"情节特别严重"：

（一）造成伤亡达到前款第（一）项规定人数 3 倍以上的；

（二）造成经济损失 150 万元以上的；

（三）造成前款规定的损失后果，不报、迟报、谎报或者授意、指使、强令他人不报、迟报、谎报事故情况，致使损失后果持续、扩大或者抢救工作延误的；

（四）造成特别恶劣社会影响的；

（五）其他特别严重的情节。

最高人民检察院
关于印发第二批指导性案例的通知（节录）

2012 年 11 月 15 日　　　　　　　　　高检发研字〔2012〕5 号

各省、自治区、直辖市人民检察院，军事检察院，新疆生产建设兵团人民检察院：

经 2012 年 10 月 31 日最高人民检察院第十一届检察委员会第八十一次会议审议决定，现将崔某环境监管失职案、陈某等滥用职权案、罗甲等滥用职权案、胡某等徇私舞弊不移交刑事案件案和杨某玩忽职守、徇私枉法、受贿案等五个案例印发你们，供参考。

陈某、林某、李甲滥用职权案

（检例第 5 号）

【关键词】

渎职罪主体　村基层组织人员　滥用职权罪

【要旨】

随着我国城镇建设和社会主义新农村建设逐步深入推进，村民委员会、居民委员会等基层组织协助人民政府管理社会发挥越来越重要的作用。实践中，对村民委员会、居民委员会等基层组织人员协助人民政府从事行政管理工作时，滥用职权、玩忽职守构成犯罪的，应当依照刑法关于渎职罪的规定追究刑事责任。

【相关立法】

《中华人民共和国刑法》第三百九十七条，全国人民代表大会常务委员会《关于〈中华人民共和国刑法〉第九章渎职罪主体适用问题的解释》。

【基本案情】

被告人陈某，男，1946 年出生，原系上海市奉贤区四团镇推进小城镇社会保险（以下简称"镇保"）工作领导小组办公室负责人。

被告人林某，女，1960 年出生，原系上海市奉贤区四团镇杨家宅村党支部书记、村民委员会主任、村镇保工作负责人。

被告人李甲（曾用名李乙），男，1958 年出生，原系上海市奉贤区四团镇杨家宅村党支部委员、村民委员会副主任、村镇保工作经办人。

2004 年 1 月至 2006 年 6 月期间，被告人陈某利用担任上海市奉贤区四团镇推进镇保工作领导小组办公室负责人的职务便利，被告人林某、李甲利用受上海市奉贤区四团镇人民政府委托分别担任杨家宅村镇保工作负责人、经办人的职务便利，在从事被征用农民集体所有土地负责农业人员就业和社会保障工作过程中，违反相关规定，采用虚增被征用土地面积等方法徇私舞弊，共同或者单独将杨家宅村、良民村、横桥村 114 名不符合镇保条件的人员纳入镇保范围，致使奉贤区四团镇人民政府为上述人员缴纳镇保费用共计人民币 600 余万元、上海市社会保险事业基金结算管理中心（以下简称"市社保中心"）为上述人员实际发放镇保资金共计人民币 178 万余元，并造成了恶劣的社会影响。其中，被告人陈某共同及单独将 71 名不符合镇保条件人员纳入镇保范围，致使镇政府缴纳镇保费用共计人民币 400 余万元、市社保中心实际发放镇保资金共计人民币 114 万余元；被告人林某共同及单独将 79 名不符合镇保条件人员纳入镇保范围，致使镇政府缴纳镇保费用共计人民币 400 余万元、市社保中心实际发放镇保资金共计人民币 124 万余元；被告人李甲共同及单独将 60 名不符合镇保条件人员纳入镇保范围，致使镇政府缴纳镇保费用共计人民币 300 余万元，市社保中心实际发放镇保资金共计人民币 95 万余元。

【诉讼过程】

2008 年 4 月 15 日，陈某、林某、李甲因涉嫌滥用职权罪由上海市奉贤区人民检察院立案侦查，陈某于 4 月 15 日被刑事拘留，4 月 29 日被逮捕，林某、李甲于 4 月 15 日被取保候审，6 月 27 日侦查终结移送审查起诉。2008 年 7 月 28 日，上海市奉贤区人民检察院以被告人陈某、林某、李甲犯滥用职权罪向奉贤区人民法院提起公诉。2008 年 12 月 15 日，上海市奉贤区人民法院作出一审判决，认为被告人陈某身为国家机关工作人员，被告人林某、李甲作为在受国家机关委托代表国家机关行使职权的组织中从事公务的人员，在负责或经办被征地人员就业和保障工作过程中，故意违反有关规定，共同或单独擅自将不符合镇保条件的人员纳入镇保范围，致使公共财产遭受重大损失，并造成恶劣社会影响，其行为均已触犯刑法，构成滥用职权罪，且有徇个人私情、私利的徇私舞弊情节。其中被告人陈某、林某情节特别严重。犯罪后，三被告人在尚未被司法机关采取强制措施时，如实供述自己的罪行，属自首，依法可从轻或减轻处罚。依照《中华人民共和国刑法》第三百九十七条，第二十五条第一款，第六十七条第一款，第七十二条第一款，第七十三条第二、三款之规定，判决被告人陈某犯滥用职权罪，判处有期徒刑二年；被告人林某犯滥用职权罪，判处有期徒刑一年六个月，宣告缓刑一年六个月；被告人李甲犯滥用职权罪，判处有期徒刑一年，宣告缓刑一年。一审判决后，被告人林某提出上诉。上海市第一中级人民法院二审终审裁定，驳回上诉，维持原判。

最高人民检察院
关于加强查办危害土地资源渎职犯罪
工作的指导意见（节录）

2008年11月6日　　　　　　　　高检发渎检字〔2008〕12号

二、准确确定损失后果。在查办案件中，对损失后果的认定，既要考虑被破坏的土地资源的经济价值，按照有关部门做出的鉴定结论，以经济损失计算损失后果，也要充分考虑土地作为特殊资源，被破坏土地的性质、地理位置、实际用处等差异所产生的土地价值，受损后无法用经济价值数额衡量的特殊性，可以采取经济标准或者面积标准认定损失后果，准确适用《中华人民共和国刑法》第三百九十七条和第四百一十条的规定以及相关司法解释查处犯罪。

三、严格区分责任。在查办案件中，要分清渎职行为对危害后果所起的作用大小，正确区分主要责任人与次要责任人、直接责任人与间接责任人。对多因一果的有关责任人员，要分清主次，分别根据他们在造成危害土地资源损失结果发生过程中所起的作用，确定其罪责。

要正确区分决策者与实施人员、监管人员的责任。对于决策者滥用职权、玩忽职守、徇私舞弊违法决策，严重破坏土地资源的，或者强令、胁迫其他国家机关工作人员实施破坏土地资源行为的，或者阻挠监管人员执法，导致国家土地资源被严重破坏的，应当区分决策者和实施人员、监管人员的责任大小，重点查处决策者的渎职犯罪；实施人员、监管人员贪赃枉法、徇私舞弊，隐瞒事实真相，提供虚假信息，影响决策者的正确决策，造成危害后果发生的，要严肃追究实施人员和监管人员的责任；实施人员、监管人员明知决策者决策错误，而不提出反对意见，或者不进行纠正、制止、查处，造成国家土地资源被严重破坏的，应当视其情节追究渎职犯罪责任；对于决策者与具体实施人员、监管人员相互勾结，共同实施危害土地资源渎职犯罪的，要依法一并查处。

要严格区分集体行为和个人行为的责任。对集体研究做出的决定违反法律法规，要具体案件具体分析。对于采取集体研究决策形式，实为个人滥用职权、玩忽职守、贪赃枉法、徇私舞弊等，构成危害土地资源渎职犯罪的，应当依法追究决策者的刑事责任。

四、正确把握法律政策界限。严格区分罪与非罪的界限。要正确把握相关的法律、行政法规及政策，准确把握工作失误与渎职犯罪的界限，坚持具体案件具体分析，严查擅权渎职、徇私舞弊型渎职犯罪案件，找准法律与政策的结合点，确保办案的法律效果、政治效果和社会效果的有机统一。对一时难以区分罪与非罪的，要放到具体时代背景、政策环境中去研究判断，对当时国家有关土地管理法律政策界限不清，以土地资源换取国家和集体经济发展的行为，要慎重对待，一般不作犯罪处理。

在查办案件中，要严格依法办案，既要认真执行国家刑事法律，也要认真掌握国土资源管理方面的规章制度和规范性文件。国家颁布实施的有关土地管理的行政法规和规范性文件，既是贯彻落实国家关于土地宏观调控政策的具体措施和工作要求，也是检察机关认定国家机关工作人员危害土地资源渎职责任的重要根据。要认真学习掌握《中华人民共和国土地管理法》和2004年颁布的《国务院关于深化改革严格土地管理的决定》以及国家有关保护土地资源的规定，对违反法律和有关土地管理文件禁止性规定的渎职犯罪行为，要严格依法查办；对《国务院关于深化改革严格土地管理的决定》颁布以前的危害土地资源行为，要着力查办有徇私舞弊行为的滥用职权，玩忽职守，非法批准征收、征用、占用土地和非法低价出让国有土地使用权的渎职犯罪案件。

最高人民检察院
关于对林业主管部门工作人员在发放林木采伐许可证之外滥用职权玩忽职守致使森林遭受严重破坏的行为适用法律问题的批复

高检发释字〔2007〕1号

（2007年5月14日最高人民检察院第十届检察委员会第77次会议通过 2007年5月16日最高人民检察院公告公布 自公布之日起施行）

福建省人民检察院：

你院《关于林业主管部门工作人员滥用职权、玩忽职守造成森林资源损毁立案标准问题的请示》（闽检〔2007〕14号）收悉。经研究，批复如下：

林业主管部门工作人员违法发放林木采伐许可证，致使森林遭受严重破坏的，依照刑法第四百零七条的规定，以违法发放林木采伐许可证罪追究刑事责任；以其他方式滥用职权或者玩忽职守，致使森林遭受严重破坏的，依照刑法第三百九十七条的规定，以滥用职权罪或者玩忽职守罪追究刑事责任，立案标准依照《最高人民检察院关于渎职侵权犯罪案件立案标准的规定》第一部分渎职犯罪案件第十八条第三款的规定执行。

此复。

最高人民法院　最高人民检察院
关于办理与盗窃、抢劫、诈骗、抢夺机动车相关刑事案件具体应用法律若干问题的解释（节录）

法释〔2007〕11号

（2006年12月25日最高人民法院审判委员会第1411次会议、2007年2月14日最高人民检察院第十届检察委员会第71次会议通过　2007年5月9日最高人民法院、最高人民检察院公告公布　自2007年5月11日起施行）

为依法惩治与盗窃、抢劫、诈骗、抢夺机动车相关的犯罪活动，根据刑法、刑事诉讼法等有关法律的规定，现对办理这类案件具体应用法律的若干问题解释如下：

第一条　明知是盗窃、抢劫、诈骗、抢夺的机动车，实施下列行为之一的，依照刑法第三百一十二条的规定，以掩饰、隐瞒犯罪所得、犯罪所得收益罪定罪，处三年以下有期徒刑、拘役或者管制，并处或者单处罚金：

（一）买卖、介绍买卖、典当、拍卖、抵押或者用其抵债的；

（二）拆解、拼装或者组装的；

（三）修改发动机号、车辆识别代号的；

（四）更改车身颜色或者车辆外形的；

（五）提供或者出售机动车来历凭证、整车合格证、号牌以及有关机动车的其他证明和凭证的；

（六）提供或者出售伪造、变造的机动车来历凭证、整车合格证、号牌以及有关机动车的其他证明和凭证的。

实施第一款规定的行为涉及盗窃、抢劫、诈骗、抢夺的机动车五辆以上或者价值总额达到五十万元以上的，属于刑法第三百一十二条规定的"情节严重"，处三年以上七年以下有期徒刑，并处罚金。

第二条　伪造、变造、买卖机动车行驶证、登记证书，累计三本以上的，依照刑法第二百八十条第一款的规定，以伪造、变造、买卖国家机关证件罪定罪，处三年以下有期徒刑、拘役、管制或者剥夺政治权利。

伪造、变造、买卖机动车行驶证、登记证书，累计达到第一款规定数量标准五倍以上的，属于刑法第二百八十条第一款规定中的"情节严重"，处三年以上十年以下有期徒刑。

第三条 国家机关工作人员滥用职权，有下列情形之一，致使盗窃、抢劫、诈骗、抢夺的机动车被办理登记手续，数量达到三辆以上或者价值总额达到三十万元以上的，依照刑法第三百九十七条第一款的规定，以滥用职权罪定罪，处三年以下有期徒刑或者拘役：

（一）明知是登记手续不全或者不符合规定的机动车而办理登记手续的；

（二）指使他人为明知是登记手续不全或者不符合规定的机动车办理登记手续的；

（三）违规或者指使他人违规更改、调换车辆档案的；

（四）其他滥用职权的行为。

国家机关工作人员疏于审查或者审查不严，致使盗窃、抢劫、诈骗、抢夺的机动车被办理登记手续，数量达到五辆以上或者价值总额达到五十万元以上的，依照刑法第三百九十七条第一款的规定，以玩忽职守罪定罪，处三年以下有期徒刑或者拘役。

国家机关工作人员实施前两款规定的行为，致使盗窃、抢劫、诈骗、抢夺的机动车被办理登记手续，分别达到前两款规定数量、数额标准五倍以上的，或者明知是盗窃、抢劫、诈骗、抢夺的机动车而办理登记手续的，属于刑法第三百九十七条第一款规定的"情节特别严重"，处三年以上七年以下有期徒刑。

国家机关工作人员徇私舞弊，实施上述行为，构成犯罪的，依照刑法第三百九十七条第二款的规定定罪处罚。

第四条 实施本解释第一条、第二条、第三条第一款或者第三款规定的行为，事前与盗窃、抢劫、诈骗、抢夺机动车的犯罪分子通谋的，以盗窃罪、抢劫罪、诈骗罪、抢夺罪的共犯论处。

第五条 对跨地区实施的涉及同一机动车的盗窃、抢劫、诈骗、抢夺以及掩饰、隐瞒犯罪所得、犯罪所得收益行为，有关公安机关可以依照法律和有关规定一并立案侦查，需要提请批准逮捕、移送审查起诉、提起公诉的，由该公安机关所在地的同级人民检察院、人民法院受理。

第六条 行为人实施本解释第一条、第三条第三款规定的行为，涉及的机动车有下列情形之一的，应当认定行为人主观上属于上述条款所称"明知"：

（一）没有合法有效的来历凭证；

（二）发动机号、车辆识别代号有明显更改痕迹，没有合法证明的。

最高人民法院 最高人民检察院
关于办理盗窃油气、破坏油气设备等刑事案件具体应用法律若干问题的解释（节录）

法释〔2007〕3号

（2006年11月20日最高人民法院审判委员会第1406次会议、2006年12月11日最高人民检察院第十届检察委员会第66次会议通过 2007年1月15日最高人民法院、最高人民检察院公告公布 自2007年1月19日起施行）

第七条 国家机关工作人员滥用职权或者玩忽职守，实施下列行为之一，致使公共财产、国家和人民利益遭受重大损失的，依照刑法第三百九十七条的规定，以滥用职权罪或者玩忽职守罪定罪处罚：

（一）超越职权范围，批准发放石油、天然气勘查、开采、加工、经营等许可证的；

（二）违反国家规定，给不符合法定条件的单位、个人发放石油、天然气勘查、开采、加工、经营等许可证的；

（三）违反《石油天然气管道保护条例》等国家规定，在油气设备安全保护范围内批准建设项目的；

（四）对发现或者经举报查实的未经依法批准、许可擅自从事石油、天然气勘查、开采、加工、经营等违法活动不予查封、取缔的。

最高人民检察院
关于渎职侵权犯罪案件立案标准的规定（节录）

高检发释字〔2006〕2号

（2005年12月29日最高人民检察院第十届检察委员会第四十九次会议通过 2006年7月26日最高人民检察院公告公布 自公布之日起施行）

一、渎职犯罪案件

(二) 玩忽职守案（第三百九十七条）

玩忽职守罪是指国家机关工作人员严重不负责任，不履行或者不认真履行职责，致使公共财产、国家和人民利益遭受重大损失的行为。

涉嫌下列情形之一的，应予立案：

1. 造成死亡一人以上，或者重伤三人以上，或者重伤二人、轻伤四人以上，或者重伤一人、轻伤七人以上，或者轻伤十人以上的；
2. 导致二十人以上严重中毒的；
3. 造成个人财产直接经济损失十五万元以上，或者直接经济损失不满十五万元，但间接经济损失七十五万元以上的；
4. 造成公共财产或者法人、其他组织财产直接经济损失三十万元以上，或者直接经济损失不满三十万元，但间接经济损失一百五十万元以上的；
5. 虽未达到3、4两项数额标准，但3、4两项合计直接经济损失三十万元以上，或者合计直接经济损失不满三十万元，但合计间接经济损失一百五十万元以上的；
6. 造成公司、企业等单位停业、停产1年以上，或者破产的；
7. 海关、外汇管理部门的工作人员严重不负责任，造成一百万美元以上外汇被骗购或者逃汇一千万美元以上的；
8. 严重损害国家声誉，或者造成恶劣社会影响的；
9. 其他致使公共财产、国家和人民利益遭受重大损失的情形。

国家机关工作人员玩忽职守，符合刑法第九章所规定的特殊渎职罪构成要件的，按照该特殊规定追究刑事责任；主体不符合刑法第九章所规定的特殊渎职罪的主体要件，但玩忽职守涉嫌前款第1项至第9项规定情形之一的，按照刑法第三百九十七条的规定以玩忽职守罪追究刑事责任。

（十八）违法发放林木采伐许可证案（第四百零七条）

违法发放林木采伐许可证罪是指林业主管部门的工作人员违反森林法的规定，超过批准的年采伐限额发放林木采伐许可证或者违反规定滥发林木采伐许可证，情节严重，致使森林遭受严重破坏的行为。

涉嫌下列情形之一的，应予立案：

1. 发放林木采伐许可证允许采伐数量累计超过批准的年采伐限额，导致林木被超限额采伐十立方米以上的；
2. 滥发林木采伐许可证，导致林木被滥伐二十立方米以上，或者导致幼树被滥伐一千株以上的；
3. 滥发林木采伐许可证，导致防护林、特种用途林被滥伐五立方米以上，或者幼树被滥伐二百株以上的；
4. 滥发林木采伐许可证，导致珍贵树木或者国家重点保护的其他树木被滥伐的；
5. 滥发林木采伐许可证，导致国家禁止采伐的林木被采伐的；
6. 其他情节严重，致使森林遭受严重破坏的情形。

林业主管部门工作人员之外的国家机关工作人员，违反森林法的规定，滥用职权或者玩忽职守，致使林木被滥伐四十立方米以上或者幼树被滥伐二千株以上，或者致使防护林、特种用途林被滥伐十立方米以上或者幼树被滥伐四百株以上，或者致使珍贵树木被采伐、毁坏四立方米或者四株以上，或者致使国家重点保护的其他植物被采伐、毁坏后果严重的，或者致使国家严禁采伐的林木被采伐、毁坏情节恶劣的，按照刑法第三百九十七条的规定以滥用职权罪或者玩忽职守罪追究刑事责任。

三、附则

（一）本规定中每个罪案名称后所注明的法律条款系《中华人民共和国刑法》的有关条款。

（二）本规定所称"以上"包括本数；有关犯罪数额"不满"，是指已达到该数额百分之八十以上的。

（三）本规定中的"国家机关工作人员"，是指在国家机关中从事公务的人员，包括在各级国家权力机关、行政机关、司法机关和军事机关中从事公务的人员。在依照法律、法规规定行使国家行政管理职权的组织中从事公务的人员，或者在受国家机关委托代表国家行使职权的组织中从事公务的人员，或者虽未列入国家机关人员编制但在国家机关中从事公务的人员，在代表国家机关行使职权时，视为国家机关工作人员。在乡（镇）以上中国共产党机关、人民政协机关中从事公务的人员，视为国家机关工作人员。

（四）本规定中的"直接经济损失"，是指与行为有直接因果关系而造成的财产损毁、减少的实际价值；"间接经济损失"，是指由直接经济损失引起和牵连的其他损失，包括失去的在正常情况下可以获得的利益和为恢复正常的管理活动或者挽回所造成的损失所支付的各种开支、费用等。

有下列情形之一的，虽然有债权存在，但已无法实现债权的，可以认定为已经造成了经济损失：（1）债务人已经法定程序被宣告破产，且无法清偿债务；（2）债务人潜逃，去向不明；（3）因行为人责任，致使超过诉讼时效；（4）有证据证明债权无法实现的其他情况。

直接经济损失和间接经济损失，是指立案时确已造成的经济损失。移送审查起诉前，犯罪嫌疑人及其亲友自行挽回的经济损失，以及由司法机关或者犯罪嫌疑人所在单位及其上级主管部门挽回的经济损失，不予扣减，但可作为对犯罪嫌疑人从轻处理的情节考虑。

（五）本规定中的"徇私舞弊"，是指国家机关工作人员为徇私情、私利，故意违背事实和法律，伪造材料，隐瞒情况，弄虚作假的行为。

（六）本规定自公布之日起施行。本规定发布前有关人民检察院直接受理立案侦查的国家机关工作人员渎职和利用职权实施的侵犯公民人身权利、民主权利犯罪案件的立案标准，与本规定有重复或者不一致的，适用本规定。

对于本规定施行前发生的国家机关工作人员渎职和利用职权实施的侵犯公民人身权利、民主权利犯罪案件，按照《最高人民法院、最高人民检察院关于适用刑事司法解释时间效力问题的规定》办理。

最高人民法院　最高人民检察院　公安部
关于严格执行刑事诉讼法
切实纠防超期羁押的通知（节录）

2003年11月12日　　　　　　　　　　　法〔2003〕163号

五、严格执行超期羁押责任追究制度。超期羁押侵犯犯罪嫌疑人、被告人的合法权益，损害司法公正，对此必须严肃查处，绝不姑息。本通知发布以后，凡违反刑事诉讼法和本通知的规定，造成犯罪嫌疑人、被告人超期羁押的，对于直接负责的主管人员和其他直接责任人员，由其所在单位或者上级主管机关依照有关规定予以行政或者纪律处分；造成犯罪嫌疑人、被告人超期羁押，情节严重的，对于直接负责的主管人员和其他直接责任人员，依照刑法第三百九十七条的规定，以玩忽职守罪或者滥用职权罪追究刑事责任。

最高人民法院　最高人民检察院
关于办理非法制造、买卖、运输、储存
毒鼠强等禁用剧毒化学品刑事案件
具体应用法律若干问题的解释（节录）

法释〔2003〕14号

（2003年8月29日最高人民法院审判委员会第1287次会议、2003年2月13日最高人民检察院第九届检察委员会第119次会议通过　2003年9月4日最高人民法院、最高人民检察院公告公布　自2003年10月1日起施行）

第四条　对非法制造、买卖、运输、储存毒鼠强等禁用剧毒化学品行为负有查处职责的国家机关工作人员，滥用职权或者玩忽职守，致使公共财产、

国家和人民利益遭受重大损失的，依照刑法第三百九十七条的规定，以滥用职权罪或者玩忽职守罪追究刑事责任。

最高人民法院　最高人民检察院
关于办理妨害预防、控制突发传染病疫情等灾害的
刑事案件具体应用法律若干问题的解释（节录）

法释〔2003〕8号

（2003年5月13日最高人民法院审判委员会第1269次会议、
2003年5月13日最高人民检察院第十届检察委员会
第3次会议通过　2003年5月14日最高人民法院、
最高人民检察院公告公布　自2003年5月15日起施行）

第十五条　在预防、控制突发传染病疫情等灾害的工作中，负有组织、协调、指挥、灾害调查、控制、医疗救治、信息传递、交通运输、物资保障等职责的国家机关工作人员，滥用职权或者玩忽职守，致使公共财产、国家和人民利益遭受重大损失的，依照刑法第三百九十七条的规定，以滥用职权罪或者玩忽职守罪定罪处罚。

最高人民检察院
关于对海事局工作人员如何使用法律问题的答复

2003年1月13日　　　　　　　　　〔2003〕高检研发第1号

辽宁省人民检察院研究室：

你院《关于辽宁海事局的工作人员是否为国家机关工作人员的主体认定请示》（辽检发渎检字〔2002〕1号）收悉。经研究，答复如下：

根据国办发〔1999〕90号、中编办函〔2000〕184号等文件的规定，海事局负责行使国家水上安全监督和防止船舶污染及海上设施检验、航海保障的管理职权，是国家执法监督机构。海事局及其分支机构工作人员在从事上述公务活动中，滥用职权或者玩忽职守，致使公共财产、国家和人民利益遭受重大损失的，应当依照刑法第三百九十七条的规定，以滥用职权罪或者玩忽职守罪追究刑事责任。

最高人民检察院
关于企业事业单位的公安机构在机构改革过程中其工作人员能否构成渎职侵权犯罪主体问题的批复

高检发释字〔2002〕3号

(2002年4月24日最高人民检察院第九届检察委员会第107次会议通过 2002年4月29日最高人民检察院公告公布 自2002年5月16日起施行)

陕西省人民检察院：

你院陕检发研〔2001〕159号《关于对企业事业单位的公安机构在机构改革过程中其工作人员能否构成渎职侵权犯罪主体问题的请示》收悉。经研究，批复如下：

企业事业单位的公安机构在机构改革过程中虽尚未列入公安机关建制，其工作人员在行使侦查职责时，实施渎职侵权行为的，可以成为渎职侵权犯罪的主体。

此复。

最高人民检察院
关于属工人编制的乡（镇）工商所所长能否依照刑法第三百九十七条的规定追究刑事责任问题的批复

2000年10月31日　　　　　　　　　　　高检发研字〔2000〕23号

江西省人民检察院：

你院赣检研发〔2000〕3号《关于乡（镇）工商所所长（工人编制）是否属于国家机关工作人员的请示》收悉。经研究，批复如下：

根据刑法第九十三条第二款的规定，经人事部门任命，但为工人编制的乡（镇）工商所所长，依法履行工商行政管理职责时，属其他依照法律从事公务的人员，应以国家机关工作人员论。如果玩忽职守，致使公共财产、国家和人民利益遭受重大损失，可适用刑法第三百九十七条的规定，以玩忽职守罪追究刑事责任。

此复。

最高人民检察院
关于合同制民警能否成为玩忽职守罪主体问题的批复

2000年10月9日　　　　　　　　　高检发研字〔2000〕20号

辽宁省人民检察院：

你院辽检发诉字〔1999〕76号《关于犯罪嫌疑人李海玩忽职守一案的请示》收悉，经研究，批复如下：

根据刑法第九十三条第二款的规定，合同制民警在依法执行公务期间，属其他依照法律从事公务的人员，应以国家机关工作人员论。对合同制民警在依法执行公务活动中的玩忽职守行为，符合刑法第三百九十七条规定的玩忽职守罪构成要件的，依法以玩忽职守罪追究刑事责任。

此复。

最高人民检察院
关于镇财政所所长是否适用国家机关工作人员的批复

2000年5月4日　　　　　　　　　高检发研字〔2000〕9号

上海市人民检察院：

你院沪检发（2000）30号文收悉。经研究，批复如下：

对于属行政执法事业单位的镇财政所中按国家机关在编干部管理的工作人员，在履行政府行政公务活动中，滥用职权或玩忽职守构成犯罪的，应以国家机关工作人员论。

最高人民法院　最高人民检察院
公安部　国家工商行政管理局
关于依法查处盗窃、抢劫机动车案件的规定（节录）

1998年5月8日　　　　　　　　公通字〔1998〕31号

九、公安、工商行政管理人员或者其他国家机关工作人员滥用职权或者玩忽职守、徇私舞弊，致使赃车入户、过户、验证的，给予行政处分；致使公共财产、国家和人民利益遭受重大损失的，依照《刑法》第三百九十七条的规定处罚。

最高人民法院研究室
关于对重大责任事故和玩忽职守案件造成 经济损失需追究刑事责任的数额标准 应否做出规定问题的电话答复（节录）

（1987年10月20日）

一、重大责任事故和玩忽职守这两类案件的案情往往比较复杂，二者造成经济损失的数额标准只是定罪量刑的重要依据之一，不宜以此作为定罪的唯一依据。在实践中，因重大责任事故和玩忽职守所造成的严重损失，既有经济损失、人身伤亡，也有的还造成政治上的不良影响。其中，有些是不能仅仅用经济数额来衡量的。在审理这两类案件时，应当根据每个案件的情况作具体分析，认定是否构成犯罪。

由监察机关管辖的玩忽职守犯罪案件

（三十四）国有公司、企业、事业单位人员失职罪※

中华人民共和国刑法（节录）*

第一百六十八条 【国有公司、企业、事业单位人员失职罪】【国有公司、企业、事业单位人员滥用职权罪】 国有公司、企业的工作人员，由于严重不负责任或者滥用职权，造成国有公司、企业破产或者严重损失，致使国家利益遭受重大损失的，处三年以下有期徒刑或者拘役；致使国家利益遭受特别重大损失的，处三年以上七年以下有期徒刑。

国有事业单位的工作人员有前款行为，致使国家利益遭受重大损失的，依照前款的规定处罚。

国有公司、企业、事业单位的工作人员，徇私舞弊，犯前两款罪的，依照第一款的规定从重处罚。

（编者注：本条经1999年12月25日《刑法修正案》第二条修改。

1997年刑法第一百六十八条原规定："国有公司、企业直接负责的主管人员，徇私舞弊，造成国有公司、企业破产或者严重亏损，致使国家利益遭受重大损失的，处三年以下有期徒刑或者拘役。"）

---

* 编者注：根据1997年刑法和《全国人民代表大会常务委员会关于惩治骗购外汇、逃汇和非法买卖外汇犯罪的决定》及十部刑法修正案编纂。

最高人民法院　最高人民检察院
关于办理国家出资企业中职务犯罪案件具体应用法律若干问题的意见

2010 年 11 月 26 日　　　　　　　　法发〔2010〕49 号

随着企业改制的不断推进，人民法院、人民检察院在办理国家出资企业中的贪污、受贿等职务犯罪案件时遇到了一些新情况、新问题。这些新情况、新问题具有一定的特殊性和复杂性，需要结合企业改制的特定历史条件，依法妥善地进行处理。现根据刑法规定和相关政策精神，就办理此类刑事案件具体应用法律的若干问题，提出以下意见：

一、关于国家出资企业工作人员在改制过程中隐匿公司、企业财产归个人持股的改制后公司、企业所有的行为的处理

国家工作人员或者受国家机关、国有公司、企业、事业单位、人民团体委托管理、经营国有财产的人员利用职务上的便利，在国家出资企业改制过程中故意通过低估资产、隐瞒债权、虚设债务、虚构产权交易等方式隐匿公司、企业财产，转为本人持有股份的改制后公司、企业所有，应当依法追究刑事责任的，依照刑法第三百八十二条、第三百八十三条的规定，以贪污罪定罪处罚。贪污数额一般应当以所隐匿财产全额计算；改制后公司、企业仍有国有股份的，按股份比例扣除归于国有的部分。

所隐匿财产在改制过程中已为行为人实际控制，或者国家出资企业改制已经完成的，以犯罪既遂处理。

第一款规定以外的人员实施该款行为的，依照刑法第二百七十一条的规定，以职务侵占罪定罪处罚；第一款规定以外的人员与第一款规定的人员共同实施该款行为的，以贪污罪的共犯论处。

在企业改制过程中未采取低估资产、隐瞒债权、虚设债务、虚构产权交易等方式故意隐匿公司、企业财产的，一般不应当认定为贪污；造成国有资产重大损失，依法构成刑法第一百六十八条或者第一百六十九条规定的犯罪的，依照该规定定罪处罚。

二、关于国有公司、企业在改制过程中隐匿公司、企业财产归职工集体持股的改制后公司、企业所有的行为的处理

国有公司、企业违反国家规定，在改制过程中隐匿公司、企业财产，转为职工集体持股的改制后公司、企业所有的，对其直接负责的主管人员和其

他直接责任人员，依照刑法第三百九十六条第一款的规定，以私分国有资产罪定罪处罚。

改制后的公司、企业中只有改制前公司、企业的管理人员或者少数职工持股，改制前公司、企业的多数职工未持股的，依照本意见第一条的规定，以贪污罪定罪处罚。

三、关于国家出资企业工作人员使用改制公司、企业的资金担保个人贷款，用于购买改制公司、企业股份的行为的处理

国家出资企业的工作人员在公司、企业改制过程中为购买公司、企业股份，利用职务上的便利，将公司、企业的资金或者金融凭证、有价证券等用于个人贷款担保的，依照刑法第二百七十二条或者第三百八十四条的规定，以挪用资金罪或者挪用公款罪定罪处罚。

行为人在改制前的国家出资企业持有股份的，不影响挪用数额的认定，但量刑时应当酌情考虑。

经有关主管部门批准或者按照有关政策规定，国家出资企业的工作人员为购买改制公司、企业股份实施前款行为的，可以视具体情况不作为犯罪处理。

四、关于国家工作人员在企业改制过程中的渎职行为的处理

国家出资企业中的国家工作人员在公司、企业改制或者国有资产处置过程中严重不负责任或者滥用职权，致使国家利益遭受重大损失的，依照刑法第一百六十八条的规定，以国有公司、企业人员失职罪或者国有公司、企业人员滥用职权罪定罪处罚。

国家出资企业中的国家工作人员在公司、企业改制或者国有资产处置过程中徇私舞弊，将国有资产低价折股或者低价出售给其本人未持有股份的公司、企业或者其他个人，致使国家利益遭受重大损失的，依照刑法第一百六十九条的规定，以徇私舞弊低价折股、出售国有资产罪定罪处罚。

国家出资企业中的国家工作人员在公司、企业改制或者国有资产处置过程中徇私舞弊，将国有资产低价折股或者低价出售给特定关系人持有股份或者本人实际控制的公司、企业，致使国家利益遭受重大损失的，依照刑法第三百八十二条、第三百八十三条的规定，以贪污罪定罪处罚。贪污数额以国有资产的损失数额计算。

国家出资企业中的国家工作人员因实施第一款、第二款行为收受贿赂，同时又构成刑法第三百八十五条规定之罪的，依照处罚较重的规定定罪处罚。

五、关于改制前后主体身份发生变化的犯罪的处理

国家工作人员在国家出资企业改制前利用职务上的便利实施犯罪，在其不再具有国家工作人员身份后又实施同种行为，依法构成不同犯罪的，应当分别定罪，实行数罪并罚。

国家工作人员利用职务上的便利，在国家出资企业改制过程中隐匿公司、企业财产，在其不再具有国家工作人员身份后将所隐匿财产据为己有的，依照刑法第三百八十二条、第三百八十三条的规定，以贪污罪定罪处罚。

国家工作人员在国家出资企业改制过程中利用职务上的便利为请托人谋取利益，事先约定在其不再具有国家工作人员身份后收受请托人财物，或者在身份变化前后连续收受请托人财物的，依照刑法第三百八十五条、第三百八十六条的规定，以受贿罪定罪处罚。

六、关于国家出资企业中国家工作人员的认定

经国家机关、国有公司、企业、事业单位提名、推荐、任命、批准等，在国有控股、参股公司及其分支机构中从事公务的人员，应当认定为国家工作人员。具体的任命机构和程序，不影响国家工作人员的认定。

经国家出资企业中负有管理、监督国有资产职责的组织批准或者研究决定，代表其在国有控股、参股公司及其分支机构中从事组织、领导、监督、经营、管理工作的人员，应当认定为国家工作人员。

国家出资企业中的国家工作人员，在国家出资企业中持有个人股份或者同时接受非国有股东委托的，不影响其国家工作人员身份的认定。

七、关于国家出资企业的界定

本意见所称"国家出资企业"，包括国家出资的国有独资公司、国有独资企业，以及国有资本控股公司、国有资本参股公司。

是否属于国家出资企业不清楚的，应遵循"谁投资、谁拥有产权"的原则进行界定。企业注册登记中的资金来源与实际出资不符的，应根据实际出资情况确定企业的性质。企业实际出资情况不清楚的，可以综合工商注册、分配形式、经营管理等因素确定企业的性质。

八、关于宽严相济刑事政策的具体贯彻

办理国家出资企业中的职务犯罪案件时，要综合考虑历史条件、企业发展、职工就业、社会稳定等因素，注意具体情况具体分析，严格把握犯罪与一般违规行为的区分界限。对于主观恶意明显、社会危害严重、群众反映强烈的严重犯罪，要坚决依法从严惩处；对于特定历史条件下、为了顺利完成企业改制而实施的违反国家政策法律规定的行为，行为人无主观恶意或者主观恶意不明显，情节较轻，危害不大的，可以不作为犯罪处理。

对于国家出资企业中的职务犯罪，要加大经济上的惩罚力度，充分重视财产刑的适用和执行，最大限度地挽回国家和人民利益遭受的损失。不能退赃的，在决定刑罚时，应当作为重要情节予以考虑。

最高人民检察院 公安部
关于公安机关管辖的刑事案件立案追诉标准的规定（二）（节录）

2010年5月7日 公通字〔2010〕23号

第十五条 〔国有公司、企业、事业单位人员失职案（刑法第一百六十八条）〕国有公司、企业、事业单位的工作人员，严重不负责任，涉嫌下列情形之一的，应予立案追诉：

（一）造成国家直接经济损失数额在五十万元以上的；

（二）造成有关单位破产，停业、停产一年以上，或者被吊销许可证和营业执照、责令关闭、撤销、解散的；

（三）其他致使国家利益遭受重大损失的情形。

最高人民法院刑事审判第二庭
关于国有公司人员滥用职权犯罪追溯期限等问题的答复（节录）

（2005年1月13日）

二、国有公司人员滥用职权或失职罪的追诉期限应从损失结果发生之日起计算。就本案而言，追诉期限应以法律意义上的损失发生为标准，即以人民法院民事终审判决之日起计算。

最高人民法院 最高人民检察院
关于办理妨害预防、控制突发传染病疫情等灾害的刑事案件具体应用法律若干问题的解释（节录）

法释〔2003〕8号

（2003年5月13日最高人民法院审判委员会第1269次会议、
2003年5月13日最高人民检察院第十届检察委员会
第3次会议通过 2003年5月14日最高人民法院、
最高人民检察院公告公布 自2003年5月15日起施行）

第四条 国有公司、企业、事业单位的工作人员，在预防、控制突发传染病疫情等灾害的工作中，由于严重不负责任或者滥用职权，造成国有公司、企业破产或者严重损失，致使国家利益遭受重大损失的，依照刑法第一百六十八条的规定，以国有公司、企业、事业单位人员失职罪或者国有公司、企业、事业单位人员滥用职权罪定罪处罚。

最高人民检察院研究室
关于中国农业发展银行及其分支机构的工作人员法律适用问题的答复

2002年9月23日 〔2002〕高检研发第16号

湖北省人民检察院研究室：
　　你院关于中国农业发展银行工作人员法律适用问题的请示（鄂检文〔2001〕50号）收悉。经研究，答复如下：
　　中国农业发展银行及其分支机构的工作人员严重不负责任或者滥用职权，构成犯罪的，应当依照刑法第一百六十八条的规定追究刑事责任。

最高人民法院
关于审理扰乱电信市场管理秩序案件
具体应用法律若干问题的解释（节录）

法释〔2000〕12号

（2000年4月28日最高人民法院审判委员会第1113次会议通过 2000年5月12日最高人民法院公告公布 自2000年5月24日起施行）

第六条 国有电信企业的工作人员，由于严重不负责任或者滥用职权，造成国有电信企业破产或者严重损失，致使国家利益遭受重大损失的，依照刑法第一百六十八条的规定定罪处罚。

(三十五)签订、履行合同失职被骗罪※

中华人民共和国刑法(节录)*

第一百六十七条 【签订、履行合同失职被骗罪】 国有公司、企业、事业单位直接负责的主管人员,在签订、履行合同过程中,因严重不负责任被诈骗,致使国家利益遭受重大损失的,处三年以下有期徒刑或者拘役;致使国家利益遭受特别重大损失的,处三年以上七年以下有期徒刑。

全国人民代表大会常务委员会
关于惩治骗购外汇、逃汇和
非法买卖外汇犯罪的决定(节录)

(1998年12月29日第九届全国人民代表大会常务委员会第六次会议通过
1998年12月29日中华人民共和国主席令第十四号公布施行)

七、金融机构、从事对外贸易经营活动的公司、企业的工作人员严重不负责任,造成大量外汇被骗购或者逃汇,致使国家利益遭受重大损失的,依照刑法第一百六十七条的规定定罪处罚。

犯本决定规定之罪,依法被追缴、没收的财物和罚金,一律上缴国库。

本决定自公布之日起施行。

---

* 编者注:根据1997年刑法和《全国人民代表大会常务委员会关于惩治骗购外汇、逃汇和非法买卖外汇犯罪的决定》及十部刑法修正案编纂。

最高人民检察院　公安部
关于公安机关管辖的刑事案件立案追诉标准的规定（二）（节录）

2010年5月7日　　　　　　　　　公通字〔2010〕23号

第十四条　［签订、履行合同失职被骗案（刑法第一百六十七条）］国有公司、企业、事业单位直接负责的主管人员，在签订、履行合同过程中，因严重不负责任被诈骗，涉嫌下列情形之一的，应予立案追诉：

（一）造成国家直接经济损失数额在五十万元以上的；

（二）造成有关单位破产、停业、停产六个月以上，或者被吊销许可证和营业执照、责令关闭、撤销、解散的；

（三）其他致使国家利益遭受重大损失的情形。

金融机构、从事对外贸易经营活动的公司、企业的工作人员严重不负责任，造成一百万美元以上外汇被骗购或者逃汇一千万美元以上的，应予立案追诉。

本条规定的"诈骗"，是指对方当事人的行为已经涉嫌诈骗犯罪，不以对方当事人已经被人民法院判决构成诈骗犯罪作为立案追诉的前提。

（三十六）国家机关工作人员签订、履行合同失职被骗罪※

中华人民共和国刑法（节录）*

第四百零六条 【国家机关工作人员签订、履行合同失职被骗罪】 国家机关工作人员在签订、履行合同过程中，因严重不负责任被诈骗，致使国家利益遭受重大损失的，处三年以下有期徒刑或者拘役；致使国家利益遭受特别重大损失的，处三年以上七年以下有期徒刑。

最高人民检察院
关于渎职侵权犯罪案件立案标准的规定（节录）

高检发释字〔2006〕2号

（2005年12月29日最高人民检察院第十届检察委员会第四十九次会议通过 2006年7月26日最高人民检察院公告公布 自公布之日起施行）

一、渎职犯罪案件

（十七）国家机关工作人员签订、履行合同失职被骗案（第四百零六条）

国家机关工作人员签订、履行合同失职被骗罪是指国家机关工作人员在签订、履行合同过程中，因严重不负责任，不履行或者不认真履行职责被诈骗，致使国家利益遭受重大损失的行为。

涉嫌下列情形之一的，应予立案：

---

* 编者注：根据1997年刑法和《全国人民代表大会常务委员会关于惩治骗购外汇、逃汇和非法买卖外汇犯罪的决定》及十部刑法修正案编纂。

1. 造成直接经济损失三十万元以上，或者直接经济损失不满三十万元，但间接经济损失一百五十万元以上的；
2. 其他致使国家利益遭受重大损失的情形。

(三十七)环境监管失职罪※

中华人民共和国刑法(节录)*

第四百零八条 【环境监管失职罪】 负有环境保护监督管理职责的国家机关工作人员严重不负责任,导致发生重大环境污染事故,致使公私财产遭受重大损失或者造成人身伤亡的严重后果的,处三年以下有期徒刑或者拘役。

最高人民法院 最高人民检察院
关于办理环境污染刑事案件适用法律
若干问题的解释(节录)

法释〔2016〕29号

(2016年11月7日最高人民法院审判委员会第1698次会议、
2016年12月8日最高人民检察院第十二届检察委员会
第58次会议通过 2016年12月23日最高人民法院、
最高人民检察院公告公布 自2017年1月1日起施行)

第一条 实施刑法第三百三十八条规定的行为,具有下列情形之一的,应当认定为"严重污染环境":

(一)在饮用水水源一级保护区、自然保护区核心区排放、倾倒、处置有放射性的废物、含传染病病原体的废物、有毒物质的;

(二)非法排放、倾倒、处置危险废物三吨以上的;

(三)排放、倾倒、处置含铅、汞、镉、铬、砷、铊、锑的污染物,超过国家或者地方污染物排放标准三倍以上的;

(四)排放、倾倒、处置含镍、铜、锌、银、钒、锰、钴的污染物,超过

---

* 编者注:根据1997年刑法和《全国人民代表大会常务委员会关于惩治骗购外汇、逃汇和非法买卖外汇犯罪的决定》及十部刑法修正案编纂。

国家或者地方污染物排放标准十倍以上的；

（五）通过暗管、渗井、渗坑、裂隙、溶洞、灌注等逃避监管的方式排放、倾倒、处置有放射性的废物、含传染病病原体的废物、有毒物质的；

（六）二年内曾因违反国家规定，排放、倾倒、处置有放射性的废物、含传染病病原体的废物、有毒物质受过两次以上行政处罚，又实施前列行为的；

（七）重点排污单位篡改、伪造自动监测数据或者干扰自动监测设施，排放化学需氧量、氨氮、二氧化硫、氮氧化物等污染物的；

（八）违法减少防治污染设施运行支出一百万元以上的；

（九）违法所得或者致使公私财产损失三十万元以上的；

（十）造成生态环境严重损害的；

（十一）致使乡镇以上集中式饮用水水源取水中断十二小时以上的；

（十二）致使基本农田、防护林地、特种用途林地五亩以上，其他农用地十亩以上，其他土地二十亩以上基本功能丧失或者遭受永久性破坏的；

（十三）致使森林或者其他林木死亡五十立方米以上，或者幼树死亡二千五百株以上的；

（十四）致使疏散、转移群众五千人以上的；

（十五）致使三十人以上中毒的；

（十六）致使三人以上轻伤、轻度残疾或者器官组织损伤导致一般功能障碍的；

（十七）致使一人以上重伤、中度残疾或者器官组织损伤导致严重功能障碍的；

（十八）其他严重污染环境的情形。

第二条 实施刑法第三百三十九条、第四百零八条规定的行为，致使公私财产损失三十万元以上，或者具有本解释第一条第十项至第十七项规定情形之一的，应当认定为"致使公私财产遭受重大损失或者严重危害人体健康"或者"致使公私财产遭受重大损失或者造成人身伤亡的严重后果"。

(三十八）传染病防治失职罪※

中华人民共和国刑法（节录）*

第四百零九条　【传染病防治失职罪】 从事传染病防治的政府卫生行政部门的工作人员严重不负责任，导致传染病传播或者流行，情节严重的，处三年以下有期徒刑或者拘役。

最高人民检察院
关于渎职侵权犯罪案件立案标准的规定（节录）

高检发释字〔2006〕2号

（2005年12月29日最高人民检察院第十届检察委员会第四十九次会议通过　2006年7月26日最高人民检察院公告公布　自公布之日起施行）

一、渎职犯罪案件

(二十）传染病防治失职案（第四百零九条）

传染病防治失职罪是指从事传染病防治的政府卫生行政部门的工作人员严重不负责任，不履行或者不认真履行传染病防治监管职责，导致传染病传播或者流行，情节严重的行为。

涉嫌下列情形之一的，应予立案：

1. 导致甲类传染病传播的；
2. 导致乙类、丙类传染病流行的；
3. 因传染病传播或者流行，造成人员重伤或者死亡的；
4. 因传染病传播或者流行，严重影响正常的生产、生活秩序的；
5. 在国家对突发传染病疫情等灾害采取预防、控制措施后，对发生突发

---

* 编者注：根据1997年刑法和《全国人民代表大会常务委员会关于惩治骗购外汇、逃汇和非法买卖外汇犯罪的决定》及十部刑法修正案编纂。

传染病疫情等灾害的地区或者突发传染病病人、病原携带者、疑似突发传染病病人，未按照预防、控制突发传染病疫情等灾害工作规范的要求做好防疫、检疫、隔离、防护、救治等工作，或者采取的预防、控制措施不当，造成传染范围扩大或者疫情、灾情加重的；

6. 在国家对突发传染病疫情等灾害采取预防、控制措施后，隐瞒、缓报、谎报或者授意、指使、强令他人隐瞒、缓报、谎报疫情、灾情，造成传染范围扩大或者疫情、灾情加重的；

7. 在国家对突发传染病疫情等灾害采取预防、控制措施后，拒不执行突发传染病疫情等灾害应急处理指挥机构的决定、命令，造成传染范围扩大或者疫情、灾情加重的；

8. 其他情节严重的情形。

最高人民法院　最高人民检察院
关于办理妨害预防、控制突发传染病疫情等灾害的刑事案件具体应用法律若干问题的解释（节录）

法释〔2003〕8号

（2003年5月13日最高人民法院审判委员会第1269次会议、
2003年5月13日最高人民检察院第十届检察委员会
第3次会议通过　2003年5月14日最高人民法院、
最高人民检察院公告公布　自2003年5月15日起施行）

第十六条　在预防、控制突发传染病疫情等灾害期间，从事传染病防治的政府卫生行政部门的工作人员，或者在受政府卫生行政部门委托代表政府卫生行政部门行使职权的组织中从事公务的人员，或者虽未列入政府卫生行政部门人员编制但在政府卫生行政部门从事公务的人员，在代表政府卫生行政部门行使职权时，严重不负责任，导致传染病传播或者流行，情节严重的，依照刑法第四百零九条的规定，以传染病防治失职罪定罪处罚。

在国家对突发传染病疫情等灾害采取预防、控制措施后，具有下列情形之一的，属于刑法第四百零九条规定的"情节严重"：

（一）对发生突发传染病疫情等灾害的地区或者突发传染病病人、病原携带者、疑似突发传染病病人，未按照预防、控制突发传染病疫情等灾害工作规范的要求做好防疫、检疫、隔离、防护、救治等工作，或者采取的预防、控制措施不当，造成传染范围扩大或者疫情、灾情加重的；

（二）隐瞒、缓报、谎报或者授意、指使、强令他人隐瞒、缓报、谎报疫情、灾情，造成传染范围扩大或者疫情、灾情加重的；

（三）拒不执行突发传染病疫情等灾害应急处理指挥机构的决定、命令，造成传染范围扩大或者疫情、灾情加重的；

（四）具有其他严重情节的。

(三十九)商检失职罪※

中华人民共和国刑法(节录)*

第四百一十二条 【商检徇私舞弊罪】 国家商检部门、商检机构的工作人员徇私舞弊,伪造检验结果的,处五年以下有期徒刑或者拘役;造成严重后果的,处五年以上十年以下有期徒刑。

【商检失职罪】 前款所列人员严重不负责任,对应当检验的物品不检验,或者延误检验出证、错误出证,致使国家利益遭受重大损失的,处三年以下有期徒刑或者拘役。

最高人民检察院
关于渎职侵权犯罪案件立案标准的规定(节录)

高检发释字〔2006〕2号

(2005年12月29日最高人民检察院第十届检察委员会第四十九次会议通过 2006年7月26日最高人民检察院公告公布 自公布之日起施行)

一、渎职犯罪案件

(二十五)商检失职案(第四百一十二条第二款)

商检失职罪是指出入境检验检疫机关、检验检疫机构工作人员严重不负责任,对应当检验的物品不检验,或者延误检验出证、错误出证,致使国家利益遭受重大损失的行为。

涉嫌下列情形之一的,应予立案:

1. 致使不合格的食品、药品、医疗器械等商品出入境,严重危害生命健康的;

---

* 编者注:根据1997年刑法和《全国人民代表大会常务委员会关于惩治骗购外汇、逃汇和非法买卖外汇犯罪的决定》及十部刑法修正案编纂。

2. 造成个人财产直接经济损失十五万元以上，或者直接经济损失不满十五万元，但间接经济损失七十五万元以上的；

3. 造成公共财产、法人或者其他组织财产直接经济损失三十万元以上，或者直接经济损失不满三十万元，但间接经济损失一百五十万元以上的；

4. 未经检验，出具合格检验结果，致使国家禁止进口的固体废物、液态废物和气态废物等进入境内的；

5. 不检验或者延误检验出证、错误出证，引起国际经济贸易纠纷，严重影响国家对外经贸关系，或者严重损害国家声誉的；

6. 其他致使国家利益遭受重大损失的情形。

(四十) 动植物检疫失职罪※

中华人民共和国刑法（节录）*

第四百一十三条 【动植物检疫徇私舞弊罪】 动植物检疫机关的检疫人员徇私舞弊，伪造检疫结果的，处五年以下有期徒刑或者拘役；造成严重后果的，处五年以上十年以下有期徒刑。

【动植物检疫失职罪】 前款所列人员严重不负责任，对应当检疫的检疫物不检疫，或者延误检疫出证、错误出证，致使国家利益遭受重大损失的，处三年以下有期徒刑或者拘役。

最高人民检察院
关于渎职侵权犯罪案件立案标准的规定（节录）

高检发释字〔2006〕2号

（2005年12月29日最高人民检察院第十届检察委员会第四十九次会议通过 2006年7月26日最高人民检察院公告公布 自公布之日起施行）

一、渎职犯罪案件

（二十七）动植物检疫失职案（第四百一十三条第二款）

动植物检疫失职罪是指出入境检验检疫机关、检验检疫机构工作人员严重不负责任，对应当检疫的检疫物不检疫，或者延误检疫出证、错误出证，致使国家利益遭受重大损失的行为。

涉嫌下列情形之一的，应予立案：

1. 导致疫情发生，造成人员重伤或者死亡的；
2. 导致重大疫情发生、传播或者流行的；

---

* 编者注：根据1997年刑法和《全国人民代表大会常务委员会关于惩治骗购外汇、逃汇和非法买卖外汇犯罪的决定》及十部刑法修正案编纂。

3. 造成个人财产直接经济损失十五万元以上，或者直接经济损失不满十五万元，但间接经济损失七十五万元以上的；

4. 造成公共财产或者法人、其他组织财产直接经济损失三十万元以上，或者直接经济损失不满三十万元，但间接经济损失一百五十万元以上的；

5. 不检疫或者延误检疫出证、错误出证，引起国际经济贸易纠纷，严重影响国家对外经贸关系，或者严重损害国家声誉的；

6. 其他致使国家利益遭受重大损失的情形。

(四十一)不解救被拐卖、绑架妇女、儿童罪※

中华人民共和国刑法(节录)*

第四百一十六条 【不解救被拐卖、绑架妇女、儿童罪】 对被拐卖、绑架的妇女、儿童负有解救职责的国家机关工作人员,接到被拐卖、绑架的妇女、儿童及其家属的解救要求或者接到其他人的举报,而对被拐卖、绑架的妇女、儿童不进行解救,造成严重后果的,处五年以下有期徒刑或者拘役。

【阻碍解救被拐卖、绑架妇女、儿童罪】 负有解救职责的国家机关工作人员利用职务阻碍解救的,处二年以上七年以下有期徒刑;情节较轻的,处二年以下有期徒刑或者拘役。

最高人民检察院
关于渎职侵权犯罪案件立案标准的规定(节录)

高检发释字〔2006〕2号

(2005年12月29日最高人民检察院第十届检察委员会第四十九次会议通过 2006年7月26日最高人民检察院公告公布 自公布之日起施行)

一、渎职犯罪案件

(三十一)不解救被拐卖、绑架妇女、儿童案(第四百一十六条第一款)

不解救被拐卖、绑架妇女、儿童罪是指对被拐卖、绑架的妇女、儿童负有解救职责的公安、司法等国家机关工作人员接到被拐卖、绑架的妇女、儿童及其家属的解救要求或者接到其他人的举报,而对被拐卖、绑架的妇女、儿童不进行解救,造成严重后果的行为。

---

* 编者注:根据1997年刑法和《全国人民代表大会常务委员会关于惩治骗购外汇、逃汇和非法买卖外汇犯罪的决定》及十部刑法修正案编纂。

涉嫌下列情形之一的，应予立案：

1. 导致被拐卖、绑架的妇女、儿童或者其家属重伤、死亡或者精神失常的；

2. 导致被拐卖、绑架的妇女、儿童被转移、隐匿、转卖，不能及时进行解救的；

3. 对被拐卖、绑架的妇女、儿童不进行解救三人次以上的；

4. 对被拐卖、绑架的妇女、儿童不进行解救，造成恶劣社会影响的；

5. 其他造成严重后果的情形。

（四十二）失职造成珍贵文物损毁、流失罪※

中华人民共和国刑法（节录）*

第四百一十九条 【失职造成珍贵文物损毁、流失罪】 国家机关工作人员严重不负责任，造成珍贵文物损毁或者流失，后果严重的，处三年以下有期徒刑或者拘役。

最高人民法院 最高人民检察院
关于办理妨害文物管理等刑事案件适用法律若干问题的解释（节录）

法释〔2015〕23号

（2015年10月12日最高人民法院审判委员会第1663次会议、2015年11月18日最高人民检察院第十二届检察委员会第43次会议通过 2015年12月30日最高人民法院、最高人民检察院公告公布 自2016年1月1日起施行）

第十条 国家机关工作人员严重不负责任，造成珍贵文物损毁或者流失，具有下列情形之一的，应当认定为刑法第四百一十九条规定的"后果严重"：

（一）导致二级以上文物或者五件以上三级文物损毁或者流失的；

（二）导致全国重点文物保护单位、省级文物保护单位的本体严重损毁或者灭失的；

（三）其他后果严重的情形。

---

* 编者注：根据1997年刑法和《全国人民代表大会常务委员会关于惩治骗购外汇、逃汇和非法买卖外汇犯罪的决定》及十部刑法修正案编纂。

最高人民检察院
关于渎职侵权犯罪案件立案标准的规定（节录）

高检发释字〔2006〕2号

（2005年12月29日最高人民检察院第十届检察委员会第四十九次会议通过　2006年7月26日最高人民检察院公告公布　自公布之日起施行）

一、渎职犯罪案件

(三十五) 失职造成珍贵文物损毁、流失案（第四百一十九条）

失职造成珍贵文物损毁、流失罪是指文物行政部门、公安机关、工商行政管理部门、海关、城乡建设规划部门等国家机关工作人员严重不负责任，造成珍贵文物损毁或者流失，后果严重的行为。

涉嫌下列情形之一的，应予立案：

1. 导致国家一、二、三级珍贵文物损毁或者流失的；

2. 导致全国重点文物保护单位或者省、自治区、直辖市级文物保护单位损毁的；

3. 其他后果严重的情形。

（四十三）过失泄露国家秘密罪※

中华人民共和国刑法（节录）*

第三百九十八条 【故意泄露国家秘密罪】【过失泄露国家秘密罪】 国家机关工作人员违反保守国家秘密法的规定，故意或者过失泄露国家秘密，情节严重的，处三年以下有期徒刑或者拘役；情节特别严重的，处三年以上七年以下有期徒刑。

非国家机关工作人员犯前款罪的，依照前款的规定酌情处罚。

中华人民共和国保守国家秘密法（节录）

（1988年9月5日第七届全国人民代表大会常务委员会第三次会议通过 2010年4月29日第十一届全国人民代表大会常务委员会第十四次会议修订 2010年4月29日中华人民共和国主席令第28号公布 自2010年10月1日起施行）

第二条 国家秘密是关系国家安全和利益，依照法定程序确定，在一定时间内只限一定范围的人员知悉的事项。

第九条 下列涉及国家安全和利益的事项，泄露后可能损害国家在政治、经济、国防、外交等领域的安全和利益的，应当确定为国家秘密：

（一）国家事务重大决策中的秘密事项；

（二）国防建设和武装力量活动中的秘密事项；

（三）外交和外事活动中的秘密事项以及对外承担保密义务的秘密事项；

（四）国民经济和社会发展中的秘密事项；

（五）科学技术中的秘密事项；

（六）维护国家安全活动和追查刑事犯罪中的秘密事项；

---

* 编者注：根据1997年刑法和《全国人民代表大会常务委员会关于惩治骗购外汇、逃汇和非法买卖外汇犯罪的决定》及十部刑法修正案编纂。

（七）经国家保密行政管理部门确定的其他秘密事项。

政党的秘密事项中符合前款规定的，属于国家秘密。

最高人民检察院
关于渎职侵权犯罪案件立案标准的规定（节录）

高检发释字〔2006〕2号

（2005年12月29日最高人民检察院第十届检察委员会第四十九次会议通过 2006年7月26日最高人民检察院公告公布 自公布之日起施行）

一、渎职犯罪案件

（四）过失泄露国家秘密案（第三百九十八条）

过失泄露国家秘密罪是指国家机关工作人员或者非国家机关工作人员违反保守国家秘密法，过失泄露国家秘密，或者遗失国家秘密载体，致使国家秘密被不应知悉者知悉或者超出了限定的接触范围，情节严重的行为。

涉嫌下列情形之一的，应予立案：

1. 泄露绝密级国家秘密1项（件）以上的；
2. 泄露机密级国家秘密3项（件）以上的；
3. 泄露秘密级国家秘密4项（件）以上的；
4. 违反保密规定，将涉及国家秘密的计算机或者计算机信息系统与互联网相连接，泄露国家秘密的；
5. 泄露国家秘密或者遗失国家秘密载体，隐瞒不报、不如实提供有关情况或者不采取补救措施的；
6. 其他情节严重的情形。

最高人民法院关于审理为境外窃取、刺探、收买、非法提供国家秘密、情报案件具体应用法律若干问题的解释（节录）

法释〔2001〕4号

（2000年11月20日最高人民法院审判委员会第1142次会议通过 2001年1月17日最高人民法院公告公布 自2001年1月22日起施行）

第六条 通过互联网将国家秘密或者情报非法发送给境外的机构、组织、个人的，依照刑法第一百一十一条的规定定罪处罚；将国家秘密通过互联网予以发布，情节严重的，依照刑法第三百九十八条的规定定罪处罚。

四、徇私舞弊犯罪案件

由监察机关管辖的徇私舞弊犯罪案件

（四十四）徇私舞弊低价折股、出售国有资产罪※

中华人民共和国刑法（节录）*

第一百六十九条　【徇私舞弊低价折股、出售国有资产罪】　国有公司、企业或者其上级主管部门直接负责的主管人员，徇私舞弊，将国有资产低价折股或者低价出售，致使国家利益遭受重大损失的，处三年以下有期徒刑或者拘役；致使国家利益遭受特别重大损失的，处三年以上七年以下有期徒刑。

最高人民法院　最高人民检察院
关于办理国家出资企业中职务犯罪案件具体应用法律若干问题的意见（节录）

2010年11月26日　　　　　　　　　　　　法发〔2010〕49号

一、关于国家出资企业工作人员在改制过程中隐匿公司、企业财产归个人持股的改制后公司、企业所有的行为的处理

国家工作人员或者受国家机关、国有公司、企业、事业单位、人民团体委托管理、经营国有财产的人员利用职务上的便利，在国家出资企业改制过程中故意通过低估资产、隐瞒债权、虚设债务、虚构产权交易等方式隐匿公

---

*　编者注：根据1997年刑法和《全国人民代表大会常务委员会关于惩治骗购外汇、逃汇和非法买卖外汇犯罪的决定》及十部刑法修正案编纂。

司、企业财产，转为本人持有股份的改制后公司、企业所有，应当依法追究刑事责任的，依照刑法第三百八十二条、第三百八十三条的规定，以贪污罪定罪处罚。贪污数额一般应当以所隐匿财产全额计算；改制后公司、企业仍有国有股份的，按股份比例扣除归于国有的部分。

所隐匿财产在改制过程中已为行为人实际控制，或者国家出资企业改制已经完成的，以犯罪既遂处理。

第一款规定以外的人员实施该款行为的，依照刑法第二百七十一条的规定，以职务侵占罪定罪处罚；第一款规定以外的人员与第一款规定的人员共同实施该款行为的，以贪污罪的共犯论处。

在企业改制过程中未采取低估资产、隐瞒债权、虚设债务、虚构产权交易等方式故意隐匿公司、企业财产的，一般不应当认定为贪污；造成国有资产重大损失，依法构成刑法第一百六十八条或者第一百六十九条规定的犯罪的，依照该规定定罪处罚。

二、关于国有公司、企业在改制过程中隐匿公司、企业财产归职工集体持股的改制后公司、企业所有的行为的处理

国有公司、企业违反国家规定，在改制过程中隐匿公司、企业财产，转为职工集体持股的改制后公司、企业所有的，对其直接负责的主管人员和其他直接责任人员，依照刑法第三百九十六条第一款的规定，以私分国有资产罪定罪处罚。

改制后的公司、企业中只有改制前公司、企业的管理人员或者少数职工持股，改制前公司、企业的多数职工未持股的，依照本意见第一条的规定，以贪污罪定罪处罚。

三、关于国家出资企业工作人员使用改制公司、企业的资金担保个人贷款，用于购买改制公司、企业股份的行为的处理

国家出资企业的工作人员在公司、企业改制过程中为购买公司、企业股份，利用职务上的便利，将公司、企业的资金或者金融凭证、有价证券等用于个人贷款担保的，依照刑法第二百七十二条或者第三百八十四条的规定，以挪用资金罪或者挪用公款罪定罪处罚。

行为人在改制前的国家出资企业持有股份的，不影响挪用数额的认定，但量刑时应当酌情考虑。

经有关主管部门批准或者按照有关政策规定，国家出资企业的工作人员为购买改制公司、企业股份实施前款行为的，可以视具体情况不作为犯罪处理。

四、关于国家工作人员在企业改制过程中的渎职行为的处理

国家出资企业中的国家工作人员在公司、企业改制或者国有资产处置过程中严重不负责任或者滥用职权，致使国家利益遭受重大损失的，依照刑法第一百六十八条的规定，以国有公司、企业人员失职罪或者国有公司、企业人员滥用职权罪定罪处罚。

国家出资企业中的国家工作人员在公司、企业改制或者国有资产处置过程中徇私舞弊，将国有资产低价折股或者低价出售给其本人未持有股份的公司、企业或者其他个人，致使国家利益遭受重大损失的，依照刑法第一百六十九条的规定，以徇私舞弊低价折股、出售国有资产罪定罪处罚。

国家出资企业中的国家工作人员在公司、企业改制或者国有资产处置过程中徇私舞弊，将国有资产低价折股或者低价出售给特定关系人持有股份或者本人实际控制的公司、企业，致使国家利益遭受重大损失的，依照刑法第三百八十二条、第三百八十三条的规定，以贪污罪定罪处罚。贪污数额以国有资产的损失数额计算。

国家出资企业中的国家工作人员因实施第一款、第二款行为收受贿赂，同时又构成刑法第三百八十五条规定之罪的，依照处罚较重的规定定罪处罚。

五、关于改制前后主体身份发生变化的犯罪的处理

国家工作人员在国家出资企业改制前利用职务上的便利实施犯罪，在其不再具有国家工作人员身份后又实施同种行为，依法构成不同犯罪的，应当分别定罪，实行数罪并罚。

国家工作人员利用职务上的便利，在国家出资企业改制过程中隐匿公司、企业财产，在其不再具有国家工作人员身份后将所隐匿财产据为己有的，依照刑法第三百八十二条、第三百八十三条的规定，以贪污罪定罪处罚。

国家工作人员在国家出资企业改制过程中利用职务上的便利为请托人谋取利益，事先约定在其不再具有国家工作人员身份后收受请托人财物，或者在身份变化前后连续收受请托人财物的，依照刑法第三百八十五条、第三百八十六条的规定，以受贿罪定罪处罚。

六、关于国家出资企业中国家工作人员的认定

经国家机关、国有公司、企业、事业单位提名、推荐、任命、批准等，在国有控股、参股公司及其分支机构中从事公务的人员，应当认定为国家工作人员。具体的任命机构和程序，不影响国家工作人员的认定。

经国家出资企业中负有管理、监督国有资产职责的组织批准或者研究决定，代表其在国有控股、参股公司及其分支机构中从事组织、领导、监督、经营、管理工作的人员，应当认定为国家工作人员。

国家出资企业中的国家工作人员，在国家出资企业中持有个人股份或者同时接受非国有股东委托的，不影响其国家工作人员身份的认定。

最高人民检察院　公安部
关于公安机关管辖的刑事案件立案追诉标准的规定（二）（节录）

2010 年 5 月 7 日　　　　　　　　公通字〔2010〕23 号

第十七条　［徇私舞弊低价折股、出售国有资产案（刑法第一百六十九条）］国有公司、企业或者其上级主管部门直接负责的主管人员，徇私舞弊，将国有资产低价折股或者低价出售，涉嫌下列情形之一的，应予立案追诉：

（一）造成国家直接经济损失数额在三十万元以上的；

（二）造成有关单位破产、停业、停产六个月以上，或者被吊销许可证和营业执照、责令关闭、撤销、解散的；

（三）其他致使国家利益遭受重大损失的情形。

(四十五) 非法批准征收、征用、占用土地罪※

中华人民共和国刑法（节录）*

第四百一十条 【非法批准征收、征用、占用土地罪】【非法低价出让国有土地使用权罪】 国家机关工作人员徇私舞弊，违反土地管理法规，滥用职权，非法批准征收、征用、占用土地，或者非法低价出让国有土地使用权，情节严重的，处三年以下有期徒刑或者拘役；致使国家或者集体利益遭受特别重大损失的，处三年以上七年以下有期徒刑。

（编者注：本条经2009年8月27日第十一届全国人民代表大会常务委员会第十次会议通过的《全国人民代表大会常务委员会关于修改部分法律的决定》第二条第一项第12目修改。

1997年刑法第四百一十条原规定："国家机关工作人员徇私舞弊，违反土地管理法规，滥用职权，非法批准征用、占用土地，或者非法低价出让国有土地使用权，情节严重的，处三年以下有期徒刑或者拘役；致使国家或者集体利益遭受特别重大损失的，处三年以上七年以下有期徒刑。"）

全国人民代表大会常务委员会关于《中华人民共和国刑法》第二百二十八条、第三百四十二条、第四百一十条的解释**

（2001年8月31日第九届全国人民代表大会常务委员会第二十三次会议通过）

全国人民代表大会常务委员会讨论了刑法第二百二十八条、第三百四十

---

* 编者注：根据1997年刑法和《全国人民代表大会常务委员会关于惩治骗购外汇、逃汇和非法买卖外汇犯罪的决定》及十部刑法修正案编纂。

** 本解释根据2009年8月27日《全国人民代表大会常务委员会关于修改部分法律的决定》修改。

二条、第四百一十条规定的"违反土地管理法规"和第四百一十条规定的"非法批准征收、征用、占用土地"的含义问题，解释如下：

刑法第二百二十八条、第三百四十二条、第四百一十条规定的"违反土地管理法规"，是指违反土地管理法、森林法、草原法等法律以及有关行政法规中关于土地管理的规定。

刑法第四百一十条规定的"非法批准、征收、征用、占用土地"，是指非法批准征用、占用耕地、林地等农用地以及其他土地。

现予公告。

最高人民法院
关于审理破坏草原资源刑事案件
应用法律若干问题的解释（节录）

法释〔2012〕15号

（2012年10月22日最高人民法院审判委员会第1558次会议通过 2012年11月2日最高人民法院公告公布 自2012年11月22日起施行）

第三条 国家机关工作人员徇私舞弊，违反草原法等土地管理法规，具有下列情形之一的，应当认定为刑法第四百一十条规定的"情节严重"：

（一）非法批准征收、征用、占用草原四十亩以上的；

（二）非法批准征收、征用、占用草原，造成二十亩以上草原被毁坏的；

（三）非法批准征收、征用、占用草原，造成直接经济损失三十万元以上，或者具有其他恶劣情节的。

具有下列情形之一，应当认定为刑法第四百一十条规定的"致使国家或者集体利益遭受特别重大损失"：

（一）非法批准征收、征用、占用草原八十亩以上的；

（二）非法批准征收、征用、占用草原，造成四十亩以上草原被毁坏的；

（三）非法批准征收、征用、占用草原，造成直接经济损失六十万元以上，或者具有其他特别恶劣情节的。

最高人民检察院
关于加强查办危害土地资源
渎职犯罪工作的指导意见

2008年11月6日　　　　　　　　　高检发渎检字〔2008〕12号

  为充分发挥检察机关在保护土地资源中的职能作用，进一步加大检察机关查办危害土地资源渎职犯罪案件工作力度，确保办案质量和办案效果，推动办案工作健康有序地开展，特就当前和今后一个时期做好查办危害土地资源渎职犯罪案件工作提出如下指导意见：

  一、突出查办案件的重点。在查办案件中，要严格执行法律，始终做到"一要坚决、二要慎重，务必搞准"。要突出办案重点，严肃查办国家机关工作人员滥用职权，玩忽职守，非法批准征收、征用、占用土地和非法低价出让国有土地使用权案件，集中精力办好社会高度关注、党委和上级人民检察院交办的渎职犯罪案件；人民群众反映强烈，引发群体性事件的渎职犯罪案件；经新闻媒体曝光，造成恶劣社会影响的渎职犯罪案件；充当黑恶势力犯罪"保护伞"，为其破坏土地资源犯罪提供保护的渎职犯罪案件。

  二、准确确定损失后果。在查办案件中，对损失后果的认定，既要考虑被破坏的土地资源的经济价值，按照有关部门做出的鉴定结论，以经济损失计算损失后果，也要充分考虑土地作为特殊资源，被破坏土地的性质、地理位置、实际用处等差异所产生的土地价值，受损后无法用经济价值数额衡量的特殊性，可以采取经济标准或者面积标准认定损失后果，准确适用《中华人民共和国刑法》第三百九十七条和第四百一十条的规定以及相关司法解释查处犯罪。

  三、严格区分责任。在查办案件中，要分清渎职行为对危害后果所起的作用大小，正确区分主要责任人与次要责任人、直接责任人与间接责任人。对多因一果的有关责任人员，要分清主次，分别根据他们在造成危害土地资源损失结果发生过程中所起的作用，确定其罪责。

  要正确区分决策者与实施人员、监管人员的责任。对于决策者滥用职权、玩忽职守、徇私舞弊违法决策，严重破坏土地资源的，或者强令、胁迫其他国家机关工作人员实施破坏土地资源行为的，或者阻挠监管人员执法，导致国家土地资源被严重破坏的，应当区分决策者和实施人员、监管人员的责任大小，重点查处决策者的渎职犯罪；实施人员、监管人员贪赃枉法、徇私舞弊，隐瞒事实真相，提供虚假信息，影响决策者的正确决策，造成危害后果发生的，要严肃追究实施人员和监管人员的责任；实施人员、监管人员明知决策者决策错误，而不提出反对意见，或者不进行纠正、制止、查处，造成国家土地资源被严重破坏的，应当视其情节追究渎职犯罪责任；对于决策者与具体实施人员、监管人员相互勾结，共同实施危害土地资源渎职犯罪的，要依法一并查处。

要严格区分集体行为和个人行为的责任。对集体研究做出的决定违反法律法规的，要具体案件具体分析。对于采取集体研究决策形式，实为个人滥用职权、玩忽职守、贪赃枉法、徇私舞弊等，构成危害土地资源渎职犯罪的，应当依法追究决策者的刑事责任。

四、正确把握法律政策界限。严格区分罪与非罪的界限。要正确把握相关的法律、行政法规及政策，准确把握工作失误与渎职犯罪的界限，坚持具体案件具体分析，严查擅权渎职、徇私舞弊型渎职犯罪案件，找准法律与政策的结合点，确保办案的法律效果、政治效果和社会效果的有机统一。对一时难以区分罪与非罪的，要放到具体时代背景、政策环境中去研究判断，对当时国家有关土地管理法律政策界限不清，以土地资源换取国家和集体经济发展的行为，要慎重对待，一般不作犯罪处理。

在查办案件中，要严格依法办案，既要认真执行国家刑事法律，也要认真掌握国土资源管理方面的规章制度和规范性文件。国家颁布实施的有关土地管理的行政法规和规范性文件，既是贯彻落实国家关于土地宏观调控政策的具体措施和工作要求，也是检察机关认定国家机关工作人员危害土地资源渎职责任的重要根据。要认真学习掌握《中华人民共和国土地管理法》和2004年颁布的《国务院关于深化改革严格土地管理的决定》以及国家有关保护土地资源的规定，对违反法律和有关土地管理文件禁止性规定的渎职犯罪行为，要严格依法查办；对《国务院关于深化改革严格土地管理的决定》颁布以前的危害土地资源行为，要着力查办有徇私舞弊行为的滥用职权，玩忽职守，非法批准征收、征用、占用土地和非法低价出让国有土地使用权的渎职犯罪案件。

五、认真贯彻宽严相济刑事政策。在查办危害土地资源渎职犯罪案件中，要贯彻落实宽严相济刑事政策，对犯罪情节轻微、有悔罪表现的犯罪嫌疑人，要落实教育、感化、挽救方针，可以依法从轻处理；对毁灭、伪造证据，干扰作证，串供，可能存在案中案的犯罪嫌疑人，要依法采取羁押性强制措施，确保办案工作顺利进行。

六、加强领导，努力营造良好的执法环境。上级人民检察院要加强对查办危害土地资源渎职案件的组织领导和对下指导力度，及时研究解决工作中遇到的新情况、新问题。对开展工作的重大部署、查办的重大案件、遇到的重大问题等,要及时向党委、人大和上级人民检察院汇报,紧紧依靠党委的领导、人大的监督和上级检察院的领导做好查办案件工作,努力营造良好的执法环境。

要加强与国土资源管理等部门的协调联系,对查办案件中遇到的疑难复杂专业性问题,采取召开联席会议、案件研讨等方式,共同研究解决,保证办案工作健康发展。

最高人民检察院
关于渎职侵权犯罪案件立案标准的规定(节录)

高检发释字〔2006〕2号

(2005年12月29日最高人民检察院第十届检察委员会第四十九次会议通过 2006年7月26日最高人民检察院公告公布 自公布之日起施行)

一、渎职犯罪案件

(二十一)非法批准征用、占用土地案(第四百一十条)

非法批准征用、占用土地罪是指国家机关工作人员徇私舞弊,违反土地管理法、森林法、草原法等法律以及有关行政法规中关于土地管理的规定,滥用职权,非法批准征用、占用耕地、林地等农用地以及其他土地,情节严重的行为。

涉嫌下列情形之一的,应予立案:

1. 非法批准征用、占用基本农田十亩以上的;
2. 非法批准征用、占用基本农田以外的耕地三十亩以上的;
3. 非法批准征用、占用其他土地五十亩以上的;
4. 虽未达到上述数量标准,但造成有关单位、个人直接经济损失三十万元以上,或者造成耕地大量毁坏或者植被遭到严重破坏的;
5. 非法批准征用、占用土地,影响群众生产、生活,引起纠纷,造成恶劣影响或者其他严重后果的;
6. 非法批准征用、占用防护林地、特种用途林地分别或者合计十亩以上的;
7. 非法批准征用、占用其他林地二十亩以上的;
8. 非法批准征用、占用林地造成直接经济损失三十万元以上,或者造成防护林地、特种用途林地分别或者合计五亩以上或者其他林地十亩以上毁坏的；

9. 其他情节严重的情形。

最高人民法院
关于审理破坏林地资源刑事案件
具体应用法律若干问题的解释（节录）

法释〔2005〕15号

（2005年12月19日最高人民法院审判委员会第1374次会议通过 2005年12月26日最高人民法院公告公布 自2005年12月30日起施行）

第二条 国家机关工作人员徇私舞弊，违反土地管理法规，滥用职权，非法批准征用、占用林地，具有下列情形之一的，属于刑法第四百一十条规定的"情节严重"，应当以非法批准征用、占用土地罪判处三年以下有期徒刑或者拘役：

（一）非法批准征用、占用防护林地、特种用途林地数量分别或者合计达到十亩以上；

（二）非法批准征用、占用其他林地数量达到二十亩以上；

（三）非法批准征用、占用林地造成直接经济损失数额达到三十万元以上，或者造成本条第（一）项规定的林地数量分别或者合计达到五亩以上或者本条第（二）项规定的林地数量达到十亩以上毁坏。

第三条 实施本解释第二条规定的行为，具有下列情形之一的，属于刑法第四百一十条规定的"致使国家或者集体利益遭受特别重大损失"，应当以非法批准征用、占用土地罪判处三年以上七年以下有期徒刑：

（一）非法批准征用、占用防护林地、特种用途林地数量分别或者合计达到二十亩以上；

（二）非法批准征用、占用其他林地数量达到四十亩以上；

（三）非法批准征用、占用林地造成直接经济损失数额达到六十万元以上，或者造成本条第（一）项规定的林地数量分别或者合计达到十亩以上或者本条第（二）项规定的林地数量达到二十亩以上毁坏。

第四条 国家机关工作人员徇私舞弊，违反土地管理法规，非法低价出让国有林地使用权，具有下列情形之一的，属于刑法第四百一十条规定的"情节严重"，应当以非法低价出让国有土地使用权罪判处三年以下有期徒刑或者拘役：

（一）林地数量合计达到三十亩以上，并且出让价额低于国家规定的最低价额标准的百分之六十；

（二）造成国有资产流失价额达到三十万元以上。

第五条 实施本解释第四条规定的行为，造成国有资产流失价额达到六十万元以上的，属于刑法第四百一十条规定的"致使国家和集体利益遭受特别重大损失"，应当以非法低价出让国有土地使用权罪判处三年以上七年以下有期徒刑。

第六条 单位实施破坏林地资源犯罪的，依照本解释规定的相关定罪量刑标准执行。

第七条 多次实施本解释规定的行为依法应当追诉且未经处理的，应当按照累计的数量、数额处罚。

人民检察院直接受理立案侦查的渎职侵权重特大案件标准（试行）（节录）

2001年8月24日　　　　　　　　高检发〔2001〕13号

十九、非法批准征用、占用土地案

（一）重大案件

1. 非法批准征用、占用基本农田二十亩以上的；
2. 非法批准征用、占用基本农田以外的耕地六十亩以上的；
3. 非法批准征用、占用其他土地一百亩以上的；
4. 非法批准征用、占用土地，造成基本农田五亩以上，其他耕地十亩以上严重毁坏的；
5. 非法批准征用、占用土地造成直接经济损失五十万元以上的。

（二）特大案件

1. 非法批准征用、占用基本农田三十亩以上的；
2. 非法批准征用、占用基本农田以外的耕地九十亩以上的；
3. 非法批准征用、占用其他土地一百五十亩以上的；
4. 非法批准征用、占用土地，造成基本农田十亩以上，其他耕地二十亩以上严重毁坏的；
5. 非法批准征用、占用土地造成直接经济损失一百万元以上的。

最高人民法院
关于审理破坏土地资源刑事案件具体应用法律若干问题的解释（节录）

法释〔2000〕14号

（2000年6月16日最高人民法院审判委员会第1119次会议通过 2000年6月19日最高人民法院公告公布 自2000年6月22日起施行）

第四条 国家机关工作人员徇私舞弊，违反土地管理法规，滥用职权，非法批准征用、占用土地，具有下列情形之一的，属于非法批准征用、占用土地"情节严重"，依照刑法第四百一十条的规定，以非法批准征用、占用土地罪定罪处罚：

（一）非法批准征用、占用基本农田10亩以上的；

（二）非法批准征用、占用基本农田以外的耕地30亩以上的；

（三）非法批准征用、占用其他土地50亩以上的；

（四）虽未达到上述数量标准，但非法批准征用、占用土地造成直接经济损失30万元以上；造成耕地大量毁坏等恶劣情节的。

（四十六）非法低价出让国有土地使用权罪※

中华人民共和国刑法（节录）*

第四百一十条 【非法批准征收、征用、占用土地罪】【非法低价出让国有土地使用权罪】 国家机关工作人员徇私舞弊，违反土地管理法规，滥用职权，非法批准征收、征用、占用土地，或者非法低价出让国有土地使用权，情节严重的，处三年以下有期徒刑或者拘役；致使国家或者集体利益遭受特别重大损失的，处三年以上七年以下有期徒刑。

（编者注：本条经2009年8月27日第十一届全国人民代表大会常务委员会第十次会议通过的《全国人民代表大会常务委员会关于修改部分法律的决定》第二条第一项第12目修改。

1997年刑法第四百一十条原规定："国家机关工作人员徇私舞弊，违反土地管理法规，滥用职权，非法批准征用、占用土地，或者非法低价出让国有土地使用权，情节严重的，处三年以下有期徒刑或者拘役；致使国家或者集体利益遭受特别重大损失的，处三年以上七年以下有期徒刑。"）

全国人民代表大会常务委员会 关于《中华人民共和国刑法》 第二百二十八条、第三百四十二条、 第四百一十条的解释**

（2001年8月31日第九届全国人民代表大会常务委员会第二十三次会议通过）

全国人民代表大会常务委员会讨论了刑法第二百二十八条、第三百四十二条、第四百一十条规定的"违反土地管理法规"和第四百一十条规定的

---

* 编者注：根据1997年刑法和《全国人民代表大会常务委员会关于惩治骗购外汇、逃汇和非法买卖外汇犯罪的决定》及十部刑法修正案编纂。

** 本解释根据2009年8月27日《全国人民代表大会常务委员会关于修改部分法律的决定》修改。

"非法批准征收、征用、占用土地"的含义问题，解释如下：

刑法第二百二十八条、第三百四十二条、第四百一十条规定的"违反土地管理法规"，是指违反土地管理法、森林法、草原法等法律以及有关行政法规中关于土地管理的规定。

刑法第四百一十条规定的"非法批准、征收、征用、占用土地"，是指非法批准征用、占用耕地、林地等农用地以及其他土地。

现予公告。

最高人民检察院
关于加强查办危害土地资源渎职犯罪工作的指导意见

2008年11月6日　　　　　　　　　　　高检发渎检字〔2008〕12号

为充分发挥检察机关在保护土地资源中的职能作用，进一步加大检察机关查办危害土地资源渎职犯罪案件工作力度，确保办案质量和办案效果，推动办案工作健康有序地开展，特就当前和今后一个时期做好查办危害土地资源渎职犯罪案件工作提出如下指导意见：

一、突出查办案件的重点。在查办案件中，要严格执行法律，始终做到"一要坚决、二要慎重，务必搞准"。要突出办案重点，严肃查办国家机关工作人员滥用职权，玩忽职守，非法批准征收、征用、占用土地和非法低价出让国有土地使用权案件，集中精力办好社会高度关注、党委和上级人民检察院交办的渎职犯罪案件；人民群众反映强烈，引发群体性事件的渎职犯罪案件；经新闻媒体曝光，造成恶劣社会影响的渎职犯罪案件；充当黑恶势力犯罪"保护伞"，为其破坏土地资源犯罪提供保护的渎职犯罪案件。

二、准确确定损失后果。在查办案件中，对损失后果的认定，既要考虑被破坏的土地资源的经济价值，按照有关部门做出的鉴定结论，以经济损失计算损失后果，也要充分考虑土地作为特殊资源，被破坏土地的性质、地理位置、实际用处等差异所产生的土地价值，受损后无法用经济价值数额衡量的特殊性，可以采取经济标准或者面积标准认定损失后果，准确适用《中华人民共和国刑法》第三百九十七条和第四百一十条的规定以及相关司法解释查处犯罪。

三、严格区分责任。在查办案件中，要分清渎职行为对危害后果所起的作用大小，正确区分主要责任人与次要责任人、直接责任人与间接责任人。

对多因一果的有关责任人员，要分清主次，分别根据他们在造成危害土地资源损失结果发生过程中所起的作用，确定其罪责。

要正确区分决策者与实施人员、监管人员的责任。对于决策者滥用职权、玩忽职守、徇私舞弊违法决策，严重破坏土地资源的，或者强令、胁迫其他国家机关工作人员实施破坏土地资源行为的，或者阻挠监管人员执法，导致国家土地资源被严重破坏的，应当区分决策者和实施人员、监管人员的责任大小，重点查处决策者的渎职犯罪；实施人员、监管人员贪赃枉法、徇私舞弊，隐瞒事实真相，提供虚假信息，影响决策者的正确决策，造成危害后果发生的，要严肃追究实施人员和监管人员的责任；实施人员、监管人员明知决策者决策错误，而不提出反对意见，或者不进行纠正、制止、查处，造成国家土地资源被严重破坏的，应当视其情节追究渎职犯罪责任；对于决策者与具体实施人员、监管人员相互勾结，共同实施危害土地资源渎职犯罪的，要依法一并查处。

要严格区分集体行为和个人行为的责任。对集体研究做出的决定违反法律法规的，要具体案件具体分析。对于采取集体研究决策形式，实为个人滥用职权、玩忽职守、贪赃枉法、徇私舞弊等，构成危害土地资源渎职犯罪的，应当依法追究决策者的刑事责任。

四、正确把握法律政策界限。严格区分罪与非罪的界限。要正确把握相关的法律、行政法规及政策，准确把握工作失误与渎职犯罪的界限，坚持具体案件具体分析，严查擅权渎职、徇私舞弊型渎职犯罪案件，找准法律与政策的结合点，确保办案的法律效果、政治效果和社会效果的有机统一。对一时难以区分罪与非罪的，要放到具体时代背景、政策环境中去研究判断，对当时国家有关土地管理法律政策界限不清，以土地资源换取国家和集体经济发展的行为，要慎重对待，一般不作犯罪处理。

在查办案件中，要严格依法办案，既要认真执行国家刑事法律，也要认真掌握国土资源管理方面的规章制度和规范性文件。国家颁布实施的有关土地管理的行政法规和规范性文件，既是贯彻落实国家关于土地宏观调控政策的具体措施和工作要求，也是检察机关认定国家机关工作人员危害土地资源渎职责任的重要根据。要认真学习掌握《中华人民共和国土地管理法》和2004年颁布的《国务院关于深化改革严格土地管理的决定》以及国家有关保护土地资源的规定，对违反法律和有关土地管理文件禁止性规定的渎职犯罪行为，要严格依法查办；对《国务院关于深化改革严格土地管理的决定》颁布以前的危害土地资源行为，要着力查办有徇私舞弊行为的滥用职权，玩忽职守，非法批准征收、征用、占用土地和非法低价出让国有土地使用权的渎职犯罪案件。

五、认真贯彻宽严相济刑事政策。在查办危害土地资源渎职犯罪案件中，要贯彻落实宽严相济刑事政策，对犯罪情节轻微、有悔罪表现的犯罪嫌疑人，要落实教育、感化、挽救方针，可以依法从轻处理；对毁灭、伪造证据，干扰作证，串供，可能存在案中案的犯罪嫌疑人，要依法采取羁押性强制措施，确保办案工作顺利进行。

六、加强领导，努力营造良好的执法环境。上级人民检察院要加强对查办危害土地资源渎职案件的组织领导和对下指导力度，及时研究解决工作中遇到的新情况、新问题。对开展工作的重大部署、查办的重大案件、遇到的重大问题等，要及时向党委、人大和上级人民检察院汇报，紧紧依靠党委的领导、人大的监督和上级检察院的领导做好查办案件工作，努力营造良好的执法环境。

要加强与国土资源管理等部门的协调联系，对查办案件中遇到的疑难复杂专业性问题，采取召开联席会议、案件研讨等方式，共同研究解决，保证办案工作健康发展。

最高人民检察院
关于渎职侵权犯罪案件立案标准的规定（节录）

高检发释字〔2006〕2号

（2005年12月29日最高人民检察院第十届检察委员会第四十九次会议通过 2006年7月26日最高人民检察院公告公布 自公布之日起施行）

一、渎职犯罪案件

（二十二）非法低价出让国有土地使用权案（第四百一十条）

非法低价出让国有土地使用权罪是指国家机关工作人员徇私舞弊，违反土地管理法、森林法、草原法等法律以及有关行政法规中关于土地管理的规定，滥用职权，非法低价出让国有土地使用权，情节严重的行为。

涉嫌下列情形之一的，应予立案：

1. 非法低价出让国有土地三十亩以上，并且出让价额低于国家规定的最低价额标准的百分之六十的；

2. 造成国有土地资产流失价额三十万元以上的；

3. 非法低价出让国有土地使用权，影响群众生产、生活，引起纠纷，造成恶劣影响或者其他严重后果的；

4. 非法低价出让林地合计三十亩以上，并且出让价额低于国家规定的最低价额标准的百分之六十的；

5. 造成国有资产流失三十万元以上的；

6. 其他情节严重的情形。

最高人民法院
关于审理破坏林地资源刑事案件
具体应用法律若干问题的解释（节录）

法释〔2005〕15 号

（2005 年 12 月 19 日最高人民法院审判委员会第 1374 次会议通过
2005 年 12 月 26 日最高人民法院公告公布 自 2005 年 12 月 30 日起施行）

第四条 国家机关工作人员徇私舞弊，违反土地管理法规，非法低价出让国有林地使用权，具有下列情形之一的，属于刑法第四百一十条规定的"情节严重"，应当以非法低价出让国有土地使用权罪判处三年以下有期徒刑或者拘役：

（一）林地数量合计达到三十亩以上，并且出让价额低于国家规定的最低价额标准的百分之六十；

（二）造成国有资产流失价额达到三十万元以上。

第五条 实施本解释第四条规定的行为，造成国有资产流失价额达到六十万元以上的，属于刑法第四百一十条规定的"致使国家和集体利益遭受特别重大损失"，应当以非法低价出让国有土地使用权罪判处三年以上七年以下有期徒刑。

第六条 单位实施破坏林地资源犯罪的，依照本解释规定的相关定罪量刑标准执行。

第七条 多次实施本解释规定的行为依法应当追诉且未经处理的，应当按照累计的数量、数额处罚。

人民检察院直接受理立案侦查的渎职侵权
重特大案件标准（试行）（节录）

2001年8月24日　　　　　　　　　　　高检发〔2001〕13号

二十、非法低价出让国有土地使用权案

（一）重大案件

1. 出让国有土地使用权面积在六十亩以上，并且出让价额低于国家规定的最低价额标准的百分之六十的；

2. 造成国有土地资产流失价额在五十万元以上的。

（二）特大案件

1. 出让国有土地使用权面积在九十亩以上，并且出让价额低于国家规定的最低价额标准的百分之四十的；

2. 造成国有土地资产流失价额在一百万元以上的。

最高人民法院
关于审理破坏土地资源刑事案件
具体应用法律若干问题的解释（节录）

法释〔2000〕14号

（2000年6月16日最高人民法院审判委员会第1119次会议通过
2000年6月19日最高人民法院公告公布　自2000年6月22日起施行）

第六条　国家机关工作人员徇私舞弊，违反土地管理法规，非法低价出让国有土地使用权，具有下列情形之一的，属于"情节严重"，依照刑法第四百一十条的规定，以非法低价出让国有土地使用权罪定罪处罚：

（一）出让国有土地使用权面积在30亩以上，并且出让价额低于国家规定的最低价额标准的60%的；

（二）造成国有土地资产流失价额在30万元以上的。

第七条　实施第六条规定的行为，具有下列情形之一的，属于非法低价出让国有土地使用权，"致使国家和集体利益遭受特别重大损失"：

（一）非法低价出让国有土地使用权面积在60亩以上，并且出让价额低于国家规定的最低价额标准的 40% 的；

（二）造成国有土地资产流失价额在 50 万元以上的。

第八条 单位犯非法转让、倒卖土地使用权罪、非法占有耕地罪的定罪量刑标准，依照本解释第一条、第二条、第三条的规定执行。

第九条 多次实施本解释规定的行为依法应当追诉的，或者 1 年内多次实施本解释规定的行为未经处理的，按照累计的数量、数额处罚。

(四十七)非法经营同类营业罪※

中华人民共和国刑法(节录)*

第一百六十五条 【非法经营同类营业罪】 国有公司、企业的董事、经理利用职务便利,自己经营或者为他人经营与其所任职公司、企业同类的营业,获取非法利益,数额巨大的,处三年以下有期徒刑或者拘役,并处或者单处罚金;数额特别巨大的,处三年以上七年以下有期徒刑,并处罚金。

最高人民检察院 公安部
关于公安机关管辖的刑事案件立案追诉标准的规定(二)(节录)

2010年5月7日　　　　　　　　　　　公通字〔2010〕23号

第十二条 [非法经营同类营业案(刑法第一百六十五条)] 国有公司、企业的董事、经理利用职务便利,自己经营或者为他人经营与其所任职公司、企业同类的营业,获取非法利益,数额在十万元以上的,应予立案追诉。

---

* 编者注:根据1997年刑法和《全国人民代表大会常务委员会关于惩治骗购外汇、逃汇和非法买卖外汇犯罪的决定》及十部刑法修正案编纂。

（四十八）为亲友非法牟利罪※

中华人民共和国刑法（节录）*

第一百六十六条 【为亲友非法牟利罪】 国有公司、企业、事业单位的工作人员，利用职务便利，有下列情形之一，使国家利益遭受重大损失的，处三年以下有期徒刑或者拘役，并处或者单处罚金；致使国家利益遭受特别重大损失的，处三年以上七年以下有期徒刑，并处罚金：

（一）将本单位的盈利业务交由自己的亲友进行经营的；

（二）以明显高于市场的价格向自己的亲友经营管理的单位采购商品或者以明显低于市场的价格向自己的亲友经营管理的单位销售商品的；

（三）向自己的亲友经营管理的单位采购不合格商品的。

最高人民检察院 公安部
关于公安机关管辖的刑事案件立案追诉标准的规定（二）（节录）

2010年5月7日　　　　　　　　公通字〔2010〕23号

第十三条 ［为亲友非法牟利案（刑法第一百六十六条）］国有公司、企业、事业单位的工作人员，利用职务便利，为亲友非法牟利，涉嫌下列情形之一的，应予立案追诉：

（一）造成国家直接经济损失数额在十万元以上的；

（二）使其亲友非法获利数额在二十万元以上的；

（三）造成有关单位破产，停业、停产六个月以上，或者被吊销许可证和营业执照、责令关闭、撤销、解散的；

（四）其他致使国家利益遭受重大损失的情形。

---

* 编者注：根据1997年刑法和《全国人民代表大会常务委员会关于惩治骗购外汇、逃汇和非法买卖外汇犯罪的决定》及十部刑法修正案编纂。

（四十九）枉法仲裁罪※

中华人民共和国刑法（节录）*

第三百九十九条之一 　**【枉法仲裁罪】**　依法承担仲裁职责的人员，在仲裁活动中故意违背事实和法律作枉法裁决，情节严重的，处三年以下有期徒刑或者拘役；情节特别严重的，处三年以上七年以下有期徒刑。

中华人民共和国刑法修正案（六）（节录）

（2006年6月29日第十届全国人民代表大会常务委员会第二十二次会议通过　2006年6月29日中华人民共和国主席令第51号公布　自公布之日起施行）

二十、在刑法第三百九十九条后增加一条，作为第三百九十九条之一："依法承担仲裁职责的人员，在仲裁活动中故意违背事实和法律作枉法裁决，情节严重的，处三年以下有期徒刑或者拘役；情节特别严重的，处三年以上七年以下有期徒刑。"

---

*　编者注：根据1997年刑法和《全国人民代表大会常务委员会关于惩治骗购外汇、逃汇和非法买卖外汇犯罪的决定》及十部刑法修正案编纂。

（五十）徇私舞弊发售发票、抵扣税款、出口退税罪※

中华人民共和国刑法（节录）*

第四百零五条 【徇私舞弊发售发票、抵扣税款、出口退税罪】 税务机关的工作人员违反法律、行政法规的规定，在办理发售发票、抵扣税款、出口退税工作中，徇私舞弊，致使国家利益遭受重大损失的，处五年以下有期徒刑或者拘役；致使国家利益遭受特别重大损失的，处五年以上有期徒刑。

【违法提供出口退税凭证罪】 其他国家机关工作人员违反国家规定，在提供出口货物报关单、出口收汇核销单等出口退税凭证的工作中，徇私舞弊，致使国家利益遭受重大损失的，依照前款的规定处罚。

最高人民法院研究室
关于违反经行政法规授权制定的规范一般纳税人资格的文件应否认定为"违反法律、行政法规的规定"问题的答复

2012年5月3日　　　　　　　　　　　　法研〔2012〕59号

宁夏回族自治区高级人民法院：

你院宁高法〔2012〕33号《关于经行政法规授权以通知形式下发的规范一般纳税人资格的文件是否可以作为行政法规适用的请示》收悉。经研究，答复如下：

国家税务总局《关于加强新办商贸企业增值税征收管理有关问题的紧急通知》（国税发明电〔2004〕37号）和《关于加强新办商贸企业增值税征收管理有关问题的补充通知》（国税发明电〔2004〕62号），是根据1993年制定的

---

* 编者注：根据1997年刑法和《全国人民代表大会常务委员会关于惩治骗购外汇、逃汇和非法买卖外汇犯罪的决定》及十部刑法修正案编纂。

《中华人民共和国增值税暂行条例》的规定对一般纳税人资格认定的细化，且2008年修订后的《中华人民共和国增值税暂行条例》第十三条明确规定："小规模纳税人以外的纳税人应当向主管税务机关申请资格认定。具体认定办法由国务院主管部门制定。"因此，违反上述两个通知关于一般纳税人资格的认定标准及相关规定，授予不合格单位一般纳税人资格的，相应违反了《中华人民共和国增值税暂行条例》的有关规定，应当认定为刑法第四百零五条第一款规定的"违反法律、行政法规的规定"。

此复。

最高人民检察院
关于渎职侵权犯罪案件立案标准的规定（节录）

高检发释字〔2006〕2号

（2005年12月29日最高人民检察院第十届检察委员会第四十九次
会议通过 2006年7月26日最高人民检察院
公告公布 自公布之日起施行）

一、渎职犯罪案件

（十五）徇私舞弊发售发票、抵扣税款、出口退税案（第四百零五条第一款）

徇私舞弊发售发票、抵扣税款、出口退税罪是指税务机关工作人员违反法律、行政法规的规定，在办理发售发票、抵扣税款、出口退税工作中徇私舞弊，致使国家利益遭受重大损失的行为。

涉嫌下列情形之一的，应予立案：

1. 徇私舞弊，致使国家税收损失累计达十万元以上的；

2. 徇私舞弊，致使国家税收损失累计不满十万元，但发售增值税专用发票二十五份以上或者其他发票五十份以上或者增值税专用发票与其他发票合计五十份以上，或者具有索取、收受贿赂或者其他恶劣情节的；

3. 其他致使国家利益遭受重大损失的情形。

人民检察院直接受理立案侦查的渎职侵权重特大案件标准（试行）（节录）

2001 年 8 月 24 日　　　　　　　　　　　　　高检发〔2001〕13 号

十三、徇私舞弊发售发票、抵扣税款、出口退税案
（一）重大案件
造成国家税收损失累计达三十万元以上的。
（二）特大案件
造成国家税收损失累计达五十万元以上的。

（五十一）商检徇私舞弊罪※

中华人民共和国刑法（节录）*

第四百一十二条 【商检徇私舞弊罪】 国家商检部门、商检机构的工作人员徇私舞弊，伪造检验结果的，处五年以下有期徒刑或者拘役；造成严重后果的，处五年以上十年以下有期徒刑。

【商检失职罪】 前款所列人员严重不负责任，对应当检验的物品不检验，或者延误检验出证、错误出证，致使国家利益遭受重大损失的，处三年以下有期徒刑或者拘役。

最高人民检察院
关于渎职侵权犯罪案件立案标准的规定（节录）

高检发释字〔2006〕2号

（2005年12月29日最高人民检察院第十届检察委员会第四十九次
会议通过 2006年7月26日最高人民检察院
公告公布 自公布之日起施行）

一、渎职犯罪案件

（二十四）商检徇私舞弊案（第四百一十二条第一款）

商检徇私舞弊罪是指出入境检验检疫机关、检验检疫机构工作人员徇私舞弊，伪造检验结果的行为。

涉嫌下列情形之一的，应予立案：

1. 采取伪造、变造的手段对报检的商品的单证、印章、标志、封识、质量认证标志等作虚假的证明或者出具不真实的证明结论的；

2. 将送检的合格商品检验为不合格，或者将不合格商品检验为合格的；

---

* 编者注：根据1997年刑法和《全国人民代表大会常务委员会关于惩治骗购外汇、逃汇和非法买卖外汇犯罪的决定》及十部刑法修正案编纂。

3. 对明知是不合格的商品,不检验而出具合格检验结果的;
4. 其他伪造检验结果应予追究刑事责任的情形。

人民检察院直接受理立案侦查的渎职侵权 重特大案件标准(试行)(节录)

2001年8月24日　　　　　　　　　　高检发〔2001〕13号

二十二、商检徇私舞弊案
(一) 重大案件
1. 造成直接经济损失五十万元以上的;
2. 徇私舞弊,三次以上伪造检验结果的。
(二) 特大案件
1. 造成直接经济损失一百万元以上的;
2. 徇私舞弊,五次以上伪造检验结果的。

（五十二）动植物检疫徇私舞弊罪※

中华人民共和国刑法（节录）*

第四百一十三条 【动植物检疫徇私舞弊罪】动植物检疫机关的检疫人员徇私舞弊，伪造检疫结果的，处五年以下有期徒刑或者拘役；造成严重后果的，处五年以上十年以下有期徒刑。

【动植物检疫失职罪】前款所列人员严重不负责任，对应当检疫的检疫物不检疫，或者延误检疫出证、错误出证，致使国家利益遭受重大损失的，处三年以下有期徒刑或者拘役。

最高人民检察院
关于渎职侵权犯罪案件立案标准的规定（节录）

高检发释字〔2006〕2号

（2005年12月29日最高人民检察院第十届检察委员会第四十九次会议通过 2006年7月26日最高人民检察院公告公布 自公布之日起施行）

一、渎职犯罪案件

（二十六）动植物检疫徇私舞弊案（第四百一十三条第一款）

动植物检疫徇私舞弊罪是指出入境检验检疫机关、检验检疫机构工作人员徇私舞弊，伪造检疫结果的行为。

涉嫌下列情形之一的，应予立案：

1．采取伪造、变造的手段对检疫的单证、印章、标志、封识等作虚假的证明或者出具不真实的结论的；

2．将送检的合格动植物检疫为不合格，或者将不合格动植物检疫为合

---

* 编者注：根据1997年刑法和《全国人民代表大会常务委员会关于惩治骗购外汇、逃汇和非法买卖外汇犯罪的决定》及十部刑法修正案编纂。

格的；
3. 对明知是不合格的动植物，不检疫而出具合格检疫结果的；
4. 其他伪造检疫结果应予追究刑事责任的情形。

人民检察院直接受理立案侦查的渎职侵权重特大案件标准（试行）（节录）

2001年8月24日　　　　　　　　　　高检发〔2001〕13号

二十四、动植物检疫徇私舞弊案
（一）重大案件
1. 徇私舞弊，三次以上伪造检疫结果的；
2. 造成直接经济损失五十万元以上的。

（二）特大案件
1. 徇私舞弊，五次以上伪造检疫结果的；
2. 造成直接经济损失一百万元以上的。

(五十三) 放纵走私罪※

中华人民共和国刑法(节录)*

第四百一十一条 【放纵走私罪】 海关工作人员徇私舞弊，放纵走私，情节严重的，处五年以下有期徒刑或者拘役；情节特别严重的，处五年以上有期徒刑。

最高人民检察院
关于渎职侵权犯罪案件立案标准的规定(节录)

高检发释字〔2006〕2号

(2005年12月29日最高人民检察院第十届检察委员会第四十九次会议通过 2006年7月26日最高人民检察院公告公布 自公布之日起施行)

一、渎职犯罪案件

(二十三) 放纵走私案(第四百一十一条)

放纵走私罪是指海关工作人员徇私舞弊，放纵走私，情节严重的行为。

涉嫌下列情形之一的，应予立案：

1. 放纵走私犯罪的；
2. 因放纵走私致使国家应收税额损失累计达十万元以上的；
3. 放纵走私行为三起次以上的；
4. 放纵走私行为，具有索取或者收受贿赂情节的；
5. 其他情节严重的情形。

---

* 编者注：根据1997年刑法和《全国人民代表大会常务委员会关于惩治骗购外汇、逃汇和非法买卖外汇犯罪的决定》及十部刑法修正案编纂。

人民检察院直接受理立案侦查的渎职侵权重特大案件标准(试行)(节录)

2001年8月24日　　　　　　　　　　　　　　　高检发〔2001〕13号

二十一、放纵走私案

(一) 重大案件

造成国家税收损失累计达三十万元以上的。

(二) 特大案件

造成国家税收损失累计达五十万元以上的。

（五十四）放纵制售伪劣商品犯罪行为罪※

中华人民共和国刑法（节录）*

第四百一十四条 【放纵制售伪劣商品犯罪行为罪】 对生产、销售伪劣商品犯罪行为负有追究责任的国家机关工作人员，徇私舞弊，不履行法律规定的追究职责，情节严重的，处五年以下有期徒刑或者拘役。

最高人民检察院
关于渎职侵权犯罪案件立案标准的规定（节录）

高检发释字〔2006〕2号

（2005年12月29日最高人民检察院第十届检察委员会第四十九次会议通过 2006年7月26日最高人民检察院公告公布 自公布之日起施行）

一、渎职犯罪案件

(二十八) 放纵制售伪劣商品犯罪行为案（第四百一十四条）

放纵制售伪劣商品犯罪行为罪是指对生产、销售伪劣商品犯罪行为负有追究责任的国家机关工作人员徇私舞弊，不履行法律规定的追究职责，情节严重的行为。

涉嫌下列情形之一的，应予立案：

1. 放纵生产、销售假药或者有毒、有害食品犯罪行为的；
2. 放纵生产、销售伪劣农药、兽药、化肥、种子犯罪行为的；
3. 放纵依法可能判处三年有期徒刑以上刑罚的生产、销售伪劣商品犯罪行为的；
4. 对生产、销售伪劣商品犯罪行为不履行追究职责，致使生产、销售伪

---

* 编者注：根据1997年刑法和《全国人民代表大会常务委员会关于惩治骗购外汇、逃汇和非法买卖外汇犯罪的决定》及十部刑法修正案编纂。

劣商品犯罪行为得以继续的;

5. 三次以上不履行追究职责,或者对三个以上有生产、销售伪劣商品犯罪行为的单位或者个人不履行追究职责的;

6. 其他情节严重的情形。

人民检察院直接受理立案侦查的渎职侵权
重特大案件标准（试行）（节录）

2001 年 8 月 24 日　　　　　　　　　　高检发〔2001〕13 号

二十六、放纵制售伪劣商品犯罪行为案

（一）重大案件

1. 放纵生产、销售假药或者有毒、有害食品犯罪行为，情节恶劣或者后果严重的;

2. 放纵依法可能判处五年以上十年以下有期徒刑刑罚的生产、销售伪劣商品犯罪行为的;

3. 五次以上或者对五个以上有生产、销售伪劣商品犯罪行为的单位或者个人不履行追究职责的。

（二）特大案件

1. 放纵生产、销售假药或者有毒、有害食品犯罪行为，造成人员死亡的;

2. 放纵依法可能判处十年以上刑罚的生产、销售伪劣商品犯罪行为的;

3. 七次以上或者对七个以上有生产、销售伪劣商品犯罪行为的单位或者个人不履行追究职责的。

最高人民法院 最高人民检察院
关于办理生产、销售伪劣商品刑事案件具体应用法律若干问题的解释（节录）

法释〔2001〕10号

（2001年4月5日最高人民法院审判委员会第1168次会议、2001年3月30日最高人民检察院第九届检察委员会第84次会议通过 2001年4月9日最高人民法院、最高人民检察院公告公布 自2001年4月10日起施行）

第八条 国家机关工作人员徇私舞弊，对生产、销售伪劣商品犯罪不履行法律规定的查处职责，具有下列情形之一的，属于刑法第四百一十四条规定的"情节严重"：

（一）放纵生产、销售假药或者有毒、有害食品犯罪行为的；

（二）放纵依法可能判处2年有期徒刑以上刑罚的生产、销售伪劣商品犯罪行为的；

（三）对3个以上有生产、销售伪劣商品犯罪行为的单位或者个人不履行追究职责的；

（四）致使国家和人民利益遭受重大损失或者造成恶劣影响的。

(五十五) 招收公务员、学生徇私舞弊罪※

中华人民共和国刑法 (节录)*

第四百一十八条 【招收公务员、学生徇私舞弊罪】 国家机关工作人员在招收公务员、学生工作中徇私舞弊，情节严重的，处三年以下有期徒刑或者拘役。

最高人民检察院
关于渎职侵权犯罪案件立案标准的规定 (节录)

高检发释字〔2006〕2号

(2005年12月29日最高人民检察院第十届检察委员会第四十九次会议通过 2006年7月26日最高人民检察院公告公布 自公布之日起施行)

一、渎职犯罪案件

(三十四) 招收公务员、学生徇私舞弊案 (第四百一十八条)

招收公务员、学生徇私舞弊罪是指国家机关工作人员在招收公务员、省级以上教育行政部门组织招收的学生工作中徇私舞弊，情节严重的行为。

涉嫌下列情形之一的，应予立案：

1. 徇私舞弊，利用职务便利，伪造、变造人事、户口档案、考试成绩或者其他影响招收工作的有关资料，或者明知是伪造、变造的上述材料而予以认可的；
2. 徇私舞弊，利用职务便利，帮助五名以上考生作弊的；
3. 徇私舞弊招收不合格的公务员、学生三人次以上的；
4. 因徇私舞弊招收不合格的公务员、学生，导致被排挤的合格人员或者

---

* 编者注：根据1997年刑法和《全国人民代表大会常务委员会关于惩治骗购外汇、逃汇和非法买卖外汇犯罪的决定》及十部刑法修正案编纂。

其近亲属自杀、自残造成重伤、死亡,或者精神失常的;
5. 因徇私舞弊招收公务员、学生,导致该项招收工作重新进行的;
6. 其他情节严重的情形。

人民检察院直接受理立案侦查的渎职侵权重特大案件标准(试行)(节录)

2001年8月24日　　　　　　　　　　　　高检发〔2001〕13号

三十二、招收公务员、学生徇私舞弊案
(一)重大案件
1. 五次以上招收不合格公务员、学生或者一次招收五名以上不合格公务员、学生的;
2. 造成县区范围内招收公务员、学生工作重新进行的;
3. 因招收不合格公务员、学生,导致被排挤的合格人员或者其亲属精神失常的。

(二)特大案件
1. 七次以上招收不合格公务员、学生或者一次招收七名以上不合格公务员、学生的;
2. 造成地市范围内招收公务员、学生工作重新进行的;
3. 因招收不合格公务员、学生,导致被排挤的合格人员或者其亲属自杀的。

（五十六）徇私舞弊不移交刑事案件罪※

中华人民共和国刑法（节录）*

第四百零二条　【徇私舞弊不移交刑事案件罪】　行政执法人员徇私舞弊，对依法应当移交司法机关追究刑事责任的不移交，情节严重的，处三年以下有期徒刑或者拘役；造成严重后果的，处三年以上七年以下有期徒刑。

最高人民检察院
关于渎职侵权犯罪案件立案标准的规定（节录）

高检发释字〔2006〕2号

（2005年12月29日最高人民检察院第十届检察委员会第四十九次
会议通过　2006年7月26日最高人民检察院
公告公布　自公布之日起施行）

一、渎职犯罪案件

（十二）徇私舞弊不移交刑事案件案（第四百零二条）

徇私舞弊不移交刑事案件罪是指工商行政管理、税务、监察等行政执法人员，徇私舞弊，对依法应当移交司法机关追究刑事责任的案件不移交，情节严重的行为。

涉嫌下列情形之一的，应予立案：

1. 对依法可能判处三年以上有期徒刑、无期徒刑、死刑的犯罪案件不移交的；
2. 不移交刑事案件涉及三人次以上的；
3. 司法机关提出意见后，无正当理由仍然不予移交的；
4. 以罚代刑，放纵犯罪嫌疑人，致使犯罪嫌疑人继续进行违法犯罪活

---

* 编者注：根据1997年刑法和《全国人民代表大会常务委员会关于惩治骗购外汇、逃汇和非法买卖外汇犯罪的决定》及十部刑法修正案编纂。

动的；

5. 行政执法部门主管领导阻止移交的；

6. 隐瞒、毁灭证据，伪造材料，改变刑事案件性质的；

7. 直接负责的主管人员和其他直接责任人员为牟取本单位私利而不移交刑事案件，情节严重的；

8. 其他情节严重的情形。

人民检察院直接受理立案侦查的渎职侵权
重特大案件标准（试行）（节录）

2001年8月24日　　　　　　　　　　　高检发〔2001〕13号

十、徇私舞弊不移交刑事案件案

（一）重大案件

1. 对犯罪嫌疑人依法可能判处五年以上十年以下有期徒刑的重大刑事案件不移交的；

2. 五次以上不移交犯罪案件，或者一次不移交犯罪案件涉及五名以上犯罪嫌疑人的；

3. 以罚代刑，放纵犯罪嫌疑人，致使犯罪嫌疑人继续进行刑事犯罪的。

（二）特大案件

1. 对犯罪嫌疑人依法可能判处十年以上有期徒刑、无期徒刑、死刑的特别重大刑事案件不移交的；

2. 七次以上不移交犯罪案件，或者一次不移交犯罪案件涉及七名以上犯罪嫌疑人的；

3. 以罚代刑，放纵犯罪嫌疑人，致使犯罪嫌疑人继续进行严重刑事犯罪的。

（五十七）违法提供出口退税凭证罪※

中华人民共和国刑法（节录）*

第四百零五条　【徇私舞弊发售发票、抵扣税款、出口退税罪】 税务机关的工作人员违反法律、行政法规的规定，在办理发售发票、抵扣税款、出口退税工作中，徇私舞弊，致使国家利益遭受重大损失的，处五年以下有期徒刑或者拘役；致使国家利益遭受特别重大损失的，处五年以上有期徒刑。

【违法提供出口退税凭证罪】 其他国家机关工作人员违反国家规定，在提供出口货物报关单、出口收汇核销单等出口退税凭证的工作中，徇私舞弊，致使国家利益遭受重大损失的，依照前款的规定处罚。

最高人民检察院
关于渎职侵权犯罪案件立案标准的规定（节录）

高检发释字〔2006〕2号

（2005年12月29日最高人民检察院第十届检察委员会第四十九次会议通过　2006年7月26日最高人民检察院公告公布　自公布之日起施行）

一、渎职犯罪案件

（十六）违法提供出口退税凭证案（第四百零五条第二款）

违法提供出口退税凭证罪是指海关、外汇管理等国家机关工作人员违反国家规定，在提供出口货物报关单、出口收汇核销单等出口退税凭证的工作中徇私舞弊，致使国家利益遭受重大损失的行为。

涉嫌下列情形之一的，应予立案：

1. 徇私舞弊，致使国家税收损失累计达十万元以上的；

---

* 编者注：根据1997年刑法和《全国人民代表大会常务委员会关于惩治骗购外汇、逃汇和非法买卖外汇犯罪的决定》及十部刑法修正案编纂。

2. 徇私舞弊，致使国家税收损失累计不满十万元，但具有索取、收受贿赂或者其他恶劣情节的；

3. 其他致使国家利益遭受重大损失的情形。

人民检察院直接受理立案侦查的渎职侵权重特大案件标准（试行）（节录）

2001年8月24日　　　　　　　　　　　　高检发〔2001〕13号

十四、违法提供出口退税凭证案

（一）重大案件

造成国家税收损失累计达三十万元以上的。

（二）特大案件

造成国家税收损失累计达五十万元以上的。

(五十八) 徇私舞弊不征、少征税款罪※

中华人民共和国刑法（节录）*

第四百零四条 【徇私舞弊不征、少征税款罪】 税务机关的工作人员徇私舞弊，不征或者少征应征税款，致使国家税收遭受重大损失的，处五年以下有期徒刑或者拘役；造成特别重大损失的，处五年以上有期徒刑。

最高人民检察院
关于渎职侵权犯罪案件立案标准的规定（节录）

高检发释字〔2006〕2号

（2005年12月29日最高人民检察院第十届检察委员会第四十九次会议通过 2006年7月26日最高人民检察院公告公布 自公布之日起施行）

一、渎职犯罪案件

（十四）徇私舞弊不征、少征税款案（第四百零四条）

徇私舞弊不征、少征税款罪是指税务机关工作人员徇私舞弊，不征、少征应征税款，致使国家税收遭受重大损失的行为。

涉嫌下列情形之一的，应予立案：

1. 徇私舞弊不征、少征应征税款，致使国家税收损失累计达十万元以上的；

2. 上级主管部门工作人员指使税务机关工作人员徇私舞弊不征、少征应征税款，致使国家税收损失累计达十万元以上的；

3. 徇私舞弊不征、少征应征税款不满十万元，但具有索取或者收受贿赂或者其他恶劣情节的；

---

* 编者注：根据1997年刑法和《全国人民代表大会常务委员会关于惩治骗购外汇、逃汇和非法买卖外汇犯罪的决定》及十部刑法修正案编纂。

4. 其他致使国家税收遭受重大损失的情形。

人民检察院直接受理立案侦查的渎职侵权重特大案件标准（试行）（节录）

2001年8月24日　　　　　　　　　　　高检发〔2001〕13号

十二、徇私舞弊不征、少征税款案
（一）重大案件
造成国家税收损失累计达三十万元以上的。
（二）特大案件
造成国家税收损失累计达五十万元以上的。

五、公职人员在行使公权力过程中发生的重大责任事故犯罪案件

由监察机关、公安机关共同管辖的相关犯罪案件

（五十九）重大责任事故罪※

中华人民共和国刑法（节录）*

第一百三十四条 【重大责任事故罪】 在生产、作业中违反有关安全管理的规定，因而发生重大伤亡事故或者造成其他严重后果的，处三年以下有期徒刑或者拘役；情节特别恶劣的，处三年以上七年以下有期徒刑。

（编者注：本条经 2006 年 6 月 29 日《刑法修正案（六）》第一条修改。

1997 年刑法第一百三十四条原规定："工厂、矿山、林场、建筑企业或者其他企业、事业单位的职工，由于不服管理、违反规章制度，或者强令工人违章冒险作业，因而发生重大伤亡事故或者造成其他严重后果的，处三年以下有期徒刑或者拘役；情节特别恶劣的，处三年以上七年以下有期徒刑。"）

【强令违章冒险作业罪】 强令他人违章冒险作业，因而发生重大伤亡事故或者造成其他严重后果的，处五年以下有期徒刑或者拘役；情节特别恶劣的，处五年以上有期徒刑。

---

* 编者注：根据 1997 年刑法和《全国人民代表大会常务委员会关于惩治骗购外汇、逃汇和非法买卖外汇犯罪的决定》及十部刑法修正案编纂。

最高人民法院 最高人民检察院
关于办理危害生产安全刑事案件适用法律若干问题的解释（节录）

法释〔2015〕22号

（2015年11月9日最高人民法院审判委员会第1665次会议、2015年12月9日最高人民检察院第十二届检察委员会第44次会议通过 2015年12月14日最高人民法院、最高人民检察院公告公布 自2015年12月16日起施行）

第六条 实施刑法第一百三十二条、第一百三十四条第一款、第一百三十五条、第一百三十五条之一、第一百三十六条、第一百三十九条规定的行为，因而发生安全事故，具有下列情形之一的，应当认定为"造成严重后果"或者"发生重大伤亡事故或者造成其他严重后果"，对相关责任人员，处三年以下有期徒刑或者拘役：

（一）造成死亡一人以上，或者重伤三人以上的；

（二）造成直接经济损失一百万元以上的；

（三）其他造成严重后果或者重大安全事故的情形。

实施刑法第一百三十四条第二款规定的行为，因而发生安全事故，具有本条第一款规定情形的，应当认定为"发生重大伤亡事故或者造成其他严重后果"，对相关责任人员，处五年以下有期徒刑或者拘役。

实施刑法第一百三十七条规定的行为，因而发生安全事故，具有本条第一款规定情形的，应当认定为"造成重大安全事故"，对直接责任人员，处五年以下有期徒刑或者拘役，并处罚金。

实施刑法第一百三十八条规定的行为，因而发生安全事故，具有本条第一款第一项规定情形的，应当认定为"发生重大伤亡事故"，对直接责任人员，处三年以下有期徒刑或者拘役。

第七条 实施刑法第一百三十二条、第一百三十四条第一款、第一百三十五条、第一百三十五条之一、第一百三十六条、第一百三十九条规定的行为，因而发生安全事故，具有下列情形之一的，对相关责任人员，处三年以上七年以下有期徒刑：

（一）造成死亡三人以上或者重伤十人以上，负事故主要责任的；

（二）造成直接经济损失五百万元以上，负事故主要责任的；

（三）其他造成特别严重后果、情节特别恶劣或者后果特别严重的情形。

实施刑法第一百三十四条第二款规定的行为，因而发生安全事故，具有本条第一款规定情形的，对相关责任人员，处五年以上有期徒刑。

实施刑法第一百三十七条规定的行为，因而发生安全事故，具有本条第一款规定情形的，对直接责任人员，处五年以上十年以下有期徒刑，并处罚金。

实施刑法第一百三十八条规定的行为，因而发生安全事故，具有下列情形之一的，对直接责任人员，处三年以上七年以下有期徒刑：

（一）造成死亡三人以上或者重伤十人以上，负事故主要责任的；

（二）具有本解释第六条第一款第一项规定情形，同时造成直接经济损失五百万元以上并负事故主要责任的，或者同时造成恶劣社会影响的。

第八条 在安全事故发生后，负有报告职责的人员不报或者谎报事故情况，贻误事故抢救，具有下列情形之一的，应当认定为刑法第一百三十九条之一规定的"情节严重"：

（一）导致事故后果扩大，增加死亡一人以上，或者增加重伤三人以上，或者增加直接经济损失一百万元以上的；

（二）实施下列行为之一，致使不能及时有效开展事故抢救的：

1. 决定不报、迟报、谎报事故情况或者指使、串通有关人员不报、迟报、谎报事故情况的；

2. 在事故抢救期间擅离职守或者逃匿的；

3. 伪造、破坏事故现场，或者转移、藏匿、毁灭遇难人员尸体，或者转移、藏匿受伤人员的；

4. 毁灭、伪造、隐匿与事故有关的图纸、记录、计算机数据等资料以及其他证据的；

（三）其他情节严重的情形。

具有下列情形之一的，应当认定为刑法第一百三十九条之一规定的"情节特别严重"：

（一）导致事故后果扩大，增加死亡三人以上，或者增加重伤十人以上，或者增加直接经济损失五百万元以上的；

（二）采用暴力、胁迫、命令等方式阻止他人报告事故情况，导致事故后果扩大的；

（三）其他情节特别严重的情形。

第九条 在安全事故发生后，与负有报告职责的人员串通，不报或者谎报事故情况，贻误事故抢救，情节严重的，依照刑法第一百三十九条之一的规定，以共犯论处。

第十条 在安全事故发生后，直接负责的主管人员和其他直接责任人员故意阻挠开展抢救，导致人员死亡或者重伤，或者为了逃避法律追究，对被害人进行隐藏、遗弃，致使被害人因无法得到救助而死亡或者重度残疾的，分别依照刑法第二百三十二条、第二百三十四条的规定，以故意杀人罪或者故意伤害罪定罪处罚。

第十一条 生产不符合保障人身、财产安全的国家标准、行业标准的安全设备，或者明知安全设备不符合保障人身、财产安全的国家标准、行业标准而进行销售，致使发生安全事故，造成严重后果的，依照刑法第一百四十六条的规定，以生产、销售不符合安全标准的产品罪定罪处罚。

第十二条 实施刑法第一百三十二条、第一百三十四条至第一百三十九条之一规定的犯罪行为，具有下列情形之一的，从重处罚：

（一）未依法取得安全许可证件或者安全许可证件过期、被暂扣、吊销、注销后从事生产经营活动的；

（二）关闭、破坏必要的安全监控和报警设备的；

（三）已经发现事故隐患，经有关部门或者个人提出后，仍不采取措施的；

（四）一年内曾因危害生产安全违法犯罪活动受过行政处罚或者刑事处罚的；

（五）采取弄虚作假、行贿等手段，故意逃避、阻挠负有安全监督管理职责的部门实施监督检查的；

（六）安全事故发生后转移财产意图逃避承担责任的；

（七）其他从重处罚的情形。

实施前款第五项规定的行为，同时构成刑法第三百八十九条规定的犯罪的，依照数罪并罚的规定处罚。

第十三条 实施刑法第一百三十二条、第一百三十四条至第一百三十九条之一规定的犯罪行为，在安全事故发生后积极组织、参与事故抢救，或者积极配合调查、主动赔偿损失的，可以酌情从轻处罚。

第十四条 国家工作人员违反规定投资入股生产经营，构成本解释规定的有关犯罪的，或者国家工作人员的贪污、受贿犯罪行为与安全事故发生存在关联性的，从重处罚；同时构成贪污、受贿犯罪和危害生产安全犯罪的，依照数罪并罚的规定处罚。

第十五条 国家机关工作人员在履行安全监督管理职责时滥用职权、玩忽职守，致使公共财产、国家和人民利益遭受重大损失的，或者徇私舞弊，对发现的刑事案件依法应当移交司法机关追究刑事责任而不移交，情节严重的，分别依照刑法第三百九十七条、第四百零二条的规定，以滥用职权罪、玩忽职守罪或者徇私舞弊不移交刑事案件罪定罪处罚。

公司、企业、事业单位的工作人员在依法或者受委托行使安全监督管理职责时滥用职权或者玩忽职守，构成犯罪的，应当依照《全国人民代表大会常务委员会关于〈中华人民共和国刑法〉第九章渎职罪主体适用问题的解释》的规定，适用渎职罪的规定追究刑事责任。

第十六条　对于实施危害生产安全犯罪适用缓刑的犯罪分子，可以根据犯罪情况，禁止其在缓刑考验期限内从事与安全生产相关联的特定活动；对于被判处刑罚的犯罪分子，可以根据犯罪情况和预防再犯罪的需要，禁止其自刑罚执行完毕之日或者假释之日起三年至五年内从事与安全生产相关的职业。

第十七条　本解释自2015年12月16日起施行。本解释施行后，最高人民法院、最高人民检察院《关于办理危害矿山生产安全刑事案件具体应用法律若干问题的解释》（法释〔2007〕5号）同时废止。最高人民法院、最高人民检察院此前发布的司法解释和规范性文件与本解释不一致的，以本解释为准。

最高人民法院
关于充分发挥审判职能作用切实维护公共安全的若干意见（节录）

2015年9月16日　　　　　　　　　法发〔2015〕12号

三、依法惩治危害安全生产犯罪，促进安全生产形势根本好转

6. 加大对危害安全生产犯罪的惩治力度。坚持发展是第一要务，安全是第一保障。针对近年来非法、违法生产，忽视生产安全的现象十分突出，造成群死群伤的重特大生产安全责任事故屡有发生的严峻形势，充分发挥刑罚的惩罚和预防功能，加大对各类危害安全生产犯罪的惩治力度，用严肃、严格、严厉的责任追究和法律惩罚，推动安全生产责任制的有效落实，促进安全生产形势根本好转，确保人民生命财产安全。

7. 准确把握打击重点。结合当前形势并针对犯罪原因，既要重点惩治发生在危险化学品、民爆器材、烟花爆竹、电梯、煤矿、非煤矿山、油气运送管道、建筑施工、消防、粉尘涉爆等重点行业领域企业，以及港口、码头、人员密集场所等重点部位的危害安全生产犯罪，更要从严惩治发生在这些犯罪背后的国家机关工作人员贪污贿赂和渎职犯罪。既要依法追究直接造成损害的从事生产、作业的责任人员，更要依法从严惩治对生产、作业负有组织、指挥或者管理职责的负责人、管理人、实际控制人、投资人。既要加大对各类安全生产犯罪的惩治力度，更要从严惩治因安全生产条件不符合国家规定被处罚而又违规生产，关闭或者故意破坏安全警示设备，事故发生后不积极抢救人员或者毁灭、伪造、隐藏影响事故调查证据，通过行贿非法获取相关生产经营资质等情节的危害安全生产的犯罪。

8. 依法妥善审理与重大责任事故有关的赔偿案件。对当事人因重大责任事故遭受人身、财产损失而提起诉讼要求赔偿的，应当依法及时受理，保障当事人诉权。对两人以上实施危及他人人身、财产安全的行为，其中一人或者数人的行为造成他人损害，能够确定具体责任人的，由责任人承担赔偿责任，不能确定具体责任人的，由行为人承担连带责任。被告人因重大责任事故既承担刑事、行政责任，又承担民事责任的，其财产应当优先承担民事责任。原告因重大责任事故遭受损失而无法及时履行赡养、抚养等义务，申请先予执行的，应当依法支持。

最高人民法院
关于进一步加强危害生产安全刑事案件审判工作的意见

2011 年 12 月 30 日　　　　　　　　　　法发〔2011〕20 号

为依法惩治危害生产安全犯罪，促进全国安全生产形势持续稳定好转，保护人民群众生命财产安全，现就进一步加强危害生产安全刑事案件审判工作，制定如下意见。

一、高度重视危害生产安全刑事案件审判工作

1. 充分发挥刑事审判职能作用，依法惩治危害生产安全犯罪，是人民法院为大局服务、为人民司法的必然要求。安全生产关系到人民群众生命财产安全，事关改革、发展和稳定的大局。当前，全国安全生产状况呈现总体稳定、持续好转的发展态势，但形势依然严峻，企业安全生产基础依然薄弱；非法、违法生产，忽视生产安全的现象仍然十分突出；重特大生产安全责任事故时有发生，个别地方和行业重特大责任事故上升。一些重特大生产安全责任事故举国关注，相关案件处理不好，不仅起不到应有的警示作用，不利于生产安全责任事故的防范，也损害党和国家形象，影响社会和谐稳定。各级人民法院要从政治和全局的高度，充分认识审理好危害生产安全刑事案件的重要意义，切实增强工作责任感，严格依法、积极稳妥地审理相关案件，进一步发挥刑事审判工作在创造良好安全生产环境、促进经济平稳较快发展方面的积极作用。

2．采取有力措施解决存在的问题，切实加强危害生产安全刑事案件审判工作。近年来，各级人民法院依法审理危害生产安全刑事案件，一批严重危害生产安全的犯罪分子及相关职务犯罪分子受到法律制裁，对全国安全生产形势持续稳定好转发挥了积极促进作用。2010年，监察部、国家安全生产监督管理总局会同最高人民法院等部门对部分省市重特大生产安全事故责任追究落实情况开展了专项检查。从检查的情况来看，审判工作总体情况是好的，但仍有个别案件在法律适用或者宽严相济刑事政策具体把握上存在问题，需要切实加强指导。各级人民法院要高度重视，确保相关案件审判工作取得良好的法律效果和社会效果。

二、危害生产安全刑事案件审判工作的原则

3．严格依法，从严惩处。对严重危害生产安全犯罪，尤其是相关职务犯罪，必须始终坚持严格依法、从严惩处。对于人民群众广泛关注、社会反映强烈的案件要及时审结，回应人民群众关切，维护社会和谐稳定。

4．区分责任，均衡量刑。危害生产安全犯罪，往往涉案人员较多，犯罪主体复杂，既包括直接从事生产、作业的人员，也包括对生产、作业负有组织、指挥或者管理职责的负责人、管理人员、实际控制人、投资人等，有的还涉及国家机关工作人员渎职犯罪。对相关责任人的处理，要根据事故原因、危害后果、主体职责、过错大小等因素，综合考虑全案，正确划分责任，做到罪责刑相适应。

5．主体平等，确保公正。审理危害生产安全刑事案件，对于所有责任主体，都必须严格落实法律面前人人平等的刑法原则，确保刑罚适用公正，确保裁判效果良好。

三、正确确定责任

6．审理危害生产安全刑事案件，政府或相关职能部门依法对事故原因、损失大小、责任划分作出的调查认定，经庭审质证后，结合其他证据，可作为责任认定的依据。

7．认定相关人员是否违反有关安全管理规定，应当根据相关法律、行政法规，参照地方性法规、规章及国家标准、行业标准，必要时可参考公认的惯例和生产经营单位制定的安全生产规章制度、操作规程。

8．多个原因行为导致生产安全事故发生的，在区分直接原因与间接原因的同时，应当根据原因行为在引发事故中所具作用的大小，分清主要原因与次要原因，确认主要责任和次要责任，合理确定罪责。

一般情况下，对生产、作业负有组织、指挥或者管理职责的负责人、管理人员、实际控制人、投资人，违反有关安全生产管理规定，对重大生产安全事故的发生起决定性、关键性作用的，应当承担主要责任。

对于直接从事生产、作业的人员违反安全管理规定，发生重大生产安全事故的，要综合考虑行为人的从业资格、从业时间、接受安全生产教育培训情况、现场条件、是否受到他人强令作业、生产经营单位执行安全生产规章制度的情况等因素认定责任，不能将直接责任简单等同于主要责任。

对于负有安全生产管理、监督职责的工作人员，应根据其岗位职责、履职依据、履职时间等，综合考察工作职责、监管条件、履职能力、履职情况等，合理确定罪责。

四、准确适用法律

9. 严格把握危害生产安全犯罪与以其他危险方法危害公共安全罪的界限，不应将生产经营中违章违规的故意不加区别地视为对危害后果发生的故意。

10. 以行贿方式逃避安全生产监督管理，或者非法、违法生产、作业，导致发生重大生产安全事故，构成数罪的，依照数罪并罚的规定处罚。

违反安全生产管理规定，非法采矿、破坏性采矿或排放、倾倒、处置有害物质严重污染环境，造成重大伤亡事故或者其他严重后果，同时构成危害生产安全犯罪和破坏环境资源保护犯罪的，依照数罪并罚的规定处罚。

11. 安全事故发生后，负有报告职责的国家工作人员不报或者谎报事故情况，贻误事故抢救，情节严重，构成不报、谎报安全事故罪，同时构成职务犯罪或其他危害生产安全犯罪的，依照数罪并罚的规定处罚。

12. 非矿山生产安全事故中，认定"直接负责的主管人员和其他直接责任人员"、"负有报告职责的人员"的主体资格，认定构成"重大伤亡事故或者其他严重后果"、"情节特别恶劣"，不报、谎报事故情况，贻误事故抢救，"情节严重"、"情节特别严重"等，可参照最高人民法院、最高人民检察院《关于办理危害矿山生产安全刑事案件具体应用法律若干问题的解释》的相关规定。

五、准确把握宽严相济刑事政策

13. 审理危害生产安全刑事案件，应综合考虑生产安全事故所造成的伤亡人数、经济损失、环境污染、社会影响、事故原因与被告人职责的关联程度、被告人主观过错大小、事故发生后被告人的施救表现、履行赔偿责任情况等，正确适用刑罚，确保裁判法律效果和社会效果相统一。

14. 造成《关于办理危害矿山生产安全刑事案件具体应用法律若干问题的解释》第四条规定的"重大伤亡事故或者其他严重后果"，同时具有下列情形之一的，也可以认定为刑法第一百三十四条、第一百三十五条规定的"情节特别恶劣"：

（一）非法、违法生产的；

（二）无基本劳动安全设施或未向生产、作业人员提供必要的劳动防护用品，生产、作业人员劳动安全无保障的；

（三）曾因安全生产设施或者安全生产条件不符合国家规定，被监督管理部门处罚或责令改正，一年内再次违规生产致使发生重大生产安全事故的；

（四）关闭、故意破坏必要安全警示设备的；

（五）已发现事故隐患，未采取有效措施，导致发生重大事故的；

（六）事故发生后不积极抢救人员，或者毁灭、伪造、隐藏影响事故调查的证据，或者转移财产逃避责任的；

（七）其他特别恶劣的情节。

15. 相关犯罪中，具有以下情形之一的，依法从重处罚：

（一）国家工作人员违反规定投资入股生产经营企业，构成危害生产安全犯罪的；

（二）贪污贿赂行为与事故发生存在关联性的；

（三）国家工作人员的职务犯罪与事故存在直接因果关系的；

（四）以行贿方式逃避安全生产监督管理，或者非法、违法生产、作业的；

（五）生产安全事故发生后，负有报告职责的国家工作人员不报或者谎报事故情况，贻误事故抢救，尚未构成不报、谎报安全事故罪的；

（六）事故发生后，采取转移、藏匿、毁灭遇难人员尸体，或者毁灭、伪造、隐藏影响事故调查的证据，或者转移财产，逃避责任的；

（七）曾因安全生产设施或者安全生产条件不符合国家规定，被监督管理部门处罚或责令改正，一年内再次违规生产致使发生重大生产安全事故的。

16. 对于事故发生后，积极施救，努力挽回事故损失，有效避免损失扩大；积极配合调查，赔偿受害人损失的，可依法从宽处罚。

六、依法正确适用缓刑和减刑、假释

17. 对于危害后果较轻，在责任事故中不负主要责任，符合法律有关缓刑适用条件的，可以依法适用缓刑，但应注意根据案件具体情况，区别对待，严格控制，避免适用不当造成的负面影响。

18. 对于具有下列情形的被告人，原则上不适用缓刑：

（一）具有本意见第14条、第15条所规定的情形的；

（二）数罪并罚的。

19. 宣告缓刑，可以根据犯罪情况，同时禁止犯罪分子在缓刑考验期限内从事与安全生产有关的特定活动。

20. 办理与危害生产安全犯罪相关的减刑、假释案件，要严格执行刑法、刑事诉讼法和有关司法解释规定。是否决定减刑、假释，既要看罪犯服刑期间的悔改表现，还要充分考虑原判认定的犯罪事实、性质、情节、社会危害程度等情况。

七、加强组织领导，注意协调配合

21. 对于重大、敏感案件，合议庭成员要充分做好庭审前期准备工作，全面、客观掌握案情，确保案件开庭审理稳妥顺利、依法公正。

22. 审理危害生产安全刑事案件，涉及专业技术问题的，应有相关权威部门出具的咨询意见或者司法鉴定意见；可以依法邀请具有相关专业知识的人民陪审员参加合议庭。

23. 对于审判工作中发现的安全生产事故背后的渎职、贪污贿赂等违法犯罪线索，应当依法移送有关部门处理。对于情节轻微，免于刑事处罚的被告人，人民法院可建议有关部门依法给予行政处罚或纪律处分。

24. 被告人具有国家工作人员身份的，案件审结后，人民法院应当及时将生效的裁判文书送达行政监察机关和其他相关部门。

25. 对于造成重大伤亡后果的案件，要充分运用财产保全等法定措施，切实维护被害人依法获得赔偿的权利。对于被告人没有赔偿能力的案件，应当依靠地方党委和政府做好善后安抚工作。

26. 积极参与安全生产综合治理工作。对于审判中发现的安全生产管理方面的突出问题，应当发出司法建议，促使有关部门强化安全生产意识和制度建设，完善事故预防机制，杜绝同类事故发生。

27. 重视做好宣传工作。对于社会关注的典型案件，要重视做好审判情况的宣传报道，规范裁判信息发布，及时回应社会的关切，充分发挥重大、典型案件的教育警示作用。

28. 各级人民法院要在依法履行审判职责的同时，及时总结审判经验，深入开展调查研究，推动审判工作水平不断提高。上级法院要以辖区内发生的重大生产安全责任事故案件为重点，加强对下级法院危害生产安全刑事案件审判工作的监督和指导，适时检查此类案件的审判情况，提出有针对性的指导意见。

最高人民检察院　公安部
关于公安机关管辖的刑事案件立案追诉标准的规定（一）（节录）

2008年6月25日　　　　　　　　　　　公通字〔2008〕36号

第八条　〔重大责任事故案（刑法第一百三十四条第一款）〕在生产、作业中违反有关安全管理的规定，涉嫌下列情形之一的，应予立案追诉：

（一）造成死亡一人以上，或者重伤三人以上的；
（二）造成直接经济损失五十万元以上的；
（三）发生矿山生产安全事故，造成直接经济损失一百万元以上的；
（四）其他造成严重后果的情形。

最高人民法院
关于审理交通肇事刑事案件具体应用法律若干问题的解释（节录）

法释〔2000〕33号

（2000年11月10日最高人民法院审判委员会第1136次会议通过　2000年11月15日最高人民法院公告公布　自2000年11月21日起施行）

第八条　在实行公共交通管理的范围内发生重大交通事故的，依照刑法第一百三十三条和本解释的有关规定办理。

在公共交通管理的范围外，驾驶机动车辆或者使用其他交通工具致人伤亡或者致使公共财产或者他人财产遭受重大损失，构成犯罪的，分别依照刑法第一百三十四条、第一百三十五条、第二百三十三条等规定定罪处罚。

最高人民法院研究室
关于对重大责任事故和玩忽职守案件造成经济损失需追究刑事责任的数额标准应否做出规定问题的电话答复

（1987年10月20日）

陕西省高级人民法院：

你院陕高法研〔1987〕30号《关于重大责任事故和玩忽职守案件造成经济损失需追究刑事责任的数额标准应否做出规定的请示报告》收悉。经研究，答复如下：

一、重大责任事故和玩忽职守这两类案件的案情往往比较复杂，二者造成经济损失的数额标准只是定罪量刑的重要依据之一，不宜以此作为定罪的唯一依据。在实践中，因重大责任事故和玩忽职守所造成的严重损失，既有经济损失、人身伤亡，也有的还造成政治上的不良影响。其中，有些是不能仅仅用经济数额来衡量的。在审理这两类案件时，应当根据每个案件的情况作具体分析，认定是否构成犯罪。

二、虽然玩忽职守和重大责任事故案件你省检察机关的立案数额标准不同于法院判刑的标准，但法院不宜以此为理由拒绝收案。法院是否收案以及如何判处，要根据具体案情，认真研究，慎重决定。

（六十）教育设施重大安全事故罪※

中华人民共和国刑法（节录）*

第一百三十八条 【教育设施重大安全事故罪】 明知校舍或者教育教学设施有危险，而不采取措施或者不及时报告，致使发生重大伤亡事故的，对直接责任人员，处三年以下有期徒刑或者拘役；后果特别严重的，处三年以上七年以下有期徒刑。

最高人民法院 最高人民检察院
关于办理危害生产安全刑事案件适用法律若干问题的解释（节录）

法释〔2015〕22号

（2015年11月9日最高人民法院审判委员会第1665次会议、2015年12月9日最高人民检察院第十二届检察委员会第44次会议通过 2015年12月14日最高人民法院、最高人民检察院公告公布 自2015年12月16日起施行）

第六条 实施刑法第一百三十二条、第一百三十四条第一款、第一百三十五条、第一百三十五条之一、第一百三十六条、第一百三十九条规定的行为，因而发生安全事故，具有下列情形之一的，应当认定为"造成严重后果"或者"发生重大伤亡事故或者造成其他严重后果"，对相关责任人员，处三年以下有期徒刑或者拘役：

（一）造成死亡一人以上，或者重伤三人以上的；
（二）造成直接经济损失一百万元以上的；
（三）其他造成严重后果或者重大安全事故的情形。

---

* 编者注：根据1997年刑法和《全国人民代表大会常务委员会关于惩治骗购外汇、逃汇和非法买卖外汇犯罪的决定》及十部刑法修正案编纂。

实施刑法第一百三十四条第二款规定的行为，因而发生安全事故，具有本条第一款规定情形的，应当认定为"发生重大伤亡事故或者造成其他严重后果"，对相关责任人员，处五年以下有期徒刑或者拘役。

实施刑法第一百三十七条规定的行为，因而发生安全事故，具有本条第一款规定情形的，应当认定为"造成重大安全事故"，对直接责任人员，处五年以下有期徒刑或者拘役，并处罚金。

实施刑法第一百三十八条规定的行为，因而发生安全事故，具有本条第一款第一项规定情形的，应当认定为"发生重大伤亡事故"，对直接责任人员，处三年以下有期徒刑或者拘役。

第七条 实施刑法第一百三十二条、第一百三十四条第一款、第一百三十五条、第一百三十五条之一、第一百三十六条、第一百三十九条规定的行为，因而发生安全事故，具有下列情形之一的，对相关责任人员，处三年以上七年以下有期徒刑：

（一）造成死亡三人以上或者重伤十人以上，负事故主要责任的；

（二）造成直接经济损失五百万元以上，负事故主要责任的；

（三）其他造成特别严重后果、情节特别恶劣或者后果特别严重的情形。

实施刑法第一百三十四条第二款规定的行为，因而发生安全事故，具有本条第一款规定情形的，对相关责任人员，处五年以上有期徒刑。

实施刑法第一百三十七条规定的行为，因而发生安全事故，具有本条第一款规定情形的，对直接责任人员，处五年以上十年以下有期徒刑，并处罚金。

实施刑法第一百三十八条规定的行为，因而发生安全事故，具有下列情形之一的，对直接责任人员，处三年以上七年以下有期徒刑：

（一）造成死亡三人以上或者重伤十人以上，负事故主要责任的；

（二）具有本解释第六条第一款第一项规定情形，同时造成直接经济损失五百万元以上并负事故主要责任的，或者同时造成恶劣社会影响的。

第八条 在安全事故发生后，负有报告职责的人员不报或者谎报事故情况，贻误事故抢救，具有下列情形之一的，应当认定为刑法第一百三十九条之一规定的"情节严重"：

（一）导致事故后果扩大，增加死亡一人以上，或者增加重伤三人以上，或者增加直接经济损失一百万元以上的；

（二）实施下列行为之一，致使不能及时有效开展事故抢救的：

1. 决定不报、迟报、谎报事故情况或者指使、串通有关人员不报、迟报、谎报事故情况的；

2. 在事故抢救期间擅离职守或者逃匿的；

3. 伪造、破坏事故现场，或者转移、藏匿、毁灭遇难人员尸体，或者转移、藏匿受伤人员的；

4. 毁灭、伪造、隐匿与事故有关的图纸、记录、计算机数据等资料以及其他证据的；

（三）其他情节严重的情形。

具有下列情形之一的，应当认定为刑法第一百三十九条之一规定的"情节特别严重"：

（一）导致事故后果扩大，增加死亡三人以上，或者增加重伤十人以上，或者增加直接经济损失五百万元以上的；

（二）采用暴力、胁迫、命令等方式阻止他人报告事故情况，导致事故后果扩大的；

（三）其他情节特别严重的情形。

第九条 在安全事故发生后，与负有报告职责的人员串通，不报或者谎报事故情况，贻误事故抢救，情节严重的，依照刑法第一百三十九条之一的规定，以共犯论处。

第十条 在安全事故发生后，直接负责的主管人员和其他直接责任人员故意阻挠开展抢救，导致人员死亡或者重伤，或者为了逃避法律追究，对被害人进行隐藏、遗弃，致使被害人因无法得到救助而死亡或者重度残疾的，分别依照刑法第二百三十二条、第二百三十四条的规定，以故意杀人罪或者故意伤害罪定罪处罚。

第十一条 生产不符合保障人身、财产安全的国家标准、行业标准的安全设备，或者明知安全设备不符合保障人身、财产安全的国家标准、行业标准而进行销售，致使发生安全事故，造成严重后果的，依照刑法第一百四十六条的规定，以生产、销售不符合安全标准的产品罪定罪处罚。

第十二条 实施刑法第一百三十二条、第一百三十四条至第一百三十九条之一规定的犯罪行为，具有下列情形之一的，从重处罚：

（一）未依法取得安全许可证件或者安全许可证件过期、被暂扣、吊销、注销后从事生产经营活动的；

（二）关闭、破坏必要的安全监控和报警设备的；

（三）已经发现事故隐患，经有关部门或者个人提出后，仍不采取措施的；

（四）一年内曾因危害生产安全违法犯罪活动受过行政处罚或者刑事处罚的；

（五）采取弄虚作假、行贿等手段，故意逃避、阻挠负有安全监督管理职责的部门实施监督检查的；

（六）安全事故发生后转移财产意图逃避承担责任的；
（七）其他从重处罚的情形。

实施前款第五项规定的行为，同时构成刑法第三百八十九条规定的犯罪的，依照数罪并罚的规定处罚。

第十三条 实施刑法第一百三十二条、第一百三十四条至第一百三十九条之一规定的犯罪行为，在安全事故发生后积极组织、参与事故抢救，或者积极配合调查、主动赔偿损失的，可以酌情从轻处罚。

第十四条 国家工作人员违反规定投资入股生产经营，构成本解释规定的有关犯罪的，或者国家工作人员的贪污、受贿犯罪行为与安全事故发生存在关联性的，从重处罚；同时构成贪污、受贿犯罪和危害生产安全犯罪的，依照数罪并罚的规定处罚。

第十五条 国家机关工作人员在履行安全监督管理职责时滥用职权、玩忽职守，致使公共财产、国家和人民利益遭受重大损失的，或者徇私舞弊，对发现的刑事案件依法应当移交司法机关追究刑事责任而不移交，情节严重的，分别依照刑法第三百九十七条、第四百零二条的规定，以滥用职权罪、玩忽职守罪或者徇私舞弊不移交刑事案件罪定罪处罚。

公司、企业、事业单位的工作人员在依法或者受委托行使安全监督管理职责时滥用职权或者玩忽职守，构成犯罪的，应当依照《全国人民代表大会常务委员会关于〈中华人民共和国刑法〉第九章渎职罪主体适用问题的解释》的规定，适用渎职罪的规定追究刑事责任。

第十六条 对于实施危害生产安全犯罪适用缓刑的犯罪分子，可以根据犯罪情况，禁止其在缓刑考验期限内从事与安全生产相关联的特定活动；对于被判处刑罚的犯罪分子，可以根据犯罪情况和预防再犯罪的需要，禁止其自刑罚执行完毕之日或者假释之日起三年至五年内从事与安全生产相关的职业。

第十七条 本解释自 2015 年 12 月 16 日起施行。本解释施行后，最高人民法院、最高人民检察院《关于办理危害矿山生产安全刑事案件具体应用法律若干问题的解释》（法释〔2007〕5 号）同时废止。最高人民法院、最高人民检察院此前发布的司法解释和规范性文件与本解释不一致的，以本解释为准。

最高人民检察院　公安部
关于公安机关管辖的刑事案件立案追诉标准的规定（一）（节录）

2008 年 6 月 25 日　　　　　　　　　公通字〔2008〕36 号

第十四条　〔教育设施重大安全事故案（刑法第一百三十八条）〕明知校舍或者教育教学设施有危险，而不采取措施或者不及时报告，涉嫌下列情形之一的，应予立案追诉：

（一）造成死亡一人以上、重伤三人以上或者轻伤十人以上的；

（二）其他致使发生重大伤亡事故的情形。

(六十一) 消防责任事故罪※

中华人民共和国刑法（节录）*

第一百三十九条　【消防责任事故罪】　违反消防管理法规，经消防监督机构通知采取改正措施而拒绝执行，造成严重后果的，对直接责任人员，处三年以下有期徒刑或者拘役；后果特别严重的，处三年以上七年以下有期徒刑。

最高人民法院　最高人民检察院
关于办理危害生产安全刑事案件适用法律若干问题的解释（节录）

法释〔2015〕22号

（2015年11月9日最高人民法院审判委员会第1665次会议、2015年12月9日最高人民检察院第十二届检察委员会第44次会议通过　2015年12月14日最高人民法院、最高人民检察院公告公布　自2015年12月16日起施行）

第六条　实施刑法第一百三十二条、第一百三十四条第一款、第一百三十五条、第一百三十五条之一、第一百三十六条、第一百三十九条规定的行为，因而发生安全事故，具有下列情形之一的，应当认定为"造成严重后果"或者"发生重大伤亡事故或者造成其他严重后果"，对相关责任人员，处三年以下有期徒刑或者拘役：

（一）造成死亡一人以上，或者重伤三人以上的；

（二）造成直接经济损失一百万元以上的；

（三）其他造成严重后果或者重大安全事故的情形。

---

* 编者注：根据1997年刑法和《全国人民代表大会常务委员会关于惩治骗购外汇、逃汇和非法买卖外汇犯罪的决定》及十部刑法修正案编纂。

实施刑法第一百三十四条第二款规定的行为，因而发生安全事故，具有本条第一款规定情形的，应当认定为"发生重大伤亡事故或者造成其他严重后果"，对相关责任人员，处五年以下有期徒刑或者拘役。

实施刑法第一百三十七条规定的行为，因而发生安全事故，具有本条第一款规定情形的，应当认定为"造成重大安全事故"，对直接责任人员，处五年以下有期徒刑或者拘役，并处罚金。

实施刑法第一百三十八条规定的行为，因而发生安全事故，具有本条第一款第一项规定情形的，应当认定为"发生重大伤亡事故"，对直接责任人员，处三年以下有期徒刑或者拘役。

第七条 实施刑法第一百三十二条、第一百三十四条第一款、第一百三十五条、第一百三十五条之一、第一百三十六条、第一百三十九条规定的行为，因而发生安全事故，具有下列情形之一的，对相关责任人员，处三年以上七年以下有期徒刑：

（一）造成死亡三人以上或者重伤十人以上，负事故主要责任的；

（二）造成直接经济损失五百万元以上，负事故主要责任的；

（三）其他造成特别严重后果、情节特别恶劣或者后果特别严重的情形。

实施刑法第一百三十四条第二款规定的行为，因而发生安全事故，具有本条第一款规定情形的，对相关责任人员，处五年以上有期徒刑。

实施刑法第一百三十七条规定的行为，因而发生安全事故，具有本条第一款规定情形的，对直接责任人员，处五年以上十年以下有期徒刑，并处罚金。

实施刑法第一百三十八条规定的行为，因而发生安全事故，具有下列情形之一的，对直接责任人员，处三年以上七年以下有期徒刑：

（一）造成死亡三人以上或者重伤十人以上，负事故主要责任的；

（二）具有本解释第六条第一款第一项规定情形，同时造成直接经济损失五百万元以上并负事故主要责任的，或者同时造成恶劣社会影响的。

第八条 在安全事故发生后，负有报告职责的人员不报或者谎报事故情况，贻误事故抢救，具有下列情形之一的，应当认定为刑法第一百三十九条之一规定的"情节严重"：

（一）导致事故后果扩大，增加死亡一人以上，或者增加重伤三人以上，或者增加直接经济损失一百万元以上的；

（二）实施下列行为之一，致使不能及时有效开展事故抢救的：

1. 决定不报、迟报、谎报事故情况或者指使、串通有关人员不报、迟报、谎报事故情况的；

2. 在事故抢救期间擅离职守或者逃匿的；

3. 伪造、破坏事故现场,或者转移、藏匿、毁灭遇难人员尸体,或者转移、藏匿受伤人员的;

4. 毁灭、伪造、隐匿与事故有关的图纸、记录、计算机数据等资料以及其他证据的;

(三)其他情节严重的情形。

具有下列情形之一的,应当认定为刑法第一百三十九条之一规定的"情节特别严重":

(一)导致事故后果扩大,增加死亡三人以上,或者增加重伤十人以上,或者增加直接经济损失五百万元以上的;

(二)采用暴力、胁迫、命令等方式阻止他人报告事故情况,导致事故后果扩大的;

(三)其他情节特别严重的情形。

第九条 在安全事故发生后,与负有报告职责的人员串通,不报或者谎报事故情况,贻误事故抢救,情节严重的,依照刑法第一百三十九条之一的规定,以共犯论处。

第十条 在安全事故发生后,直接负责的主管人员和其他直接责任人员故意阻挠开展抢救,导致人员死亡或者重伤,或者为了逃避法律追究,对被害人进行隐藏、遗弃,致使被害人因无法得到救助而死亡或者重度残疾的,分别依照刑法第二百三十二条、第二百三十四条的规定,以故意杀人罪或者故意伤害罪定罪处罚。

第十一条 生产不符合保障人身、财产安全的国家标准、行业标准的安全设备,或者明知安全设备不符合保障人身、财产安全的国家标准、行业标准而进行销售,致使发生安全事故,造成严重后果的,依照刑法第一百四十六条的规定,以生产、销售不符合安全标准的产品罪定罪处罚。

第十二条 实施刑法第一百三十二条、第一百三十四条至第一百三十九条之一规定的犯罪行为,具有下列情形之一的,从重处罚:

(一)未依法取得安全许可证件或者安全许可证件过期、被暂扣、吊销、注销后从事生产经营活动的;

(二)关闭、破坏必要的安全监控和报警设备的;

(三)已经发现事故隐患,经有关部门或者个人提出后,仍不采取措施的;

(四)一年内曾因危害生产安全违法犯罪活动受过行政处罚或者刑事处罚的;

(五)采取弄虚作假、行贿等手段,故意逃避、阻挠负有安全监督管理职责的部门实施监督检查的;

（六）安全事故发生后转移财产意图逃避承担责任的；

（七）其他从重处罚的情形。

实施前款第五项规定的行为，同时构成刑法第三百八十九条规定的犯罪的，依照数罪并罚的规定处罚。

第十三条 实施刑法第一百三十二条、第一百三十四条至第一百三十九条之一规定的犯罪行为，在安全事故发生后积极组织、参与事故抢救，或者积极配合调查、主动赔偿损失的，可以酌情从轻处罚。

第十四条 国家工作人员违反规定投资入股生产经营，构成本解释规定的有关犯罪的，或者国家工作人员的贪污、受贿犯罪行为与安全事故发生存在关联性的，从重处罚；同时构成贪污、受贿犯罪和危害生产安全犯罪的，依照数罪并罚的规定处罚。

第十五条 国家机关工作人员在履行安全监督管理职责时滥用职权、玩忽职守，致使公共财产、国家和人民利益遭受重大损失的，或者徇私舞弊，对发现的刑事案件依法应当移交司法机关追究刑事责任而不移交，情节严重的，分别依照刑法第三百九十七条、第四百零二条的规定，以滥用职权罪、玩忽职守罪或者徇私舞弊不移交刑事案件罪定罪处罚。

公司、企业、事业单位的工作人员在依法或者受委托行使安全监督管理职责时滥用职权或者玩忽职守，构成犯罪的，应当依照《全国人民代表大会常务委员会关于〈中华人民共和国刑法〉第九章渎职罪主体适用问题的解释》的规定，适用渎职罪的规定追究刑事责任。

第十六条 对于实施危害生产安全犯罪适用缓刑的犯罪分子，可以根据犯罪情况，禁止其在缓刑考验期限内从事与安全生产相关联的特定活动；对于被判处刑罚的犯罪分子，可以根据犯罪情况和预防再犯罪的需要，禁止其自刑罚执行完毕之日或者假释之日起三年至五年内从事与安全生产相关的职业。

第十七条 本解释自2015年12月16日起施行。本解释施行后，最高人民法院、最高人民检察院《关于办理危害矿山生产安全刑事案件具体应用法律若干问题的解释》（法释〔2007〕5号）同时废止。最高人民法院、最高人民检察院此前发布的司法解释和规范性文件与本解释不一致的，以本解释为准。

最高人民检察院　公安部
关于公安机关管辖的刑事案件立案追诉标准的规定（一）（节录）

2008年6月25日　　　　　　　　　公通字〔2008〕36号

第十五条　［消防责任事故案（刑法第一百三十九条）］违反消防管理法规，经消防监督机构通知采取改正措施而拒绝执行，涉嫌下列情形之一的，应予立案追诉：

（一）造成死亡一人以上，或者重伤三人以上的；

（二）造成直接经济损失五十万元以上的；

（三）造成森林火灾，过火有林地面积二公顷以上，或者过火疏林地、灌木林地、未成林地、苗圃地面积四公顷以上的；

（四）其他造成严重后果的情形。

（六十二）重大劳动安全事故罪※

中华人民共和国刑法（节录）*

第一百三十五条 【**重大劳动安全事故罪**】 安全生产设施或者安全生产条件不符合国家规定，因而发生重大伤亡事故或者造成其他严重后果的，对直接负责的主管人员和其他直接责任人员，处三年以下有期徒刑或者拘役；情节特别恶劣的，处三年以上七年以下有期徒刑。

（**编者注**：本条经 2006 年 6 月 29 日《刑法修正案（六）》第二条修改。

1997 年刑法第一百三十五原规定："工厂、矿山、林场、建筑企业或者其他企业、事业单位的劳动安全设施不符合国家规定，经有关部门或者单位职工提出后，对事故隐患仍不采取措施，因而发生重大伤亡事故或者造成其他严重后果的，对直接责任人员，处三年以下有期徒刑或者拘役；情节特别恶劣的，处三年以上七年以下有期徒刑。"）

最高人民法院 最高人民检察院
关于办理危害生产安全刑事案件
适用法律若干问题的解释

法释〔2015〕22 号

（2015 年 11 月 9 日最高人民法院审判委员会第 1665 次会议、
2015 年 12 月 9 日最高人民检察院第十二届检察委员会
第 44 次会议通过 2015 年 12 月 14 日最高人民法院、
最高人民检察院公告公布 自 2015 年 12 月 16 日起施行）

为依法惩治危害生产安全犯罪，根据刑法有关规定，现就办理此类刑事案件适用法律的若干问题解释如下：

---

* 编者注：根据 1997 年刑法和《全国人民代表大会常务委员会关于惩治骗购外汇、逃汇和非法买卖外汇犯罪的决定》及十部刑法修正案编纂。

第一条 刑法第一百三十四条第一款规定的犯罪主体，包括对生产、作业负有组织、指挥或者管理职责的负责人、管理人员、实际控制人、投资人等人员，以及直接从事生产、作业的人员。

第二条 刑法第一百三十四条第二款规定的犯罪主体，包括对生产、作业负有组织、指挥或者管理职责的负责人、管理人员、实际控制人、投资人等人员。

第三条 刑法第一百三十五条规定的"直接负责的主管人员和其他直接责任人员"，是指对安全生产设施或者安全生产条件不符合国家规定负有直接责任的生产经营单位负责人、管理人员、实际控制人、投资人，以及其他对安全生产设施或者安全生产条件负有管理、维护职责的人员。

第四条 刑法第一百三十九条之一规定的"负有报告职责的人员"，是指负有组织、指挥或者管理职责的负责人、管理人员、实际控制人、投资人，以及其他负有报告职责的人员。

第五条 明知存在事故隐患、继续作业存在危险，仍然违反有关安全管理的规定，实施下列行为之一的，应当认定为刑法第一百三十四条第二款规定的"强令他人违章冒险作业"：

（一）利用组织、指挥、管理职权，强制他人违章作业的；

（二）采取威逼、胁迫、恐吓等手段，强制他人违章作业的；

（三）故意掩盖事故隐患，组织他人违章作业的；

（四）其他强令他人违章作业的行为。

第六条 实施刑法第一百三十二条、第一百三十四条第一款、第一百三十五条、第一百三十五条之一、第一百三十六条、第一百三十九条规定的行为，因而发生安全事故，具有下列情形之一的，应当认定为"造成严重后果"或者"发生重大伤亡事故或者造成其他严重后果"，对相关责任人员，处三年以下有期徒刑或者拘役：

（一）造成死亡一人以上，或者重伤三人以上的；

（二）造成直接经济损失一百万元以上的；

（三）其他造成严重后果或者重大安全事故的情形。

实施刑法第一百三十四条第二款规定的行为，因而发生安全事故，具有本条第一款规定情形的，应当认定为"发生重大伤亡事故或者造成其他严重后果"，对相关责任人员，处五年以下有期徒刑或者拘役。

实施刑法第一百三十七条规定的行为，因而发生安全事故，具有本条第一款规定情形的，应当认定为"造成重大安全事故"，对直接责任人员，处五年以下有期徒刑或者拘役，并处罚金。

实施刑法第一百三十八条规定的行为，因而发生安全事故，具有本条第一款第一项规定情形的，应当认定为"发生重大伤亡事故"，对直接责任人员，处三年以下有期徒刑或者拘役。

第七条 实施刑法第一百三十二条、第一百三十四条第一款、第一百三十五条、第一百三十五条之一、第一百三十六条、第一百三十九条规定的行为，因而发生安全事故，具有下列情形之一的，对相关责任人员，处三年以上七年以下有期徒刑：

（一）造成死亡三人以上或者重伤十人以上，负事故主要责任的；

（二）造成直接经济损失五百万元以上，负事故主要责任的；

（三）其他造成特别严重后果、情节特别恶劣或者后果特别严重的情形。

实施刑法第一百三十四条第二款规定的行为，因而发生安全事故，具有本条第一款规定情形的，对相关责任人员，处五年以上有期徒刑。

实施刑法第一百三十七条规定的行为，因而发生安全事故，具有本条第一款规定情形的，对直接责任人员，处五年以上十年以下有期徒刑，并处罚金。

实施刑法第一百三十八条规定的行为，因而发生安全事故，具有下列情形之一的，对直接责任人员，处三年以上七年以下有期徒刑：

（一）造成死亡三人以上或者重伤十人以上，负事故主要责任的；

（二）具有本解释第六条第一款第一项规定情形，同时造成直接经济损失五百万元以上并负事故主要责任的，或者同时造成恶劣社会影响的。

第八条 在安全事故发生后，负有报告职责的人员不报或者谎报事故情况，贻误事故抢救，具有下列情形之一的，应当认定为刑法第一百三十九条之一规定的"情节严重"：

（一）导致事故后果扩大，增加死亡一人以上，或者增加重伤三人以上，或者增加直接经济损失一百万元以上的；

（二）实施下列行为之一，致使不能及时有效开展事故抢救的：

1. 决定不报、迟报、谎报事故情况或者指使、串通有关人员不报、迟报、谎报事故情况的；

2. 在事故抢救期间擅离职守或者逃匿的；

3. 伪造、破坏事故现场，或者转移、藏匿、毁灭遇难人员尸体，或者转移、藏匿受伤人员的；

4. 毁灭、伪造、隐匿与事故有关的图纸、记录、计算机数据等资料以及其他证据的；

（三）其他情节严重的情形。

具有下列情形之一的，应当认定为刑法第一百三十九条之一规定的"情节特别严重"：

（一）导致事故后果扩大，增加死亡三人以上，或者增加重伤十人以上，或者增加直接经济损失五百万元以上的；

（二）采用暴力、胁迫、命令等方式阻止他人报告事故情况，导致事故后果扩大的；

（三）其他情节特别严重的情形。

第九条 在安全事故发生后，与负有报告职责的人员串通，不报或者谎报事故情况，贻误事故抢救，情节严重的，依照刑法第一百三十九条之一的规定，以共犯论处。

第十条 在安全事故发生后，直接负责的主管人员和其他直接责任人员故意阻挠开展抢救，导致人员死亡或者重伤，或者为了逃避法律追究，对被害人进行隐藏、遗弃，致使被害人因无法得到救助而死亡或者重度残疾的，分别依照刑法第二百三十二条、第二百三十四条的规定，以故意杀人罪或者故意伤害罪定罪处罚。

第十一条 生产不符合保障人身、财产安全的国家标准、行业标准的安全设备，或者明知安全设备不符合保障人身、财产安全的国家标准、行业标准而进行销售，致使发生安全事故，造成严重后果的，依照刑法第一百四十六条的规定，以生产、销售不符合安全标准的产品罪定罪处罚。

第十二条 实施刑法第一百三十二条、第一百三十四条至第一百三十九条之一规定的犯罪行为，具有下列情形之一的，从重处罚：

（一）未依法取得安全许可证件或者安全许可证件过期、被暂扣、吊销、注销后从事生产经营活动的；

（二）关闭、破坏必要的安全监控和报警设备的；

（三）已经发现事故隐患，经有关部门或者个人提出后，仍不采取措施的；

（四）一年内曾因危害生产安全违法犯罪活动受过行政处罚或者刑事处罚的；

（五）采取弄虚作假、行贿等手段，故意逃避、阻挠负有安全监督管理职责的部门实施监督检查的；

（六）安全事故发生后转移财产意图逃避承担责任的；

（七）其他从重处罚的情形。

实施前款第五项规定的行为，同时构成刑法第三百八十九条规定的犯罪的，依照数罪并罚的规定处罚。

第十三条 实施刑法第一百三十二条、第一百三十四条至第一百三十九条之一规定的犯罪行为，在安全事故发生后积极组织、参与事故抢救，或者积极配合调查、主动赔偿损失的，可以酌情从轻处罚。

第十四条　国家工作人员违反规定投资入股生产经营，构成本解释规定的有关犯罪的，或者国家工作人员的贪污、受贿犯罪行为与安全事故发生存在关联性的，从重处罚；同时构成贪污、受贿犯罪和危害生产安全犯罪的，依照数罪并罚的规定处罚。

第十五条　国家机关工作人员在履行安全监督管理职责时滥用职权、玩忽职守，致使公共财产、国家和人民利益遭受重大损失的，或者徇私舞弊，对发现的刑事案件依法应当移交司法机关追究刑事责任而不移交，情节严重的，分别依照刑法第三百九十七条、第四百零二条的规定，以滥用职权罪、玩忽职守罪或者徇私舞弊不移交刑事案件罪定罪处罚。

公司、企业、事业单位的工作人员在依法或者受委托行使安全监督管理职责时滥用职权或者玩忽职守，构成犯罪的，应当依照《全国人民代表大会常务委员会关于〈中华人民共和国刑法〉第九章渎职罪主体适用问题的解释》的规定，适用渎职罪的规定追究刑事责任。

第十六条　对于实施危害生产安全犯罪适用缓刑的犯罪分子，可以根据犯罪情况，禁止其在缓刑考验期限内从事与安全生产相关联的特定活动；对于被判处刑罚的犯罪分子，可以根据犯罪情况和预防再犯罪的需要，禁止其自刑罚执行完毕之日或者假释之日起三年至五年内从事与安全生产相关的职业。

第十七条　本解释自 2015 年 12 月 16 日起施行。本解释施行后，最高人民法院、最高人民检察院《关于办理危害矿山生产安全刑事案件具体应用法律若干问题的解释》（法释〔2007〕5 号）同时废止。最高人民法院、最高人民检察院此前发布的司法解释和规范性文件与本解释不一致的，以本解释为准。

最高人民法院
关于进一步加强危害生产安全刑事案件审判工作的意见

2011 年 12 月 30 日　　　　　　　　　　法发〔2011〕20 号

为依法惩治危害生产安全犯罪，促进全国安全生产形势持续稳定好转，保护人民群众生命财产安全，现就进一步加强危害生产安全刑事案件审判工作，制定如下意见。

一、高度重视危害生产安全刑事案件审判工作

1. 充分发挥刑事审判职能作用，依法惩治危害生产安全犯罪，是人民法

院为大局服务、为人民司法的必然要求。安全生产关系到人民群众生命财产安全,事关改革、发展和稳定的大局。当前,全国安全生产状况呈现总体稳定、持续好转的发展态势,但形势依然严峻,企业安全生产基础依然薄弱;非法、违法生产,忽视生产安全的现象仍然十分突出;重特大生产安全责任事故时有发生,个别地方和行业重特大责任事故上升。一些重特大生产安全责任事故举国关注,相关案件处理不好,不仅起不到应有的警示作用,不利于生产安全责任事故的防范,也损害党和国家形象,影响社会和谐稳定。各级人民法院要从政治和全局的高度,充分认识审理好危害生产安全刑事案件的重要意义,切实增强工作责任感,严格依法、积极稳妥地审理相关案件,进一步发挥刑事审判工作在创造良好安全生产环境、促进经济平稳较快发展方面的积极作用。

2. 采取有力措施解决存在的问题,切实加强危害生产安全刑事案件审判工作。近年来,各级人民法院依法审理危害生产安全刑事案件,一批严重危害生产安全的犯罪分子及相关职务犯罪分子受到法律制裁,对全国安全生产形势持续稳定好转发挥了积极促进作用。2010年,监察部、国家安全生产监督管理总局会同最高人民法院等部门对部分省市重特大生产安全事故责任追究落实情况开展了专项检查。从检查的情况来看,审判工作总体情况是好的,但仍有个别案件在法律适用或者宽严相济刑事政策具体把握上存在问题,需要切实加强指导。各级人民法院要高度重视,确保相关案件审判工作取得良好的法律效果和社会效果。

二、危害生产安全刑事案件审判工作的原则

3. 严格依法,从严惩处。对严重危害生产安全犯罪,尤其是相关职务犯罪,必须始终坚持严格依法、从严惩处。对于人民群众广泛关注、社会反映强烈的案件要及时审结,回应人民群众关切,维护社会和谐稳定。

4. 区分责任,均衡量刑。危害生产安全犯罪,往往涉案人员较多,犯罪主体复杂,既包括直接从事生产、作业的人员,也包括对生产、作业负有组织、指挥或者管理职责的负责人、管理人员、实际控制人、投资人等,有的还涉及国家机关工作人员渎职犯罪。对相关责任人的处理,要根据事故原因、危害后果、主体职责、过错大小等因素,综合考虑全案,正确划分责任,做到罪责刑相适应。

5. 主体平等,确保公正。审理危害生产安全刑事案件,对于所有责任主体,都必须严格落实法律面前人人平等的刑法原则,确保刑罚适用公正,确保裁判效果良好。

三、正确确定责任

6. 审理危害生产安全刑事案件,政府或相关职能部门依法对事故原因、损失大小、责任划分作出的调查认定，经庭审质证后，结合其他证据，可作为责任认定的依据。

7. 认定相关人员是否违反有关安全管理规定，应当根据相关法律、行政法规，参照地方性法规、规章及国家标准、行业标准，必要时可参考公认的惯例和生产经营单位制定的安全生产规章制度、操作规程。

8. 多个原因行为导致生产安全事故发生的，在区分直接原因与间接原因的同时，应当根据原因行为在引发事故中所具作用的大小，分清主要原因与次要原因，确认主要责任和次要责任，合理确定罪责。

一般情况下，对生产、作业负有组织、指挥或者管理职责的负责人、管理人员、实际控制人、投资人，违反有关安全生产管理规定，对重大生产安全事故的发生起决定性、关键性作用的，应当承担主要责任。

对于直接从事生产、作业的人员违反安全管理规定，发生重大生产安全事故的，要综合考虑行为人的从业资格、从业时间、接受安全生产教育培训情况、现场条件、是否受到他人强令作业、生产经营单位执行安全生产规章制度的情况等因素认定责任，不能将直接责任简单等同于主要责任。

对于负有安全生产管理、监督职责的工作人员，应根据其岗位职责、履职依据、履职时间等，综合考察工作职责、监管条件、履职能力、履职情况等，合理确定罪责。

四、准确适用法律

9. 严格把握危害生产安全犯罪与以其他危险方法危害公共安全罪的界限，不应将生产经营中违章违规的故意不加区别地视为对危害后果发生的故意。

10. 以行贿方式逃避安全生产监督管理，或者非法、违法生产、作业，导致发生重大生产安全事故，构成数罪的，依照数罪并罚的规定处罚。

违反安全生产管理规定，非法采矿、破坏性采矿或排放、倾倒、处置有害物质严重污染环境，造成重大伤亡事故或者其他严重后果，同时构成危害生产安全犯罪和破坏环境资源保护犯罪的，依照数罪并罚的规定处罚。

11. 安全事故发生后，负有报告职责的国家工作人员不报或者谎报事故情况，贻误事故抢救，情节严重，构成不报、谎报安全事故罪，同时构成职务犯罪或其他危害生产安全犯罪的，依照数罪并罚的规定处罚。

12. 非矿山生产安全事故中，认定"直接负责的主管人员和其他直接责任人员"、"负有报告职责的人员"的主体资格，认定构成"重大伤亡事故或者其他严重后果"、"情节特别恶劣"，不报、谎报事故情况，贻误事故抢救，"情节严重"、"情节特别严重"等，可参照最高人民法院、最高人民检察院《关于办理危害矿山生产安全刑事案件具体应用法律若干问题的解释》的相关规定。

五、准确把握宽严相济刑事政策

13. 审理危害生产安全刑事案件,应综合考虑生产安全事故所造成的伤亡人数、经济损失、环境污染、社会影响、事故原因与被告人职责的关联程度、被告人主观过错大小、事故发生后被告人的施救表现、履行赔偿责任情况等,正确适用刑罚,确保裁判法律效果和社会效果相统一。

14. 造成《关于办理危害矿山生产安全刑事案件具体应用法律若干问题的解释》第四条规定的"重大伤亡事故或者其他严重后果",同时具有下列情形之一的,也可以认定为刑法第一百三十四条、第一百三十五条规定的"情节特别恶劣":

(一)非法、违法生产的;

(二)无基本劳动安全设施或未向生产、作业人员提供必要的劳动防护用品,生产、作业人员劳动安全无保障的;

(三)曾因安全生产设施或者安全生产条件不符合国家规定,被监督管理部门处罚或责令改正,一年内再次违规生产致使发生重大生产安全事故的;

(四)关闭、故意破坏必要安全警示设备的;

(五)已发现事故隐患,未采取有效措施,导致发生重大事故的;

(六)事故发生后不积极抢救人员,或者毁灭、伪造、隐藏影响事故调查的证据,或者转移财产逃避责任的;

(七)其他特别恶劣的情节。

15. 相关犯罪中,具有以下情形之一的,依法从重处罚:

(一)国家工作人员违反规定投资入股生产经营企业,构成危害生产安全犯罪的;

(二)贪污贿赂行为与事故发生存在关联性的;

(三)国家工作人员的职务犯罪与事故存在直接因果关系的;

(四)以行贿方式逃避安全生产监督管理,或者非法、违法生产、作业的;

(五)生产安全事故发生后,负有报告职责的国家工作人员不报或者谎报事故情况,贻误事故抢救,尚未构成不报、谎报安全事故罪的;

(六)事故发生后,采取转移、藏匿、毁灭遇难人员尸体,或者毁灭、伪造、隐藏影响事故调查的证据,或者转移财产,逃避责任的;

(七)曾因安全生产设施或者安全生产条件不符合国家规定,被监督管理部门处罚或责令改正,一年内再次违规生产致使发生重大生产安全事故的。

16. 对于事故发生后,积极施救,努力挽回事故损失,有效避免损失扩大;积极配合调查,赔偿受害人损失的,可依法从宽处罚。

六、依法正确适用缓刑和减刑、假释

17. 对于危害后果较轻,在责任事故中不负主要责任,符合法律有关缓刑适用条件的，可以依法适用缓刑，但应注意根据案件具体情况，区别对待，严格控制，避免适用不当造成的负面影响。

18. 对于具有下列情形的被告人，原则上不适用缓刑：

（一）具有本意见第 14 条、第 15 条所规定的情形的；

（二）数罪并罚的。

19. 宣告缓刑，可以根据犯罪情况，同时禁止犯罪分子在缓刑考验期限内从事与安全生产有关的特定活动。

20. 办理与危害生产安全犯罪相关的减刑、假释案件，要严格执行刑法、刑事诉讼法和有关司法解释规定。是否决定减刑、假释，既要看罪犯服刑期间的悔改表现，还要充分考虑原判认定的犯罪事实、性质、情节、社会危害程度等情况。

七、加强组织领导，注意协调配合

21. 对于重大、敏感案件，合议庭成员要充分做好庭审前期准备工作，全面、客观掌握案情，确保案件开庭审理稳妥顺利、依法公正。

22. 审理危害生产安全刑事案件，涉及专业技术问题的，应有相关权威部门出具的咨询意见或者司法鉴定意见；可以依法邀请具有相关专业知识的人民陪审员参加合议庭。

23. 对于审判工作中发现的安全生产事故背后的渎职、贪污贿赂等违法犯罪线索，应当依法移送有关部门处理。对于情节轻微，免予刑事处罚的被告人，人民法院可建议有关部门依法给予行政处罚或纪律处分。

24. 被告人具有国家工作人员身份的，案件审结后，人民法院应当及时将生效的裁判文书送达行政监察机关和其他相关部门。

25. 对于造成重大伤亡后果的案件，要充分运用财产保全等法定措施，切实维护被害人依法获得赔偿的权利。对于被告人没有赔偿能力的案件，应当依靠地方党委和政府做好善后安抚工作。

26. 积极参与安全生产综合治理工作。对于审判中发现的安全生产管理方面的突出问题，应当发出司法建议，促使有关部门强化安全生产意识和制度建设，完善事故预防机制，杜绝同类事故发生。

27. 重视做好宣传工作。对于社会关注的典型案件，要重视做好审判情况的宣传报道，规范裁判信息发布，及时回应社会的关切，充分发挥重大、典型案件的教育警示作用。

28. 各级人民法院要在依法履行审判职责的同时，及时总结审判经验，深入开展调查研究，推动审判工作水平不断提高。上级法院要以辖区内发生的重大生产安全责任事故案件为重点，加强对下级法院危害生产安全刑事案件审判工作的监督和指导，适时检查此类案件的审判情况，提出有针对性的指导意见。

最高人民法院
关于充分发挥审判职能作用切实维护公共安全的若干意见

2015年9月16日　　　　　　　　　法发〔2015〕12号

为充分发挥人民法院职能作用，切实维护公共安全，保障人民群众合法权益，营造和谐稳定的社会环境，提出以下意见。

一、提高思想认识，切实增强维护公共安全的责任感和使命感

1. 充分认识维护公共安全的重大意义。公共安全是人民安居乐业、社会安定有序、国家长治久安的重要保障。党的十八大以来，以习近平同志为总书记的党中央高度重视公共安全问题，把维护公共安全摆在了更加突出的位置，作出了一系列重要部署。在中共中央政治局第二十三次集体学习时，习近平总书记发表重要讲话，深刻阐述了维护公共安全的重要意义，科学分析了公共安全形势，明确指出了当前维护公共安全需要重点做好的各项工作任务。各级人民法院和广大干警要站在为"四个全面"战略布局提供有效司法服务和保障的高度，自觉把维护公共安全放在维护最广大人民根本利益的高度上来认识，坚持居安思危、未雨绸缪，不断增强维护公共安全的责任感和使命感。

2. 准确把握发挥审判职能作用维护公共安全的基本要求。要坚持立足本职。人民法院的主要职能是审判案件，案件是社会矛盾的集中反映，也是凸显社会安全的风险点，要通过依法公正高效审判，实现惩治犯罪、化解矛盾、防范风险；要坚持问题导向。坚持从人民群众反映最强烈、现实社会最突出的问题入手，扎实做好有关农产品质量安全、食品药品安全、生产安全、环境安全、网络安全等案件的审判工作，根据不同时期、不同地方公共安全的形势和特点，有针对性地强化相关案件审判工作；要延伸审判职能。综合运用庭审直播、案例发布等方式，增强案件裁判的法律和社会效果，开展法制宣传和公共安全教育，推动健全多元化纠纷解决体系，积极参与社会治安综合治理，推进社会治安综合防控体系建设，着力解决影响社会安定的深层次问题。

二、依法严惩严重刑事犯罪，有效维护社会稳定

3. 依法严惩暴力恐怖犯罪活动。暴力恐怖犯罪严重危害广大人民群众的生命财产安全，严重危害社会和谐稳定。对暴力恐怖犯罪活动，要坚持严打方针不动摇，对首要分子、骨干成员、罪行重大者，该判处重刑乃至死刑的应当依法判处；要立足打早打小打苗头，对已经构成犯罪的一律依法追究刑事责任，对因被及时发现、采取预防措施而没有造成实际损害的暴恐分子，只要符合犯罪构成条件的，该依法重判的也要依法重判；要注意区别对待，对自动投案、检举揭发，特别是主动交代、协助抓捕幕后指使的，要体现政策依法从宽处理。要通过依法裁判，树立法治威严，坚决打掉暴恐分子的嚣张气焰，有效维护人民权益和社会安宁。

4. 依法严惩严重危害社会治安犯罪。依法严惩故意杀人、故意伤害、抢劫、绑架、爆炸等严重暴力犯罪，严惩盗窃、抢夺、诈骗等多发侵财性犯罪，切实增强人民群众安全感。依法严惩黑恶势力犯罪，坚决打掉其赖以生存、坐大的保护伞和经济基础，有效维护社会秩序。依法惩治组织、利用邪教破坏国家法律实施，进行杀人、强奸、诈骗的犯罪，努力消除邪教危害。依法严惩拐卖妇女、儿童和性侵儿童犯罪，加大对收买被拐卖的妇女、儿童犯罪的惩治力度，强化对妇女、儿童的司法保护。依法严惩毒品犯罪以及因吸毒诱发的故意杀人、故意伤害、抢劫、盗窃、以危险方法危害公共安全等次生犯罪，坚决遏制毒品蔓延势头。

5. 强化涉众型犯罪案件的审判工作。针对社会公众实施的非法吸收公众存款、集资诈骗、电信诈骗、操纵证券、期货市场及组织、领导传销等涉众型犯罪，影响面广、危害性大、关注度高，要精心组织好相关案件的审判工作。要加大对此类犯罪的惩治力度，对犯罪数额特别巨大、犯罪情节特别恶劣、危害后果特别严重的，依法判处重刑。要高度重视犯罪分子的违法所得追缴和涉案财物的依法处置工作，最大限度维护人民群众的合法权益，稳定社会秩序。要强化司法公开力度，及时披露有关信息，回应社会关切。

三、依法惩治危害安全生产犯罪，促进安全生产形势根本好转

6. 加大对危害安全生产犯罪的惩治力度。坚持发展是第一要务，安全是第一保障。针对近年来非法、违法生产，忽视生产安全的现象十分突出，造成群死群伤的重特大生产安全责任事故屡有发生的严峻形势，充分发挥刑罚的惩罚和预防功能，加大对各类危害安全生产犯罪的惩治力度，用严肃、严格、严厉的责任追究和法律惩罚，推动安全生产责任制的有效落实，促进安全生产形势根本好转，确保人民生命财产安全。

7. 准确把握打击重点。结合当前形势并针对犯罪原因，既要重点惩治发生在危险化学品、民爆器材、烟花爆竹、电梯、煤矿、非煤矿山、油气运送管道、建筑施工、消防、粉尘涉爆等重点行业领域企业，以及港口、码头、人员密集场所等重点部位的危害安全生产犯罪，更要从严惩治发生在这些犯罪背后的国家机关工作人员贪污贿赂和渎职犯罪。既要依法追究直接造成损害的从事生产、作业的责任人员，更要依法从严惩治对生产、作业负有组织、指挥或者管理职责的负责人、管理人、实际控制人、投资人。既要加大对各类安全生产犯罪的惩治力度，更要从严惩治因安全生产条件不符合国家规定被处罚而又违规生产，关闭或者故意破坏安全警示设备，事故发生后不积极抢救人员或者毁灭、伪造、隐藏影响事故调查证据，通过行贿非法获取相关生产经营资质等情节的危害安全生产的犯罪。

8. 依法妥善审理与重大责任事故有关的赔偿案件。对当事人因重大责任事故遭受人身、财产损失而提起诉讼要求赔偿的，应当依法及时受理，保障当事人诉权。对两人以上实施危及他人人身、财产安全的行为，其中一人或者数人的行为造成他人损害，能够确定具体责任人的，由责任人承担赔偿责任，不能确定具体责任人的，由行为人承担连带责任。被告人因重大责任事故既承担刑事、行政责任，又承担民事责任的，其财产应当优先承担民事责任。原告因重大责任事故遭受损失而无法及时履行赡养、抚养等义务，申请先予执行的，应当依法支持。

四、做好涉民生案件审判工作，切实保障人民群众合法权益

9. 妥善审理涉农案件。依法严惩针对农村留守老人、妇女、儿童实施的抢劫、盗窃、强奸、猥亵、拐卖等犯罪，确保农村社会秩序稳定和农民生命财产安全。依法严惩向农村地区贩卖毒品犯罪，坚决遏制毒品向农村地区蔓延的势头。依法严惩生产、销售伪劣农药、化肥、种子以及其他农用物资等坑农、害农犯罪，保证农业生产顺利进行。依法审理、执行好涉及"三农"的民事、行政案件，切实维护农民合法权益。

10. 依法惩治危害食品药品安全犯罪。食品药品安全形势不容乐观，重大、恶性食品药品安全犯罪案件时有发生，党中央高度关注，人民群众反映强烈。要以"零容忍"的态度，坚持最严厉的处罚、最严肃的问责，依法严惩生产、销售有毒、有害食品，不符合卫生标准的食品，以及生产、销售假药、劣药等犯罪。要充分认识此类犯罪的严重社会危害，严格缓刑、免刑等非监禁刑的适用。要采取有效措施依法追缴违法犯罪所得，充分适用财产刑，坚决让犯罪分子在经济上无利可图、得不偿失。要依法适用禁止令，有效防范犯罪分子再次危害社会。

11. 强化生态环境司法保护。保护生态环境，建设美丽中国，事关广大人民群众的生命健康，事关中华民族的永续发展，是实现中华民族伟大复兴中国梦的重要内容。全面加强环境资源审判工作，扎实推进生态环境建设，回应民众关切，增进人民福祉。依法惩治污染环境、乱砍滥伐、非法猎杀野生动物、乱采滥挖矿产等破坏环境资源犯罪。依法公正审理环境侵权案件，落实全面赔偿规定，探索建立环境修复、惩罚性赔偿等制度，依法严肃追究违法者的法律责任。充分保障环境公益诉讼原告诉权，及时受理、依法审理环境公益诉讼案件；会同检察机关积极稳妥地开展检察机关提起公益诉讼的试点工作，有效维护国家利益和社会公共利益。

12. 从严惩治危害民生的职务犯罪。对于制售伪劣食品药品、破坏环境资源所涉及的国家工作人员渎职犯罪，发生在社会保障、征地拆迁、灾后重建、企业改制、医疗、教育、就业等领域严重损害群众利益、社会影响恶劣、群众反映强烈的国家工作人员贪污贿赂犯罪、渎职犯罪，发生在事关民生和公共安全的重点领域、重点行业的严重商业贿赂犯罪等，要依法从严惩处。

五、依法惩治信息网络犯罪，维护社会秩序

13. 依法惩治利用网络实施的各类犯罪。网络空间是现实社会的延伸，网络秩序是公共秩序的有机组成部分。要针对近年来利用信息网络实施的各类违法犯罪活动日益突出，危害十分严重的实际，坚决依法打击网上造谣、传谣行为，惩治利用网络实施的盗窃、诈骗、敲诈勒索、寻衅滋事、贩卖毒品、传播淫秽信息等犯罪，切实维护网络秩序，净化网络空间，决不允许网络成为法外之地。

14. 依法惩治网络攻击破坏犯罪。信息时代，网络已深度融入经济社会的各个方面，网络安全已成为公共安全的重要组成部分，与广大人民群众的信息安全、财产安全乃至人身安全密切相关。要依法打击非法侵入、破坏计算机信息系统以及制作、销售、使用"伪基站"设备等犯罪活动，从严惩治针对基础信息网络、重要行业和领域的重要信息系统、军事网络、重要政务网络、用户数量众多的商业网络的攻击破坏活动，从严惩治利用攻击破坏非法获取国家秘密、商业秘密、公民个人信息等犯罪活动。

六、积极参与社会治安综合治理，促进健全公共安全体系

15. 积极参与社会治安防控体系建设。按照系统治理、依法治理、综合治理、源头治理的总体思路，扎实做好审判环节的社会治安综合治理工作。积极参与禁毒、打拐、打黑除恶、治爆缉枪、打击"两抢一盗"等专项整治活动。充分运用传统媒体和微信、微博、新闻客户端等新媒体，通过公开审判、以案说法、发布典型案例等形式，强化法制宣传，震慑违法犯罪。加强未成年人刑事审判工作，会同有关部门做好刑满释放人员、社区矫正对象等特殊人群的帮教管理，预防再次犯罪，消除社会治安隐患。

16. 加强司法建议、司法调研工作。针对审判执行工作中发现的管理漏洞、治安隐患，要及时向有关单位或职能部门提出完善规章制度、强化日常管控、加强源头治理的意见和建议，推动公共安全体系的健全完善。不断加强人民法院信息化建设，推进信息技术与审判业务深度融合，充分利用信息技术手段和审判信息大数据，强化司法统计和调研工作，准确研判公共安全形势，为建立健全公共安全形势分析制度，及时消除公共安全隐患提供决策参考。

17. 做好人民法院自身安全工作。人民法院安全工作事关涉诉群众和法院干警的切身利益，是公共安全的重要组成部分。要始终坚持司法为民，切实改进工作作风，强化司法便民利民，决不允许因自身工作问题引发群体性、突发性和个人极端事件。要不断提高安全防范意识，认真汲取各类公共安全事件的教训，深入研判法院安全工作面临的新情况、新问题，严格落实安全管理各项制度，健全完善法院安全人防、物防、技防网络，确保人民法院人员安全、场所安全、信息安全。

最高人民法院研究室
关于被告人阮某重大劳动安全事故案有关法律适用问题的答复

2009 年 12 月 25 日　　　　　　　　　　　法研〔2009〕228 号

陕西省高级人民法院：

你院陕高法〔2009〕288 号《关于被告人阮某重大劳动安全事故案有关法律适用问题的请示》收悉。经研究，答复如下：

用人单位违反职业病防治法的规定，职业病危害预防设施不符合国家规定，因而发生重大伤亡事故或者造成其他严重后果的，对直接负责的主管人员和其他直接责任人员，可以依照刑法第一百三十五条的规定，以重大劳动安全事故罪定罪处罚。

此复。

最高人民法院
关于审理交通肇事刑事案件具体应用法律若干问题的解释（节录）

法释〔2000〕33号

（2000年11月10日最高人民法院审判委员会第1136次会议通过 2000年11月15日最高人民法院公告公布 自2000年11月21日起施行）

第八条 在实行公共交通管理的范围内发生重大交通事故的，依照刑法第一百三十三条和本解释的有关规定办理。

在公共交通管理的范围外，驾驶机动车辆或者使用其他交通工具致人伤亡或者致使公共财产或者他人财产遭受重大损失，构成犯罪的，分别依照刑法第一百三十四条、第一百三十五条、第二百三十三条等规定定罪处罚。

(六十三)强令违章冒险作业罪※

中华人民共和国刑法(节录)*

第一百三十四条 【强令违章冒险作业罪】 强令他人违章冒险作业,因而发生重大伤亡事故或者造成其他严重后果的,处五年以下有期徒刑或者拘役;情节特别恶劣的,处五年以上有期徒刑。

最高人民法院 最高人民检察院
关于办理危害生产安全刑事案件
适用法律若干问题的解释

法释〔2015〕22号

(2015年11月9日最高人民法院审判委员会第1665次会议、2015年12月9日最高人民检察院第十二届检察委员会第44次会议通过 2015年12月14日最高人民法院、最高人民检察院公告公布 自2015年12月16日起施行)

为依法惩治危害生产安全犯罪,根据刑法有关规定,现就办理此类刑事案件适用法律的若干问题解释如下:

第一条 刑法第一百三十四条第一款规定的犯罪主体,包括对生产、作业负有组织、指挥或者管理职责的负责人、管理人员、实际控制人、投资人等人员,以及直接从事生产、作业的人员。

第二条 刑法第一百三十四条第二款规定的犯罪主体,包括对生产、作业负有组织、指挥或者管理职责的负责人、管理人员、实际控制人、投资人等人员。

第三条 刑法第一百三十五条规定的"直接负责的主管人员和其他直接

---

* 编者注:根据1997年刑法和《全国人民代表大会常务委员会关于惩治骗购外汇、逃汇和非法买卖外汇犯罪的决定》及十部刑法修正案编纂。

责任人员",是指对安全生产设施或者安全生产条件不符合国家规定负有直接责任的生产经营单位负责人、管理人员、实际控制人、投资人,以及其他对安全生产设施或者安全生产条件负有管理、维护职责的人员。

第四条 刑法第一百三十九条之一规定的"负有报告职责的人员",是指负有组织、指挥或者管理职责的负责人、管理人员、实际控制人、投资人,以及其他负有报告职责的人员。

第五条 明知存在事故隐患、继续作业存在危险,仍然违反有关安全管理的规定,实施下列行为之一的,应当认定为刑法第一百三十四条第二款规定的"强令他人违章冒险作业":

(一)利用组织、指挥、管理职权,强制他人违章作业的;

(二)采取威逼、胁迫、恐吓等手段,强制他人违章作业的;

(三)故意掩盖事故隐患,组织他人违章作业的;

(四)其他强令他人违章作业的行为。

第六条 实施刑法第一百三十二条、第一百三十四条第一款、第一百三十五条、第一百三十五条之一、第一百三十六条、第一百三十九条规定的行为,因而发生安全事故,具有下列情形之一的,应当认定为"造成严重后果"或者"发生重大伤亡事故或者造成其他严重后果",对相关责任人员,处三年以下有期徒刑或者拘役:

(一)造成死亡一人以上,或者重伤三人以上的;

(二)造成直接经济损失一百万元以上的;

(三)其他造成严重后果或者重大安全事故的情形。

实施刑法第一百三十四条第二款规定的行为,因而发生安全事故,具有本条第一款规定情形的,应当认定为"发生重大伤亡事故或者造成其他严重后果",对相关责任人员,处五年以下有期徒刑或者拘役。

实施刑法第一百三十七条规定的行为,因而发生安全事故,具有本条第一款规定情形的,应当认定为"造成重大安全事故",对直接责任人员,处五年以下有期徒刑或者拘役,并处罚金。

实施刑法第一百三十八条规定的行为,因而发生安全事故,具有本条第一款第一项规定情形的,应当认定为"发生重大伤亡事故",对直接责任人员,处三年以下有期徒刑或者拘役。

第七条 实施刑法第一百三十二条、第一百三十四条第一款、第一百三十五条、第一百三十五条之一、第一百三十六条、第一百三十九条规定的行为,因而发生安全事故,具有下列情形之一的,对相关责任人员,处三年以上七年以下有期徒刑:

(一)造成死亡三人以上或者重伤十人以上,负事故主要责任的;

（二）造成直接经济损失五百万元以上，负事故主要责任的；

（三）其他造成特别严重后果、情节特别恶劣或者后果特别严重的情形。

实施刑法第一百三十四条第二款规定的行为，因而发生安全事故，具有本条第一款规定情形的，对相关责任人员，处五年以上有期徒刑。

实施刑法第一百三十七条规定的行为，因而发生安全事故，具有本条第一款规定情形的，对直接责任人员，处五年以上十年以下有期徒刑，并处罚金。

实施刑法第一百三十八条规定的行为，因而发生安全事故，具有下列情形之一的，对直接责任人员，处三年以上七年以下有期徒刑：

（一）造成死亡三人以上或者重伤十人以上，负事故主要责任的；

（二）具有本解释第六条第一款第一项规定情形，同时造成直接经济损失五百万元以上并负事故主要责任的，或者同时造成恶劣社会影响的。

第八条 在安全事故发生后，负有报告职责的人员不报或者谎报事故情况，贻误事故抢救，具有下列情形之一的，应当认定为刑法第一百三十九条之一规定的"情节严重"：

（一）导致事故后果扩大，增加死亡一人以上，或者增加重伤三人以上，或者增加直接经济损失一百万元以上的；

（二）实施下列行为之一，致使不能及时有效开展事故抢救的：

1. 决定不报、迟报、谎报事故情况或者指使、串通有关人员不报、迟报、谎报事故情况的；

2. 在事故抢救期间擅离职守或者逃匿的；

3. 伪造、破坏事故现场，或者转移、藏匿、毁灭遇难人员尸体，或者转移、藏匿受伤人员的；

4. 毁灭、伪造、隐匿与事故有关的图纸、记录、计算机数据等资料以及其他证据的；

（三）其他情节严重的情形。

具有下列情形之一的，应当认定为刑法第一百三十九条之一规定的"情节特别严重"：

（一）导致事故后果扩大，增加死亡三人以上，或者增加重伤十人以上，或者增加直接经济损失五百万元以上的；

（二）采用暴力、胁迫、命令等方式阻止他人报告事故情况，导致事故后果扩大的；

（三）其他情节特别严重的情形。

第九条 在安全事故发生后，与负有报告职责的人员串通，不报或者谎报事故情况，贻误事故抢救，情节严重的，依照刑法第一百三十九条之一的规定，以共犯论处。

第十条　在安全事故发生后，直接负责的主管人员和其他直接责任人员故意阻挠开展抢救，导致人员死亡或者重伤，或者为了逃避法律追究，对被害人进行隐藏、遗弃，致使被害人因无法得到救助而死亡或者重度残疾的，分别依照刑法第二百三十二条、第二百三十四条的规定，以故意杀人罪或者故意伤害罪定罪处罚。

第十一条　生产不符合保障人身、财产安全的国家标准、行业标准的安全设备，或者明知安全设备不符合保障人身、财产安全的国家标准、行业标准而进行销售，致使发生安全事故，造成严重后果的，依照刑法第一百四十六条的规定，以生产、销售不符合安全标准的产品罪定罪处罚。

第十二条　实施刑法第一百三十二条、第一百三十四条至第一百三十九条之一规定的犯罪行为，具有下列情形之一的，从重处罚：

（一）未依法取得安全许可证件或者安全许可证件过期、被暂扣、吊销、注销后从事生产经营活动的；

（二）关闭、破坏必要的安全监控和报警设备的；

（三）已经发现事故隐患，经有关部门或者个人提出后，仍不采取措施的；

（四）一年内曾因危害生产安全违法犯罪活动受过行政处罚或者刑事处罚的；

（五）采取弄虚作假、行贿等手段，故意逃避、阻挠负有安全监督管理职责的部门实施监督检查的；

（六）安全事故发生后转移财产意图逃避承担责任的；

（七）其他从重处罚的情形。

实施前款第五项规定的行为，同时构成刑法第三百八十九条规定的犯罪的，依照数罪并罚的规定处罚。

第十三条　实施刑法第一百三十二条、第一百三十四条至第一百三十九条之一规定的犯罪行为，在安全事故发生后积极组织、参与事故抢救，或者积极配合调查、主动赔偿损失的，可以酌情从轻处罚。

第十四条　国家工作人员违反规定投资入股生产经营，构成本解释规定的有关犯罪的，或者国家工作人员的贪污、受贿犯罪行为与安全事故发生存在关联性的，从重处罚；同时构成贪污、受贿犯罪和危害生产安全犯罪的，依照数罪并罚的规定处罚。

第十五条　国家机关工作人员在履行安全监督管理职责时滥用职权、玩忽职守，致使公共财产、国家和人民利益遭受重大损失的，或者徇私舞弊，对发现的刑事案件依法应当移交司法机关追究刑事责任而不移交，情节严重的，分别依照刑法第三百九十七条、第四百零二条的规定，以滥用职权罪、玩忽职守罪或者徇私舞弊不移交刑事案件罪定罪处罚。

公司、企业、事业单位的工作人员在依法或者受委托行使安全监督管理职责时滥用职权或者玩忽职守，构成犯罪的，应当依照《全国人民代表大会常务委员会关于〈中华人民共和国刑法〉第九章渎职罪主体适用问题的解释》的规定，适用渎职罪的规定追究刑事责任。

第十六条 对于实施危害生产安全犯罪适用缓刑的犯罪分子，可以根据犯罪情况，禁止其在缓刑考验期限内从事与安全生产相关联的特定活动；对于被判处刑罚的犯罪分子，可以根据犯罪情况和预防再犯罪的需要，禁止其自刑罚执行完毕之日或者假释之日起三年至五年内从事与安全生产相关的职业。

第十七条 本解释自 2015 年 12 月 16 日起施行。本解释施行后，最高人民法院、最高人民检察院《关于办理危害矿山生产安全刑事案件具体应用法律若干问题的解释》（法释〔2007〕5 号）同时废止。最高人民法院、最高人民检察院此前发布的司法解释和规范性文件与本解释不一致的，以本解释为准。

最高人民检察院　公安部
关于公安机关管辖的刑事案件立案追诉标准的规定（一）（节录）

2008 年 6 月 25 日　　　　　　　　公通字〔2008〕36 号

第九条 ［强令违章冒险作业案（刑法第一百三十四条第二款）］强令他人违章冒险作业，涉嫌下列情形之一的，应予立案追诉：
（一）造成死亡一人以上，或者重伤三人以上的；
（二）造成直接经济损失五十万元以上的；
（三）发生矿山生产安全事故，造成直接经济损失一百万元以上的；
（四）其他造成严重后果的情形。

(六十四) 不报、谎报安全事故罪※

中华人民共和国刑法（节录）*

第一百三十九条之一 【不报、谎报安全事故罪】 在安全事故发生后，负有报告职责的人员不报或者谎报事故情况，贻误事故抢救，情节严重的，处三年以下有期徒刑或者拘役；情节特别严重的，处三年以上七年以下有期徒刑。

（编者注：本条为2006年6月29日《刑法修正案（六）》第四条增加。）

最高人民检察院　公安部
关于公安机关管辖的刑事案件立案追诉标准的规定（一）的补充规定

2017年4月27日　　　　　　　　　　公通字〔2017〕12号

一、在《最高人民检察院公安部关于公安机关管辖的刑事案件立案追诉标准的规定（一）》（以下简称《立案追诉标准（一）》）第十五条后增加一条，作为第十五条之一：[不报、谎报安全事故案（刑法第一百三十九条之一）] 在安全事故发生后，负有报告职责的人员不报或者谎报事故情况，贻误事故抢救，涉嫌下列情形之一的，应予立案追诉：

（一）导致事故后果扩大，增加死亡一人以上，或者增加重伤三人以上，或者增加直接经济损失一百万元以上的；

（二）实施下列行为之一，致使不能及时有效开展事故抢救的：

1. 决定不报、迟报、谎报事故情况或者指使、串通有关人员不报、迟报、谎报事故情况的；

2. 在事故抢救期间擅离职守或者逃匿的；

---

* 编者注：根据1997年刑法和《全国人民代表大会常务委员会关于惩治骗购外汇、逃汇和非法买卖外汇犯罪的决定》及十部刑法修正案编纂。

3. 伪造、破坏事故现场，或者转移、藏匿、毁灭遇难人员尸体，或者转移、藏匿受伤人员的；

4. 毁灭、伪造、隐匿与事故有关的图纸、记录、计算机数据等资料以及其他证据的；

（三）其他不报、谎报安全事故情节严重的情形。

本条规定的"负有报告职责的人员"，是指负有组织、指挥或者管理职责的负责人、管理人员、实际控制人、投资人，以及其他负有报告职责的人员。

最高人民法院 最高人民检察院
关于办理危害生产安全刑事案件
适用法律若干问题的解释（节录）

法释〔2015〕22 号

（2015 年 11 月 9 日最高人民法院审判委员会第 1665 次会议、
2015 年 12 月 9 日最高人民检察院第十二届检察委员会
第 44 次会议通过 2015 年 12 月 14 日最高人民法院、
最高人民检察院公告公布 自 2015 年 12 月 16 日起施行）

第四条 刑法第一百三十九条之一规定的"负有报告职责的人员"，是指负有组织、指挥或者管理职责的负责人、管理人员、实际控制人、投资人，以及其他负有报告职责的人员。

第八条 在安全事故发生后，负有报告职责的人员不报或者谎报事故情况，贻误事故抢救，具有下列情形之一的，应当认定为刑法第一百三十九条之一规定的"情节严重"：

（一）导致事故后果扩大，增加死亡一人以上，或者增加重伤三人以上，或者增加直接经济损失一百万元以上的；

（二）实施下列行为之一，致使不能及时有效开展事故抢救的：

1. 决定不报、迟报、谎报事故情况或者指使、串通有关人员不报、迟报、谎报事故情况的；

2. 在事故抢救期间擅离职守或者逃匿的；

3. 伪造、破坏事故现场，或者转移、藏匿、毁灭遇难人员尸体，或者转移、藏匿受伤人员的；

4. 毁灭、伪造、隐匿与事故有关的图纸、记录、计算机数据等资料以及其他证据的；

(三) 其他情节严重的情形。

具有下列情形之一的,应当认定为刑法第一百三十九条之一规定的"情节特别严重":

(一) 导致事故后果扩大,增加死亡三人以上,或者增加重伤十人以上,或者增加直接经济损失五百万元以上的;

(二) 采用暴力、胁迫、命令等方式阻止他人报告事故情况,导致事故后果扩大的;

(三) 其他情节特别严重的情形。

第九条 在安全事故发生后,与负有报告职责的人员串通,不报或者谎报事故情况,贻误事故抢救,情节严重的,依照刑法第一百三十九条之一的规定,以共犯论处。

第十条 在安全事故发生后,直接负责的主管人员和其他直接责任人员故意阻挠开展抢救,导致人员死亡或者重伤,或者为了逃避法律追究,对被害人进行隐藏、遗弃,致使被害人因无法得到救助而死亡或者重度残疾的,分别依照刑法第二百三十二条、第二百三十四条的规定,以故意杀人罪或者故意伤害罪定罪处罚。

第十一条 生产不符合保障人身、财产安全的国家标准、行业标准的安全设备,或者明知安全设备不符合保障人身、财产安全的国家标准、行业标准而进行销售,致使发生安全事故,造成严重后果的,依照刑法第一百四十六条的规定,以生产、销售不符合安全标准的产品罪定罪处罚。

第十二条 实施刑法第一百三十二条、第一百三十四条至第一百三十九条之一规定的犯罪行为,具有下列情形之一的,从重处罚:

(一) 未依法取得安全许可证件或者安全许可证件过期、被暂扣、吊销、注销后从事生产经营活动的;

(二) 关闭、破坏必要的安全监控和报警设备的;

(三) 已经发现事故隐患,经有关部门或者个人提出后,仍不采取措施的;

(四) 一年内曾因危害生产安全违法犯罪活动受过行政处罚或者刑事处罚的;

(五) 采取弄虚作假、行贿等手段,故意逃避、阻挠负有安全监督管理职责的部门实施监督检查的;

(六) 安全事故发生后转移财产意图逃避承担责任的;

(七) 其他从重处罚的情形。

实施前款第五项规定的行为,同时构成刑法第三百八十九条规定的犯罪的,依照数罪并罚的规定处罚。

第十三条　实施刑法第一百三十二条、第一百三十四条至第一百三十九条之一规定的犯罪行为，在安全事故发生后积极组织、参与事故抢救，或者积极配合调查、主动赔偿损失的，可以酌情从轻处罚。

第十四条　国家工作人员违反规定投资入股生产经营，构成本解释规定的有关犯罪的，或者国家工作人员的贪污、受贿犯罪行为与安全事故发生存在关联性的，从重处罚；同时构成贪污、受贿犯罪和危害生产安全犯罪的，依照数罪并罚的规定处罚。

第十五条　国家机关工作人员在履行安全监督管理职责时滥用职权、玩忽职守，致使公共财产、国家和人民利益遭受重大损失的，或者徇私舞弊，对发现的刑事案件依法应当移交司法机关追究刑事责任而不移交，情节严重的，分别依照刑法第三百九十七条、第四百零二条的规定，以滥用职权罪、玩忽职守罪或者徇私舞弊不移交刑事案件罪定罪处罚。

公司、企业、事业单位的工作人员在依法或者受委托行使安全监督管理职责时滥用职权或者玩忽职守，构成犯罪的，应当依照《全国人民代表大会常务委员会关于〈中华人民共和国刑法〉第九章渎职罪主体适用问题的解释》的规定，适用渎职罪的规定追究刑事责任。

第十六条　对于实施危害生产安全犯罪适用缓刑的犯罪分子，可以根据犯罪情况，禁止其在缓刑考验期限内从事与安全生产相关联的特定活动；对于被判处刑罚的犯罪分子，可以根据犯罪情况和预防再犯罪的需要，禁止其自刑罚执行完毕之日或者假释之日起三年至五年内从事与安全生产相关的职业。

第十七条　本解释自2015年12月16日起施行。本解释施行后，最高人民法院、最高人民检察院《关于办理危害矿山生产安全刑事案件具体应用法律若干问题的解释》（法释〔2007〕5号）同时废止。最高人民法院、最高人民检察院此前发布的司法解释和规范性文件与本解释不一致的，以本解释为准。

最高人民法院
关于进一步加强危害生产安全刑事案件审判工作的意见（节录）

2011年12月30日　　　　　　　　　　法发〔2011〕20号

二、危害生产安全刑事案件审判工作的原则

3. 严格依法，从严惩处。对严重危害生产安全犯罪，尤其是相关职务犯罪，必须始终坚持严格依法、从严惩处。对于人民群众广泛关注、社会反映强烈的案件要及时审结，回应人民群众关切，维护社会和谐稳定。

4. **区分责任，均衡量刑**。危害生产安全犯罪，往往涉案人员较多，犯罪主体复杂，既包括直接从事生产、作业的人员，也包括对生产、作业负有组织、指挥或者管理职责的负责人、管理人员、实际控制人、投资人等，有的还涉及国家机关工作人员渎职犯罪。对相关责任人的处理，要根据事故原因、危害后果、主体职责、过错大小等因素，综合考虑全案，正确划分责任，做到罪责刑相适应。

5. **主体平等，确保公正**。审理危害生产安全刑事案件，对于所有责任主体，都必须严格落实法律面前人人平等的刑法原则，确保刑罚适用公正，确保裁判效果良好。

三、正确确定责任

6. 审理危害生产安全刑事案件，政府或相关职能部门依法对事故原因、损失大小、责任划分作出的调查认定，经庭审质证后，结合其他证据，可作为责任认定的依据。

7. 认定相关人员是否违反有关安全管理规定，应当根据相关法律、行政法规，参照地方性法规、规章及国家标准、行业标准，必要时可参考公认的惯例和生产经营单位制定的安全生产规章制度、操作规程。

8. 多个原因行为导致生产安全事故发生的，在区分直接原因与间接原因的同时，应当根据原因行为在引发事故中所具作用的大小，分清主要原因与次要原因，确认主要责任和次要责任，合理确定罪责。

一般情况下，对生产、作业负有组织、指挥或者管理职责的负责人、管理人员、实际控制人、投资人，违反有关安全生产管理规定，对重大生产安全事故的发生起决定性、关键性作用的，应当承担主要责任。

对于直接从事生产、作业的人员违反安全管理规定，发生重大生产安全事故的，要综合考虑行为人的从业资格、从业时间、接受安全生产教育培训情况、现场条件、是否受到他人强令作业、生产经营单位执行安全生产规章制度的情况等因素认定责任，不能将直接责任简单等同于主要责任。

对于负有安全生产管理、监督职责的工作人员，应根据其岗位职责、履职依据、履职时间等，综合考察工作职责、监管条件、履职能力、履职情况等，合理确定罪责。

四、准确适用法律

9. 严格把握危害生产安全犯罪与以其他危险方法危害公共安全罪的界限，不应将生产经营中违章违规的故意不加区别地视为对危害后果发生的故意。

10. 以行贿方式逃避安全生产监督管理，或者非法、违法生产、作业，导致发生重大生产安全事故，构成数罪的，依照数罪并罚的规定处罚。

违反安全生产管理规定，非法采矿、破坏性采矿或排放、倾倒、处置有害物质严重污染环境，造成重大伤亡事故或者其他严重后果，同时构成危害生产安全犯罪和破坏环境资源保护犯罪的，依照数罪并罚的规定处罚。

11. 安全事故发生后，负有报告职责的国家工作人员不报或者谎报事故情况，贻误事故抢救，情节严重，构成不报、谎报安全事故罪，同时构成职务犯罪或其他危害生产安全犯罪的，依照数罪并罚的规定处罚。

12. 非矿山生产安全事故中，认定"直接负责的主管人员和其他直接责任人员"、"负有报告职责的人员"的主体资格，认定构成"重大伤亡事故或者其他严重后果"、"情节特别恶劣"，不报、谎报事故情况，贻误事故抢救，"情节严重"、"情节特别严重"等，可参照最高人民法院、最高人民检察院《关于办理危害矿山生产安全刑事案件具体应用法律若干问题的解释》的相关规定。

五、准确把握宽严相济刑事政策

13. 审理危害生产安全刑事案件，应综合考虑生产安全事故所造成的伤亡人数、经济损失、环境污染、社会影响、事故原因与被告人职责的关联程度、被告人主观过错大小、事故发生后被告人的施救表现、履行赔偿责任情况等，正确适用刑罚，确保裁判法律效果和社会效果相统一。

14. 造成《关于办理危害矿山生产安全刑事案件具体应用法律若干问题的解释》第四条规定的"重大伤亡事故或者其他严重后果"，同时具有下列情形之一的，也可以认定为刑法第一百三十四条、第一百三十五条规定的"情节特别恶劣"：

（一）非法、违法生产的；

（二）无基本劳动安全设施或未向生产、作业人员提供必要的劳动防护用品，生产、作业人员劳动安全无保障的；

（三）曾因安全生产设施或者安全生产条件不符合国家规定，被监督管理部门处罚或责令改正，一年内再次违规生产致使发生重大生产安全事故的；

（四）关闭、故意破坏必要安全警示设备的；

（五）已发现事故隐患，未采取有效措施，导致发生重大事故的；

（六）事故发生后不积极抢救人员，或者毁灭、伪造、隐藏影响事故调查的证据，或者转移财产逃避责任的；

（七）其他特别恶劣的情节。

15. 相关犯罪中，具有以下情形之一的，依法从重处罚：

（一）国家工作人员违反规定投资入股生产经营企业，构成危害生产安全犯罪的；

（二）贪污贿赂行为与事故发生存在关联性的；

（三）国家工作人员的职务犯罪与事故存在直接因果关系的；

（四）以行贿方式逃避安全生产监督管理，或者非法、违法生产、作业的；

（五）生产安全事故发生后，负有报告职责的国家工作人员不报或者谎报事故情况，贻误事故抢救，尚未构成不报、谎报安全事故罪的；

（六）事故发生后，采取转移、藏匿、毁灭遇难人员尸体，或者毁灭、伪造、隐藏影响事故调查的证据，或者转移财产，逃避责任的；

（七）曾因安全生产设施或者安全生产条件不符合国家规定，被监督管理部门处罚或责令改正，一年内再次违规生产致使发生重大生产安全事故的。

16. 对于事故发生后，积极施救，努力挽回事故损失，有效避免损失扩大；积极配合调查，赔偿受害人损失的，可依法从宽处罚。

(六十五)铁路运营安全事故罪※

中华人民共和国刑法(节录)*

第一百三十二条 【铁路运营安全事故罪】 铁路职工违反规章制度,致使发生铁路运营安全事故,造成严重后果的,处三年以下有期徒刑或者拘役;造成特别严重后果的,处三年以上七年以下有期徒刑。

最高人民法院 最高人民检察院
关于办理危害生产安全刑事案件适用法律若干问题的解释(节录)

法释〔2015〕22号

(2015年11月9日最高人民法院审判委员会第1665次会议、2015年12月9日最高人民检察院第十二届检察委员会第44次会议通过 2015年12月14日最高人民法院、最高人民检察院公告公布 自2015年12月16日起施行)

第六条 实施刑法第一百三十二条、第一百三十四条第一款、第一百三十五条、第一百三十五条之一、第一百三十六条、第一百三十九条规定的行为,因而发生安全事故,具有下列情形之一的,应当认定为"造成严重后果"或者"发生重大伤亡事故或者造成其他严重后果",对相关责任人员,处三年以下有期徒刑或者拘役:

(一)造成死亡一人以上,或者重伤三人以上的;

(二)造成直接经济损失一百万元以上的;

(三)其他造成严重后果或者重大安全事故的情形。

实施刑法第一百三十四条第二款规定的行为,因而发生安全事故,具有

---

* 编者注:根据1997年刑法和《全国人民代表大会常务委员会关于惩治骗购外汇、逃汇和非法买卖外汇犯罪的决定》及十部刑法修正案编纂。

本条第一款规定情形的，应当认定为"发生重大伤亡事故或者造成其他严重后果"，对相关责任人员，处五年以下有期徒刑或者拘役。

实施刑法第一百三十七条规定的行为，因而发生安全事故，具有本条第一款规定情形的，应当认定为"造成重大安全事故"，对直接责任人员，处五年以下有期徒刑或者拘役，并处罚金。

实施刑法第一百三十八条规定的行为，因而发生安全事故，具有本条第一款第一项规定情形的，应当认定为"发生重大伤亡事故"，对直接责任人员，处三年以下有期徒刑或者拘役。

第七条 实施刑法第一百三十二条、第一百三十四条第一款、第一百三十五条、第一百三十五条之一、第一百三十六条、第一百三十九条规定的行为，因而发生安全事故，具有下列情形之一的，对相关责任人员，处三年以上七年以下有期徒刑：

（一）造成死亡三人以上或者重伤十人以上，负事故主要责任的；

（二）造成直接经济损失五百万元以上，负事故主要责任的；

（三）其他造成特别严重后果、情节特别恶劣或者后果特别严重的情形。

实施刑法第一百三十四条第二款规定的行为，因而发生安全事故，具有本条第一款规定情形的，对相关责任人员，处五年以上有期徒刑。

实施刑法第一百三十七条规定的行为，因而发生安全事故，具有本条第一款规定情形的，对直接责任人员，处五年以上十年以下有期徒刑，并处罚金。

实施刑法第一百三十八条规定的行为，因而发生安全事故，具有下列情形之一的，对直接责任人员，处三年以上七年以下有期徒刑：

（一）造成死亡三人以上或者重伤十人以上，负事故主要责任的；

（二）具有本解释第六条第一款第一项规定情形，同时造成直接经济损失五百万元以上并负事故主要责任的，或者同时造成恶劣社会影响的。

第十条 在安全事故发生后，直接负责的主管人员和其他直接责任人员故意阻挠开展抢救，导致人员死亡或者重伤，或者为了逃避法律追究，对被害人进行隐藏、遗弃，致使被害人因无法得到救助而死亡或者重度残疾的，分别依照刑法第二百三十二条、第二百三十四条的规定，以故意杀人罪或者故意伤害罪定罪处罚。

第十二条 实施刑法第一百三十二条、第一百三十四条至第一百三十九条之一规定的犯罪行为，具有下列情形之一的，从重处罚：

（一）未依法取得安全许可证件或者安全许可证件过期、被暂扣、吊销、注销后从事生产经营活动的；

（二）关闭、破坏必要的安全监控和报警设备的；

（三）已经发现事故隐患，经有关部门或者个人提出后，仍不采取措施的；

（四）一年内曾因危害生产安全违法犯罪活动受过行政处罚或者刑事处罚的；

（五）采取弄虚作假、行贿等手段，故意逃避、阻挠负有安全监督管理职责的部门实施监督检查的；

（六）安全事故发生后转移财产意图逃避承担责任的；

（七）其他从重处罚的情形。

实施前款第五项规定的行为，同时构成刑法第三百八十九条规定的犯罪的，依照数罪并罚的规定处罚。

第十三条 实施刑法第一百三十二条、第一百三十四条至第一百三十九条之一规定的犯罪行为，在安全事故发生后积极组织、参与事故抢救，或者积极配合调查、主动赔偿损失的，可以酌情从轻处罚。

第十四条 国家工作人员违反规定投资入股生产经营，构成本解释规定的有关犯罪的，或者国家工作人员的贪污、受贿犯罪行为与安全事故发生存在关联性的，从重处罚；同时构成贪污、受贿犯罪和危害生产安全犯罪的，依照数罪并罚的规定处罚。

第十五条 国家机关工作人员在履行安全监督管理职责时滥用职权、玩忽职守，致使公共财产、国家和人民利益遭受重大损失的，或者徇私舞弊，对发现的刑事案件依法应当移交司法机关追究刑事责任而不移交，情节严重的，分别依照刑法第三百九十七条、第四百零二条的规定，以滥用职权罪、玩忽职守罪或者徇私舞弊不移交刑事案件罪定罪处罚。

公司、企业、事业单位的工作人员在依法或者受委托行使安全监督管理职责时滥用职权或者玩忽职守，构成犯罪的，应当依照《全国人民代表大会常务委员会关于〈中华人民共和国刑法〉第九章渎职罪主体适用问题的解释》的规定，适用渎职罪的规定追究刑事责任。

第十六条 对于实施危害生产安全犯罪适用缓刑的犯罪分子，可以根据犯罪情况，禁止其在缓刑考验期限内从事与安全生产相关联的特定活动；对于被判处刑罚的犯罪分子，可以根据犯罪情况和预防再犯罪的需要，禁止其自刑罚执行完毕之日或者假释之日起三年至五年内从事与安全生产相关的职业。

第十七条 本解释自 2015 年 12 月 16 日起施行。本解释施行后，最高人民法院、最高人民检察院《关于办理危害矿山生产安全刑事案件具体应用法律若干问题的解释》（法释〔2007〕5 号）同时废止。最高人民法院、最高人民检察院此前发布的司法解释和规范性文件与本解释不一致的，以本解释为准。

（六十六）重大飞行事故罪※

中华人民共和国刑法（节录）*

第一百三十一条　【重大飞行事故罪】　航空人员违反规章制度，致使发生重大飞行事故，造成严重后果的，处三年以下有期徒刑或者拘役；造成飞机坠毁或者人员死亡的，处三年以上七年以下有期徒刑。

---

* 编者注：根据1997年刑法和《全国人民代表大会常务委员会关于惩治骗购外汇、逃汇和非法买卖外汇犯罪的决定》及十部刑法修正案编纂。

(六十七) 大型群众性活动重大安全事故罪※

中华人民共和国刑法（节录）*

第一百三十五条之一 【大型群众性活动重大安全事故罪】 举办大型群众性活动违反安全管理规定，因而发生重大伤亡事故或者造成其他严重后果的，对直接负责的主管人员和其他直接责任人员，处三年以下有期徒刑或者拘役；情节特别恶劣的，处三年以上七年以下有期徒刑。

（编者注：本条为2006年6月29日《刑法修正案（六）》第三条增加。）

最高人民法院 最高人民检察院
关于办理危害生产安全刑事案件
适用法律若干问题的解释（节录）

法释〔2015〕22号

（2015年11月9日最高人民法院审判委员会第1665次会议、2015年12月9日最高人民检察院第十二届检察委员会第44次会议通过 2015年12月14日最高人民法院、最高人民检察院公告公布 自2015年12月16日起施行）

第六条 实施刑法第一百三十二条、第一百三十四条第一款、第一百三十五条、第一百三十五条之一、第一百三十六条、第一百三十九条规定的行为，因而发生安全事故，具有下列情形之一的，应当认定为"造成严重后果"或者"发生重大伤亡事故或者造成其他严重后果"，对相关责任人员，处三年以下有期徒刑或者拘役：

（一）造成死亡一人以上，或者重伤三人以上的；

（二）造成直接经济损失一百万元以上的；

---

* 编者注：根据1997年刑法和《全国人民代表大会常务委员会关于惩治骗购外汇、逃汇和非法买卖外汇犯罪的决定》及十部刑法修正案编纂。

（三）其他造成严重后果或者重大安全事故的情形。

实施刑法第一百三十四条第二款规定的行为，因而发生安全事故，具有本条第一款规定情形的，应当认定为"发生重大伤亡事故或者造成其他严重后果"，对相关责任人员，处五年以下有期徒刑或者拘役。

实施刑法第一百三十七条规定的行为，因而发生安全事故，具有本条第一款规定情形的，应当认定为"造成重大安全事故"，对直接责任人员，处五年以下有期徒刑或者拘役，并处罚金。

实施刑法第一百三十八条规定的行为，因而发生安全事故，具有本条第一款第一项规定情形的，应当认定为"发生重大伤亡事故"，对直接责任人员，处三年以下有期徒刑或者拘役。

第七条 实施刑法第一百三十二条、第一百三十四条第一款、第一百三十五条、第一百三十五条之一、第一百三十六条、第一百三十九条规定的行为，因而发生安全事故，具有下列情形之一的，对相关责任人员，处三年以上七年以下有期徒刑：

（一）造成死亡三人以上或者重伤十人以上，负事故主要责任的；

（二）造成直接经济损失五百万元以上，负事故主要责任的；

（三）其他造成特别严重后果、情节特别恶劣或者后果特别严重的情形。

实施刑法第一百三十四条第二款规定的行为，因而发生安全事故，具有本条第一款规定情形的，对相关责任人员，处五年以上有期徒刑。

实施刑法第一百三十七条规定的行为，因而发生安全事故，具有本条第一款规定情形的，对直接责任人员，处五年以上十年以下有期徒刑，并处罚金。

实施刑法第一百三十八条规定的行为，因而发生安全事故，具有下列情形之一的，对直接责任人员，处三年以上七年以下有期徒刑：

（一）造成死亡三人以上或者重伤十人以上，负事故主要责任的；

（二）具有本解释第六条第一款第一项规定情形，同时造成直接经济损失五百万元以上并负事故主要责任的，或者同时造成恶劣社会影响的。

第十条 在安全事故发生后，直接负责的主管人员和其他直接责任人员故意阻挠开展抢救，导致人员死亡或者重伤，或者为了逃避法律追究，对被害人进行隐藏、遗弃，致使被害人因无法得到救助而死亡或者重度残疾的，分别依照刑法第二百三十二条、第二百三十四条的规定，以故意杀人罪或者故意伤害罪定罪处罚。

第十二条 实施刑法第一百三十二条、第一百三十四条至第一百三十九条之一规定的犯罪行为，具有下列情形之一的，从重处罚：

（一）未依法取得安全许可证件或者安全许可证件过期、被暂扣、吊销、注销后从事生产经营活动的；

（二）关闭、破坏必要的安全监控和报警设备的；

（三）已经发现事故隐患，经有关部门或者个人提出后，仍不采取措施的；

（四）一年内曾因危害生产安全违法犯罪活动受过行政处罚或者刑事处罚的；

（五）采取弄虚作假、行贿等手段，故意逃避、阻挠负有安全监督管理职责的部门实施监督检查的；

（六）安全事故发生后转移财产意图逃避承担责任的；

（七）其他从重处罚的情形。

实施前款第五项规定的行为，同时构成刑法第三百八十九条规定的犯罪的，依照数罪并罚的规定处罚。

第十三条 实施刑法第一百三十二条、第一百三十四条至第一百三十九条之一规定的犯罪行为，在安全事故发生后积极组织、参与事故抢救，或者积极配合调查、主动赔偿损失的，可以酌情从轻处罚。

第十四条 国家工作人员违反规定投资入股生产经营，构成本解释规定的有关犯罪的，或者国家工作人员的贪污、受贿犯罪行为与安全事故发生存在关联性的，从重处罚；同时构成贪污、受贿犯罪和危害生产安全犯罪的，依照数罪并罚的规定处罚。

第十五条 国家机关工作人员在履行安全监督管理职责时滥用职权、玩忽职守，致使公共财产、国家和人民利益遭受重大损失的，或者徇私舞弊，对发现的刑事案件依法应当移交司法机关追究刑事责任而不移交，情节严重的，分别依照刑法第三百九十七条、第四百零二条的规定，以滥用职权罪、玩忽职守罪或者徇私舞弊不移交刑事案件罪定罪处罚。

公司、企业、事业单位的工作人员在依法或者受委托行使安全监督管理职责时滥用职权或者玩忽职守，构成犯罪的，应当依照《全国人民代表大会常务委员会关于〈中华人民共和国刑法〉第九章渎职罪主体适用问题的解释》的规定，适用渎职罪的规定追究刑事责任。

第十六条 对于实施危害生产安全犯罪适用缓刑的犯罪分子，可以根据犯罪情况，禁止其在缓刑考验期限内从事与安全生产相关联的特定活动；对于被判处刑罚的犯罪分子，可以根据犯罪情况和预防再犯罪的需要，禁止其自刑罚执行完毕之日或者假释之日起三年至五年内从事与安全生产相关的职业。

第十七条 本解释自 2015 年 12 月 16 日起施行。本解释施行后，最高人民法院、最高人民检察院《关于办理危害矿山生产安全刑事案件具体应用法律若干问题的解释》（法释〔2007〕5 号）同时废止。最高人民法院、最高人民检察院此前发布的司法解释和规范性文件与本解释不一致的，以本解释为准。

最高人民检察院 公安部
关于公安机关管辖的刑事案件立案追诉标准的规定（一）（节录）

2008 年 6 月 25 日　　　　　　　　　　公通字〔2008〕36 号

第十一条　[大型群众性活动重大安全事故案（刑法第一百三十五条之一）] 举办大型群众性活动违反安全管理规定，涉嫌下列情形之一的，应予立案追诉：

（一）造成死亡一人以上，或者重伤三人以上的；

（二）造成直接经济损失五十万元以上的；

（三）其他造成严重后果的情形。

(六十八) 危险物品肇事罪※

中华人民共和国刑法（节录）*

第一百三十六条 【危险物品肇事罪】 违反爆炸性、易燃性、放射性、毒害性、腐蚀性物品的管理规定，在生产、储存、运输、使用中发生重大事故，造成严重后果的，处三年以下有期徒刑或者拘役；后果特别严重的，处三年以上七年以下有期徒刑。

最高人民法院 最高人民检察院
关于办理危害生产安全刑事案件
适用法律若干问题的解释（节录）

法释〔2015〕22号

（2015年11月9日最高人民法院审判委员会第1665次会议、2015年12月9日最高人民检察院第十二届检察委员会第44次会议通过 2015年12月14日最高人民法院、最高人民检察院公告公布 自2015年12月16日起施行）

第六条 实施刑法第一百三十二条、第一百三十四条第一款、第一百三十五条、第一百三十五条之一、第一百三十六条、第一百三十九条规定的行为，因而发生安全事故，具有下列情形之一的，应当认定为"造成严重后果"或者"发生重大伤亡事故或者造成其他严重后果"，对相关责任人员，处三年以下有期徒刑或者拘役：

（一）造成死亡一人以上，或者重伤三人以上的；

（二）造成直接经济损失一百万元以上的；

（三）其他造成严重后果或者重大安全事故的情形。

---

* 编者注：根据1997年刑法和《全国人民代表大会常务委员会关于惩治骗购外汇、逃汇和非法买卖外汇犯罪的决定》及十部刑法修正案编纂。

实施刑法第一百三十四条第二款规定的行为，因而发生安全事故，具有本条第一款规定情形的，应当认定为"发生重大伤亡事故或者造成其他严重后果"，对相关责任人员，处五年以下有期徒刑或者拘役。

实施刑法第一百三十七条规定的行为，因而发生安全事故，具有本条第一款规定情形的，应当认定为"造成重大安全事故"，对直接责任人员，处五年以下有期徒刑或者拘役，并处罚金。

实施刑法第一百三十八条规定的行为，因而发生安全事故，具有本条第一款第一项规定情形的，应当认定为"发生重大伤亡事故"，对直接责任人员，处三年以下有期徒刑或者拘役。

第七条 实施刑法第一百三十二条、第一百三十四条第一款、第一百三十五条、第一百三十五条之一、第一百三十六条、第一百三十九条规定的行为，因而发生安全事故，具有下列情形之一的，对相关责任人员，处三年以上七年以下有期徒刑：

（一）造成死亡三人以上或者重伤十人以上，负事故主要责任的；

（二）造成直接经济损失五百万元以上，负事故主要责任的；

（三）其他造成特别严重后果、情节特别恶劣或者后果特别严重的情形。

实施刑法第一百三十四条第二款规定的行为，因而发生安全事故，具有本条第一款规定情形的，对相关责任人员，处五年以上有期徒刑。

实施刑法第一百三十七条规定的行为，因而发生安全事故，具有本条第一款规定情形的，对直接责任人员，处五年以上十年以下有期徒刑，并处罚金。

实施刑法第一百三十八条规定的行为，因而发生安全事故，具有下列情形之一的，对直接责任人员，处三年以上七年以下有期徒刑：

（一）造成死亡三人以上或者重伤十人以上，负事故主要责任的；

（二）具有本解释第六条第一款第一项规定情形，同时造成直接经济损失五百万元以上并负事故主要责任的，或者同时造成恶劣社会影响的。

第十条 在安全事故发生后，直接负责的主管人员和其他直接责任人员故意阻挠开展抢救，导致人员死亡或者重伤，或者为了逃避法律追究，对被害人进行隐藏、遗弃，致使被害人因无法得到救助而死亡或者重度残疾的，分别依照刑法第二百三十二条、第二百三十四条的规定，以故意杀人罪或者故意伤害罪定罪处罚。

第十二条 实施刑法第一百三十二条、第一百三十四条至第一百三十九条之一规定的犯罪行为，具有下列情形之一的，从重处罚：

（一）未依法取得安全许可证件或者安全许可证件过期、被暂扣、吊销、注销后从事生产经营活动的；

（二）关闭、破坏必要的安全监控和报警设备的；

（三）已经发现事故隐患，经有关部门或者个人提出后，仍不采取措施的；

（四）一年内曾因危害生产安全违法犯罪活动受过行政处罚或者刑事处罚的；

（五）采取弄虚作假、行贿等手段，故意逃避、阻挠负有安全监督管理职责的部门实施监督检查的；

（六）安全事故发生后转移财产意图逃避承担责任的；

（七）其他从重处罚的情形。

实施前款第五项规定的行为，同时构成刑法第三百八十九条规定的犯罪的，依照数罪并罚的规定处罚。

第十三条 实施刑法第一百三十二条、第一百三十四条至第一百三十九条之一规定的犯罪行为，在安全事故发生后积极组织、参与事故抢救，或者积极配合调查、主动赔偿损失的，可以酌情从轻处罚。

第十四条 国家工作人员违反规定投资入股生产经营，构成本解释规定的有关犯罪的，或者国家工作人员的贪污、受贿犯罪行为与安全事故发生存在关联性的，从重处罚；同时构成贪污、受贿犯罪和危害生产安全犯罪的，依照数罪并罚的规定处罚。

第十五条 国家机关工作人员在履行安全监督管理职责时滥用职权、玩忽职守，致使公共财产、国家和人民利益遭受重大损失的，或者徇私舞弊，对发现的刑事案件依法应当移交司法机关追究刑事责任而不移交，情节严重的，分别依照刑法第三百九十七条、第四百零二条的规定，以滥用职权罪、玩忽职守罪或者徇私舞弊不移交刑事案件罪定罪处罚。

公司、企业、事业单位的工作人员在依法或者受委托行使安全监督管理职责时滥用职权或者玩忽职守，构成犯罪的，应当依照《全国人民代表大会常务委员会关于〈中华人民共和国刑法〉第九章渎职罪主体适用问题的解释》的规定，适用渎职罪的规定追究刑事责任。

第十六条 对于实施危害生产安全犯罪适用缓刑的犯罪分子，可以根据犯罪情况，禁止其在缓刑考验期限内从事与安全生产相关联的特定活动；对于被判处刑罚的犯罪分子，可以根据犯罪情况和预防再犯罪的需要，禁止其自刑罚执行完毕之日或者假释之日起三年至五年内从事与安全生产相关的职业。

第十七条 本解释自 2015 年 12 月 16 日起施行。本解释施行后，最高人民法院、最高人民检察院《关于办理危害矿山生产安全刑事案件具体应用法律若干问题的解释》（法释〔2007〕5 号）同时废止。最高人民法院、最高人民检察院此前发布的司法解释和规范性文件与本解释不一致的,以本解释为准。

最高人民法院
关于充分发挥审判职能作用切实维护公共安全的若干意见（节录）

2015年9月16日　　　　　　　　　　　法发〔2015〕12号

三、依法惩治危害安全生产犯罪，促进安全生产形势根本好转

6. 加大对危害安全生产犯罪的惩治力度。坚持发展是第一要务，安全是第一保障。针对近年来非法、违法生产，忽视生产安全的现象十分突出，造成群死群伤的重特大生产安全责任事故屡有发生的严峻形势，充分发挥刑罚的惩罚和预防功能，加大对各类危害安全生产犯罪的惩治力度，用严肃、严格、严厉的责任追究和法律惩罚，推动安全生产责任制的有效落实，促进安全生产形势根本好转，确保人民生命财产安全。

7. 准确把握打击重点。结合当前形势并针对犯罪原因，既要重点惩治发生在危险化学品、民爆器材、烟花爆竹、电梯、煤矿、非煤矿山、油气运送管道、建筑施工、消防、粉尘涉爆等重点行业领域企业，以及港口、码头、人员密集场所等重点部位的危害安全生产犯罪，更要从严惩治发生在这些犯罪背后的国家机关工作人员贪污贿赂和渎职犯罪。既要依法追究直接造成损害的从事生产、作业的责任人员，更要依法从严惩治对生产、作业负有组织、指挥或者管理职责的负责人、管理人、实际控制人、投资人。既要加大对各类安全生产犯罪的惩治力度，更要从严惩治因安全生产条件不符合国家规定被处罚而又违规生产，关闭或者故意破坏安全警示设备，事故发生后不积极抢救人员或者毁灭、伪造、隐藏影响事故调查证据，通过行贿非法获取相关生产经营资质等情节的危害安全生产的犯罪。

8. 依法妥善审理与重大责任事故有关的赔偿案件。对当事人因重大责任事故遭受人身、财产损失而提起诉讼要求赔偿的，应当依法及时受理，保障当事人诉权。对两人以上实施危及他人人身、财产安全的行为，其中一人或者数人的行为造成他人损害，能够确定具体责任人的，由责任人承担赔偿责任，不能确定具体责任人的，由行为人承担连带责任。被告人因重大责任事故既承担刑事、行政责任，又承担民事责任的，其财产应当优先承担民事责任。原告因重大责任事故遭受损失而无法及时履行赡养、抚养等义务，申请先予执行的，应当依法支持。

最高人民检察院 公安部
关于公安机关管辖的刑事案件立案追诉标准的规定（一）（节录）

2008 年 6 月 25 日 公通字〔2008〕36 号

第十二条 ［危险物品肇事案（刑法第一百三十六条）］违反爆炸性、易燃性、放射性、毒害性、腐蚀性物品的管理规定，在生产、储存、运输、使用中发生重大事故，涉嫌下列情形之一的，应予立案追诉：

（一）造成死亡一人以上，或者重伤三人以上的；

（二）造成直接经济损失五十万元以上的；

（三）其他造成严重后果的情形。

（六十九）工程重大安全事故罪※

中华人民共和国刑法（节录）*

第一百三十七条 【工程重大安全事故罪】 建设单位、设计单位、施工单位、工程监理单位违反国家规定，降低工程质量标准，造成重大安全事故的，对直接责任人员，处五年以下有期徒刑或者拘役，并处罚金；后果特别严重的，处五年以上十年以下有期徒刑，并处罚金。

最高人民法院 最高人民检察院
关于办理危害生产安全刑事案件适用法律若干问题的解释（节录）

法释〔2015〕22号

（2015年11月9日最高人民法院审判委员会第1665次会议、2015年12月9日最高人民检察院第十二届检察委员会第44次会议通过 2015年12月14日最高人民法院、最高人民检察院公告公布 自2015年12月16日起施行）

第六条 实施刑法第一百三十二条、第一百三十四条第一款、第一百三十五条、第一百三十五条之一、第一百三十六条、第一百三十九条规定的行为，因而发生安全事故，具有下列情形之一的，应当认定为"造成严重后果"或者"发生重大伤亡事故或者造成其他严重后果"，对相关责任人员，处三年以下有期徒刑或者拘役：

（一）造成死亡一人以上，或者重伤三人以上的；
（二）造成直接经济损失一百万元以上的；
（三）其他造成严重后果或者重大安全事故的情形。

---

* 编者注：根据1997年刑法和《全国人民代表大会常务委员会关于惩治骗购外汇、逃汇和非法买卖外汇犯罪的决定》及十部刑法修正案编纂。

实施刑法第一百三十四条第二款规定的行为，因而发生安全事故，具有本条第一款规定情形的，应当认定为"发生重大伤亡事故或者造成其他严重后果"，对相关责任人员，处五年以下有期徒刑或者拘役。

实施刑法第一百三十七条规定的行为，因而发生安全事故，具有本条第一款规定情形的，应当认定为"造成重大安全事故"，对直接责任人员，处五年以下有期徒刑或者拘役，并处罚金。

实施刑法第一百三十八条规定的行为，因而发生安全事故，具有本条第一款第一项规定情形的，应当认定为"发生重大伤亡事故"，对直接责任人员，处三年以下有期徒刑或者拘役。

第七条 实施刑法第一百三十二条、第一百三十四条第一款、第一百三十五条、第一百三十五条之一、第一百三十六条、第一百三十九条规定的行为，因而发生安全事故，具有下列情形之一的，对相关责任人员，处三年以上七年以下有期徒刑：

（一）造成死亡三人以上或者重伤十人以上，负事故主要责任的；

（二）造成直接经济损失五百万元以上，负事故主要责任的；

（三）其他造成特别严重后果、情节特别恶劣或者后果特别严重的情形。

实施刑法第一百三十四条第二款规定的行为，因而发生安全事故，具有本条第一款规定情形的，对相关责任人员，处五年以上有期徒刑。

实施刑法第一百三十七条规定的行为，因而发生安全事故，具有本条第一款规定情形的，对直接责任人员，处五年以上十年以下有期徒刑，并处罚金。

实施刑法第一百三十八条规定的行为，因而发生安全事故，具有下列情形之一的，对直接责任人员，处三年以上七年以下有期徒刑：

（一）造成死亡三人以上或者重伤十人以上，负事故主要责任的；

（二）具有本解释第六条第一款第一项规定情形，同时造成直接经济损失五百万元以上并负事故主要责任的，或者同时造成恶劣社会影响的。

第十条 在安全事故发生后，直接负责的主管人员和其他直接责任人员故意阻挠开展抢救，导致人员死亡或者重伤，或者为了逃避法律追究，对被害人进行隐藏、遗弃，致使被害人因无法得到救助而死亡或者重度残疾的，分别依照刑法第二百三十二条、第二百三十四条的规定，以故意杀人罪或者故意伤害罪定罪处罚。

第十二条 实施刑法第一百三十二条、第一百三十四条至第一百三十九条之一规定的犯罪行为，具有下列情形之一的，从重处罚：

（一）未依法取得安全许可证件或者安全许可证件过期、被暂扣、吊销、注销后从事生产经营活动的；

（二）关闭、破坏必要的安全监控和报警设备的；

（三）已经发现事故隐患，经有关部门或者个人提出后，仍不采取措施的；

（四）一年内曾因危害生产安全违法犯罪活动受过行政处罚或者刑事处罚的；

（五）采取弄虚作假、行贿等手段，故意逃避、阻挠负有安全监督管理职责的部门实施监督检查的；

（六）安全事故发生后转移财产意图逃避承担责任的；

（七）其他从重处罚的情形。

实施前款第五项规定的行为，同时构成刑法第三百八十九条规定的犯罪的，依照数罪并罚的规定处罚。

第十三条 实施刑法第一百三十二条、第一百三十四条至第一百三十九条之一规定的犯罪行为，在安全事故发生后积极组织、参与事故抢救，或者积极配合调查、主动赔偿损失的，可以酌情从轻处罚。

第十四条 国家工作人员违反规定投资入股生产经营，构成本解释规定的有关犯罪的，或者国家工作人员的贪污、受贿犯罪行为与安全事故发生存在关联性的，从重处罚；同时构成贪污、受贿犯罪和危害生产安全犯罪的，依照数罪并罚的规定处罚。

第十五条 国家机关工作人员在履行安全监督管理职责时滥用职权、玩忽职守，致使公共财产、国家和人民利益遭受重大损失的，或者徇私舞弊，对发现的刑事案件依法应当移交司法机关追究刑事责任而不移交，情节严重的，分别依照刑法第三百九十七条、第四百零二条的规定，以滥用职权罪、玩忽职守罪或者徇私舞弊不移交刑事案件罪定罪处罚。

公司、企业、事业单位的工作人员在依法或者受委托行使安全监督管理职责时滥用职权或者玩忽职守，构成犯罪的，应当依照《全国人民代表大会常务委员会关于〈中华人民共和国刑法〉第九章渎职罪主体适用问题的解释》的规定，适用渎职罪的规定追究刑事责任。

第十六条 对于实施危害生产安全犯罪适用缓刑的犯罪分子，可以根据犯罪情况，禁止其在缓刑考验期限内从事与安全生产相关联的特定活动；对于被判处刑罚的犯罪分子，可以根据犯罪情况和预防再犯罪的需要，禁止其自刑罚执行完毕之日或者假释之日起三年至五年内从事与安全生产相关的职业。

第十七条 本解释自 2015 年 12 月 16 日起施行。本解释施行后，最高人民法院、最高人民检察院《关于办理危害矿山生产安全刑事案件具体应用法律若干问题的解释》（法释〔2007〕5 号）同时废止。最高人民法院、最高人民检察院此前发布的司法解释和规范性文件与本解释不一致的,以本解释为准。

最高人民检察院 公安部
关于公安机关管辖的刑事案件立案追诉标准的规定(一)(节录)

2008年6月25日　　　　　　　　　公通字〔2008〕36号

第十三条 〔工程重大安全事故案(刑法第一百三十七条)〕建设单位、设计单位、施工单位、工程监理单位违反国家规定,降低工程质量标准,涉嫌下列情形之一的,应予立案追诉:

(一)造成死亡一人以上,或者重伤三人以上的;
(二)造成直接经济损失五十万元以上的;
(三)其他造成严重后果的情形。

六、公职人员在行使公权力过程中发生的其他犯罪案件

六、公职人员在行使公权力过程中发生的其他犯罪案件

由监察机关管辖的相关犯罪案件

（七十）破坏选举罪※

中华人民共和国刑法（节录）*

第二百五十六条 【破坏选举罪】 在选举各级人民代表大会代表和国家机关领导人员时，以暴力、威胁、欺骗、贿赂、伪造选举文件、虚报选举票数等手段破坏选举或者妨害选民和代表自由行使选举权和被选举权，情节严重的，处三年以下有期徒刑、拘役或者剥夺政治权利。

最高人民检察院
关于渎职侵权犯罪案件立案标准的规定（节录）

高检发释字〔2006〕2号

（2005年12月29日最高人民检察院第十届检察委员会第四十九次
会议通过　2006年7月26日最高人民检察院
公告公布　自公布之日起施行）

二、国家机关工作人员利用职权实施的侵犯公民人身权利、民主权利犯罪案件
（七）国家机关工作人员利用职权实施的破坏选举案（第二百五十六条）
破坏选举罪是指在选举各级人民代表大会代表和国家机关领导人员时，以暴力、威胁、欺骗、贿赂、伪造选举文件、虚报选举票数或者编造选举结

---

* 编者注：根据1997年刑法和《全国人民代表大会常务委员会关于惩治骗购外汇、逃汇和非法买卖外汇犯罪的决定》及十部刑法修正案编纂。

果等手段破坏选举或者妨害选民和代表自由行使选举权和被选举权，情节严重的行为。

国家机关工作人员利用职权破坏选举，涉嫌下列情形之一的，应予立案：

1. 以暴力、威胁、欺骗、贿赂等手段，妨害选民、各级人民代表大会代表自由行使选举权和被选举权，致使选举无法正常进行，或者选举无效，或者选举结果不真实的；

2. 以暴力破坏选举场所或者选举设备，致使选举无法正常进行的；

3. 伪造选民证、选票等选举文件，虚报选举票数，产生不真实的选举结果或者强行宣布合法选举无效、非法选举有效的；

4. 聚众冲击选举场所或者故意扰乱选举场所秩序，使选举工作无法进行的；

5. 其他情节严重的情形。

人民检察院直接受理立案侦查的渎职侵权重特大案件标准（试行）（节录）

2001年8月24日　　　　　　　　　　高检发〔2001〕13号

四十、国家机关工作人员利用职权实施的破坏选举案

（一）重大案件

1. 导致乡镇级选举无法进行或者选举无效的；
2. 实施破坏选举行为，取得县级领导职务或者人大代表资格的。

（二）特大案件

1. 导致县级以上选举无法进行或者选举无效的；
2. 实施破坏选举行为，取得市级以上领导职务或者人大代表资格的。

由监察机关、公安机关共同管辖的相关犯罪案件

（七十一）背信损害上市公司利益罪※

中华人民共和国刑法（节录）*

第一百六十九条之一 【背信损害上市公司利益罪】 上市公司的董事、监事、高级管理人员违背对公司的忠实义务，利用职务便利，操纵上市公司从事下列行为之一，致使上市公司利益遭受重大损失的，处三年以下有期徒刑或者拘役，并处或者单处罚金；致使上市公司利益遭受特别重大损失的，处三年以上七年以下有期徒刑，并处罚金：

（一）无偿向其他单位或者个人提供资金、商品、服务或者其他资产的；

（二）以明显不公平的条件，提供或者接受资金、商品、服务或者其他资产的；

（三）向明显不具有清偿能力的单位或者个人提供资金、商品、服务或者其他资产的；

（四）为明显不具有清偿能力的单位或者个人提供担保，或者无正当理由为其他单位或者个人提供担保的；

（五）无正当理由放弃债权、承担债务的；

（六）采用其他方式损害上市公司利益的。

上市公司的控股股东或者实际控制人，指使上市公司董事、监事、高级管理人员实施前款行为的，依照前款的规定处罚。

犯前款罪的上市公司的控股股东或者实际控制人是单位的，对单位判处罚金，并对其直接负责的主管人员和其他直接责任人员，依照第一款的规定

---

* 编者注：根据 1997 年刑法和《全国人民代表大会常务委员会关于惩治骗购外汇、逃汇和非法买卖外汇犯罪的决定》及十部刑法修正案编纂。

处罚。

（编者注：本条为 2006 年 6 月 29 日《刑法修正案（六）》第九条增加。）

最高人民检察院　公安部
关于公安机关管辖的刑事案件立案追诉标准的规定（二）（节录）

2010 年 5 月 7 日　　　　　　　　　　公通字〔2010〕23 号

第十八条　[背信损害上市公司利益案（刑法第一百第一百六十九条之一）]　上市公司的董事、监事、高级管理人员违背对公司的忠实义务，利用职务便利，操纵上市公司从事损害上市公司利益的行为，以及上市公司的控股股东或者实际控制人，指使上市公司董事、监事、高级管理人员实施损害上市公司利益的行为，涉嫌下列情形之一的，应予立案追诉：

（一）无偿向其他单位或者个人提供资金、商品、服务或者其他资产，致使上市公司直接经济损失数额在一百五十万元以上的；

（二）以明显不公平的条件，提供或者接受资金、商品、服务或者其他资产，致使上市公司直接经济损失数额在一百五十万元以上的；

（三）向明显不具有清偿能力的单位或者个人提供资金、商品、服务或者其他资产，致使上市公司直接经济损失数额在一百五十万元以上的；

（四）为明显不具有清偿能力的单位或者个人提供担保，或者无正当理由为其他单位或者个人提供担保，致使上市公司直接经济损失数额在一百五十万元以上的；

（五）无正当理由放弃债权、承担债务，致使上市公司直接经济损失数额在一百五十万元以上的；

（六）致使公司发行的股票、公司债券或者国务院依法认定的其他证券被终止上市交易或者多次被暂停上市交易的；

（七）其他致使上市公司利益遭受重大损失的情形。

（七十二）金融工作人员购买假币、以假币换取货币罪※

中华人民共和国刑法（节录）*

第一百七十一条 【出售、购买、运输假币罪】 出售、购买伪造的货币或者明知是伪造的货币而运输，数额较大的，处三年以下有期徒刑或者拘役，并处二万元以上二十万元以下罚金；数额巨大的，处三年以上十年以下有期徒刑，并处五万元以上五十万元以下罚金；数额特别巨大的，处十年以上有期徒刑或者无期徒刑，并处五万元以上五十万元以下罚金或者没收财产。

【金融机构工作人员购买假币、以假币换取货币罪】 银行或者其他金融机构的工作人员购买伪造的货币或者利用职务上的便利，以伪造的货币换取货币的，处三年以上十年以下有期徒刑，并处二万元以上二十万元以下罚金；数额巨大或者有其他严重情节的，处十年以上有期徒刑或者无期徒刑，并处二万元以上二十万元以下罚金或者没收财产；情节较轻的，处三年以下有期徒刑或者拘役，并处或者单处一万元以上十万元以下罚金。

伪造货币并出售或者运输伪造的货币的，依照本法第一百七十条的规定定罪从重处罚。

---

* 编者注：根据1997年刑法和《全国人民代表大会常务委员会关于惩治骗购外汇、逃汇和非法买卖外汇犯罪的决定》及十部刑法修正案编纂。

最高人民法院关于审理伪造货币等案件具体应用法律若干问题的解释（二）

法释〔2010〕14号

（2010年10月11日最高人民法院审判委员会第1498次会议通过　2010年10月20日最高人民法院公告公布　自2010年11月3日起施行）

为依法惩治伪造货币、变造货币等犯罪活动，根据刑法有关规定和近一个时期的司法实践，就审理此类刑事案件具体应用法律的若干问题解释如下：

第一条　仿照真货币的图案、形状、色彩等特征非法制造假币，冒充真币的行为，应当认定为刑法第一百七十条规定的"伪造货币"。

对真货币采用剪贴、挖补、揭层、涂改、移位、重印等方法加工处理，改变真币形态、价值的行为，应当认定为刑法第一百七十三条规定的"变造货币"。

第二条　同时采用伪造和变造手段，制造真伪拼凑货币的行为，依照刑法第一百七十条的规定，以伪造货币罪定罪处罚。

第三条　以正在流通的境外货币为对象的假币犯罪，依照刑法第一百七十条至第一百七十三条的规定定罪处罚。

假境外货币犯罪的数额，按照案发当日中国外汇交易中心或者中国人民银行授权机构公布的人民币对该货币的中间价折合成人民币计算。中国外汇交易中心或者中国人民银行授权机构未公布汇率中间价的境外货币，按照案发当日境内银行人民币对该货币的中间价折算成人民币，或者该货币在境内银行、国际外汇市场对美元汇率，与人民币对美元汇率中间价进行套算。

第四条　以中国人民银行发行的普通纪念币和贵金属纪念币为对象的假币犯罪，依照刑法第一百七十条至第一百七十三条的规定定罪处罚。

假普通纪念币犯罪的数额，以面额计算；假贵金属纪念币犯罪的数额，以贵金属纪念币的初始发售价格计算。

第五条　以使用为目的，伪造停止流通的货币，或者使用伪造的停止流通的货币的，依照刑法第二百六十六条的规定，以诈骗罪定罪处罚。

第六条　此前发布的司法解释与本解释不一致的，以本解释为准。

最高人民检察院　公安部
关于公安机关管辖的刑事案件立案追诉标准的规定（二）（节录）

2010年5月7日　　　　　　　　公通字〔2010〕23号

第二十一条　〔金融工作人员购买假币、以假币换取货币案（刑法第一百七十一条第二款）〕银行或者其他金融机构的工作人员购买伪造的货币或者利用职务上的便利，以伪造的货币换取货币，总面额在二千元以上或者币量在二百张（枚）以上的，应予立案追诉。

全国法院审理金融犯罪案件工作座谈会纪要（节录）

2001年1月21日　　　　　　　　法〔2001〕8号

（二）关于破坏金融管理秩序罪

2. 关于假币犯罪。假币犯罪的认定。假币犯罪是一种严重破坏金融管理秩序的犯罪。只要有证据证明行为人实施了出售、购买、运输、使用假币行为，且数额较大，就构成犯罪。伪造货币的，只要实施了伪造行为，不论是否完成全部印制工序，即构成伪造货币罪；对于尚未制造出成品，无法计算伪造、销售假币面额的，或者制造、销售用于伪造货币的版样的，不认定犯罪数额，依据犯罪情节决定刑罚。明知是伪造的货币而持有，数额较大，根据现有证据不能认定行为人是为了进行其他假币犯罪的，以持有假币罪定罪处罚；如果有证据证明其持有的假币已构成其他假币犯罪的，应当以其他假币犯罪定罪处罚。

假币犯罪罪名的确定。假币犯罪案件中犯罪分子实施数个相关行为的，在确定罪名时应把握以下原则：（1）对同一宗假币实施了法律规定为选择性罪名的行为，应根据行为人所实施的数个行为，按相关罪名刑法规定的排列顺序并列确定罪名，数额不累计计算，不实行数罪并罚。（2）对不同宗假币实施法律规定为选择性罪名的行为，并列确定罪名，数额按全部假币面额累计计算，不实行数罪并罚。（3）对同一宗假币实施了刑法没有规定为选择性罪名的数个犯罪行为，择一重罪从重处罚。如伪造货币或者购买假币后使用的，以伪造货币罪或购买假币罪定罪，从重处罚。（4）对不同宗假币实施了刑法没有规定为选择性罪名的数个犯罪行为，分别定罪，数罪并罚。

出售假币被查获部分的处理。在出售假币时被抓获的，除现场查获的假币应认定为出售假币的犯罪数额外，现场之外在行为人住所或者其他藏匿地查获的假币，亦应认定为出售假币的犯罪数额。但有证据证实后者是行为人有实施其他假币犯罪的除外。

制造或者出售伪造的台币行为的处理。对于伪造台币的，应当以伪造货币罪定罪处罚；出售伪造的台币的，应当以出售假币罪定罪处罚。

最高人民法院
关于审理伪造货币等案件具体应用法律若干问题的解释

法释〔2000〕26号

（2000年4月20日最高人民法院审判委员会第1110次会议通过 2000年9月8日最高人民法院公告公布 自2000年9月14日起施行）

为依法惩治伪造货币，出售、购买、运输假币等犯罪活动，根据刑法的有关规定，现就审理这类案件具体应用法律的若干问题解释如下：

第一条 伪造货币的总面额在2000元以上不满3万元或者币量在200张（枚）以上不足3000张（枚）的，依照刑法第一百七十条的规定，处3年以上10年以下有期徒刑，并处5万元以上50万元以下罚金。

伪造货币的总面额在3万元以上的，属于"伪造货币数额特别巨大"。

行为人制造货币版样或者与他人事前通谋，为他人伪造货币提供版样的，依照刑法第一百七十条的规定定罪处罚。

第二条 行为人购买假币后使用，构成犯罪的，依照刑法第一百七十一条的规定，以购买假币罪定罪，从重处罚。

行为人出售、运输假币构成犯罪，同时有使用假币行为的，依照刑法第一百七十一条、第一百七十二条的规定，实行数罪并罚。

第三条 出售、购买假币或者明知是假币而运输，总面额在4000元以上不满5万元的，属于"数额较大"；总面额在5万元以上不满20万元的，属于"数额巨大"；总面额在20万元以上的，属于"数额特别巨大"，依照刑法

第一百七十一条第一款的规定定罪处罚。

第四条 银行或者其他金融机构的工作人员购买假币或者利用职务上的便利,以假币换取货币,总面额在4000元以上不满5万元或者币量在400张(枚)以上不足5000张(枚)的,处3年以上10年以下有期徒刑,并处2万元以上20万元以下罚金;总面额在5万元以上或者币量在5000张(枚)以上或者有其他严重情节的,处10年以上有期徒刑或者无期徒刑,并处2万元以上20万元以下罚金或者没收财产;总面额不满人民币4000元或者币量不足400张(枚)或者具有其他情节较轻情形的,处3年以下有期徒刑或者拘役,并处或者单处1万元以上10万元以下罚金。

第五条 明知是假币而持有、使用,总面额在4000元以上不满5万元的,属于"数额较大";总面额在5万元以上不满20万元的,属于"数额巨大";总面额在20万元以上的,属于"数额特别巨大",依照刑法第一百七十二条的规定定罪处罚。

第六条 变造货币的总面额在2000元以上不满3万元的,属于"数额较大";总面额在3万元以上的,属于"数额巨大",依照刑法第一百七十三条的规定定罪处罚。

第七条 本解释所称"货币"是指可在国内市场流通或者兑换的人民币和境外货币。

货币面额应当以人民币计算,其他币种以案发时国家外汇管理机关公布的外汇牌价折算成人民币。

最高人民法院
关于农村合作基金会从业人员犯罪如何定性问题的批复

法释〔2000〕10号

(2000年4月26日最高人民法院审判委员会第1111次会议通过 2000年5月8日最高人民法院公告公布 自2000年5月12日起施行)

四川省高级人民法院:

你院川高法〔1999〕376号《关于农村合作基金会从业人员犯罪如何定性的请示》收悉。经研究,答复如下:

农村合作基金会从业人员,除具有金融机构现职工作人员身份的以外,不属于金融机构工作人员。对其实施的犯罪行为,应当依照刑法的有关规定定罪处罚。

此复。

（七十三）利用未公开信息交易罪※

中华人民共和国刑法（节录）*

第一百八十条 【内幕交易、泄露内幕交易信息罪】 证券、期货交易内幕信息的知情人员或者非法获取证券、期货交易内幕信息的人员，在涉及证券的发行，证券、期货交易或者其他对证券、期货交易价格有重大影响的信息尚未公开前，买入或者卖出该证券，或者从事与该内幕信息有关的期货交易，或者泄露该信息，或者明示、暗示他人从事上述交易活动，情节严重的，处五年以下有期徒刑或者拘役，并处或者单处违法所得一倍以上五倍以下罚金；情节特别严重的，处五年以上十年以下有期徒刑，并处违法所得一倍以上五倍以下罚金。

单位犯前款罪的，对单位判处罚金，并对其直接负责的主管人员和其他直接责任人员，处五年以下有期徒刑或者拘役。

内幕信息、知情人员的范围，依照法律、行政法规的规定确定。

（编者注： 本条经 1999 年 12 月 25 日《刑法修正案》第四条、2009 年 2 月 28 日《刑法修正案（七）》第二条两次修改。

1997 年刑法第一百八十条原规定："证券交易内幕信息的知情人员或者非法获取证券交易内幕信息的人员，在涉及证券的发行、交易或者其他对证券的价格有重大影响的信息尚未公开前，买入或者卖出该证券，或者泄露该信息，情节严重的，处五年以下有期徒刑或者拘役，并处或者单处违法所得一倍以上五倍以下罚金；情节特别严重的，处五年以上十年以下有期徒刑，并处违法所得一倍以上五倍以下罚金。

"单位犯前款罪的，对单位判处罚金，并对其直接负责的主管人员和其他直接责任人员，处五年以下有期徒刑或者拘役。

"内幕信息的范围，依照法律、行政法规的规定确定。

"知情人员的范围，依照法律、行政法规的规定确定。"

《刑法修正案》第四条将 1997 年刑法第一百八十条修改为："证券、期货

---

* 编者注：根据 1997 年刑法和《全国人民代表大会常务委员会关于惩治骗购外汇、逃汇和非法买卖外汇犯罪的决定》及十部刑法修正案编纂。

交易内幕信息的知情人员或者非法获取证券、期货交易内幕信息的人员，在涉及证券的发行，证券、期货交易或者其他对证券、期货交易价格有重大影响的信息尚未公开前，买入或者卖出该证券，或者从事与该内幕信息有关的期货交易，或者泄露该信息，情节严重的，处五年以下有期徒刑或者拘役，并处或者单处违法所得一倍以上五倍以下罚金；情节特别严重的，处五年以上十年以下有期徒刑，并处违法所得一倍以上五倍以下罚金。

"单位犯前款罪的，对单位判处罚金，并对其直接负责的主管人员和其他直接责任人员，处五年以下有期徒刑或者拘役。

"内幕信息、知情人员的范围，依照法律、行政法规的规定确定。"

《刑法修正案（七）》第二条对本条第一款作了再次修改，并增加规定本条第四款。）

【利用未公开信息交易罪】 证券交易所、期货交易所、证券公司、期货经纪公司、基金管理公司、商业银行、保险公司等金融机构的从业人员以及有关监管部门或者行业协会的工作人员，利用因职务便利获取的内幕信息以外的其他未公开的信息，违反规定，从事与该信息相关的证券、期货交易活动，或者明示、暗示他人从事相关交易活动，情节严重的，依照第一款的规定处罚。

最高人民法院 2016 年指导案例 61 号

马乐利用未公开信息交易案

（最高人民法院审判委员会讨论通过　2016 年 6 月 30 日发布）

关键词　刑事　利用未公开信息交易罪　援引法定刑　情节特别严重

裁判要点

刑法第一百八十条第四款规定的利用未公开信息交易罪援引法定刑的情形，应当是对第一款内幕交易、泄露内幕信息罪全部法定刑的引用，即利用未公开信息交易罪应有"情节严重""情节特别严重"两种情形和两个量刑档次。

相关法条

《中华人民共和国刑法》第 180 条

基本案情

2011 年 3 月 9 日至 2013 年 5 月 30 日期间，被告人马乐担任博时基金管理有限公司旗下的博时精选股票证券投资经理，全权负责投资基金投资股票市场，掌握了博时精选股票证券投资基金交易的标的股票、交易时间和交易数量等未公开信息。马乐在任职期间利用其掌控的上述未公开信息，从事与该信息相关的证券交易活动，操作自己控制的"金某""严某甲""严某乙"三个股票账户，通过临时购买的不记名神州行电话卡下单，先于（1~5个交易日）、同期或稍晚于（1~2个交易日）其管理的"博时精选"基金账户买卖相同股票76只，累计成交金额10.5亿余元，非法获利18833374.74元。2013年7月17日，马乐主动到深圳市公安局投案，且到案之后能如实供述其所犯罪行，属自首；马乐认罪态度良好，违法所得能从扣押、冻结的财产中全额返还，判处的罚金亦能全额缴纳。

裁判结果

广东省深圳市中级人民法院（2014）深中法刑二初字第27号刑事判决认为，被告人马乐的行为已构成利用未公开信息交易罪。但刑法中并未对利用未公开信息交易罪规定"情节特别严重"的情形，因此只能认定马乐的行为属于"情节严重"。马乐自首，依法可以从轻处罚；马乐认罪态度良好，违法所得能全额返还，罚金亦能全额缴纳，确有悔罪表现；另经深圳市福田区司法局社区矫正和安置帮教科调查评估，对马乐宣告缓刑对其所居住的社区没有重大不良影响，符合适用缓刑的条件。遂以利用未公开信息交易罪判处马乐有期徒刑三年，缓刑五年，并处罚金人民币1884万元；违法所得人民币18833374.74元依法予以追缴，上缴国库。

宣判后，深圳市人民检察院提出抗诉认为，被告人马乐的行为应认定为犯罪情节特别严重，依照"情节特别严重"的量刑档次处罚。一审判决适用法律错误，量刑明显不当，应当依法改判。

广东省高级人民法院（2014）粤高法刑二终字第137号刑事裁定认为，刑法第一百八十条第四款规定，利用未公开信息交易，情节严重的，依照第一款的规定处罚，该条款并未对利用未公开信息交易罪规定有"情节特别严重"情形；而根据第一百八十条第一款的规定，情节严重的，处五年以下有期徒刑或者拘役，并处或者单处违法所得一倍以上五倍以下罚金，故马乐利用未公开信息交易，属于犯罪情节严重，应在该量刑幅度内判处刑罚。原审判决量刑适当，抗诉机关的抗诉理由不成立，不予采纳。遂裁定驳回抗诉，维持原判。

二审裁定生效后，广东省人民检察院提请最高人民检察院按照审判监督程序向最高人民法院提出抗诉。最高人民检察院抗诉提出，刑法第一百八十条第四款属于援引法定刑的情形，应当引用第一款处罚的全部规定；利用未公开信息交易罪与内幕交易、泄露内幕信息罪的违法与责任程度相当，法定刑亦应相当；马乐的行为应当认定为犯罪情节特别严重，对其适用缓刑明显不当。本案终审裁定以刑法第一百八十条第四款未对利用未公开信息交易罪规定有"情节特别严重"为由，降格评价马乐的犯罪行为，属于适用法律确有错误，导致量刑不当，应当依法纠正。

最高人民法院依法组成合议庭对该案直接进行再审，并公开开庭审理了本案。再审查明的事实与原审基本相同，原审认定被告人马乐非法获利数额为 18833374.74 元存在计算错误，实际为 19120246.98 元，依法应当予以更正。最高人民法院（2015）刑抗字第 1 号刑事判决认为，原审被告人马乐的行为已构成利用未公开信息交易罪。马乐利用未公开信息交易股票 76 只，累计成交额 10.5 亿余元，非法获利 1912 万余元，属于情节特别严重。鉴于马乐具有主动从境外回国投案自首法定从轻、减刑处罚情节；在未受控制的情况下，将股票兑成现金存在涉案三个账户中并主动向中国证券监督管理委员会说明情况，退还了全部违法所得，认罪悔罪态度好，赃款未挥霍，原判罚金刑得已全部履行等酌定从轻处罚情节，对马乐可予减轻处罚。第一审判决、第二审裁定认定事实清楚，证据确实、充分，定罪准确，但因对法律条文理解错误，导致量刑不当，应予纠正。依照《中华人民共和国刑法》第一百八十条第四款、第一款、第六十七条第一款、第五十二条、第五十三条、第六十四条及《最高人民法院关于适用〈中华人民共和国刑事诉讼法〉的解释》第三百八十九条第（三）项的规定，判决如下：一、维持广东省高级人民法院（2014）粤高法刑二终字第 137 号刑事裁定和深圳市中级人民法院（2014）深中法刑二初字第 27 号刑事判决中对原审被告人马乐的定罪部分；二、撤销广东省高级人民法院（2014）粤高法刑二终字第 137 号刑事裁定和深圳市中级人民法院（2014）深中法刑二初字第 27 号刑事判决中对原审被告人马乐的量刑及追缴违法所得部分；三、原审被告人马乐犯利用未公开信息交易罪，判处有期徒刑三年，并处罚金人民币 1913 万元；四、违法所得人民币 19120246.98 元依法予以追缴，上缴国库。

裁判理由

法院生效裁判认为：本案事实清楚，定罪准确，争议的焦点在于如何正确理解刑法第一百八十条第四款对于第一款的援引以及如何把握利用未公开信息交易罪"情节特别严重"的认定标准。

一、对刑法第一百八十条第四款援引第一款量刑情节的理解和把握

刑法第一百八十条第一款对内幕交易、泄露内幕信息罪规定为："证券、期货交易内幕信息的知情人员或者非法获取证券、期货交易内幕信息的人员，在涉及证券的发行，证券、期货交易或者其他对证券、期货交易价格有重大影响的信息尚未公开前，买入或者卖出该证券，或者从事与该内幕信息有关的期货交易,或者泄露该信息,或者明示、暗示他人从事上述交易活动,情节严重的,处五年以下有期徒刑或者拘役,并处或者单处违法所得一倍以上五倍以下罚金;情节特别严重的,处五年以上十年以下有期徒刑,并处违法所得一倍以上五倍以下罚金。"第四款对利用未公开信息交易罪规定为:"证券交易所、期货交易所、证券公司、期货经纪公司、基金管理公司、商业银行、保险公司等金融机构的从业人员以及有关监管部门或者行业协会的工作人员,利用因职务便利获取的内幕信息以外的其他未公开的信息,违反规定,从事与该信息相关的证券、期货交易活动,或者明示、暗示他人从事相关交易活动,情节严重的,依照第一款的规定处罚。"

对于第四款中"情节严重的,依照第一款的规定处罚"应如何理解,在司法实践中存在不同的认识。一种观点认为,第四款中只规定了"情节严重"的情形,而未规定"情节特别严重"的情形,因此,这里的"情节严重的,依照第一款的规定处罚"只能是依照第一款中"情节严重"的量刑档次予以处罚;另一种观点认为,第四款中的"情节严重"只是入罪条款,即达到了情节严重以上的情形,依据第一款的规定处罚。至于具体处罚,应看符合第一款中的"情节严重"还是"情节特别严重"的情形,分别情况依法判处。情节严重的,"处五年以下有期徒刑",情节特别严重的,"处五年以上十年以下有期徒刑"。

最高人民法院认为,刑法第一百八十条第四款援引法定刑的情形,应当是对第一款全部法定刑的引用,即利用未公开信息交易罪应有"情节严重""情节特别严重"两种情形和两个量刑档次。这样理解的具体理由如下:

(一)符合刑法的立法目的。由于我国基金、证券、期货等领域中,利用未公开信息交易行为比较多发,行为人利用公众投入的巨额资金作后盾,以提前买入或者提前卖出的手段获得巨额非法利益,将风险与损失转嫁到其他投资者,不仅对其任职单位的财产利益造成损害,而且严重破坏了公开、公正、公平的证券市场原则,严重损害客户投资者或处于信息弱势的散户利益,严重损害金融行业信誉,影响投资者对金融机构的信任,进而对资产管理和基金、证券、期货市场的健康发展产生严重影响。为此,《中华人民共和国刑法修正案(七)》新增利用未公开信息交易罪,并将该罪与内幕交易、泄露内幕信息罪规定在同一法条中,说明两罪的违法与责任程度相当。利用未公开信息交易罪也应当适用"情节特别严重"。

(二)符合法条的文意。首先,刑法第一百八十条第四款中的"情节严重"是入罪条款。《最高人民检察院、公安部关于公安机关管辖的刑事案件立案追诉标准的规定(二)》,对利用未公开信息交易罪规定了追诉的情节标准,说明该罪需达到"情节严重"才能被追诉。利用未公开信息交易罪属情节犯,立法要明确其情节犯属性,就必须借助"情节严重"的表述,以避免"情节不严重"的行为入罪。其次,该款中"情节严重"并不兼具量刑条款的性质。刑法条文中大量存在"情节严重"兼具定罪条款及量刑条款性质的情形,但无一例外均在其后列明了具体的法定刑。刑法第一百八十条第四款中"情节严重"之后,并未列明具体的法定刑,而是参照内幕交易、泄露内幕信息罪的法定刑。因此,本款中的"情节严重"仅具有定罪条款的性质,而不具有量刑条款的性质。

(三)符合援引法定刑立法技术的理解。援引法定刑是指对某一犯罪并不规定独立的法定刑,而是援引其他犯罪的法定刑作为该犯罪的法定刑。刑法第一百八十条第四款援引法定刑的目的是为了避免法条文字表述重复,并不属于法律规定不明确的情形。

综上,刑法第一百八十条第四款虽然没有明确表述"情节特别严重",但是根据本条款设立的立法目的、法条文意及立法技术,应当包含"情节特别严重"的情形和量刑档次。

二、利用未公开信息交易罪"情节特别严重"的认定标准

目前虽然没有关于利用未公开信息交易罪"情节特别严重"认定标准的专门规定,但鉴于刑法规定利用未公开信息交易罪是参照内幕交易、泄露内幕信息罪的规定处罚,最高人民法院、最高人民检察院《关于办理内幕交易、泄露内幕信息刑事案件具体应用法律若干问题的解释》将成交额 250 万元以上、获利 75 万元以上等情形认定为内幕交易、泄露内幕信息罪"情节特别严重"的标准,利用未公开信息交易罪也应当遵循相同的标准。马乐利用未公开信息进行交易活动,累计成交额达 10.5 亿余元,非法获利达 1912 万余元,已远远超过上述标准,且在案发时属全国查获的该类犯罪数额最大者,参照最高人民法院、最高人民检察院《关于办理内幕交易、泄露内幕信息刑事案件具体应用法律若干问题的解释》,马乐的犯罪情节应当属于"情节特别严重"。

(生效裁判审判人员:罗智勇、董朝阳、李剑弢)

最高人民法院 最高人民检察院
关于办理内幕交易、泄露内幕信息刑事案件具体应用法律若干问题的解释

法释〔2012〕6号

(2011年10月31日最高人民法院审判委员会第1529次会议、2012年2月27日最高人民检察院第十一届检察委员会第72次会议通过 2012年3月29日最高人民法院公告公布 自2012年6月1日起施行)

为维护证券、期货市场管理秩序,依法惩治证券、期货犯罪,根据刑法有关规定,现就办理内幕交易、泄露内幕信息刑事案件具体应用法律的若干问题解释如下:

第一条 下列人员应当认定为刑法第一百八十条第一款规定的"证券、期货交易内幕信息的知情人员":

(一)证券法第七十四条规定的人员;

(二)期货交易管理条例第八十五条第十二项规定的人员。

第二条 具有下列行为的人员应当认定为刑法第一百八十条第一款规定的"非法获取证券、期货交易内幕信息的人员":

(一)利用窃取、骗取、套取、窃听、利诱、刺探或者私下交易等手段获取内幕信息的;

(二)内幕信息知情人员的近亲属或者其他与内幕信息知情人员关系密切的人员,在内幕信息敏感期内,从事或者明示、暗示他人从事,或者泄露内幕信息导致他人从事与该内幕信息有关的证券、期货交易,相关交易行为明显异常,且无正当理由或者正当信息来源的;

(三)在内幕信息敏感期内,与内幕信息知情人员联络、接触,从事或者明示、暗示他人从事,或者泄露内幕信息导致他人从事与该内幕信息有关的证券、期货交易,相关交易行为明显异常,且无正当理由或者正当信息来源的。

第三条 本解释第二条第二项、第三项规定的"相关交易行为明显异常",要综合以下情形,从时间吻合程度、交易背离程度和利益关联程度等方面予以认定:

(一)开户、销户、激活资金账户或者指定交易(托管)、撤销指定交易

（转托管）的时间与该内幕信息形成、变化、公开时间基本一致的；

（二）资金变化与该内幕信息形成、变化、公开时间基本一致的；

（三）买入或者卖出与内幕信息有关的证券、期货合约时间与内幕信息的形成、变化和公开时间基本一致的；

（四）买入或者卖出与内幕信息有关的证券、期货合约时间与获悉内幕信息的时间基本一致的；

（五）买入或者卖出证券、期货合约行为明显与平时交易习惯不同的；

（六）买入或者卖出证券、期货合约行为，或者集中持有证券、期货合约行为与该证券、期货公开信息反映的基本面明显背离的；

（七）账户交易资金进出与该内幕信息知情人员或者非法获取人员有关联或者利害关系的；

（八）其他交易行为明显异常情形。

第四条 具有下列情形之一的，不属于刑法第一百八十条第一款规定的从事与内幕信息有关的证券、期货交易：

（一）持有或者通过协议、其他安排与他人共同持有上市公司百分之五以上股份的自然人、法人或者其他组织收购该上市公司股份的；

（二）按照事先订立的书面合同、指令、计划从事相关证券、期货交易的；

（三）依据已被他人披露的信息而交易的；

（四）交易具有其他正当理由或者正当信息来源的。

第五条 本解释所称"内幕信息敏感期"是指内幕信息自形成至公开的期间。

证券法第六十七条第二款所列"重大事件"的发生时间，第七十五条规定的"计划"、"方案"以及期货交易管理条例第八十五条第十一项规定的"政策"、"决定"等的形成时间，应当认定为内幕信息的形成之时。

影响内幕信息形成的动议、筹划、决策或者执行人员，其动议、筹划、决策或者执行初始时间，应当认定为内幕信息的形成之时。

内幕信息的公开，是指内幕信息在国务院证券、期货监督管理机构指定的报刊、网站等媒体披露。

第六条 在内幕信息敏感期内从事或者明示、暗示他人从事或者泄露内幕信息导致他人从事与该内幕信息有关的证券、期货交易，具有下列情形之一的，应当认定为刑法第一百八十条第一款规定的"情节严重"：

（一）证券交易成交额在五十万元以上的；

（二）期货交易占用保证金数额在三十万元以上的；

（三）获利或者避免损失数额在十五万元以上的；

（四）三次以上的；
（五）具有其他严重情节的。

第七条 在内幕信息敏感期内从事或者明示、暗示他人从事或者泄露内幕信息导致他人从事与该内幕信息有关的证券、期货交易，具有下列情形之一的，应当认定为刑法第一百八十条第一款规定的"情节特别严重"：
（一）证券交易成交额在二百五十万元以上的；
（二）期货交易占用保证金数额在一百五十万元以上的；
（三）获利或者避免损失数额在七十五万元以上的；
（四）具有其他特别严重情节的。

第八条 二次以上实施内幕交易或者泄露内幕信息行为，未经行政处理或者刑事处理的，应当对相关交易数额依法累计计算。

第九条 同一案件中，成交额、占用保证金额、获利或者避免损失额分别构成情节严重、情节特别严重的，按照处罚较重的数额定罪处罚。

构成共同犯罪的，按照共同犯罪行为人的成交总额、占用保证金总额、获利或者避免损失总额定罪处罚，但判处各被告人罚金的总额应掌握在获利或者避免损失总额的一倍以上五倍以下。

第十条 刑法第一百八十条第一款规定的"违法所得"，是指通过内幕交易行为所获利益或者避免的损失。

内幕信息的泄露人员或者内幕交易的明示、暗示人员未实际从事内幕交易的，其罚金数额按照因泄露而获悉内幕信息人员或者被明示、暗示人员从事内幕交易的违法所得计算。

第十一条 单位实施刑法第一百八十条第一款规定的行为，具有本解释第六条规定情形之一的，按照刑法第一百八十条第二款的规定定罪处罚。

最高人民检察院　公安部
关于公安机关管辖的刑事案件立案追诉标准的规定（二）（节录）

2010年5月7日　　　　　　　　　公通字〔2010〕23号

第三十六条 ［利用未公开信息交易案（刑法第一百八十条第四款）］证券交易所、期货交易所、证券公司、期货公司、基金管理公司、商业银行、保险公司等金融机构的从业人员以及有关监管部门或者行业协会的工作人员，利用因职务便利获取的内幕信息以外的其他未公开的信息，违反规定，从事

与该信息相关的证券、期货交易活动,或者明示、暗示他人从事相关交易活动,涉嫌下列情形之一的,应予立案追诉:

(一)证券交易成交额累计在五十万元以上的;

(二)期货交易占用保证金数额累计在三十万元以上的;

(三)获利或者避免损失数额累计在十五万元以上的;

(四)多次利用内幕信息以外的其他未公开信息进行交易活动的;

(五)其他情节严重的情形。

(七十四) 诱骗投资者买卖证券、期货合约罪※

中华人民共和国刑法（节录）*

第一百八十一条 【诱骗投资者买卖证券、期货合约罪】 证券交易所、期货交易所、证券公司、期货经纪公司的从业人员，证券业协会、期货业协会或者证券期货监督管理部门的工作人员，故意提供虚假信息或者伪造、变造、销毁交易记录，诱骗投资者买卖证券、期货合约，造成严重后果的，处五年以下有期徒刑或者拘役，并处或者单处一万元以上十万元以下罚金；情节特别恶劣的，处五年以上十年以下有期徒刑，并处二万元以上二十万元以下罚金。

单位犯前两款罪的，对单位判处罚金，并对其直接负责的主管人员和其他直接责任人员，处五年以下有期徒刑或者拘役。

全国人民代表大会常务委员会
关于维护互联网安全的决定（节录）

(2000年12月28日第九届全国人民代表大会
常务委员会第十九次会议通过)

三、为了维护社会主义市场经济秩序和社会管理秩序，对有下列行为之一，构成犯罪的，依照刑法有关规定追究刑事责任：

（一）利用互联网销售伪劣产品或者对商品、服务作虚假宣传；

（二）利用互联网损害他人商业信誉和商品声誉；

（三）利用互联网侵犯他人知识产权；

---

* 编者注：根据1997年刑法和《全国人民代表大会常务委员会关于惩治骗购外汇、逃汇和非法买卖外汇犯罪的决定》及十部刑法修正案编纂。

（四）利用互联网编造并传播影响证券、期货交易或者其他扰乱金融秩序的虚假信息；

（五）在互联网上建立淫秽网站、网页，提供淫秽站点链接服务，或者传播淫秽书刊、影片、音像、图片。

最高人民检察院　公安部
关于公安机关管辖的刑事案件立案追诉标准的规定（二）（节录）

2010年5月7日　　　　　　　　　公通字〔2010〕23号

第三十八条　〔诱骗投资者买卖证券、期货合约案（刑法第一百八十一条第二款）〕证券交易所、期货交易所、证券公司、期货公司的从业人员，证券业协会、期货业协会或者证券期货监督管理部门的工作人员，故意提供虚假信息或者伪造、变造、销毁交易记录，诱骗投资者买卖证券、期货合约，涉嫌下列情形之一的，应予立案追诉：

（一）获利或者避免损失数额累计在五万元以上的；

（二）造成投资者直接经济损失数额在五万元以上的；

（三）致使交易价格和交易量异常波动的；

（四）其他造成严重后果的情形。

（七十五）背信运用受托财产罪※

中华人民共和国刑法（节录）*

第一百八十五条之一第一款 【背信运用受托财产罪】 商业银行、证券交易所、期货交易所、证券公司、期货经纪公司、保险公司或者其他金融机构，违背受托义务，擅自运用客户资金或者其他委托、信托的财产，情节严重的，对单位判处罚金，并对其直接负责的主管人员和其他直接责任人员，处三年以下有期徒刑或者拘役，并处三万元以上三十万元以下罚金；情节特别严重的，处三年以上十年以下有期徒刑，并处五万元以上五十万元以下罚金。

（编者注：本条为2006年6月29日《刑法修正案（六）》第十二条增加。）

最高人民检察院 公安部
关于公安机关管辖的刑事案件立案追诉标准的规定（二）（节录）

2010年5月7日 　　　　　　　　公通字〔2010〕23号

第四十条 ［背信运用受托财产案（刑法第一百八十五条之一第一款）］商业银行、证券交易所、期货交易所、证券公司、期货公司、保险公司或者其他金融机构，违背受托义务，擅自运用客户资金或者其他委托、信托的财产，涉嫌下列情形之一的，应予立案追诉：

（一）擅自运用客户资金或者其他委托、信托的财产数额在三十万元以上的；

（二）虽未达到上述数额标准，但多次擅自运用客户资金或者其他委托、信托的财产，或者擅自运用多个客户资金或者其他委托、信托的财产的；

（三）其他情节严重的情形。

---

* 编者注：根据1997年刑法和《全国人民代表大会常务委员会关于惩治骗购外汇、逃汇和非法买卖外汇犯罪的决定》及十部刑法修正案编纂。

（七十六）违法运用资金罪※

中华人民共和国刑法（节录）*

第一百八十五条之一 【背信运用受托财产罪】 商业银行、证券交易所、期货交易所、证券公司、期货经纪公司、保险公司或者其他金融机构，违背受托义务，擅自运用客户资金或者其他委托、信托的财产，情节严重的，对单位判处罚金，并对其直接负责的主管人员和其他直接责任人员，处三年以下有期徒刑或者拘役，并处三万元以上三十万元以下罚金；情节特别严重的，处三年以上十年以下有期徒刑，并处五万元以上五十万元以下罚金。

（编者注：本条为 2006 年 6 月 29 日《刑法修正案（六）》第十二条增加。）

【违法运用资金罪】 社会保障基金管理机构、住房公积金管理机构等公众资金管理机构，以及保险公司、保险资产管理公司、证券投资基金管理公司，违反国家规定运用资金的，对其直接负责的主管人员和其他直接责任人员，依照前款的规定处罚。

最高人民检察院　公安部
关于公安机关管辖的刑事案件立案追诉标准的规定（二）（节录）

2010 年 5 月 7 日　　　　　　　　　　公通字〔2010〕23 号

第四十一条 ［违法运用资金案（刑法第一百八十五条之一第二款）］社会保障基金管理机构、住房公积金管理机构等公众资金管理机构，以及保险公司、保险资产管理公司、证券投资基金管理公司，违反国家规定运用资金，涉嫌下列情形之一的，应予立案追诉：

---

* 编者注：根据 1997 年刑法和《全国人民代表大会常务委员会关于惩治骗购外汇、逃汇和非法买卖外汇犯罪的决定》及十部刑法修正案编纂。

（一）违反国家规定运用资金数额在三十万元以上的；
（二）虽未达到上述数额标准，但多次违反国家规定运用资金的；
（三）其他情节严重的情形。

（七十七）违法发放贷款罪※

中华人民共和国刑法（节录）*

第一百八十六条 【违法发放贷款罪】 银行或者其他金融机构的工作人员违反国家规定发放贷款，数额巨大或者造成重大损失的，处五年以下有期徒刑或者拘役，并处一万元以上十万元以下罚金；数额特别巨大或者造成特别重大损失的，处五年以上有期徒刑，并处二万元以上二十万元以下罚金。

银行或者其他金融机构的工作人员违反国家规定，向关系人发放贷款的，依照前款的规定从重处罚。

单位犯前两款罪的，对单位判处罚金，并对其直接负责的主管人员和其他直接责任人员，依照前两款的规定处罚。

关系人的范围，依照《中华人民共和国商业银行法》和有关金融法规确定。

（编者注：本条第一款、第二款经 2006 年 6 月 29 日《刑法修正案（六）》第十三条修改。

1997 年刑法第一百八十六条第一款、第二款原规定："银行或者其他金融机构的工作人员违反法律、行政法规规定，向关系人发放信用贷款或者发放担保贷款的条件优于其他借款人同类贷款的条件，造成较大损失的，处五年以下有期徒刑或者拘役，并处一万元以上十万元以下罚金；造成重大损失的，处五年以上有期徒刑，并处二万元以上二十万元以下罚金。

"银行或者其他金融机构的工作人员违反法律、行政法规规定，向关系人以外的其他人发放贷款，造成重大损失的，处五年以下有期徒刑或者拘役，并处一万元以上十万元以下罚金；造成特别重大损失的，处五年以上有期徒刑，并处二万元以上二十万元以下罚金。"

---

* 编者注：根据 1997 年刑法和《全国人民代表大会常务委员会关于惩治骗购外汇、逃汇和非法买卖外汇犯罪的决定》及十部刑法修正案编纂。

中华人民共和国商业银行法（节录）

（1995年5月10日第八届全国人民代表大会常务委员会第十三次会议通过
根据2003年12月27日第十届全国人民代表大会常务委员会第六次会议
《关于修改〈中华人民共和国商业银行法〉的决定》第一次修正
根据2015年8月29日第十二届全国人民代表大会常务委员会
第十六次会议《关于修改〈中华人民共和国商业银行法〉
的决定》第二次修正）

第四十条 商业银行不得向关系人发放信用贷款；向关系人发放担保贷款的条件不得优于其他借款人同类贷款的条件。

前款所称关系人是指：

（一）商业银行的董事、监事、管理人员、信贷业务人员及其近亲属；

（二）前项所列人员投资或者担任高级管理职务的公司、企业和其他经济组织。

最高人民检察院　公安部
关于公安机关管辖的刑事案件立案追诉标准的规定（二）（节录）

2010年5月7日　　　　　　　　公通字〔2010〕23号

第四十二条 ［违法发放贷款案（刑法第一百八十六条）］银行或者其他金融机构及其工作人员违反国家规定发放贷款，涉嫌下列情形之一的，应予立案追诉：

（一）违法发放贷款，数额在一百万元以上的；

（二）违法发放贷款，造成直接经济损失数额在二十万元以上的。

全国法院审理金融犯罪案件工作座谈会纪要（节录）

2001年1月21日　　　　　　　　　　法〔2001〕8号

（二）关于破坏金融管理秩序罪

4. 破坏金融管理秩序相关犯罪数额和情节的认定。最高人民法院先后颁行了《关于审理伪造货币等案件具体应用法律若干问题的解释》、《关于审理走私刑事案件具体应用法律若干问题的解释》，对伪造货币、走私、出售、购买、运输假币等犯罪的定罪处刑标准以及相关适用法律问题作出了明确规定。为正确执行刑法，在其他有关的司法解释出台之前，对假币犯罪以外的破坏金融管理秩序犯罪的数额和情节，可参照以下标准掌握：

关于非法吸收公众存款罪。非法吸收或者变相吸收公众存款的，要从非法吸收公众存款的数额、范围以及给存款人造成的损失等方面来判定扰乱金融秩序造成危害的程度。根据司法实践，具有下列情形之一的，可以按非法吸收公众存款罪定罪处罚：（1）个人非法吸收或者变相吸收公众存款20万元以上的，单位非法吸收或者变相吸收公众存款100万元以上的；（2）个人非法吸收或者变相吸收公众存款30户以上的，单位非法吸收或者变相吸收公众存款150户以上的；（3）个人非法吸收或者变相吸收公众存款给存款人造成损失10万元以上的，单位非法吸收或者变相吸收公众存款给存款人造成损失50万元以上的，或者造成其他严重后果的。个人非法吸收或者变相吸收公众存款100万元以上，单位非法吸收或者变相吸收公众存款500万元以上的，可以认定为"数额巨大"。

关于违法向关系人发放贷款罪。银行或者其他金融机构工作人员违反法律、行政法规规定，向关系人发放信用贷款或者发放担保贷款的条件优于其他借款人同类贷款条件，造成10～30万元以上损失的，可以认定为"造成较大损失"；造成50～100万元以上损失的，可以认定为"造成重大损失"。

关于违法发放贷款罪。银行或者其他金融机构工作人员违反法律、行政法规规定，向关系人以外的其他人发放贷款，造成50～100万元以上损失的，可以认定为"造成重大损失"；造成300～500万元以上损失的，可以认定为"造成特别重大损失"。

关于用账外客户资金非法拆借、发放贷款罪。对于银行或者其他金融机构工作人员以牟利为目的，采取吸收客户资金不入账的方式，将资金用于非法拆借、发放贷款,造成 50～100 万元以上损失的,可以认定为"造成重大损失";造成 300～500 万元以上损失的,可以认定为"造成特别重大损失"。

对于单位实施违法发放贷款和用账外客户资金非法拆借、发放贷款造成损失构成犯罪的数额标准,可按个人实施上述犯罪的数额标准 2 至 4 倍掌握。

由于各地经济发展不平衡,各省、自治区、直辖市高级人民法院可参照上述数额标准或幅度,根据本地的具体情况,确定在本地区掌握的具体标准。

（七十八）吸收客户资金不入账罪※

中华人民共和国刑法（节录）*

第一百八十七条 【吸收客户资金不入账罪】 银行或者其他金融机构的工作人员吸收客户资金不入账，数额巨大或者造成重大损失的，处五年以下有期徒刑或者拘役，并处二万元以上二十万元以下罚金；数额特别巨大或者造成特别重大损失的，处五年以上有期徒刑，并处五万元以上五十万元以下罚金。

单位犯前款罪的，对单位判处罚金，并对其直接负责的主管人员和其他直接责任人员，依照前款的规定处罚。

（编者注：本条第一款经 2006 年 6 月 29 日《刑法修正案（六）》第十四条修改。

1997 年刑法第一百八十七条第一款原规定："银行或者其他金融机构的工作人员以牟利为目的，采取吸收客户资金不入账的方式，将资金用于非法拆借、发放贷款，造成重大损失的，处五年以下有期徒刑或者拘役，并处二万元以上二十万元以下罚金；造成特别重大损失的，处五年以上有期徒刑，并处五万元以上五十万元以下罚金。"）

最高人民检察院 公安部
关于公安机关管辖的刑事案件立案追诉标准的规定（二）（节录）

2010 年 5 月 7 日　　　　　　　公通字〔2010〕23 号

第四十三条 ［吸收客户资金不入账案（刑法第一百八十七条）］银行或者其他金融机构及其工作人员吸收客户资金不入账，涉嫌下列情形之一的，

---

* 编者注：根据 1997 年刑法和《全国人民代表大会常务委员会关于惩治骗购外汇、逃汇和非法买卖外汇犯罪的决定》及十部刑法修正案编纂。

应予立案追诉：

（一）吸收客户资金不入账，数额在一百万元以上的；

（二）吸收客户资金不入账，造成直接经济损失数额在二十万元以上的。

(七十九) 违规出具金融票证罪※

中华人民共和国刑法（节录）*

第一百八十八条 【违规出具金融票证罪】 银行或者其他金融机构的工作人员违反规定，为他人出具信用证或者其他保函、票据、存单、资信证明，情节严重的，处五年以下有期徒刑或者拘役；情节特别严重的，处五年以上有期徒刑。

单位犯前款罪的，对单位判处罚金，并对其直接负责的主管人员和其他直接责任人员，依照前款的规定处罚。

（编者注：本条第一款经 2006 年 6 月 29 日《刑法修正案（六）》第十五条修改。

1997 年刑法第一百八十八条第一款原规定："银行或者其他金融机构的工作人员违反规定，为他人出具信用证或者其他保函、票据、存单、资信证明，造成较大损失的，处五年以下有期徒刑或者拘役；造成重大损失的，处五年以上有期徒刑。"）

最高人民检察院 公安部
关于公安机关管辖的刑事案件立案追诉标准的规定（二）（节录）

2010 年 5 月 7 日   公通字〔2010〕23 号

第四十四条 ［违规出具金融票证案（刑法第一百八十八条）］银行或者其他金融机构及其工作人员违反规定，为他人出具信用证或者其他保函、票据、存单、资信证明，涉嫌下列情形之一的，应予立案追诉：

（一）违反规定为他人出具信用证或者其他保函、票据、存单、资信证

---

* 编者注：根据 1997 年刑法和《全国人民代表大会常务委员会关于惩治骗购外汇、逃汇和非法买卖外汇犯罪的决定》及十部刑法修正案编纂。

明，数额在一百万元以上的；

（二）违反规定为他人出具信用证或者其他保函、票据、存单、资信证明，造成直接经济损失数额在二十万元以上的；

（三）多次违规出具信用证或者其他保函、票据、存单、资信证明的；

（四）接受贿赂违规出具信用证或者其他保函、票据、存单、资信证明的；

（五）其他情节严重的情形。

(八十) 对违法票据承兑、付款、保证罪※

中华人民共和国刑法（节录）*

第一百八十九条 【对违法票据承兑、付款、保证罪】 银行或者其他金融机构的工作人员在票据业务中，对违反票据法规定的票据予以承兑、付款或者保证，造成重大损失的，处五年以下有期徒刑或者拘役；造成特别重大损失的，处五年以上有期徒刑。

单位犯前款罪的，对单位判处罚金，并对其直接负责的主管人员和其他直接责任人员，依照前款的规定处罚。

【骗购外汇罪】 有下列情形之一，骗购外汇，数额较大的，处五年以下有期徒刑或者拘役，并处骗购外汇数额百分之五以上百分之三十以下罚金；数额巨大或者有其他严重情节的，处五年以上十年以下有期徒刑，并处骗购外汇数额百分之五以上百分之三十以下罚金；数额特别巨大或者有其他特别严重情节的，处十年以上有期徒刑或者无期徒刑，并处骗购外汇数额百分之五以上百分之三十以下罚金或者没收财产：

（一）使用伪造、变造的海关签发的报关单、进口证明、外汇管理部门核准件等凭证和单据的；

（二）重复使用海关签发的报关单、进口证明、外汇管理部门核准件等凭证和单据的；

（三）以其他方式骗购外汇的。

伪造、变造海关签发的报关单、进口证明、外汇管理部门核准件等凭证和单据，并用于骗购外汇的，依照前款的规定从重处罚。

明知用于骗购外汇而提供人民币资金的，以共犯论处。

单位犯前三款罪的，对单位依照第一款的规定判处罚金，并对其直接负责的主管人员和其他直接责任人员，处五年以下有期徒刑或者拘役；数额巨大或者有其他严重情节的，处五年以上十年以下有期徒刑；数额特别巨大或者有其他特别严重情节的，处十年以上有期徒刑或者无期徒刑。

---

* 编者注：根据1997年刑法和《全国人民代表大会常务委员会关于惩治骗购外汇、逃汇和非法买卖外汇犯罪的决定》及十部刑法修正案编纂。

(编者注：本条为1998年12月29日《全国人民代表大会常务委员会关于惩治骗购外汇、逃汇和非法买卖外汇犯罪的决定》第一条的规定。《全国人民代表大会常务委员会关于惩治骗购外汇、逃汇和非法买卖外汇犯罪的决定》及其后的刑法修正案未明确其条文顺序。编者根据我国刑法分则条文的编排体系，将其列在此处。)

最高人民检察院 公安部
关于公安机关管辖的刑事案件立案追诉标准的规定（二）（节录）

2010年5月7日　　　　　　　　　　公通字〔2010〕23号

第四十五条 ［对违法票据承兑、付款、保证案（刑法第一百八十九条）］银行或者其他金融机构及其工作人员在票据业务中，对违反票据法规定的票据予以承兑、付款或者保证，造成直接经济损失数额在二十万元以上的，应予立案追诉。

（八十一）非法转让、倒卖土地使用权罪※

中华人民共和国刑法（节录）*

第二百二十八条 【非法转让、倒卖土地使用权罪】 以牟利为目的，违反土地管理法规，非法转让、倒卖土地使用权，情节严重的，处三年以下有期徒刑或者拘役，并处或者单处非法转让、倒卖土地使用权价额百分之五以上百分之二十以下罚金；情节特别严重的，处三年以上七年以下有期徒刑，并处非法转让、倒卖土地使用权价额百分之五以上百分之二十以下罚金。

全国人民代表大会常务委员会
关于《中华人民共和国刑法》
第二百二十八条、第三百四十二条、
第四百一十条的解释**

（2001年8月31日第九届全国人民代表大会常务委员会第二十三次会议通过）

全国人民代表大会常务委员会讨论了刑法第二百二十八条、第三百四十二条、第四百一十条规定的"违反土地管理法规"和第四百一十条规定的"非法批准征收、征用、占用土地"的含义问题，解释如下：

刑法第二百二十八条、第三百四十二条、第四百一十条规定的"违反土地管理法规"，是指违反土地管理法、森林法、草原法等法律以及有关行政法规中关于土地管理的规定。

刑法第四百一十条规定的"非法批准、征收、征用、占用土地"，是指非

---

* 编者注：根据1997年刑法和《全国人民代表大会常务委员会关于惩治骗购外汇、逃汇和非法买卖外汇犯罪的决定》及十部刑法修正案编纂。

** 本解释根据2009年8月27日《全国人民代表大会常务委员会关于修改部分法律的决定》修改。

法批准征用、占用耕地、林地等农用地以及其他土地。

现予公告。

最高人民法院
关于个人违法建房出售行为如何适用法律问题的答复

2010年11月1日　　　　　　　　　　　　法〔2010〕395号

贵州省高级人民法院：

你院《关于个人违法建房出售行为如何适用法律的请示》（〔2010〕黔高法研请字第2号）收悉。经研究，并征求相关部门意见，答复如下：

一、你院请示的在农村宅基地、责任田上违法建房出售如何处理的问题，涉及面广，法律、政策性强。据了解，有关部门正在研究制定政策意见和处理办法，在相关文件出台前，不宜以犯罪追究有关人员的刑事责任。

二、从来函反映的情况看，此类案件在你省部分地区发案较多。案件处理更应当十分慎重。要积极争取在党委统一领导下，有效协调有关方面，切实做好案件处理的善后工作，确保法律效果与社会效果的有机统一。

三、办理案件中，发现负有监管职责的国家机关工作人员有渎职、受贿等涉嫌违法犯罪的，要依法移交相关部门处理；发现有关部门在履行监管职责方面存在问题的，要结合案件处理，提出司法建议，促进完善社会管理。

此复。

最高人民检察院　公安部
关于公安机关管辖的刑事案件立案
追诉标准的规定（二）（节录）

2010年5月7日　　　　　　　　　　　公通字〔2010〕23号

第八十条　［非法转让、倒卖土地使用权案（刑法第二百二十八条）］以牟利为目的，违反土地管理法规，非法转让、倒卖土地使用权，涉嫌下列情形之一的，应予立案追诉：

（一）非法转让、倒卖基本农田五亩以上的；

（二）非法转让、倒卖基本农田以外的耕地十亩以上的；

（三）非法转让、倒卖其他土地二十亩以上的；
（四）违法所得数额在五十万元以上的；
（五）虽未达到上述数额标准，但因非法转让、倒卖土地使用权受过行政处罚，又非法转让、倒卖土地的；
（六）其他情节严重的情形。

最高人民检察院
关于加强查办危害土地资源渎职犯罪工作的指导意见（节录）

2008年11月6日　　　　　　　　　高检发渎检字〔2008〕12号

二、准确确定损失后果。在查办案件中，对损失后果的认定，既要考虑被破坏的土地资源的经济价值，按照有关部门做出的鉴定结论，以经济损失计算损失后果，也要充分考虑土地作为特殊资源，被破坏土地的性质、地理位置、实际用处等差异所产生的土地价值，受损后无法用经济价值数额衡量的特殊性，可以采取经济标准或者面积标准认定损失后果，准确适用《中华人民共和国刑法》第三百九十七条和第四百一十条的规定以及相关司法解释查处犯罪。

最高人民法院
关于审理破坏土地资源刑事案件具体应用法律若干问题的解释（节录）

法释〔2000〕14号

（2000年6月16日最高人民法院审判委员会第1119次会议通过
2000年6月19日最高人民法院公告公布　自2000年6月22日起施行）

第一条 以牟利为目的，违反土地管理法规，非法转让、倒卖土地使用权，具有下列情形之一的，属于非法转让、倒卖土地使用权"情节严重"，依照刑法第二百二十八条的规定，以非法转让、倒卖土地使用权罪定罪处罚：

（一）非法转让、倒卖基本农田5亩以上的；
（二）非法转让、倒卖基本农田以外的耕地10亩以上的；

（三）非法转让、倒卖其他土地 20 亩以上的；

（四）非法获利 50 万元以上的；

（五）非法转让、倒卖土地接近上述数量标准并具有其他恶劣情节的，如曾因非法转让、倒卖土地使用权受过行政处罚或者造成严重后果等。

第二条 实施第一条规定的行为，具有下列情形之一的，属于非法转让、倒卖土地使用权"情节特别严重"：

（一）非法转让、倒卖基本农田 10 亩以上的；

（二）非法转让、倒卖基本农田以外的耕地 20 亩以上的；

（三）非法转让、倒卖其他土地 40 亩以上的；

（四）非法获利 100 万元以上的；

（五）非法转让、倒卖土地接近上述数量标准并具有其他恶劣情节的，如造成严重后果等。

第八条 单位犯非法转让、倒卖土地使用权罪、非法占有耕地罪的定罪量刑标准，依照本解释第一条、第二条、第三条的规定执行。

第九条 多次实施本解释规定的行为依法应当追诉的，或者 1 年内多次实施本解释规定的行为未经处理的，按照累计的数量、数额处罚。

(八十二）私自开拆、隐匿、毁弃邮件、电报罪※

中华人民共和国刑法（节录）*

第二百五十三条 【私自开拆、隐匿、毁弃邮件、电报罪】 邮政工作人员私自开拆或者隐匿、毁弃邮件、电报的，处二年以下有期徒刑或者拘役。

【盗窃罪】 犯前款罪而窃取财物的，依照本法第二百六十四条的规定定罪从重处罚。

最高人民法院　最高人民检察院　公安部　邮电部
关于加强查处破坏邮政通信案件工作的通知（节录）

1983年11月17日　　　　　　　　　　　〔1983〕邮政联字934号

二、关于查处破坏邮政通信案件工作中需要注意的几个问题

1. 私拆、隐匿、毁弃邮件、电报等破坏邮政通信的案件，是违法犯罪行为。因此，对这种案件的定性、处理或量刑，必须重视对邮政通信的破坏所造成的社会危害后果，不能仅以数量多少来处理。

2. 邮电工作人员利用职务上的便利，从邮件中窃取财物，情节恶劣、后果严重的，应依照《刑法》第一百九十一条第二款的规定从重处罚。

3. 邮电工作人员由于玩忽职守，致使公共财产、国家和人民利益遭受重大损失的，应依照《刑法》第一百八十七条的规定予以处罚。

4. 应由犯罪分子退赔的财物，必须限期退赔。其中属于用户的，由邮电部门负责归还用户，并将归还的收据作为证据入卷存档；除此之外，按照有关规定上缴国库。

＊ 编者注：根据1997年刑法和《全国人民代表大会常务委员会关于惩治骗购外汇、逃汇和非法买卖外汇犯罪的决定》及十部刑法修正案编纂。

各级公、检、法机关和邮电部门,要密切配合,通力协作,并结合本地区的实际情况,制订具体措施。要贯彻"综合治理"的方针,既要依法严厉打击犯罪活动,又要加强安全防范措施并对邮电职工加强遵纪守法教育,预防新的犯罪。要注意调查研究,总结经验,把查处破坏邮政通信案件的工作切实抓好,严厉打击违法犯罪活动,确保邮政通信安全,为社会主义现代化建设的顺利进行作出应有的贡献。

(八十三)职务侵占罪※

中华人民共和国刑法(节录)*

第二百七十一条 【职务侵占罪】 公司、企业或者其他单位的人员,利用职务上的便利,将本单位财物非法占为己有,数额较大的,处五年以下有期徒刑或者拘役;数额巨大的,处五年以上有期徒刑,可以并处没收财产。

【贪污罪】 国有公司、企业或者其他国有单位中从事公务的人员和国有公司、企业或者其他国有单位委派到非国有公司、企业以及其他单位从事公务的人员有前款行为的,依照本法第三百八十二条、第三百八十三条的规定定罪处罚。

最高人民法院
关于常见犯罪的量刑指导意见(节录)

2017年3月9日　　　　　　　　　　法发〔2017〕7号

四、常见犯罪的量刑

(九)职务侵占罪

1. 构成职务侵占罪的,可以根据下列不同情形在相应的幅度内确定量刑起点:

(1)达到数额较大起点的,可以在二年以下有期徒刑、拘役幅度内确定量刑起点。

(2)达到数额巨大起点的,可以在五年至六年有期徒刑幅度内确定量刑起点。

2. 在量刑起点的基础上,可以根据职务侵占数额等其他影响犯罪构成的

---

* 编者注:根据1997年刑法和《全国人民代表大会常务委员会关于惩治骗购外汇、逃汇和非法买卖外汇犯罪的决定》及十部刑法修正案编纂。

犯罪事实增加刑罚量，确定基准刑。

最高人民法院 最高人民检察院
关于办理贪污贿赂刑事案件适用法律若干问题的解释（节录）

法释〔2016〕9号

（2016年3月28日最高人民法院审判委员会第1680次会议、2016年3月25日最高人民检察院第十二届检察委员会第50次会议通过 2016年4月18日最高人民法院、最高人民检察院公告公布 自2016年4月18日起施行）

第十一条 刑法第一百六十三条规定的非国家工作人员受贿罪、第二百七十一条规定的职务侵占罪中的"数额较大""数额巨大"的数额起点，按照本解释关于受贿罪、贪污罪相对应的数额标准规定的二倍、五倍执行。

刑法第二百七十二条规定的挪用资金罪中的"数额较大""数额巨大"以及"进行非法活动"情形的数额起点，按照本解释关于挪用公款罪"数额较大""情节严重"以及"进行非法活动"的数额标准规定的二倍执行。

刑法第一百六十四条第一款规定的对非国家工作人员行贿罪中的"数额较大""数额巨大"的数额起点，按照本解释第七条、第八条第一款关于行贿罪的数额标准规定的二倍执行。

最高人民法院 最高人民检察院
关于办理国家出资企业中职务犯罪案件具体应用法律若干问题的意见

2010年11月26日　　　　　　　　法发〔2010〕49号

随着企业改制的不断推进，人民法院、人民检察院在办理国家出资企业中的贪污、受贿等职务犯罪案件时遇到了一些新情况、新问题。这些新情况、新问题具有一定的特殊性和复杂性，需要结合企业改制的特定历史条件，依法妥善地进行处理。现根据刑法规定和相关政策精神，就办理此类刑事案件具体应用法律的若干问题，提出以下意见：

一、关于国家出资企业工作人员在改制过程中隐匿公司、企业财产归个人持股的改制后公司、企业所有的行为的处理

国家工作人员或者受国家机关、国有公司、企业、事业单位、人民团体委托管理、经营国有财产的人员利用职务上的便利，在国家出资企业改制过程中故意通过低估资产、隐瞒债权、虚设债务、虚构产权交易等方式隐匿公司、企业财产，转为本人持有股份的改制后公司、企业所有，应当依法追究刑事责任的，依照刑法第三百八十二条、第三百八十三条的规定，以贪污罪定罪处罚。贪污数额一般应当以所隐匿财产全额计算；改制后公司、企业仍有国有股份的，按股份比例扣除归于国有的部分。

所隐匿财产在改制过程中已为行为人实际控制，或者国家出资企业改制已经完成的，以犯罪既遂处理。

第一款规定以外的人员实施该款行为的，依照刑法第二百七十一条的规定，以职务侵占罪定罪处罚；第一款规定以外的人员与第一款规定的人员共同实施该款行为的，以贪污罪的共犯论处。

在企业改制过程中未采取低估资产、隐瞒债权、虚设债务、虚构产权交易等方式故意隐匿公司、企业财产的，一般不应当认定为贪污；造成国有资产重大损失，依法构成刑法第一百六十八条或者第一百六十九条规定的犯罪的，依照该规定定罪处罚。

二、关于国有公司、企业在改制过程中隐匿公司、企业财产归职工集体持股的改制后公司、企业所有的行为的处理

国有公司、企业违反国家规定，在改制过程中隐匿公司、企业财产，转为职工集体持股的改制后公司、企业所有的，对其直接负责的主管人员和其他直接责任人员，依照刑法第三百九十六条第一款的规定，以私分国有资产罪定罪处罚。

改制后的公司、企业中只有改制前公司、企业的管理人员或者少数职工持股，改制前公司、企业的多数职工未持股的，依照本意见第一条的规定，以贪污罪定罪处罚。

三、关于国家出资企业工作人员使用改制公司、企业的资金担保个人贷款，用于购买改制公司、企业股份的行为的处理

国家出资企业的工作人员在公司、企业改制过程中为购买公司、企业股份，利用职务上的便利，将公司、企业的资金或者金融凭证、有价证券等用于个人贷款担保的，依照刑法第二百七十二条或者第三百八十四条的规定，以挪用资金罪或者挪用公款罪定罪处罚。

行为人在改制前的国家出资企业持有股份的，不影响挪用数额的认定，但量刑时应当酌情考虑。

经有关主管部门批准或者按照有关政策规定，国家出资企业的工作人员为购买改制公司、企业股份实施前款行为的，可以视具体情况不作为犯罪处理。

四、关于国家工作人员在企业改制过程中的渎职行为的处理

国家出资企业中的国家工作人员在公司、企业改制或者国有资产处置过程中严重不负责任或者滥用职权，致使国家利益遭受重大损失的，依照刑法第一百六十八条的规定，以国有公司、企业人员失职罪或者国有公司、企业人员滥用职权罪定罪处罚。

国家出资企业中的国家工作人员在公司、企业改制或者国有资产处置过程中徇私舞弊，将国有资产低价折股或者低价出售给其本人未持有股份的公司、企业或者其他个人，致使国家利益遭受重大损失的，依照刑法第一百六十九条的规定，以徇私舞弊低价折股、出售国有资产罪定罪处罚。

国家出资企业中的国家工作人员在公司、企业改制或者国有资产处置过程中徇私舞弊，将国有资产低价折股或者低价出售给特定关系人持有股份或者本人实际控制的公司、企业，致使国家利益遭受重大损失的，依照刑法第三百八十二条、第三百八十三条的规定，以贪污罪定罪处罚。贪污数额以国有资产的损失数额计算。

国家出资企业中的国家工作人员因实施第一款、第二款行为收受贿赂，同时又构成刑法第三百八十五条规定之罪的，依照处罚较重的规定定罪处罚。

五、关于改制前后主体身份发生变化的犯罪的处理

国家工作人员在国家出资企业改制前利用职务上的便利实施犯罪，在其不再具有国家工作人员身份后又实施同种行为，依法构成不同犯罪的，应当分别定罪，实行数罪并罚。

国家工作人员利用职务上的便利，在国家出资企业改制过程中隐匿公司、企业财产，在其不再具有国家工作人员身份后将所隐匿财产据为己有的，依照刑法第三百八十二条、第三百八十三条的规定，以贪污罪定罪处罚。

国家工作人员在国家出资企业改制过程中利用职务上的便利为请托人谋取利益，事先约定在其不再具有国家工作人员身份后收受请托人财物，或者在身份变化前后连续收受请托人财物的，依照刑法第三百八十五条、第三百八十六条的规定，以受贿罪定罪处罚。

六、关于国家出资企业中国家工作人员的认定

经国家机关、国有公司、企业、事业单位提名、推荐、任命、批准等，在国有控股、参股公司及其分支机构中从事公务的人员，应当认定为国家工作人员。具体的任命机构和程序，不影响国家工作人员的认定。

经国家出资企业中负有管理、监督国有资产职责的组织批准或者研究决定，代表其在国有控股、参股公司及其分支机构中从事组织、领导、监督、经营、管理工作的人员，应当认定为国家工作人员。

国家出资企业中的国家工作人员，在国家出资企业中持有个人股份或者同时接受非国有股东委托的，不影响其国家工作人员身份的认定。

七、关于国家出资企业的界定

本意见所称"国家出资企业"，包括国家出资的国有独资公司、国有独资企业，以及国有资本控股公司、国有资本参股公司。

是否属于国家出资企业不清楚的，应遵循"谁投资、谁拥有产权"的原则进行界定。企业注册登记中的资金来源与实际出资不符的，应根据实际出资情况确定企业的性质。企业实际出资情况不清楚的，可以综合工商注册、分配形式、经营管理等因素确定企业的性质。

八、关于宽严相济刑事政策的具体贯彻

办理国家出资企业中的职务犯罪案件时，要综合考虑历史条件、企业发展、职工就业、社会稳定等因素，注意具体情况具体分析，严格把握犯罪与一般违规行为的区分界限。对于主观恶意明显、社会危害严重、群众反映强烈的严重犯罪，要坚决依法从严惩处；对于特定历史条件下、为了顺利完成企业改制而实施的违反国家政策法律规定的行为，行为人无主观恶意或者主观恶意不明显，情节较轻，危害不大的，可以不作为犯罪处理。

对于国家出资企业中的职务犯罪，要加大经济上的惩罚力度，充分重视财产刑的适用和执行，最大限度地挽回国家和人民利益遭受的损失。不能退赃的，在决定刑罚时，应当作为重要情节予以考虑。

最高人民法院 最高人民检察院
关于办理妨害预防、控制突发传染病疫情等灾害的刑事案件具体应用法律若干问题的解释（节录）

法释〔2003〕8号

（2003年5月13日最高人民法院审判委员会第1269次会议、
2003年5月13日最高人民检察院第十届检察委员会
第3次会议通过 2003年5月14日最高人民法院、
最高人民检察院公告公布 自2003年5月15日起施行）

第十四条 贪污、侵占用于预防、控制突发传染病疫情等灾害的款物或者挪用归个人使用，构成犯罪的，分别依照刑法第三百八十二条、第三百八十三条、第二百七十一条、第三百八十四条、第二百七十二条的规定,以贪污罪、职务侵占罪、挪用公款罪、挪用资金罪定罪,依法从重处罚。

挪用用于预防、控制突发传染病疫情等灾害的救灾、优抚、救济等款物,构成犯罪的,对直接责任人员,依照刑法第二百七十三条的规定,以挪用特定款物罪定罪处罚。

全国人大常委会法制工作委员会
对关于公司人员利用职务上的便利采取欺骗等手段非法占有股东股权的行为如何定性处理的批复的意见

2005年12月1日　　　　　　　　法工委发函〔2005〕105号

最高人民检察院:

你院法律政策研究室2005年8月26日来函收悉。经研究,答复如下:

据刑法第九十二条的规定,股份属于财产。采用各种非法手段侵吞、占有他人依法享有的股份,构成犯罪的,适用刑法有关非法侵犯他人财产的犯罪规定。

最高人民法院
关于审理贪污、职务侵占案件如何认定共同犯罪几个问题的解释

法释〔2000〕15号

(2000年6月27日最高人民法院审判委员会第1120次会议通过 2000年6月30日最高人民法院公告公布　自2000年7月8日起施行)

为依法审理贪污或者职务侵占犯罪案件,现就这类案件如何认定共同犯罪问题解释如下:

第一条　行为人与国家工作人员勾结,利用国家工作人员的职务便利,共同侵吞、窃取、骗取或者以其他手段非法占有公共财物的,以贪污罪共犯论处。

第二条　行为人与公司、企业或者其他单位的人员勾结,利用公司、企业或者其他单位人员的职务便利,共同将该单位财物非法占为己有,数额较

大的,以职务侵占罪共犯论处。

第三条 公司、企业或者其他单位中,不具有国家工作人员身份的人与国家工作人员勾结,分别利用各自的职务便利,共同将本单位财物非法占为己有的,按照主犯的犯罪性质定罪。

全国法院维护农村稳定刑事
审判工作座谈会纪要(节录)

1999年10月27日　　　　　　　　法〔1999〕217号

三

会议在认真分析了农村中犯罪、农民犯罪的原因和特点的基础上,结合我国农村基层组织的作用和现状,对处理农村中犯罪案件和农民犯罪案件应当把握的政策界限进行了研究,对正确处理以下问题取得了一致意见:

(一)关于正确处理干群关系矛盾引发的刑事案件问题

开庭审理此类案件,一般要深入发案地,认真查清事实,了解案件发生的真实原因,分清双方责任,合情、合理、合法地予以处理。

对利用手中掌握的权力欺压百姓、胡作非为,严重损害群众和集体利益,构成犯罪的,要依法严惩;对只是因工作方法简单粗暴构成犯罪的,要做好工作,取得群众谅解后,酌情予以处理。

对抗拒基层组织正常管理,纯属打击报复农村干部的犯罪分子,一定要依法严惩;对事出有因而构成犯罪的农民被告人,则要体现从宽政策。群体事件中,处罚的应只是构成犯罪的极少数为首者和组织者;对于其他一般参与的群众,要以教育为主,不作犯罪处理。

要充分依靠当地党委和政府,充分征求有关部门对此类案件判决的意见。对当地政府强烈要求判处死刑的案件,要了解有关背景。对于依法应当判处死刑的,不能因为担心被告方人多势众会闹事而不判处死刑;相反,对不应当判处死刑的,也不能因为被害方闹事就判处死刑。要依靠党政部门努力做好法制宣传教育工作,在未做好群众思想工作的情况下,不要急于下判。

(二)关于对农民被告人依法判处缓刑、管制、免予刑事处罚问题

对农民被告人适用刑罚,既要严格遵循罪刑相适应的原则,又要充分考虑到农民犯罪主体的特殊性。要依靠当地党委做好相关部门的工作,依法适当多适用非监禁刑罚。对于已经构成犯罪,但不需要判处刑罚的,或者法律

规定有管制刑的,应当依法免予刑事处罚或判处管制刑。对于罪行较轻且认罪态度好,符合宣告缓刑条件的,应当依法适用缓刑。

要努力配合有关部门落实非监禁刑的监管措施。在监管措施落实问题上可以探索多种有效的方式,如在城市应加强与适用缓刑的犯罪人原籍的政府和基层组织联系落实帮教措施;在农村应通过基层组织和被告人亲属、家属、好友做好帮教工作等等。

(三)关于村委会和村党支部成员利用职务便利侵吞集体财产犯罪的定性问题

为了保证案件的及时审理,在没有司法解释规定之前,对于已起诉到法院的这类案件,原则上以职务侵占罪定罪处罚。

(四)关于财产刑问题

凡法律规定并处罚金或者没收财产的,均应当依法并处,被告人的执行能力不能作为是否判处财产刑的依据。确实无法执行或不能执行的,可以依法执行终结或者减免。对法律规定主刑有死刑、无期徒刑和有期徒刑,同时并处没收财产或罚金的,如决定判处死刑,只能并处没收财产;判处无期徒刑的,可以并处没收财产,也可以并处罚金;判处有期徒刑的,只能并处罚金。

对于法律规定有罚金刑的犯罪,罚金的具体数额应根据犯罪的情节确定。刑法和司法解释有明确规定的,按规定判处;没有规定的,各地可依照法律规定的原则和具体情况,在总结审判经验的基础上统一规定参照执行的数额标准。

对自由刑与罚金刑均可选择适用的案件,如盗窃罪,在决定刑罚时,既要避免以罚金刑代替自由刑,又要克服机械执法只判处自由刑的倾向。对于可执行财产刑且罪行又不严重的初犯、偶犯、从犯等,可单处罚金刑。对于应当并处罚金刑的犯罪,如被告人能积极缴纳罚金,认罪态度较好,且判处的罚金数量较大,自由刑可适当从轻,或考虑宣告缓刑。这符合罪刑相适应原则,因为罚金刑也是刑罚。

被告人犯数罪的,应避免判处罚金刑的同时,判处没收部分财产。对于判处没收全部财产,同时判处罚金刑的,应决定执行没收全部财产,不再执行罚金刑。

(五)关于刑事附带民事诉讼问题

人民法院审理附带民事诉讼案件的受案范围,应只限于被害人因人身权利受到犯罪行为侵犯和财物被犯罪行为损毁而遭受的物质损失,不包括因犯罪分子非法占有、处置被害人财产而使其遭受的物质损失。对因犯罪分子非法占有、处置被害人财产而使其遭受的物质损失,应当根据刑法第六十四条的规定处理，即应通过追缴赃款赃物、责令退赔的途径解决。如赃款赃物尚在的，应一律追缴；已被用掉、毁坏或挥霍的，应责令退赔。无法退赔的，在决定刑罚时，应作为酌定从重处罚的情节予以考虑。

关于附带民事诉讼的赔偿范围，在没有司法解释规定之前，应注意把握以下原则：一是要充分运用现有法律规定，在法律许可的范围内最大限度地补偿被害人因被告人的犯罪行为而遭受的物质损失。物质损失应包括已造成的损失，也包括将来必然遭受的损失。二是赔偿只限于犯罪行为直接造成的物质损失，不包括精神损失和间接造成的物质损失。三是要适当考虑被告人的赔偿能力。被告人的赔偿能力包括现在的赔偿能力和将来的赔偿能力，对未成年被告人还应考虑到其监护人的赔偿能力，以避免数额过大的空判引起的负面效应，被告人的民事赔偿情况可作为量刑的酌定情节。四是要切实维护被害人的合法权益。附带民事原告人提出起诉的，对于没有构成犯罪的共同致害人，也要追究其民事赔偿责任。未成年致害人由其法定代理人或者监护人承担赔偿责任。但是，在逃的同案犯不应列为附带民事诉讼的被告人。关于赔偿责任的分担：共同致害人应当承担连带赔偿责任；在学校等单位内部发生犯罪造成受害人损失，在管理上有过错责任的学校等单位有赔偿责任，但不承担连带赔偿责任；交通肇事犯罪的车辆所有人（单位）在犯罪分子无赔偿能力的情况下，承担代为赔偿或者垫付的责任。

（六）关于刑事自诉案件问题

要把好自诉案件的立案关。有的地方为了便于具体操作，制定了具体立案标准，也有的地方实行"立案听证"，让合议庭听取有关方面的意见，审查证据材料，决定是否立案。这些做法可以进一步总结，效果好的，可逐步推广。

要注重指导和协助双方当事人自行取证举证。由于广大农民群众法律水平尚不高，个人取证有相当难度，一般情况下很难达到法律规定的证据要求。如果因证据不足而简单、轻率地决定对自诉案件不予受理，就有可能使矛盾激化，引发新的刑事案件。因此，对于当事人所举证据不充分的，在指导自诉人取证的基础上，对于确有困难的，人民法院应当依法调查取证。

要正确适用调解。调解应查清事实、分清责任，在双方自愿的基础上依法进行，不能强迫调解，更不能违法调解。

要正确适用强制措施和刑罚。自诉案件经审查初步认定构成犯罪且较为严重的，对有可能逃避刑事责任和民事责任的被告人，要依法及时采取强制措施。对可能判处管制、拘役或者独立适用附加刑或者能及时到案，不致发生社会危险的被告人，不应当决定逮捕。在处刑上，对自诉案件被告人更应当注意尽量依法多适用非监禁刑罚。

(八十四)挪用资金罪※

中华人民共和国刑法(节录)*

第二百七十二条 【挪用资金罪】 公司、企业或者其他单位的工作人员,利用职务上的便利,挪用本单位资金归个人使用或者借贷给他人,数额较大、超过三个月未还的,或者虽未超过三个月,但数额较大、进行营利活动的,或者进行非法活动的,处三年以下有期徒刑或者拘役;挪用本单位资金数额巨大的,或者数额较大不退还的,处三年以上十年以下有期徒刑。

【挪用公款罪】 国有公司、企业或者其他国有单位中从事公务的人员和国有公司、企业或者其他国有单位委派到非国有公司、企业以及其他单位从事公务的人员有前款行为的,依照本法第三百八十四条的规定定罪处罚。

最高人民法院 最高人民检察院
关于办理贪污贿赂刑事案件适用法律若干问题的解释(节录)

法释〔2016〕9号

(2016年3月28日最高人民法院审判委员会第1680次会议、2016年3月25日最高人民检察院第十二届检察委员会第50次会议通过 2016年4月18日最高人民法院、最高人民检察院公告公布 自2016年4月18日起施行)

第十一条 刑法第一百六十三条规定的非国家工作人员受贿罪、第二百七十一条规定的职务侵占罪中的"数额较大""数额巨大"的数额起点,按照本解释关于受贿罪、贪污罪相对应的数额标准规定的二倍、五倍执行。

刑法第二百七十二条规定的挪用资金罪中的"数额较大""数额巨大"以

---

* 编者注:根据1997年刑法和《全国人民代表大会常务委员会关于惩治骗购外汇、逃汇和非法买卖外汇犯罪的决定》及十部刑法修正案编纂。

及"进行非法活动"情形的数额起点,按照本解释关于挪用公款罪"数额较大""情节严重"以及"进行非法活动"的数额标准规定的二倍执行。

刑法第一百六十四条第一款规定的对非国家工作人员行贿罪中的"数额较大""数额巨大"的数额起点,按照本解释第七条、第八条第一款关于行贿罪的数额标准规定的二倍执行。

最高人民法院 最高人民检察院
关于办理国家出资企业中职务犯罪案件
具体应用法律若干问题的意见(节录)

2010年11月26日   法发〔2010〕49号

三、关于国家出资企业工作人员使用改制公司、企业的资金担保个人贷款,用于购买改制公司、企业股份的行为的处理

国家出资企业的工作人员在公司、企业改制过程中为购买公司、企业股份,利用职务上的便利,将公司、企业的资金或者金融凭证、有价证券等用于个人贷款担保的,依照刑法第二百七十二条或者第三百八十四条的规定,以挪用资金罪或者挪用公款罪定罪处罚。

行为人在改制前的国家出资企业持有股份的,不影响挪用数额的认定,但量刑时应当酌情考虑。

经有关主管部门批准或者按照有关政策规定,国家出资企业的工作人员为购买改制公司、企业股份实施前款行为的,可以视具体情况不作为犯罪处理。

最高人民检察院 公安部
关于公安机关管辖的刑事案件立案
追诉标准的规定(二)(节录)

2010年5月7日   公通字〔2010〕23号

第八十五条 〔挪用资金案(刑法第二百七十二条第一款)〕公司、企业或者其他单位的工作人员,利用职务上的便利,挪用本单位资金归个人使用或者借贷给他人,涉嫌下列情形之一的,应予立案追诉:

（一）挪用本单位资金数额在一万元至三万元以上，超过三个月未还的；
（二）挪用本单位资金数额在一万元至三万元以上，进行营利活动的；
（三）挪用本单位资金数额在五千元至二万元以上，进行非法活动的。
具有下列情形之一的，属于本条规定的"归个人使用"：
（一）将本单位资金供本人、亲友或者其他自然人使用的；
（二）以个人名义将本单位资金供其他单位使用的；
（三）个人决定以单位名义将本单位资金供其他单位使用，谋取个人利益的。

全国人民代表大会常务委员会法制工作委员会刑法室
关于挪用资金罪问题的答复

2004年9月8日　　　　　　　　　法工委刑发〔2004〕第28号

山东省公安厅经侦总队：

你总队《关于对刑法第272条"挪用本单位资金"的规定应如何理解的请示》（鲁公经〔2002〕713号）收悉。经研究，现答复如下：

对于在经济往来中所涉及的暂收、预收、暂存其他单位或个人的款项、物品，或者对方支付的货款、交付的货物等，如接收人已以单位名义履行接收手续的，所接收的财、物应视为该单位资产。

最高人民法院研究室
关于挪用退休职工社会养老金行为
如何适用法律问题的复函

2004年7月9日　　　　　　　　　法研〔2004〕102号

公安部经济犯罪侦查局：

你局公经〔2004〕916号《关于挪用退休职工社会养老保险金是否属于挪用特定款物罪事》收悉。经研究，提供如下意见供参考：

退休职工养老保险金不属于我国刑法中的救灾、抢险、防汛、优抚、扶贫、移民、救济等特定款物的任何一种。因此，对于挪用退休职工养老保险金的行为，构成犯罪时，不能以挪用特定款物罪追究刑事责任，而应当按照行为人身份的不同，分别以挪用资金罪或者挪用公款罪追究刑事责任。

最高人民法院　最高人民检察院
关于办理妨害预防、控制突发传染病疫情等灾害的刑事案件具体应用法律若干问题的解释（节录）

法释〔2003〕8号

（2003年5月13日最高人民法院审判委员会第1269次会议、
2003年5月13日最高人民检察院第十届检察委员会
第3次会议通过　2003年5月14日最高人民法院、
最高人民检察院公告公布　自2003年5月15日起施行）

第十四条　贪污、侵占用于预防、控制突发传染病疫情等灾害的款物或者挪用归个人使用，构成犯罪的，分别依照刑法第三百八十二条、第三百八十三条、第二百七十一条、第三百八十四条、第二百七十二条的规定，以贪污罪、职务侵占罪、挪用公款罪、挪用资金罪定罪，依法从重处罚。

挪用用于预防、控制突发传染病疫情等灾害的救灾、优抚、救济等款物，构成犯罪的，对直接责任人员，依照刑法第二百七十三条的规定，以挪用特定款物罪定罪处罚。

公安部
关于村民小组组长以本组资金为他人担保贷款如何定性处理问题的批复

2001年4月26日　　　　　　　　　　　　　公法〔2001〕83号

陕西省公安厅：

你厅《关于村民小组组长以组上资金为他人担保贷款造成集体资金严重损失如何定性问题的请示》收悉。现批复如下：

村民小组组长利用职务上的便利，擅自将村民小组的集体财产为他人担保贷款，并以集体财产承担担保责任的，属于挪用本单位资金归个人使用的行为。构成犯罪的，应当依照刑法第二百七十二条第一款的规定，以挪用资金罪追究行为人的刑事责任。

最高人民检察院
关于挪用尚未注册成立公司资金的
行为适用法律问题的批复

2000年10月9日　　　　　　　　高检发研字〔2000〕19号

江苏省人民检察院：

你院苏检发研字〔1999〕第8号《关于挪用尚未注册成立的公司资金能否构成挪用资金罪的请示》收悉。经研究，批复如下：

筹建公司的工作人员在公司登记注册前，利用职务上的便利，挪用准备设立的公司在银行开设的临时账户上的资金，归个人使用或者借贷给他人，数额较大、超过3个月未还的，或者虽未超过3个月，但数额较大、进行营利活动的，或者进行非法活动的，应当根据刑法第二百七十二条的规定，追究刑事责任。

此复。

最高人民法院
关于如何理解刑法第二百七十二条规定的
"挪用本单位资金归个人使用或者
借贷给他人"问题的批复

法释〔2000〕22号

（2000年6月30日最高人民法院审判委员会第1121次会议通过
2000年7月20日最高人民法院公告公布　自2000年7月27日起施行）

新疆维吾尔自治区高级人民法院：

你院新高法〔1998〕193号《关于对刑法第二百七十二条"挪用本单位资金归个人使用或者借贷给他人"的规定应如何理解的请示》收悉。经研究，答复如下：

公司、企业或者其他单位的非国家工作人员，利用职务上的便利，挪用本单位资金归本人或者其他自然人使用，或者挪用人以个人名义将所挪用的资金借给其他自然人和单位，构成犯罪的，应当依照刑法第二百七十二条第一款的规定定罪处罚。

此复。

最高人民法院
关于对受委托管理、经营国有财产人员挪用国有资金行为如何定罪问题的批复

法释〔2000〕5号

(2000年2月13日最高人民法院审判委员会第1099次会议通过 2000年2月16日最高人民法院公告公布 自2000年2月24日起施行)

江苏省高级人民法院：

你院苏高法〔1999〕94号《关于受委托管理、经营国有财产的人员能否作为挪用公款罪主体问题的请示》收悉。经研究，答复如下：

对于受国家机关、国有公司、企业、事业单位、人民团体委托，管理、经营国有财产的非国家工作人员，利用职务上的便利，挪用国有资金归个人使用构成犯罪的，应当依照刑法第二百七十二条第一款的规定定罪处罚。

此复。

(八十五)故意延误投递邮件罪※

中华人民共和国刑法(节录)*

第三百零四条　【故意延误投递邮件罪】　邮政工作人员严重不负责任，故意延误投递邮件，致使公共财产、国家和人民利益遭受重大损失的，处二年以下有期徒刑或者拘役。

最高人民检察院　公安部
关于公安机关管辖的刑事案件立案追诉标准的规定(一)(节录)

2008年6月25日　　　　　　　　　　公通字〔2008〕36号

第四十五条　[故意延误投递邮件案(刑法第三百零四条)]邮政工作人员严重不负责任，故意延误投递邮件，涉嫌下列情形之一的，应予立案追诉：

(一)造成直接经济损失二万元以上的；

(二)延误高校录取通知书或者其他重要邮件投递，致使他人失去高校录取资格或者造成其他无法挽回的重大损失的；

(三)严重损害国家声誉或者造成恶劣社会影响的；

(四)其他致使公共财产、国家和人民利益遭受重大损失的情形。

---

* 编者注：根据1997年刑法和《全国人民代表大会常务委员会关于惩治骗购外汇、逃汇和非法买卖外汇犯罪的决定》及十部刑法修正案编纂。

(八十六)泄露不应公开的案件信息罪※

中华人民共和国刑法(节录)

第三百零八条之一 【泄露不应公开的案件信息罪】 司法工作人员、辩护人、诉讼代理人或者其他诉讼参与人,泄露依法不公开审理的案件中不应当公开的信息,造成信息公开传播或者其他严重后果的,处三年以下有期徒刑、拘役或者管制,并处或者单处罚金。

有前款行为,泄露国家秘密的,依照本法第三百九十八条的规定定罪处罚。

(编者注:本条为 2015 年 8 月 29 日《刑法修正案(九)》第三十六条增加。)

(八十七)披露、报道不应公开的案件信息罪※

中华人民共和国刑法(节录)*

第三百零八条之一 【披露、报道不应公开的案件信息罪】 公开披露、报道第一款规定的案件信息,情节严重的,依照第一款的规定处罚。

单位犯前款罪的,对单位判处罚金,并对其直接负责的主管人员和其他直接责任人员,依照第一款的规定处罚。

---

* 编者注:根据1997年刑法和《全国人民代表大会常务委员会关于惩治骗购外汇、逃汇和非法买卖外汇犯罪的决定》及十部刑法修正案编纂。

由监察机关管辖的相关犯罪案件

（八十八）接送不合格兵员罪※

中华人民共和国刑法（节录）*

第三百七十四条 【接送不合格兵员罪】 在征兵工作中徇私舞弊，接送不合格兵员，情节严重的，处三年以下有期徒刑或者拘役；造成特别严重后果的，处三年以上七年以下有期徒刑。

最高人民检察院 公安部
关于公安机关管辖的刑事案件立案追诉标准的规定（一）（节录）

2008年6月25日　　　　　　　　　　　　公通字〔2008〕36号

第九十三条 ［接送不合格兵员案（刑法第三百七十四条）］在征兵工作中徇私舞弊，接送不合格兵员，涉嫌下列情形之一的，应予立案追诉：
（一）接送不合格特种条件兵员一名以上或者普通兵员三名以上的；
（二）发生在战时的；
（三）造成严重后果的；
（四）其他情节严重的情形。

---

* 编者注：根据1997年刑法和《全国人民代表大会常务委员会关于惩治骗购外汇、逃汇和非法买卖外汇犯罪的决定》及十部刑法修正案编纂。